AF537367

Walter · Johann Sebastian Bach – Johannespassion

Diözesankirchenmusikdirektor Wilm Geismann
und dem Kollegium der Bezirkskantorinnen und -kantoren
in der Erzdiözese Freiburg gewidmet

3. Auflage 2024

Alle Rechte vorbehalten
© 2011, 2018, 2024 Carus-Verlag, Stuttgart – Carus 24.142
Druck und buchbinderische Verarbeitung:
AZ Druck und Datentechnik GmbH, Kempten
Printed in Germany 2024
ISBN 978-3-89948-343-7

www.carus-verlag.com

Meinrad Walter

Johann Sebastian Bach
Johannespassion

Eine musikalisch-theologische Einführung

Mit 63 Farb- und Schwarzweißabbildungen
und 63 Notenbeispielen

Carus-Verlag Stuttgart

Inhalt

Zweiter Teil der Passionsmusik

Fassung II der Johannespassion (1725)

Anhang

Vorwort

»Kennen Sie die Bach'sche Johannis-Passion, die sogenannte kleine?« Robert Schumann wendet sich mit dieser Frage in einem Brief vom 2. April 1849 aus Dresden an den Hamburger Musikdirektor Georg Dietrich Otten. Und die knappe Antwort »Gewiß!«, die Schumann jenem Dirigenten und Musikschriftsteller in den Mund legt, mündet gleich in die nächste Frage, wiederum mit Ausrufungszeichen: »Aber finden Sie sie nicht um Vieles kühner, gewaltiger, poetischer, als die nach dem Evangelisten Matthäus«, zudem »wie gedrängt, wie durchaus genial, namentlich in den Chören, und von welcher Kunst!« Schließlich fügt der Romantiker, der Bachs Passionsmusik nach Johannes bald darauf in Düsseldorf zur Aufführung bringen wird, noch einen bemerkenswerten Wunsch an: »Käme doch über solche Sachen die Welt in's Klare!«[1]

Über die Johannespassion ins Klare kommen – auch für eine Werkeinführung wäre dies ein hoher Anspruch, gibt es doch bereits zahllose Einzelstudien und etliche Monografien zu diesem Hauptwerk des Leipziger Thomaskantors. Warum also ein neues Buch? Weil eine umfassende musikalisch-theologische Interpretation der Bach'schen Johannespassion bislang fehlt. Zum einen interessieren sich heute für dieses Werk viele Musikfreunde, Kirchenmusiker und Bachfans, etwa als Mitwirkende und Hörer bei Aufführungen. Zum anderen richten verstärkt Kulturwissenschaftler und Germanisten sowie Theologen, Seelsorger und Religionspädagogen ihre Aufmerksamkeit auf die großen Werke der musikalischen Bibelauslegung. Deshalb soll hier der Versuch einer musikalisch-theologisch fundierten und zugleich ohne besondere Vorkenntnisse gut lesbaren Einführung gewagt werden. Musiker werden manche theologischen Details neu entdecken, für Theologen mögen sich Verstehenszugänge zu Bachs komponierten Gebeten eröffnen, und den kulturell Interessierten soll ein Einblick in Bachs musikalische Sprache für das Thema Passion geboten werden. Bachs Johannespassion ist faszinierende barocke Klangrede und zugleich klingende Theologie, die ihre Hörer emotional, rational und spirituell anspricht: Musik vom Leiden des Gottessohnes, die heute – fast 2000 Jahre nach diesem biblisch bezeugten Ereignis und bald 300 Jahre nach der Komposition Bachs – noch ebenso eindrucksvoll wie bedenkenswert ist.

Verpflichtet ist diese Interpretation dem integrativen Konzept ›Hörend verstehen, verstehend hören‹, das ich in den letzten 20 Jahren vielfach in Vorträgen, Radiosendungen, Programmeinführungen und Workshops erproben konnte. Der interdisziplinäre Charakter der Einführung soll durch ein theologisch-musikwissenschaftliches Glossar ergänzt werden. Damit auch die klingende Seite der Johannespassion erfahrbar wird, sind im Anhang einige CD-Tipps aufgelistet. Satzzählung und Notenbeispiele des Werkes folgen der Carus-Edition, hg. von Peter Wollny (siehe S. 264); Bibelzitate sind nach der Luther-Bibel (1545) in behutsam modernisierter Rechtschreibung wiedergegeben.

Nicht nur ausgewählte Notenbeispiele sollen den Gedankengang unterstützen. Angezielt ist zugleich ein Dialog zwischen Musik und Bild. Deshalb sind dem Buch Abbildungen von Albrecht Dürer und Rembrandt bis zu Marc Chagall und Arnulf Rainer beigegeben. Einige sind Bilder zur Passion, die Johann Sebastian Bach kannte, etwa aus dem Eisenacher Gesangbuch oder von Lucas Cranach. Andere regen zum vertieften Verstehen an, weil sie Akzente der Passionsdeutung ins Bild setzen, die auch in Bachs musikalischer Theologie eine Rolle spielen. Die Choralzeile der Johannespassion »Erschein mir in dem Bilde« (Nr. 26) wird so durchaus wörtlich genommen.

Wie sehr das Grundsymbol des Kreuzes eine künstlerische Herausforderung bleibt, wird in neueren Passionsdarstellungen deutlich, insbesondere in Arnulf Rainers Übermalungen alter Bilder. Ähnlich wie die musikalische Aufführungspraxis heute auch den verstörenden Momenten in Bachs Musik nicht ausweicht und seine Passionsmusik keineswegs nur in Wohlklang hüllt, attackiert Rainer geradezu die traditionellen Bilder und Vorstellungen vom Leiden Christi. Aspekte der Gebrochenheit und des Scheiterns werden so neu erfahrbar, und zugleich ergibt sich eine Verstärkung des Hoheitlichen, etwa wenn dieser Künstler bei einem Jesusbild von Giotto den goldenen Heiligenschein intensiviert (Farbtafel 2) – ähnlich wie Johann Sebastian Bach die Jesusworte der *Matthäuspassion* mit einer Streichergloriole. Bisweilen spürt Rainer die in einem Bild verborgene Dramatik auf und trägt sie mit bedrohlich-protestierender Verve ein (Farbtafel 6); oder er verschattet eine Kreuzabnahme von Gustave Doré mit einem Netz aus Linien, das zugleich die Grundrichtung von oben nach unten verstärkt (Farbtafel 14). Ganz neue Perspektiven eröffnen sich, wenn eine Übermalung die stehende Grundhaltung einer Kreuzigung in eine eher kniende verändert oder wenn vom Körper des Gekreuzigten nur das Angesicht unversehrt bleibt und so neu in den Mittelpunkt der Betrachtung rückt (Farbtafel 13): »und neiget das Haupt …« (Joh 19,30).

Für die Aufnahme dieses Buches in ihr Programm danke ich den beiden Verlagen: die sorgfältige Betreuung lag bei Dr. Sigrun Jantzen (Reclam) sowie Sebastian Hammelsbeck und Hans Martin Saecker (Carus). Die Zusammenarbeit mit Dr. Johannes Graulich, Carus-Verlag, und mit Martin Schmeisser, dem Lektor dieses Buches, war auch dieses Mal überaus angenehm und inspirierend. Der Erzbischof Hermann Stiftung in der Erzdiözese Freiburg danke ich für einen Druckkostenzuschuss.

Freiburg, 20. Dezember 2010 — Meinrad Walter

Vorwort zur zweiten Auflage

Ein Blick in die Konzertprogramme oratorischer Chöre und Vokalensembles, in CD- und DVD-Angebote sowie in akademische Lehrveranstaltungen und Fachdiskussionen, aber auch in Angebote der Musikvermittlung oder Lehrpläne des schulischen Musikunterrichts zeigt es deutlich: Johann Sebastian Bachs Johannespassion BWV 245 erfreut sich einer großen und ungebrochenen Faszination. Als Musik von Leid und Leidenschaft – Robert Schumann nennt sie »kühner, gewaltiger, poetischer« als das Schwesterwerk nach dem Evangelisten Matthäus – zählt sie heute zum Kanon der Barockmusik wie der geistlichen Musik.

Die vorliegende musikalisch-theologische Einführung in das Werk mitsamt den vielen damit verbundenen, jedoch keineswegs immer lösbaren Fragestellungen hat in den letzten Jahren freundliche Aufmerksamkeit bei Hörern, Musikern und Wissenschaftlern erfahren; zahlreiche Rezensionen erschienen in musikwissenschaftlichen, theologischen und kirchenmusikalischen Fachblättern oder waren im Rundfunk zu hören. Für die zweite Auflage im Carus-Verlag wurden einige Versehen berichtigt; auch sind im Anhang – jeweils ohne Anspruch auf Vollständigkeit – die Chronologie des Werkes, das Literaturverzeichnis, eine Übersicht über die von Jahr zu Jahr zunehmenden szenischen Interpretationen sowie die CD- und DVD-Tipps ergänzt und aktualisiert.

Beim Forschungsstand ist ein wichtiger neuer Fund zu verzeichnen, die Fassung II und Vermutungen über ihren Librettisten betreffend. Die Leipziger Bachforscherin Christine Blanken hat den 1728 in Nürnberg erschienenen Band *GOtt-geheiligte Sabbaths-Zehnden* von Christoph Birkmann (1703–1771) entdeckt und darüber im *Bach-Jahrbuch* 2015 ausführlich berichtet (siehe die Abbildungen unten rechts). Birkmann, der als Leipziger Student ein Privatschüler von Johann Sebastian Bach war, war demnach der Redaktor der zweiten Fassung des Werkes und kommt zudem als Autor der hierbei neu eingefügten Ariendichtungen in Frage. Auch Friedhelm Krummacher vertritt in seiner neuesten umfangreichen Publikation zu Bachs Kantaten und Passionen (siehe Literaturverzeichnis, S. 269) die These, dass die »neuen« Arien von Fassung II tatsächlich neu waren, also erst um 1725 komponiert worden sind und nicht bereits 1717 für die verschollene »Gothaer Passion«. Allerdings besteht in diesem heiklen Fragenkomplex nach wie vor schon deshalb keine letzte Gewissheit, weil – gegen die These einer »Gothaer Passion« – deren Existenz als Werk aus Bachs Feder höchstens vermutet, aber keinesfalls bewiesen werden kann, und weil – nun im Blick auf eine Entstehung 1725 im Zusammenhang mit Christoph Birkmann – dessen *GOtt-geheiligte Sabbaths-Zehnden* sowohl eigene als auch fremde Texte präsentieren, so dass auch bei den Arientexten zu Fassung II der Johannespassion jedenfalls nicht gänzlich auszuschließen ist, dass Birkmann sie nicht selbst verfasst, sondern aus einer heute verschollenen Quelle übernommen hat. Unter Abwägung mancher Gesichtspunkte scheint mir jedoch die in der ersten Auflage dieser Werkbeschreibung geäußerte

Vermutung, dass der Leipziger Theologe Andreas Stübel der Autor des Librettos zur Johannespassion ist, insbesondere im Blick auf Fassung II nun hinfällig. Doch auch im Blick die Fassung I wurden gut begründete Zweifel an dieser These geäußert (Manuel Bärwald im *Bach-Jahrbuch* 97, 2011, S. 302 f.).

Festzuhalten bleibt also zur Frage der Textautoren, dass einzig bei der zweiten Fassung der Bach'schen Johannespassion mit Christoph Birkmann ein Redaktor namentlich auszumachen ist, der zugleich mit einer gewissen Wahrscheinlichkeit als Dichter mehrerer Arien in Frage kommt. Bei Fassung I hingegen sind etliche Autoren einzelner Sätze, darunter der Hamburger Poet und Ratsherr Barthold Hinrich Brockes, bekannt; namentlich unbekannt ist der Redaktor, der diese Texte zusammengestellt und weitere hinzu gedichtet hat. Und genauso wenig wissen wir über zwei weitere poetische Mitarbeiter an späteren Werkfassungen: Die Frage, wer die matthäischen Interpolationen in Fassung III entfernt hat, bleibt ebenso ein Rätsel wie die nach dem Autor der textlichen Revisionen zu Fassung IV (S. 59).

Den Autor dieser Werkeinführung freut es besonders, dass der Versuch einer »integrativen Interpretation« des Werkes – mit musikalischen wie theologischen, historischen wie aktuellen Akzenten, unter Einbeziehung auch der Bildwelt zum unerschöpflichen Thema der Passion – bei Musikern und Hörern auf sehr positive Resonanz gestoßen ist. Damit verbindet sich der Wunsch, dass dieses Buch auch mit seiner zweiten Auflage das Wechselspiel von Musik-Machen, Hören und Nachdenken inspiriert.

Freiburg, 27. August 2018 Meinrad Walter

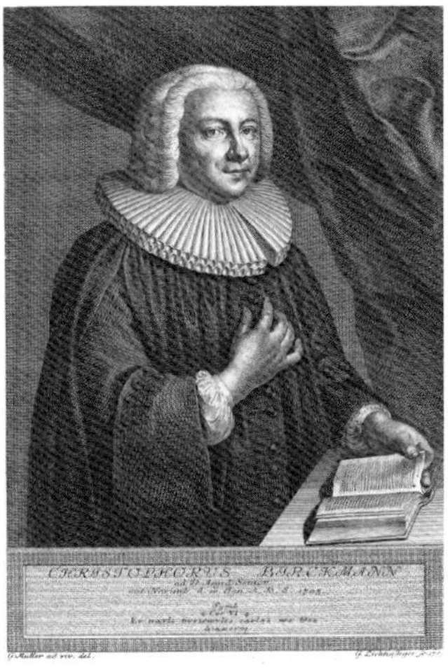

Christoph Birkmann (1703–1771).
Porträtstich von Georg Lichtensteger.
Bach-Archiv Leipzig, Graphische Sammlung

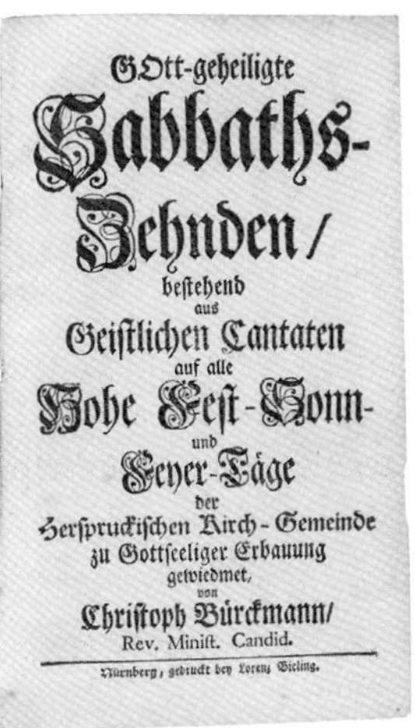

GOtt-geheiligte
Sabbaths-
Zehnden/
bestehend
aus
Geistlichen Cantaten
auf alle
Hohe Fest-Sonn-
und
Feyer-Täge
der
Hersbruckischen Kirch-Gemeinde
zu Gottseeliger Erbauung
gewiedmet,
von
Christoph Bürckmann/
Rev. Minist. Candid.

Nürnberg, gedruckt bey Lorenz Bieling.

GOtt-geheiligte Sabbaths-Zehnden
von Christoph Birkmann, Nürnberg 1728, Titelseite.
Stadtbibliothek im Bildungscampus Nürnberg,
Will. II. 1413.8°

Einstimmung
Musik von Leid und Leidenschaft

Der christliche Gebrauch des Wortes »Passion« unterschlägt meistens dessen Doppelsinn. Ebenso wie Leiden bedeutet ›Passion‹ bekanntlich *Leidenschaft*. Insofern stand bereits Jesu öffentliches Auftreten im Zeichen seiner Passion, seiner Leidenschaft für Gott.[1]

Kurt Marti

›Leid und Leidenschaft‹ ist eine treffende Kurzformel auch für Johann Sebastian Bachs Johannespassion, die am Karfreitag, dem 7. April 1724 in der Leipziger Nikolaikirche erstmals erklungen ist. Beide Wortbedeutungen schwingen mit: die in Musik übersetzte Leidensgeschichte vom Garten Gethsemane bis zum Kreuzeshügel Golgatha, und zugleich jene »Leidenschaft für Gott«, welche Jesu Leben bis zuletzt bewegt. Dies sind Themen nicht nur der wissenschaftlichen Theologie, die dem christlichen Glauben in all seinen Aspekten und Gesten nachdenkt. Vielmehr begegnen uns biblische Szenen wie die der Passionsgeschichte auch in den Spielarten »poetischer Theologie«[2], nämlich auf Bildern und in Filmen, in geistlicher Dichtung wie in Kirchenliedern. In der bislang nur in Ansätzen erforschten ›musikalischen Theologie‹ spielt Johann Sebastian Bach (1685–1750) eine überaus wichtige Rolle, denn er hat als Weimarer Hofkomponist und Leipziger Thomaskantor mit großer Leidenschaft alle Themen und Facetten des Glaubens im Rhythmus des Kirchenjahres in die Klänge seiner geistlichen Vokalmusik und Orgelwerke ›übersetzt‹.

Der Johannespassion Bachs gilt diese Interpretation, die musikalische und theologische Aspekte integrativ miteinander verbinden will. Das etwa zweistündige vokal-instrumentale Werk reizt zu einer solchen Deutung. Als »Musik-Sprache des Glaubens«[3] – mit den Aspekten klingende Bibelauslegung, komponiertes Gebet und Passionspredigt in Wort und Ton – soll Bachs Musik interpretiert werden, wobei auch weiterführende Themen zur Darstellung kommen: die ursprünglich liturgische Bestimmung des Werkes und seine heutige konzertante Aufführung, symmetrische Architektur und dramatische Gestaltung, die umstrittenen Fragen nach dem Antijudaismus in Bachs Passionswerken, nach der Berechtigung szenischer Interpretationen und nach der angemessenen, weil historisch wie theologisch informierten Aufführungspraxis.

Vieles fasziniert an Bachs Johannespassion. Vor allem die mit diesem Werk verknüpften offenen Fragen beschäftigen Musikpraxis und Wissenschaft. Nur eine Auswahl sei eingangs mitgeteilt: Obwohl zu allen vier bekannten Fassungen des Werkes (vgl. die Konkordanz der Fassungen von Peter Wollny, S. 56f.) mehr oder minder umfangreiche Textdichtungen und -bearbeitungen erstellt wurden, konnte bislang nur einer der daran – vielleicht in enger musico-theologischer Zusammenarbeit mit dem Thomaskantor Bach? – beteiligten Poeten mit eini-

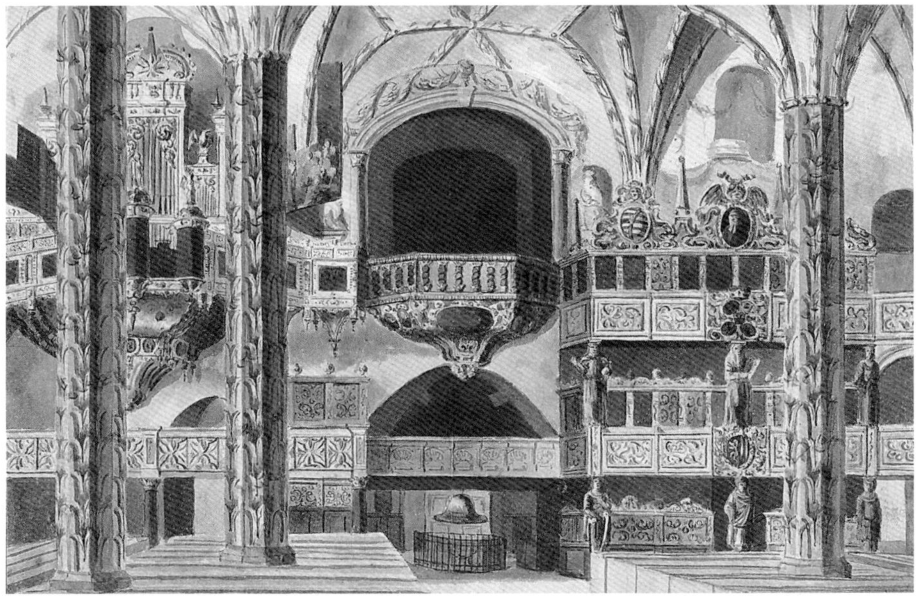

Nikolaikirche Leipzig, Ort der ersten Aufführung von J. S. Bachs Johannespassion am 7. April 1724. Aquarell von Carl Benjamin Schwarz, um 1785. Stadtarchiv Leipzig

ger Wahrscheinlichkeit namentlich identifiziert werden.[4] Christine Blanken hat jüngst das Libretto von Fassung II in einem Nürnberger Druck mit Kantatentexten ausfindig gemacht, der 1728 unter dem Titel *GOtt-geheiligte Sabbaths-Zehnden* erschienen ist und große Übereinstimmungen mit Bachs Leipziger Aufführungskalender um 1725 aufweist. Dessen Herausgeber Christoph Birkmann (1703–1771) nimmt für sich in Anspruch, zugleich der Verfasser etlicher dieser Libretti zu sein, darunter wohl sogar die berühmte »Kreuzstabkantate« von Bach. Im Blick auf die Johannespassion ist eine Autorschaft Birkmanns für die erste Fassung so gut wie ausgeschlossen, weil er 1724 noch nicht in Leipzig war. Durchaus möglich ist jedoch, dass Birkmann 1725 für das Libretto von Fassung II verantwortlich war: als Redaktor für die gesamte poetische Einrichtung sowie als Autor der jetzt neu eingegliederten Arientexte. Wenn dem so ist, können diese Texte allerdings nicht, wie bislang vielfach angenommen, aus einer »Gothaer Passion« Bachs stammen; sie wären dann erst 1725 in Wort und Ton entstanden. Nach wie vor unbekannt sind somit im poetischen Gesamtgefüge der Johannespassion der Librettist von Fassung I sowie jene weiteren Autoren oder Redaktoren, die für die textlichen Änderungen in der dritten und vor allem in der vierten Fassung verantwortlich sind.

Zu den ungelösten Fragen im Blick auf Bachs Johannespassion zählen weiterhin etliche Besetzungsdetails wie die fragliche Mitwirkung von Querflöten in der ersten Fassung 1724 oder die Bedeutung der rätselhaften, nur an dieser Stelle im Bach'schen Werk auftretenden Vorschrift »tutti gli stromenti« bei der Tenor-

Arie »Ach, mein Sinn« (Nr. 13) in Bachs Partitur (1724). Unklar ist nämlich, ob mit »alle Instrumente« sämtliche Streicher (im *tutti* anstatt solistisch) gemeint sind oder ob gar das gesamte Orchester (Streicher mitsamt Bläsern) wie ein großer Gegenspieler des Solotenors agieren soll. Fraglich bleibt auch, welches Instrument Bach in dieser Partitur mit »Bassono grosso« meint – vermutlich ein Kontrafagott.

Im Hintergrund solcher Fragen steht das besondere Faktum, dass Johann Sebastian Bach seiner Johannespassion im Unterschied zum Schwesterwerk nach Matthäus (1727/1736) keine endültige Werkgestalt verliehen hat. Anstelle einer ›Ausgabe letzter Hand‹ sind nicht weniger als vier divergierende *Aufführungsfassungen* der Jahre 1724 (I), 1725 (II), 1732 (III) und 1749 (IV) nachweisbar, die jedoch nicht alle vollständig erhalten sind. Während Fassung II und IV heute aufgeführt werden können, ist die Überlieferung der Fassungen I und III durch Verluste im originalen Notenmaterial so lückenhaft, dass weder eine Edition sinnvoll noch eine Aufführung möglich ist, es sei denn, man greift zum Mittel der Rekonstruktion, was im Blick auf Fassung I gelegentlich geschieht. Erhalten haben sich zahlreiche Originalstimmen des Werkes in dem für die Bachforschung einzigartig komplexen Johannespassions-Notenkonvolut mit insgesamt ca. 700 Seiten aus einem Zeitraum von 25 Jahren (1724 bis 1749/50) unter Beteiligung von etwa 20 verschiedenen Schreibern, die bislang nur teilweise namentlich identifiziert werden konnten. Dem amerikanischen Bachforscher und Dirigenten Arthur Mendel (1905–1975) gelang für die 1973 erschienene Edition des Werkes in der Neuen Bach-Ausgabe eine philologische Meisterleistung, nämlich die erstmals richtige Zuordnung sämtlicher Notenblätter zu den einzelnen Fassungen des Werkes.

Die vier Fassungen der Johannespassion

Nr.	*Jahr*	*Aufführungsort*	*heutige Aufführbarkeit*
I	1724	St. Nikolai	nur mittels Rekonstruktion
II	1725	St. Thomas	ediert von Peter Wollny
III	1732	St. Nikolai	nicht aufführbar
IV	1749	St. Nikolai	ediert von Peter Wollny

Doch es wird noch komplizierter, denn aus dem Jahr 1739 ist ein von Bachs Hand geschriebenes *Partiturfragment* überliefert (siehe Farbtafel 1), das mit keiner der vier Fassungen in direktem Zusammenhang steht, sondern eher auf eine geplante, aber wohl nicht zustande gekommene Aufführung verweist. Denn dieser Versuch Bachs, seiner Johannespassion eine endgültige Gestalt zu geben, bricht bereits nach zwanzig Seiten ab, also mitten im ersten Teil nach ungefähr einem Viertel des Werkes, zeitlich gesehen nach etwa einer halben Stunde. Warum hat der Komponist diese sorgfältig begonnene Überarbeitung seiner Johannespassion nie vollendet, auch nicht zehn Jahre später im Zusammenhang der

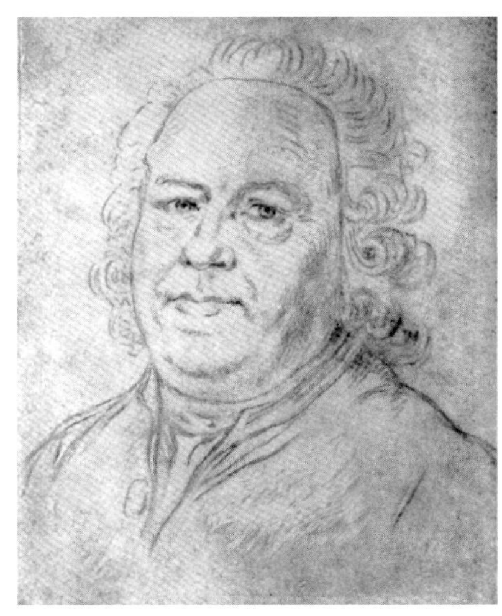
Johann Sebastian Bach. Silberstiftzeichnung auf Pergament. Anonymus, um 1730. Privatbesitz

Aufführung von 1749? Das ist eine weitere Frage, bei der wir – wie so oft bei der Johannespassion – über Mutmaßungen kaum hinauskommen. Gewiss ist, dass die zahlreichen von Bach in der Partitur von 1739 vorgenommenen minutiösen Verbesserungen zunächst in einer Art ›Dornröschenschlaf‹ verblieben sind; weil sie keinen Eingang in das originale Stimmenmaterial gefunden haben, sind sie unter Bachs Leitung in Leipzig nie erklungen.

Johann Sebastian Bach schätzte seine Passionsmusik nach Johannes offenbar sehr, denn er hat sich mit ihr von seinem ersten (1724) bis zweitletzten (1749) oder gar letzten (Karfreitag 1750) Leipziger Amtsjahr immer wieder beschäftigt. Ausgerechnet mit diesem Werk ist er jedoch nie wirklich fertig geworden, was zur Konsequenz hat, dass manche Sätze in nicht weniger als vier bis fünf divergierenden Fassungen vorliegen. Und selbst die spätere *Rezeption* spiegelt gleichsam den fertig-unfertigen Werkzustand, weil musikwissenschaftliche und theologische Verstehensversuche etliche Aspekte offen lassen oder auf eine Frage gleich mehrere Antworten geben müssen. Beim Publikum schließlich ist Bachs Johannespassion heute ebenso bekannt wie unbekannt. Am bekanntesten ist die im Konzertleben dominierende Mischfassung der Neuen Bach-Ausgabe, herausgegeben von Arthur Mendel[5], die sich sowohl auf die unvollendete Revisionspartitur als auch auf die Originalstimmen stützt. Allerdings entspricht sie keiner der vier Aufführungen Bachs exakt. Weithin unbekannt geblieben ist bis heute vor allem Fassung II der Johannespassion, die wir mit Ulrich Leisinger[6] nicht als »Notbehelf« betrachten, sondern als vollgültiges Werk Bachs, dessen Interpretation sich musikwissenschaftlich, theologisch und aufführungspraktisch lohnt.

Diesem Buch über Bachs Johannespassion liegt die von Peter Wollny im Carus-Verlag herausgegebene quellenkritische Ausgabe in zwei Bänden zugrunde.[7] Diese separate Edition von Fassung II und Fassung IV reagiert auf die oftmals in Wissenschaft und Musikpraxis benannten Defizite der NBA-Fassung. Das editorische Prinzip Wollnys heißt: Der singuläre Charakter der Johannespassion als ›work in progress‹ soll nicht verschleiert, sondern ernst genommen werden. Denn mit zwei Aufführungsmöglichkeiten, die der Praxis des Komponisten entsprechen, sind heutige Interpreten näher an Bach als mit Mendels Fassung, die sich aus mehreren, historisch nicht zusammengehörigen Quellen speist. Die in jeder Hinsicht optimale Lösung kann es bei Bachs Johannespassion weder editorisch noch aufführungspraktisch geben. Diese Lösung wäre nämlich Bachs Fassung letzter Hand, welche bekanntlich fehlt und deren nachträgliche

›Konstruktion‹ durch einen Herausgeber zumindest ein Problem darstellt. Doch lässt sich dieses Faktum im Blick auf eine musikalisch-theologische Interpretation auch positiv deuten: Dass Bach die ›Werkstatt-Tür‹ zu dieser Passionsmusik nie endgültig geschlossen hat, hat neben den genannten Fragen und Problemen auch eine positive Seite. Durch diese Tür können wir manchen Blick in seine Komponierstube erhaschen, was nach letztgültiger Vollendung des Werkes, vielleicht verbunden mit der Vernichtung von Vorstudien, kaum noch möglich gewesen wäre.

Die grob skizzierte Geschichte und Gestalt dieser Musik zur Passion hat Auswirkungen auch auf unsere Interpretation. Ausgelegt wird in diesem Buch fortlaufend die vierte Fassung (1749) des Werkes, wobei die zusätzlichen Nummern der zweiten Fassung (1725) in einem eigenen Kapitel behandelt werden und die begonnenene Revision 1739 gelegentlich in Seitenblicken mit einbezogen wird. Eine Abweichung von Fassung IV sei jedoch schon zu Beginn mitgeteilt: Deren in Bachs Handschrift vorliegende Umtextierungen einiger Sätze beeinträchtigen das ursprüngliche Wort-Ton-Verhältnis so stark, dass hier dem früheren Wortlaut der Vorzug gegeben wird, der sowohl durch die älteren Werkfassungen als auch im ersten Teil durch das Partiturfragment von 1739 gestützt ist.

Das Einleitungskapitel erörtert generelle Themen wie die Gattung der Passionsmusik und Grundzüge ihrer geschichtlichen Entwicklung, zudem die musikalische Formenwelt des Bach'schen Werkes mitsamt dem Entstehungsprozess der einzelnen Fassungen. Der Hauptteil ist ein kommentierender Durchgang durch die beiden Teile der Komposition, der den musikalischen Interpreten – Dirigenten und Instrumentalisten, Vokalsolisten und Chorsängern – sowie interessierten Hörern eine rasche Orientierung im Werk ermöglichen soll. An geeigneten Stellen werden weitere Aspekte einbezogen, wie etwa die Karfreitagsliturgie zur Zeit Bachs (siehe S. 137 ff.), die kontrovers diskutierten Fragen der symmetrischen Gesamtanlage (siehe S. 41 ff.) und des Antijudaismus (siehe S. 139 ff.) sowie Bachs textliche Anleihen bei der Passionsdichtung des Hamburger Ratsherrn Barthold Hinrich Brockes (siehe S. 168 f.) und die typisch johanneischen Akzente des Werkes (siehe S. 65 f.). Insgesamt stehen die betrachtenden Sätze – mithin die Antwort auf die im Bibelwort bezeugte Passion – im Mittelpunkt. Mitzubedenken sind immer wieder auch die lutherische Passionsfrömmigkeit sowie gattungsgeschichtlich der Typus der Oratorischen Passion als komplexe Klangrede in Wort und Ton (siehe S. 40 ff.), die den beiden Grundrichtungen *nach vorn* (dramatisches Geschehen damals) und *nach innen* (Betrachtung hier und heute) verpflichtet ist. Deren Balance ist in der Geschichte der Passionsmusik wohl kein zweites Mal so geglückt wie in den beiden überlieferten Werken nach Matthäus und nach Johannes aus der Feder des berühmtesten aller Leipziger Thomaskantoren. Auch Bachs Passion für Sprache und Klangrede zählt zu den Voraussetzungen, mit denen er die *Passio Domini nostri Jesu Christi secundum Joannem* als »Musik von Leid und Leidenschaft« einzigartig zum Klingen bringt.

Bachs Johannespassion
Geschichte – Gattung – Gestalt

Einleitung

Musikalische Erinnerung an Jesu Passion

Die Passion ist eine Hauptgattung der Kirchenmusik und der geistlichen Musik. Nach den beiden von Kurt Marti benannten Facetten »Leid und Leidenschaft« ist das eine weitere Bedeutung des Wortes ›Passion‹. Es meint auch die Musik zu diesem biblisch inspirierten wie kompositorisch inspirierenden Thema. Bei aller Verschiedenheit der Werke steht im Zentrum immer »die Vertonung der Leidensgeschichte Jesu als musikalisches Kunstwerk«[1], wobei nicht selten sogar mehrere Künste ineinander greifen, etwa Dichtkunst – auch Libretti wie das von Barthold Hinrich Brockes (1712) werden als ›Passion‹ bezeichnet – und Tonkunst bei den zahlreichen Vokalkompositionen.

Solche Vieldimensionalität beginnt bereits mit der liturgischen Passionsmusik, die nicht vom Gottesdienst als ihrem ursprünglichen ›Sitz im Leben‹ isoliert werden darf. Sie erklingt in einem Ritus, der als ›Heiliges Spiel‹ insgesamt der *Memoria passionis* (Vergegenwärtigung der Passion) dient und aus spannungsvoller Vielfalt lebt: Wort und Klang, Regeln und Gesten, Singen und Sprechen, biblische Erinnerung und gegenwartsbezogene Verkündigung. An einem wichtigen neutestamentlichen Zeugnis mit Bezug zum Eingangschor »Herr, unser Herrscher« der Bach'schen Johannespassion sei das verdeutlicht. Zu den ersten, bereits in frühchristlicher Zeit gesungenen neutestamentlichen Worten von der Passion Jesu zählt der Hymnus im zweiten Kapitel des Philipperbriefes[2], in dem die Bibelwissenschaft ein vorpaulinisches Lied sieht, das seinen ursprünglichen ›Sitz im Leben‹ in der Taufliturgie oder in der Feier der Eucharistie hatte.

Wortlaut nach Philipper 2,6–11	**wichtige Aspekte**
Der in göttlicher Gestalt war,	Herrlichkeit
hielt es nicht für einen Raub,	
Gotte gleich zu sein,	vere Deus
sondern entäußerte sich selbst	Menschwerdung
und nahm Knechtsgestalt an,	
ward gleich wie ein ander Mensch	vere homo
und an Gebärden als ein Mensch erfunden;	
erniedrigte sich selbst	Niedrigkeit
und ward gehorsam bis zum Tode,	»Dein Will gescheh«
ja zum Tode am Kreuz.	Passion, Kreuz
Darum hat ihn auch Gott erhöht	Erhöhung
und hat ihm einen Namen gegeben,	
der über alle Namen ist,	»Herr, unser Herrscher«
dass in dem Namen Jesu	
sich beugen sollen aller derer Knie,	Kniefall der Verehrung
die im Himmel und auf Erden	
und unter der Erde sind,	
und alle Zungen bekennen sollen,	»Ruhm in allen Landen«
dass Jesus Christus der Herr sei,	»Herr, unser Herrscher«
zur Ehre Gottes, des Vaters.	Herrlichkeit

Die hymnisch formulierten Verse rufen, ähnlich wie Bachs Johannespassion, Jesus Christus als den Herrn (Kyrios) an: »Jesus Christus ist der Herr, zur Ehre Gottes, des Vaters« (Phil 2,11)[3]. Indem es die wohl früheste neutestamentliche Aussage zur ewig-göttlichen Seinsweise Christi (Präexistenz) formuliert, zeichnet das mehrstrophige Lied den Weg des Gottessohnes *theologisch-poetisch* nach: von seiner ewigen Herrlichkeit beim Vater »in göttlicher Gestalt« über die Entäußerung in der Passion (»entäußerte sich selbst«) bis zur Erhöhung und endgültigen Verherrlichung »zur Ehre Gottes, des Vaters«, die von allen geschaffenen Mächten (himmlisch, irdisch und unterirdisch) mit einem Kniefall vor dem Kyrios Jesus Christus gleichsam beantwortet wird. Und letztlich bezieht der dem Schema von Erniedrigung – »auch in der größten Niedrigkeit« wird es im Eingangschor der Johannespassion heißen – und Erhöhung folgende vorpaulinische Text seine Hörer und Sänger unmittelbar mit ein, denn sie alle tragen bis heute dazu bei, dass »alle Zungen« dies bekennen. Der Philipper-Hymnus zählt somit zu jenen im Kolosserbrief erwähnten »Psalmen, Lobgesängen und geistlichen, lieblichen Liedern« (Kol 3,16) der ersten Christen, bei denen man gern wüsste, wie sie zu biblischer Zeit geklungen haben.

Anfänge der gesungenen Leidensgeschichte

Das zeitliche Spektrum der Passionsmusik reicht von kaum noch greifbaren biblischen und altkirchlichen Anfängen über die Fülle liturgischer und konzertanter Passionskompositionen aller Epochen bis zur unmittelbaren Gegenwart. Die musikalische Gattung Passion wird dabei immer wieder zu einem Brennpunkt musikgeschichtlicher Entwicklungen, denn sie umgreift die Epochen von der Gregorianik bis zur heutigen Zeit und wird nicht selten zum Ort von Neuerungen. Wichtige Spannungsfelder sind etwa Gregorianik und Mehrstimmigkeit, vokale Polyphonie und instrumentale Affektdarstellung, liturgische Funktion und konzertanter Anspruch, zudem auch die Frage nach dem Zusammenhang zwischen der Passion Christi und dem Leiden der Gegenwart, etwa in Passionsvertonungen nach dem Zweiten Weltkrieg. Am Beginn des 21. Jahrhunderts sind unzählige Werke aus allen Epochen präsent. Sie lassen sich hören und verstehen als großer musikalischer Kommentar zur biblischen Leidensgeschichte in vielen komponierten Kapiteln.

Dass die in allen vier Evangelien überaus wichtige und mit jeweils anderen Akzenten dargestellte Passionsgeschichte bereits in den ersten Jahrhunderten singend rezitiert worden ist, erfahren wir andeutungsweise in einer Predigt des Kirchenvaters Augustinus (354–430) sowie aus Berichten der Nonne Egeria, einer Zeitgenossin Augustins, über ihre Pilgerreise nach Jerusalem gegen Ende des 4. Jahrhunderts.

Augustinus erwähnt, dass die Passion nicht nur »feierlich gelesen«, sondern »feierlich zelebriert« wird: »solemniter legitur passio, solemniter celebratur«[4].

Gemeint ist damit wohl eine gesungene Lesung (lectio) als liturgischer Gesang im Sprechduktus (Kantillation), wie ihn der Kirchenvater im zehnten Buch seiner *Bekenntnisse (Confessiones,* um 400) unter Berufung auf Bischof Athanasius von Alexandrien empfiehlt. Jener nämlich »ließ den Lektor die Psalmen mit so gelindem Auf und Ab der Stimme vortragen, dass es mehr einem getragenen Lesen als einem Singen glich«[5].

In seiner theologischen Reflexion über die Musik legt Augustinus größten Wert darauf, dass im Mittelpunkt die Verkündigung des Bibelwortes steht. Ihr haben der gesprochene oder gesungene Vortrag zu dienen. Vorbehalte zeigt er gegenüber Musik, welche die Andacht kaum fördert, weil sie die Aufmerksamkeit nicht auf den biblischen Gehalt und dessen rationale Erfassung lenkt. Der Kirchenvater sieht sogar die Gefahr, dass Musik sich selbst in den Mittelpunkt emotionalen Erlebens rückt, also letztlich zu einer Art Ohrenkitzel im kirchlichen Raum werden könnte. Hier wird ihm der Reformator Martin Luther später mit dem Hinweis widersprechen, dass die Musik ein großes Geschenk Gottes ist, »optimum Dei donum«, und dass Augustinus mit seiner gegensätzlichen Position ›Verkündigung oder Kunstgenuss‹ letztlich keine sinnvolle Alternative formuliert hat: »St. Augustin war so skrupulös, dass er sich fälschlich aus der Freude an der Musik eine Sünde gemacht hat.«[6] – Bereits in diesen kurzen musico-theologischen Streiflichtern wird deutlich, wie sehr die Frage nach Qualität und Angemessenheit geistlicher Musik die theologischen Gemüter beschäftigt.

Ganz im Unterschied zu Augustinus, der auch bei der Verkündigung der Passion den lehrhaften Aspekt (doctrina) betont, hebt die Jerusalempilgerin *Egeria* in ihrem gegen Ende des 4. Jahrhunderts verfassten Reisebericht die affektive Beteiligung aller Gläubigen hervor: »Bei den einzelnen Lesungen und Gebeten aber kommt es zu einer so großen Rührung [affectus] und zu solchen Klagelauten im ganzen Volk, dass es verwunderlich ist. Es gibt niemanden, weder alt noch jung, der nicht während dieser drei Stunden des Tages so sehr weint, wie man es nicht für möglich halten möchte – (und zwar) weil der Herr das für uns gelitten hat. Wenn schon die neunte Stunde begonnen hat, wird die Stelle aus dem Johannesevangelium vorgelesen, wo er seinen Geist aufgab (Joh 19,16–37) …«.[7] Der hier neben dem grundlegenden ›pro nobis‹ (für uns) – »crucifixus etiam pro nobis« (gekreuzigt wurde er für uns) heißt es im Glaubensbekenntnis – zugleich angedeutete emotionale Aspekt wird später *compassio* genannt. Johann Sebastian Bach hat solches Mit-Leiden höchst eindrucksvoll in Musik gesetzt, etwa wenn in seiner Johannespassion die Betrachter direkt angesprochen werden mit der Frage »Was willst du deines Ortes tun?«. Als Antwort legt Bach seinen Hörern in affektvoll-barocker Rede (»Zähren« meint Tränen) und Klangrede – und exakt an der von Egeria genannten Stelle nach Joh 19,16 – die bereits von jener Jerusalempilgerin berichtete Reaktion auf die Passion in den Mund, die als ›Beweinung‹ auch zu einem Topos der bildhaften Passionsdarstellung geworden ist: »Zerfließe, mein Herze, in Fluten der Zähren« (Nr. 35).

Theologie, Liturgie und Musica crucis

Gesamtdarstellungen der Passionsmusik gibt es in der deutschsprachigen Musikwissenschaft erst in jüngster Zeit von Kurt von Fischer[8] und Günther Massenkeil[9]. Beide zeigen, wie sehr jede Passionsmusik zum einen auf dem Hintergrund des Personalstils ihrer Autoren (Librettist und Komponist) verstehbar wird und zum anderen im Kontext der jeweiligen Phase des Komponierens und Theologisierens. ›Cantus firmus‹ aller Werke ist und bleibt der musikalische Blick auf das Kreuz im Sinne einer komponierten *Theologia crucis*. Insbesondere der Schweizer Musikologe Kurt von Fischer hat immer wieder auf die engen Zusammenhänge zwischen Theologie, Musik und Bildender Kunst hingewiesen. Theologische Deutungsschwerpunkte der Passion sind einerseits an den unzähligen Christusdarstellungen von der Spätantike bis zur Gegenwart ablesbar, andererseits wird Theologie auch erlebbar in Passionsspielen und vor allem hörbar in den komponierten Antworten des Glaubens auf diese Leidensgeschichte.

In groben Zügen ist folgende geschichtliche Entwicklung zu erkennen: Nachdem in früher Zeit selbst am Kreuz die herrscherliche Darstellung Christi (Pantokrator) dominierte, kommt es im 13. Jahrhundert im Zusammenhang gescheiterter Kreuzzüge und der franziskanisch inspirierten Theologie – man denke nur an Franziskus und seine Wundmale – sowie mystischer Einflüsse (Bernhard von Clairvaux) zur Betonung des Schmerzensmannes. Während also die triumphierende Kirche (Ecclesia triumphans) sich im Christus Pantokrator gleichsam spiegeln konnte, entspricht nun der leidenden Kirche die andächtige Besinnung auf die Passion Jesu in all ihren Details.

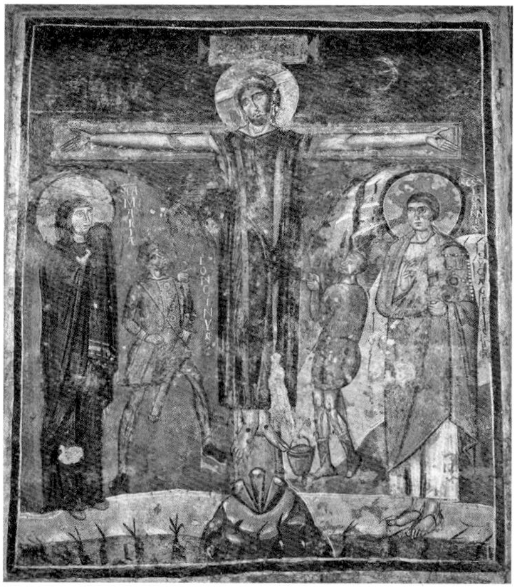

Christus in herrscherlicher Haltung am Kreuz. Wandbild in der Kirche Santa Maria Antiqua Rom, um 750

Wichtiger Bezugspunkt der Passionsmusik ist in allen Epochen die Feier des Gottesdienstes, vor allem in der Fastenzeit sowie am Palmsonntag und Karfreitag. Dabei sind die Aspekte Passion und Verherrlichung, die bereits der Hymnus des Philipperbriefes im Schema von Erniedrigung und Erhöhung nennt, zunächst noch eng miteinander verbunden und dem Osterfest als Mittelpunkt des Kirchenjahres und Zentrum des christlichen Glaubens zugeordnet. Auf einer ersten Stufe ist »das christliche Osterfest von einer Kumulation der Festinhalte bestimmt«[10], was nicht nur Leiden und Auferstehung umfasst, sondern letztlich die gesamte Heilsgeschichte von der Schöpfung (Genesis-Lesung in der

Osternacht) über die Erlösung bis zur Vollendung. Form dieser Feier ist die ganznächtliche Ostervigil mit einer Trauer- und einer Freudenphase. In Jerusalem entwickelt sich sodann die bis heute vertraute Dreitagesfeier von Karfreitag bis Ostersonntag (Triduum sacrum), wobei der Abend des Gründonnerstags, alter liturgischer Zeitrechnung folgend, bereits mitgezählt wird. Die ursprünglich in der Osternacht gelesene oder gesungene Passionsgeschichte wird dabei auf den Karfreitag verschoben. Eine Voraussetzung hierfür ist die Auffindung der heiligen Stätten in Jerusalem, die im 4. Jahrhundert mit Kirchenbauten markiert wurden, damit sie im Rhythmus der biblisch bezeugten Ereignisse begangen werden konnten. Der Karfreitag besteht nun nach den Zeugnissen der Pilgerin Egeria aus einer Folge von Wortgottesdiensten und Prozessionen sowie der Verehrung der Kreuzreliquie.

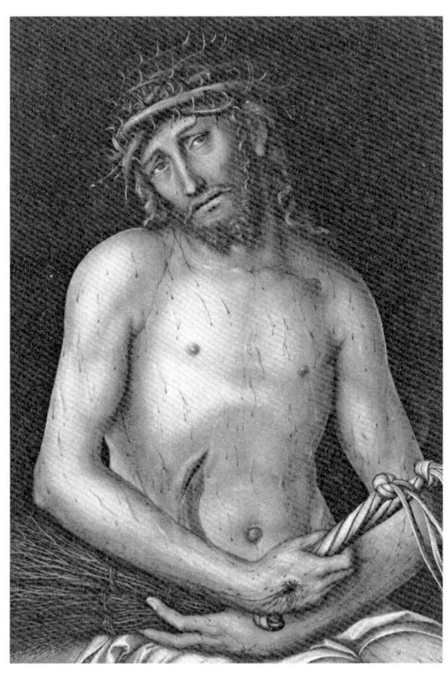

Christus als Schmerzensmann von Lucas Cranach d. Ä. (1472–1553). Öl/Tempera auf Eichenholz, vor 1537. Schleswig, Stiftung Schleswig-Holsteinische Landesmuseen Schloss Gottorf

Ein nächster Schritt auf dem Weg des liturgischen Auseinandertretens der ursprünglichen Einheit von Leiden und Auferstehung ist die Entfaltung der fünfzig Tage (Pentekoste) von Ostern bis Pfingsten. Sie entspricht – quasi als ›Echo‹ der Auferstehung – der vorbereitenden vierzigtägigen Bußzeit (Fastenzeit), welche in die Heilige Woche mit den drei wichtigsten Tagen des Kirchenjahres (Triduum paschale) mündet. Auf dieser Linie des Auseinandertretens von Leiden und Auferstehung liegt auch die typisch protestantische Profilierung des Karfreitags als musikalischer Hauptfeiertag des Kirchenjahres, was für Bachs Leipziger Zeit durchaus noch gilt. Doch gerade in Bachs Johannespassion wird diese Trennung an entscheidenden Stellen wie dem Eingangschor »Herr, unser Herrscher« (Nr. 1) oder der Alt-Arie »Es ist vollbracht« (Nr. 30) wieder aufgehoben und die im vierten Evangelium besonders akzentuierte Einheit von Kreuz und Auferstehung theologisch-musikalisch zurückgewonnen.

Drei musikalische Epochen: einstimmig, mehrstimmig, vokal-instrumental

In der Geschichte der Passionsmusik lassen sich musikalisch wie textlich drei Epochen unterscheiden: zunächst einstimmige Gregorianik mit lateinischem Bibeltext, dann die Latein und Landessprachen umfassende Mehrstimmigkeit sowie schließlich das vokal-instrumentale Zusammenspiel, in dem Bibel und Dichtung bzw. Dichtung ohne wörtlichen Bibeltext vertont werden.

Wie den Zeugnissen von Augustinus und Egeria zu entnehmen war, beginnt die Geschichte des liturgischen Passionsvortrags mit einstimmigem Gesang. Im Rahmen der Gregorianik entwickelt sich solches Kantillieren in der zweiten Hälfte des ersten Jahrtausends zu immer differenzierteren Modellen, die ›Passionstöne‹ genannt werden: mit Rezitationstönen für den Hauptteil des Textes, zudem besonderen melodischen Formeln etwa für Satzbeginn (»Jesus ging mit seinen Jüngern …«) und Satzende (»… so lasset diese gehen.«) sowie für Fragen (»Wen suchet ihr?«) und Überleitungen des Evangelisten zur Rede einer anderen Person oder Gruppe (»Sie aber sprachen: …«). Der gesamte Vortrag obliegt zunächst einem Diakon. Wie er gesungen hat, ist kaum noch in Erfahrung zu bringen, denn erst ab dem 9. Jahrhundert finden sich in den Handschriften sogenannte ›litterae significativae‹ als »Buchstaben, welche für den Liturgen bestimmte Hinweise auf relative Tonhöhen und auf das Tempo des Vortrags enthalten«[11].

Ab der Mitte des 13. Jahrhunderts ist die Praxis belegt, dass der Passionsbericht auf *drei Sänger* aufgeteilt wird, wobei ein Priester die Christusworte (Vox Christi) in tiefer Lage vorträgt, ein Diakon den Part des Evangelisten (Testo) in mittlerer Lage und ein Subdiakon die Reden der übrigen Personen (Personae alienae) sowie aller auftretenden Gruppen (Turbae) in hoher Lage. Gemäß der liturgischen Leseordnung tragen die drei Sänger in der Heiligen Woche die Passion vor: zunächst nach Matthäus (Kap. 26 und 27) am Palmsonntag und nach Johannes (Kap. 18 und 19) am Karfreitag, später auch nach Markus (Kap. 14 und 15,1–46) am Dienstag und nach Lukas (Kap. 22 und 23,1–53) am Mittwoch der Karwoche. Diese Ordnung begründet die häufige Vertonung der Passionsberichte nach Matthäus (Palmarum) und Johannes (Karfreitag), wobei letztgenannte Zuordnung im katholischen Bereich bis heute verbindlich ist, wohingegen am Palmsonntag die Passion in einem dreijährigen Turnus gemäß dem jeweiligen Lesejahr (A: Matthäus, B: Markus, C: Lukas) vorgetragen wird.

Ein weiterer Schritt führt um die Mitte des 14. Jahrhunderts vom dritten Sänger und seinem Part der übrigen Einzelpersonen mitsamt Jünger und Juden zur chorisch-einstimmigen Ausführung der Rede aller Gruppen. Dies ist zweifellos ein realistisches Moment im Sinne geistlicher Dramatik. Die für Johann Sebastian Bach ganz selbstverständliche Mehrstimmigkeit hielt in der Passionsmusik um die Mitte des 15. Jahrhunderts Einzug, und zwar zunächst bei den Worten der jüdischen Gegner Jesu. Nach ersten mehrstimmigen Einwürfen in der Art einer »akkordischen Rezitation«[12] kommt es zu insgesamt mehrstimmigen Werken, deren erste anonym überliefert sind. Blütezeit mehrstimmiger Passionsmusik wird das ausgehende 16. Jahrhundert mit Werken etwa von Orlando di Lasso (katholisch) oder Leonhard Lechner (protestantisch).

Inzwischen hat sich die Passionsmusik in zwei Grundtypen gleichsam verzweigt: zum einen die wie eine Motette durchkomponierten Werke, in denen etwa auch die Jesusworte im mehrstimmigen Vokalsatz erklingen; zum anderen die auf dem dialogischen Prinzip von Rede und Gegenrede beruhende responsoriale Passion, die größeres Gewicht auf die dramatische Handlung der Einzelpersonen (solistisch) und Gruppen (chorisch) legt. Sie wird auch Passionshistorie genannt, analog zu der seltener vertonten biblischen Oster- und Weihnachtsgeschichte. Bereits ab der Mitte des 16. Jahrhunderts ist die Mitwirkung von Instrumenten belegt. Im 17. Jahrhundert setzt dann der Einfluss der italienischen Oper auf die protestantische Passionsmusik ein, und aus dieser »konzertierenden Passion«[13], in welcher der instrumentale Part etwa des Generalbasses ganz selbstverständlich ist, entwickelt sich der für Johann Sebastian Bach entscheidende Typus der Oratorischen Passion mit ersten Werken etwa von Thomas Selle (1642) und Johann Theile (1673). Am Anfang des 18. Jahrhunderts beginnt mit dem Typus des Passionsoratoriums nochmals eine neue Phase. Zugleich verändert sich der ›Sitz im Leben‹ von Passionskompositionen, weil sich nun eine Entwicklung von der konzertanten Liturgie über musikalische Andachten bis zum (Kirchen-)Konzert als »Erbin des Ritus«[14] abzeichnet. Insbesondere Bachs Passionswerke stehen seit ihrer Wiederentdeckung im 19. Jahrhundert in der Spannung von ursprünglich liturgischer Bestimmung und späterer konzertanter Rezeption im Kirchenraum oder Konzertsaal.

Werfen wir noch einen kurzen Blick auf die Passionsmusik nach Johann Sebastian Bach. Bald nach seinen Werken, mit denen die Phase der Oratorischen Passion zum Abschluss kommt, entsteht 1756 mit dem Passionsoratorium *Der Tod Jesu* (Worte von Karl Wilhelm Ramler, Musik von Carl Heinrich Graun) ein Werk, dem große Popularität bis ins 19. Jahrhundert beschieden war. Abgelöst wurde es im Konzertleben erst nach 1829 – dem Jahr von Mendelssohns Wiederaufführung der Bach'schen *Matthäuspassion* in Berlin – durch die neu entdeckten beiden Bach-Passionen. Zu den verhältnismäßig wenigen Beiträgen zur Passionsmusik im 19. Jahrhundert zählen Beethovens *Christus am Ölberge* (1803) und etliche kaum noch bekannte Kompositionen wie *Des Heilands letzte Stunden* (1835) von Louis Spohr, Franz Liszts *Via crucis* (1878/79) oder Carl Loewes *Das Sühnopfer des neuen Bundes* (Erstdruck 1894).

Im 20./21. Jahrhundert kommt es zu neuen liturgischen, vor allem aber zu zahlreichen konzertanten Lösungen, denen jedoch keine allgemein gültige Norm des Komponierens mehr entspricht. Insbesondere für die Zeit nach dem Zweiten Weltkrieg wäre von Innovationen ebenso zu berichten wie von der retrospektiven Anknüpfung an die früheren Gattungsmodelle. Zu nennen sind etwa Frank Martins konzertantes Passionsoratorium *Golgotha* (1949) mit Einbeziehung der österlichen Licht-Danksagung des Exultet oder Hugo Distlers von Heinrich Schütz inspirierte und zunächst für die Liturgie bestimmte *Choralpassion* (1932), außerdem einige eher vom Typus der Oratorischen Passion inspirierte lateinische Werke wie Krzysztof Pendereckis *Lukas-Passion* (1966) und Wolfgang Rihms Passionsmusik *Deus Passus* (2000), wiederum nach Lukas. Dem klanglich asketischen Konzept einer *musique pauvre* mit Sprechgesang sowie der Zitierung des Bach-Chorals »Wenn ich einmal soll scheiden« (Matthäuspassion) und des Spirituals »Where you there when they crucified your Lord?« folgt Gerd Zachers Passionsmusik nach Lukas mit dem Titel *700 000 Tage später* (1968), wohingegen Arvo Pärts lateinische *Passio Domini nostri Jesu Christi secundum Joannem* (1982/1985) eine ebenso neuartige wie archaisch anmutende Klangwelt in die Passionsmusik einbringt. Als letzte große Passion nach Johannes ist die von Sofia Gubaidulina aus dem Jahr 2000 zu nennen, welche die Komponistin inzwischen mit einem Auferstehungsoratorium nach dem vierten Evangelium unter dem Titel *Johannes-Ostern* ergänzt hat.

Epochen der Passionsmusik

a. einstimmig-gregorianisch: im Dienst der liturgischen Verkündigung;
b. mehrstimmig: motettisch-durchkomponiert bzw. responsorial-dramatisch als Passionshistorie;
c. vokal-instrumental: Konzertierende und Oratorische Passion, später das Passionsoratorium;
d. im 20./21. Jahrhundert: zahlreiche Einzellösungen ohne Bindung an generell gültige Normen.

Wortlaut der musizierten Passion: biblisch, biblisch-geistlich, rein poetisch

Im Blick auf die Textgestalt von Passionsmusiken lassen sich drei große Epochen grob nachzeichnen. Die erste reicht von den gregorianischen Anfängen bis etwa zu den drei responsorialen Passionen nach Matthäus, Lukas und Johannes von Heinrich Schütz (1665/66). Charakteristisch ist die Konzentration auf das Bibelwort der neutestamentlichen Passionsgeschichte nach einem der vier Evangelisten oder einer summarischen Zusammenfügung ihrer Berichte, die Passionsharmonie (›Summa passionis‹) genannt wird. Die Sprache ist zunächst lateinisch, weil das die Sprache der Liturgie war. Erst im Zuge der Reformation kommen im Sinne einer Kirchenmusik »aus rechter Muttersprach und Stimme« (Martin Luther) auch die Landessprachen mit ins Spiel.

Die zweite Phase beginnt mit den frühesten Oratorischen Passionen um die Mitte des 17. Jahrhunderts und gipfelt in Johann Sebastian Bachs Werken. Der biblische Wortlaut ist hier beibehalten, wird aber mit auslegenden Texten ergänzt, die zunächst an den ›Rändern‹ eindringen, also beim Eingangschor (Exordium) und Schlusschor (Conclusio). Als Antwort auf das Evangelium beansprucht die Betrachtung mittels Kirchenliedstrophen und Arien immer mehr Gewicht, um schließlich zum reflektierenden Pendant der biblischen Botschaft zu werden. Vieles spricht dafür, dass die Integration von Heiliger Schrift und geistlicher Dichtung in Johann Sebastian Bachs Passionswerken am besten gelungen ist: als Balance von Bericht und Deutung, von Wort und Antwort, von *nach vorn* drängender Dramatik und *nach innen* weisender Meditation im Sinne von Luthers »ernstlichem Bedenken«[15], das in der Johannespassion des Thomaskantors »Betrachten« und »Erwägen« heißt.

Waren in der ersten Phase die neutestamentlichen Passionslesungen (Perikopen) die selbstverständliche Textgrundlage der Passionsmusik, bedarf es nun eigens einer textlichen Einrichtung, deren gedrucktes Ergebnis – ebenso wie im Bereich der Oper – als Libretto bezeichnet wird. Die doppelte Hauptqualität solcher Passionslibretti ist ihre biblische und musikalische Inspiration. *Biblisch inspiriert* sind die Worte, weil sie die neutestamentliche Botschaft von der Passion reflektieren, was auch viele alttestamentliche Zitate einschließt, etwa aus dem Psalter (Psalm 22) und dem Prophetenbuch Jesaja (Kapitel 53). *Musikalisch inspirierend* werden sie in ihrem Affektspektrum und Bilderreichtum. Näherhin sind dies vom Komponisten aufzugreifende Bilder, wie etwa in Bachs Johannespassion der »Regenbogen« in der »Erwäge«-Arie (Nr. 20), der musikalisch nachgezeichnet werden kann. Zum anderen sind es Affekte wie Freude und Schmerz, die eine klangliche Entsprechung finden. Im Idealfall stehen die beiden Qualitäten der biblischen und musikalischen Inspiration nicht unverbunden nebeneinander, sondern sie greifen ineinander und konstituieren so die biblisch-musikalische Doppelqualität des zu vertonenden Textes.

In der dritten Epoche der Passionsvertonung, die im frühen 18. Jahrhundert einsetzt – gleichzeitig vollendet Bach als ›Nachzügler‹ die zweite Epoche der Oratorischen Passion – dominiert die nicht-biblische, wenngleich immer noch biblisch inspirierte Sprache. Der Verzicht auf den wörtlichen Bibeltext mitsamt dem traditionellen Part des Evangelisten geht oft einher mit der Einführung sogenannter ›allegorischer Personen‹ wie »Die Andacht«, »Die Tochter Zion« oder »Die gläubige Seele«. Dies wird beim Vergleich von Passionsoratorium und Oratorischer Passion noch näher zu betrachten sein. Als Sonderform sei abschließend die rein instrumentale Passionsmusik genannt. Hierzu zählen neben Joseph Haydns *Die Sieben letzten Worte unseres Erlösers am Kreuze* (als Streichquartett, Orchesterwerk, vokal-instrumentales Oratorium sowie als Tastenwerk) auch Bachs verschollene »Sinfonia« (nach der Arie »Mein teurer Heiland«) in der dritten Fassung seiner Johannespassion, sowie von Frank Martin die instrumentale Passion *Polyptique* (1973) für Solovioline und zwei Streichorchester nach Duccios Altarbild (Maestà) für den Dom in Siena (1308–1311).

Wortlaut der Passionskompositionen

a. biblisch: die Passionsgeschichten der vier Evangelien, zunächst in Latein, später auch in Landessprachen;

b. gemischt: Bibelwort und biblisch inspirierte geistliche Dichtung (Liedstrophen und Barocklyrik);

c. einheitlich-poetisch: Dichtung, wobei auch das Bibelwort in Reime gefasst ist, kaum noch Choralstrophen;

(d. Sonderform: rein instrumentale Passionsmusik).

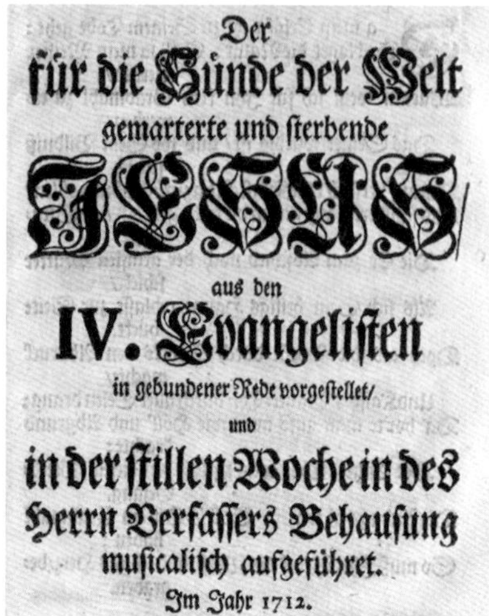
Der für die Sünde der Welt gemarterte und sterbende JESUS aus den IV. Evangelisten in gebundener Rede vorgestellet/ und in der stillen Woche in des Herrn Verfassers Behausung musicalisch aufgeführet. Im Jahr 1712.

Titelblatt der Passionsdichtung *Der für die Sünde der Welt gemarterte und sterbende Jesus* … von Barthold Hinrich Brockes, 1712. August Herzog Bibliothek Wolfenbüttel, *Lk 557*

Vergleichbar ist die komponierte Passion in ihrer die musikgeschichtlichen Epochen übergreifenden Fülle an Werken aus verschiedenen Regionen allenfalls mit der Gattung der Messe. Dabei ist die Passionsmusik aber in mehrfacher Hinsicht weit vielfältiger als das vertonte Messordinarium. Sprachlich und musikalisch ist sie variabler, nämlich Latein und Landessprachen, Bibelwort und Dichtung sowie die Bereiche vokal und instrumental umfassend. Zudem umgreift sie gleichsam die Konfessionen mit einem der lutherischen *Theologia crucis* entsprechenden protestantischen Schwerpunkt.

Bereits lange vor der Messe gewinnt die Passion ein konzertantes Dasein, indem sie sich aus der liturgischen Funktionalität löst, ohne die Aura des Gottesdienstes je ganz zu verlieren. So vermerkt etwa Barthold Hinrich Brockes (1660–1747) auf dem Titelblatt seines Passionslibrettos *Der für die Sünde der Welt gemarterte und sterbende Jesus* (1712)[16] nicht ohne Stolz, dass seine Dichtung – einige ihrer Sätze werden uns in Bachs Johannespassion begegnen – in der Vertonung durch Reinhard Keiser »in der stillen Woche [Karwoche] in des Herrn Verfassers Behausung musicalisch aufgeführet« worden ist.

Eine ähnliche Praxis privater Passionsdarbietungen außerhalb des Kirchenraums scheint auch für Leipzig denkbar. Und bald wird bei solchen bürgerlichen Ereignissen mit Passionsmusik eine Art Eintrittsgeld üblich, weil darauf geachtet wurde, dass die Besucher sich durch den Kauf eines Textheftes an den Kosten beteiligen. So berichtet Georg Philipp Telemann (1681–1767) von der ersten Aufführung seiner *Brockes-Passion* im Jahr 1716 in Frankfurt am Main, die eine Benefizaufführung für das dortige Waisenhaus war: »Es ist hiebey, als etwas sonderbares, zu mercken, daß die Kirchenthüren mit Wache besetzt waren, die keinen hineinließ, der nicht mit einem gedruckten Exemplar der Passion erschien, und daß die mehresten Glieder E. Ehrw. Ministerii am Altare in ihren Pontificalkleidern Platz nahmen.«[17] Der Komponist und Musikschriftsteller Johann Mattheson (1681–1764) rückt als Herausgeber dieser Sätze bei der Erwähnung des »gedruckten Exemplars der Passion« überdies die lobende Anmerkung ein: »Das ist eine schöne, zum Abgange [Verkauf] der Bücher dienliche, Erfindung: zumahl *ad pias causas* [für einen guten Zweck].«

Gewiss ist, dass Bach für seine Aufführungen in den Leipziger Hauptkirchen Programmhefte drucken ließ. Sie dienten zur Vorbereitung der Hörer, zum Mitlesen im Gottesdienst sowie zum weiteren häuslichen Bedenken der vertonten Worte. Thomasschüler besorgen das »Austragen«[18] der Hefte, die man gegen

Entgelt oder eine Spende in die Sammelbüchse erwerben konnte. Etliche solcher Texthefte, sowohl zu Kantaten als auch zum *Weihnachtsoratorium*, sind erhalten[19], leider kein einziges zu den Passionsmusiken Bachs. Der Leiter der Berliner Singakademie Carl Friedrich Zelter (1758–1832) erwähnt 1829 im Zusammenhang mit Mendelssohns Wiederaufführung der Bach'schen *Matthäuspassion* ein originales Textheft von 1729, das ihm offenbar noch vorlag,[20] später jedoch verloren ging und auch in der 1999 in Kiew wiederentdeckten Bibliothek der Berliner Sing-Akademie nicht mehr aufzufinden war.

Protestantismus: Martin Luther und Johann Walter

Kaum zu unterschätzen ist Martin Luthers Einfluss auf die Musik. Auch Bachs Kirchenmusik mitsamt seinen Passionswerken wäre ohne ihr konfessionell-lutherisches Fundament schlichtweg undenkbar. Was sind die lutherischen Spezifika zur Bachzeit? Zu nennen sind stichwortartig die generelle Hochschätzung der mit der Theologie geradezu verschwisterten Musik im Protestantismus, außerdem die sprachkräftig-musikalische Luther-Bibel mitsamt den vielstrophigen deutschen Kirchenliedern und die Luthers Kreuzestheologie entsprechende Zentralstellung des Karfreitags, sodann eine große Offenheit gegenüber musikalischen Innovationen wie dem aus der italienischen Oper stammenden affektvollen Sologesang zu Generalbassbegleitung (Monodie), schließlich auch die soziologische Bedeutung des Kantoren- und Organistenamtes mitsamt der dadurch neu profilierten verkündigenden Kraft der Musik.

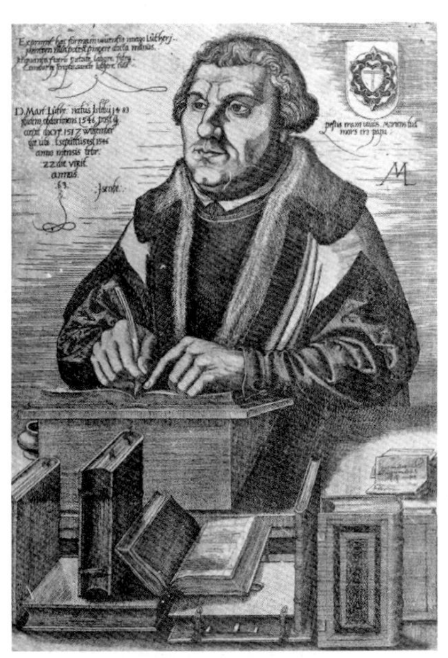

Martin Luther als humanistischer Gelehrter. Kupferstich von Melchior Lorck, 1548

Luthers Haltung zur Passionsmusik scheint zunächst eher ablehnend, weil er dem ›Vierpassionensingen‹, bei dem die Leidensgeschichte nach allen vier Evangelien an den Werktagen der Karwoche lateinisch ›abgesungen‹ wurde, nicht viel abgewinnen konnte. Entscheidend ist jedoch sein Grundsatz, die Geschichte der Passion müsse »bey dem Laien ... bekand bleiben«[21] mitsamt dem Hinweis auf die organische Einheit von deutscher Sprache und neuer Musikalisierung: »Denn daß man den lateinischen Text verdolmetscht und lateinischen Ton oder Noten behält, laß ich geschehen, aber es lautet nicht artig noch rechtschaffen. Es muß beides, Text und Noten, Akzent, Weise und Gebärde aus rechter Muttersprach und Stimme kommen, sonst ist's alles ein Nachahmen, wie die Affen tun.«[22]

Was den Reformator am ›Vierpassionensingen‹ irritiert hat, lässt sich wohl nur noch indirekt aus seinen Passionspredigten erschließen. Zum einen fehlt beim bloßen Vortrag des biblischen Wortlauts der predigthafte Impuls, durch den die gleichsam tote Schrift erst zum lebendigen Wort der Verkündigung (»viva vox evangelii«) wird, gemäß dem Pauluswort Römer 10,17 »So kommt der Glaube aus der Predigt, das Predigen aber durch das Wort Gottes«. Und neben dieser engen Verbindung von *Wort und Verstehen* sind noch zwei weitere wichtige Zusammenhänge zu nennen: *Wort und Antwort* sowie *Wort und Handeln*. Im Blick auf die Antwort predigt Luther: »Wenn man von dem Leiden unsers Herren Jesu Christi will predigen, so muss man nicht allein die Historien von Wort zu Wort den Leuten fürlesen, sondern sie auch vermahnen und lehren, dass sie gedenken, warum Christus also gelitten hat und wie sie solches Leidens genießen sollen.«[23]

Solche Zeilen lesen sich fast wie eine Begründung der Oratorischen Passion mit ihren Schwerpunkten der narratio (Vorlesen und Vorsingen), explicatio (warum dieses Leiden?) und applicatio (wie wir es genießen in geistlicher Aneignung). Ebenso wichtig wie dieses existenzielle Verstehen ist seine Fortsetzung im Handeln, womit eine intellektuelle Engführung ebenso verhindert wird wie die vermeintlich heilsbedeutsame eigene Leistung. Deshalb predigt der Reformator am Ende des »Sermon von der Betrachtung des heiligen Leidens Christi« mit geradezu programmatischen Worten: »Denn Christi Leiden darf nicht mit Worten und mit Schein, sondern muß mit Leben und Wahrheit behandelt sein.«[24] Auch diese Facette der ethischen Konsequenzen der Passionsbetrachtung findet sich in Bachs Oratorischen Passionen breit ausgearbeitet.

Luthers Passionspredigten greifen die mittelalterliche Vorstellung vom Mitleiden des Betrachters mit Christus (Compassio) vertiefend auf. Elke Axmacher fasst dies zusammen: »Die Passion ist nicht ein Schauspiel, dem wir zuschauen könnten, sondern ein Spiegel, in dem wir uns selbst erkennen.«[25] Wie aber sollen die Betrachter und Hörer sich in der Passion erkennen? Als diejenigen, denen Christi exklusives Leiden – solus Christus! – gilt, das ein stellvertretendes und sühnendes Strafleiden ist. Mit diesem Grundsatz verbinden sich die Aspekte Erlösung, Versöhnung und Nachfolge als die *dreifache Frucht* der Passion. Auf Christus liegt, was eigentlich den Menschen zukäme (propter me), nämlich Gottes Zorn und ein schmählicher Tod. Dieser Tausch der Rollen ereignet sich *pro nobis,* nämlich »uns zur hülff, dass wir dardurch quit und ledig werden«[26]; und all dies geschieht ohne unser Verdienst, sola gratia. Was aber bewirkt die Betrachtung der Passion? Sie bewirkt erstens Sündenerkenntnis (»Ich, ich und meine Sünden«), zweitens Trost im Gewissen (»rühre mein Gewissen«) und drittens die Geduld im Leiden (»gib uns Geduld in Leidenszeit«), wenn der Glaubende – sola fide – auf den leidenden Gottessohn blickt und auf sich selbst.

Heutige Verstehensschwierigkeiten solcher theologischen Gedanken sollen nicht vorschnell abgetan werden. Die Lehre vom stellvertretend-sühnenden Leiden Jesu mitsamt der Sündenverfallenheit jedes Menschen ist ein besonders

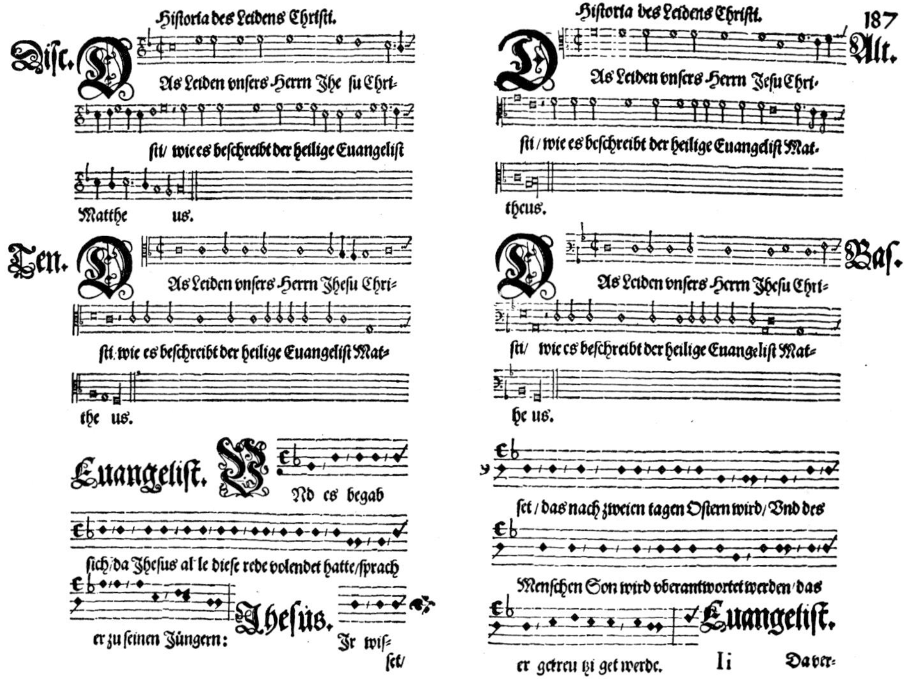

Johann Walter: Passionshistorie nach Matthäus (Beginn), Wittenberg 1573

schwieriges Thema der Theologie. Zwei Engführungen müssen von vornherein vermieden werden. Zum einen bleibt Luther nicht bei der Sündhaftigkeit des Menschen stehen, denn sein anthropologischer Grundsatz heißt »simul iustus et peccator«, der Mensch ist zugleich Sünder und gerechtfertigt. Zum Zweiten ist nicht die Passion letztes Ziel der Heilsgeschichte, sondern die *Auferstehung*. Auf dieser Linie liegt Luthers nüchterner und vielleicht durchaus aktueller Ratschlag, dass man »das Kreuz weder suchen noch fliehen« soll[27].

Für Martin Luther ist das Evangelium nach Johannes das »rechte Hauptevangelium«. Neben der liturgischen Zuordnung des vierten Evangeliums zum Karfreitag mag auch diese besondere Wertschätzung dazu geführt haben, dass die protestantische Kirchenmusik so viele Vertonungen der Johannespassion aufweist. Ihre erste musikalisch-mehrstimmige Ausprägung findet Luthers Passionstheologie in den Passionen seines musikalischen Beraters *Johann Walter* (1496–1570), der als protestantischer ›Urkantor‹ gilt und in Torgau sowie Dresden gewirkt hat. Seine Passionen sind nicht eigentlich Kompositionen im modernen Sinn, sondern vielmehr Modelle für den responsorialen Vortrag mit Soli und schlichten vierstimmigen Turba-Chören. Als Textgrundlage kennt dieser Passionstypus nur das Bibelwort in Luthers überaus sprachkräftiger und stilprägender Übersetzung. Musikalisch entspricht dies der zweiten, mehrstimmigen Phase der

Gattung Passion, in der das gregorianische Erbe der ersten noch im deutschsprachigen Sologesang des Evangelisten, der Vox Christi und weiterer Einzelpersonen weiterlebt. In Leipzig wurden Walters Passionen noch zur Bachzeit im vormittäglichen Hauptgottesdienst des Palmsonntags und Karfreitags gesungen.

Lucas Cranachs gemalte Passionstheologie

Nicht nur Theologie- und Frömmigkeitsgeschichte, auch Kunst- und Musikgeschichte können danach befragt werden, welche Antworten auf die Passion in verschiedenen Epochen argumentativ wie künstlerisch formuliert werden. Deshalb nehmen wir, bevor wir uns dem Typus der Bach'schen Passionsmusik zuwenden, der ›Oratorische Passion‹ genannt wird, eine bildhaft-lutherische Darstellung des Leidens Christi in den Blick. Als protestantisches Spezifikum der Passionsdeutung ist bereits eine zweifache Betonung deutlich geworden: Die Passion ist geschehen ›propter me‹ und ›pro nobis‹, also wegen mir und uns zugut. Neu ist weniger diese doppelte Perspektive, sondern ihre individuelle Zuspitzung, die Luther in bildhaftem Vergleich formuliert: »Wer nicht sich selber in Christi Leiden abgemalt sieht, der hat es noch nicht verstanden.«[28] Betrachtenswert an der Passion sind also nicht Nebenpersonen wie die Juden (negativ) oder Maria (positiv), vielmehr geht es um den Dialog zwischen Christus und dem Ich. Im emphatischen »ich, ich« der Lieder Paul Gerhardts kommt dies poetisch ebenso zur Geltung wie in einem bildlichen Darstellungstyp der Passion, der die Betrachter mitten in das Geschehen hineinstellt.

Insofern ist es mehr als eine Metapher, wenn der von Bach hochgeschätzte Theologe Heinrich Müller (1631–1675) als Rostocker Superintendent in seinen Predigten *Vom Leiden Christi*, welche die literarische Vorlage zu Bachs *Matthäuspassion* sind, gleich am Beginn geradezu programmatisch formuliert: »Der Apostel Paulus vermahnet seinen Timotheum, daß er stets solle im Gedächtnis tragen Jesum, den Gecreutzigten (2 Tim. 2/8.). Halt im Gedächtniß, sagt er, Jesum Christum. […] Nun, dahin soll auch unsere Paßions=Arbeit gehen, daß der gecreutzigte Jesus recht eingebildet, ja, fest eingedrücket werde in euer aller Hertz.«[29] Wenn Müller dann, zu Beginn der achten Predigt, von Paulus als demjenigen spricht, der »Jesum malt«, als ob er selbst unter dem Kreuz gestanden hätte, so wird die Nähe zur Bildkunst geradezu frappierend: »Der Apostel Paulus hat seinen Galatern den gecreutzigten Jesum also vor Augen gemahlet, als wäre er jetzo unter ihnen gecreutziget. Er hat deutlich und umständlich von der Creutzigung Christi geprediget, als hätte er selbst unter dem Creutze gestanden, und hätte sie mit Augen gesehen.«[30]

Mit diesen Zitaten eingestimmt, wenden wir uns einem Altarbild zu, das Johann Sebastian Bach wohlbekannt war: *Lucas Cranachs* Altar in der Weimarer Stadtkirche St. Peter und Paul (Herderkirche) mit einer Passionsdarstellung auf

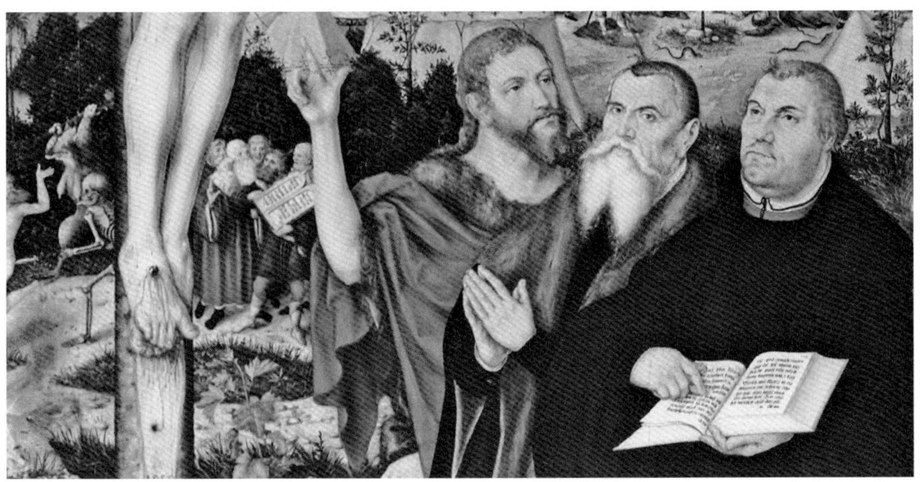

Johannes der Täufer, Lucas Cranach d. Ä. und Martin Luther unter dem Kreuz Christi. Mitteltafel des Altarwerkes in der Stadtkirche Weimar von Lucas Cranach d. Ä. und d. J. (Ausschnitt), 1555 (s. Farbtafel 10)

der Mitteltafel, deren vielschichtige Symbolik kaum auslotbar ist (siehe Farbtafel 10). Der Maler hat dieses »eindrucksvollste Denkmal der reformatorischen Bildkunst«[31] als sein letztes Bild mit 82 Jahren konzipiert und begonnen; vollendet wurde der berühmte Altar in der gleichen reformatorischen Intention von seinem Sohn, denn »die Cranachs malen, was Luther predigt«[32].

Im Zentrum stehen der gekreuzigte Christus (Theologia crucis) sowie die persönliche Aneignung seines Leidens und seiner Auferstehung (Soteriologie). Erkennbar wird zugleich der reformatorische Grundsatz Sola scriptura, denn Luther stellt dem Betrachter die aufgeschlagene Heilige Schrift als *viva vox evangelii* in bildhafter Predigt vor Augen, wobei die aus mehreren Bibelstellen stammenden Worte der *doctrina* zu lesen sind: »Das Blut Jesu Christi reinigt uns von allen Sünden. Darum laßt uns hinzutreten mit Freudigkeit zu dem Gnadenstuhl, auf daß wir Barmherzigkeit empfangen innen und Gnade finden auf die Zeit, wann uns Hilfe not sein wird. Gleich wie Moses in der Wüste eine Schlange erhöhet hat, also muß auch des Menschen Sohn erhöhet werden, auf daß alle, die an ihn glauben, nicht verloren werden, sondern das ewige Leben haben« (1 Joh 1,7; Hebr 4,16; Joh 3,14–15). Diese Bibelstellen ergänzen die liturgisch-biblischen Worte in Latein auf dem Banner des Gotteslammes: »Ecce agnus dei qui tollit peccata mundi« (Joh 1,29). Mit ebendiesem Bekenntnis in Gestalt der dreistrophigen Choralfantasie »Christe, du Lamm Gottes, der du trägst die Sünd' der Welt« schließt Fassung II der Bach'schen Johannespassion.

Am wichtigsten ist der Grundsatz des *pro me* im Sinne der sola gratia. Der Maler Lucas Cranach wird – »durch Kelch und Kirche unvermittelt«[33] – direkt vom Blutstrahl Christi getroffen. Deshalb ist diese Altartafel eine ins Bild gesetzte

Aneignung (applicatio) der Passion mitsamt der Darstellung des Ereignisses (narratio) und der auf dem Prinzip der Typologie – alttestamentliche Gestalten und Ereignisse wie das Erhöhen einer Schlange durch Mose finden im Neuen Testament ihre Entsprechung und endgültige Erfüllung – beruhenden Deutung (explicatio). Indem der Maler sich von der Botschaft treffen lässt, wird er, gemeinsam mit dem Reformator Luther, zum Zeugen für die Bedeutung der Passion hier und jetzt. Zurecht sieht Friedrich Ohly hier die lutherischen Prinzipien solus Christus, sola scriptura und sola gratia eindrucksvoll ins Bild gesetzt. Typologische Momente werden uns auch in der Johannespassion Bachs begegnen, etwa in der Formulierung »der Held aus Juda siegt mit Macht« (Nr. 30).

»Halt im Gedächtnis Jesum Christum« – so zitiert Heinrich Müller die Aufforderung zur »Passions-Arbeit«, die im biblischen Original auch die Auferstehung umfasst: »Halt im Gedächtnis Jesum Christum, der auferstanden ist von den Toten« (2 Tim 2,8). Dem nachzukommen ist eine theologisch-spirituelle Aufgabe, die auch verschiedenartige künstlerische Artikulationen mit einschließt: Dichtung (Kirchenlied, Libretti), Bildkunst und Musik. Cantus firmus ist die *memoria* des Leidens und Sterbens Christi, deren Gehalt die *doctrina* verbindlich nennt, wie Paulus es bereits in der frühesten theologischen Kurzformel 1 Kor 15 formuliert: »Was auch ich empfangen habe (traditio, memoria), nämlich dass Christus gestorben sei für unsere Sünde (pro nobis) nach der Schrift, und dass er begraben sei und dass er auferstanden sei am dritten Tage nach der Schrift.« Die Entfaltung der doppelten Kernthematik von Kreuz und Auferstehung geschieht unter verschiedenen Perspektiven und mit divergierender Akzentsetzung. Von der *imitatio* der Geschehnisse im Jerusalem des 4. Jahrhunderts, mithin an den originalen Stätten, war schon die Rede. Hier stehen das emotionale Mitleiden mit Jesus als *identificatio* und *compassio* im Mittelpunkt. Eine etwas andere Haltung ist die sich in jedes Detail der Passion versenkende *contemplatio*, die ähnlich wie die übrigen auf die doctrina angewiesen bleibt. In Bachs Passionen klingt das gesamte Ensemble solcher Antworten des Glaubens an: Musikalische *memoria passionis* mit dem dogmatisch-theologischen Aspekt der doctrina (propter me und pro me) sowie den emotional-spirituellen Aspekten der contemplatio, imitatio und identificatio. Und all dies wird affektvoll und effektvoll geradezu gesteigert zur musikalischen Predigt, zur Sprache des Glaubens in Wort und Ton, nicht zuletzt zum komponierten Gebet.

Oratorische Passion und Passionsoratorium zur Bachzeit

Die liturgisch-musikalischen Passionswerke mit ausschließlich biblischem Wortlaut (Phase 1) sind ähnlich einheitlich wie die sogenannten ›poetischen‹ mit lauter frei gedichteten Texten (Phase 3). Charakteristisch für den Typus der Oratorischen Passion (Phase 2) hingegen ist die geradezu bunte Mehrtextigkeit aus

Bibelwort, Choralstrophen und Ariendichtung. Bachs vokal-instrumentale Werke folgen diesem gemischten Typus als spätbarocke Fortsetzung des responsorialen Prinzips mit den modernen monodisch-konzertanten Mitteln, die um 1600 im Zusammenhang der italienischen Oper entstanden waren. Somit hat Bachs Passionsmusik, ähnlich wie seine Kantaten und Oratorien, zwei Wurzeln: die textlich-geistliche in der *Predigt* sowie die musikalisch-dramatische in der *Oper*.

Am deutlichsten wird der Ambitus von Passionstypen in Bachs Johannespassion, die einerseits durch die hohe Gewichtung der Handlung mit Vox Christi und Turbae noch die Passionshistorie als frühbarocke Phase der Passionsmusik reflektiert, sich textlich aber bereits aus dem Bestand des berühmten Librettos von Brockes bedient, das als Passionsoratorium bereits zur dritten Phase gehört. Bach leistet somit im Rückblick auf die Passionshistorie nichts Geringeres als die fast anachronistisch zu nennende Vollendung der Oratorischen Passion zu einer Zeit, als das Passionsoratorium schon etabliert war.[34]

Im Hintergrund stand damals eine theologisch-musikalische Kontroverse um die angemessene Passionsvertonung, die recht polemische Züge annehmen konnte. Eine konservative Fraktion konnte sich für die musikalisch-dramatischen Neuerungen nicht erwärmen. Berühmt wurde jene »adeliche Wittwe«, die eine neue Passionsmusik mit den musikgeschichtlich durchaus zutreffenden Worten kommentiert haben soll: »Behüte Gott, ihr Kinder! Ist es doch, als ob man in einer Opera oder Comödie wäre.« Die kirchengeschichtliche Quelle dieser Episode, Christian Gerbers *Historie der Kirchen-Ceremonien in Sachsen* (Dresden und Leipzig 1732), gibt einen anschaulichen Eindruck: »Denn es klinget offt so gar weltlich und lustig, daß sich solche Music besser auf einen Tantz-Boden oder in eine Opera schickte, als zum Gottesdienste. Am allerwenigsten will sich die Music nach vieler frommer Hertzen Meynung zur Passion, wenn solche gesungen wird, schicken. Vor fünffzig und mehr Jahren war der Gebrauch, daß am Palm-Sonntage die Orgel in der Kirche schweigen musste, es ward auch an solchen Tage, weil nun die Char- oder Marter-Woche anfange, keine Music gemacht. Bisher aber hat man gar angefangen die Paßions-Historia, die sonst so fein de simplici & plano, schlicht und andächtig abgesungen wurde, mit vielerley Instrumenten auf das künstlichste zu musicieren, und bisweilen ein Gesetzgen aus einem Paßions-Liede einzumischen, da die gantze Gemeine mitsinget, alsdenn gehen die Instrumenten wieder mit Hauffen. Als in einer vornehmen Stadt diese Paßions-Music mit 12 Violinen vielen Hautbois, Fagots und andern Instrumenten mehr, zum erstenmal gemacht ward, erstaunten viele Leute darüber, und wussten nicht, was sie daraus machen sollten. Auf einer adelichen Kirch-Stube waren viel hohe Ministri und Adeliche Damen beysammen, die das erste Paßions-Lied aus ihren Büchern mit großer Devotion sungen: Als nun diese theatralische Music angieng, so geriethen alle diese Personen in die größte Verwunderung, sahen einander an und sagten: Was soll daraus werden? Eine alte adeliche Wittwe sagte: Behüte Gott, ihr Kinder! Ist es doch, als ob man in einer

Opera oder Comödie wäre: Alle aber hatten ein hertzlich Mißfallen daran, und führeten gerechte Klagen darüber.«[35]

Da diese Episode in Dresden spielt, kann sie sich nicht unmittelbar auf Bachs Musik beziehen. Deutlich wird aber die polarisierte Situation zur Bach-Zeit, die als Variation der bereits bei Augustinus virulenten Spannung von Kult und Kunst gelten darf. Beklagt wird bisweilen, dass die modernen Passionen ihre Zuhörer »mehr geärgert als erbauet« hätten. Die Neuerer entgegneten, dass eine solch dramatische Passionsmusik bei ihren Hörern mehr bewirkt »als 50 unkräfftige und hergeleyerte Predigten«[36]. Schlüsselbegriffe der konservativen Fraktion heißen »Andacht« (positiv) und »Oper« (negativ), wohingegen die Modernisten die emotionale Wirkung ins Zentrum rücken, die gar nicht »lebhaft« und »nachdrücklich« genug sein kann.

Die Spannung zwischen Oratorischer Passion und Passionsoratorium hat in Bachs Johannespassion deutliche Spuren hinterlassen. Charakteristisch für die Oratorische Passion sind drei miteinander zusammenhängende Aspekte: Bibelnähe, geistliche Auslegung und theologisch-poetische Traditionsbindung. *Bibelnähe* meint das Erklingen des wörtlichen Passionsberichts nach einem der vier Evangelien oder einer Passionsharmonie im Wortlaut der Luther-Bibel. Als neue Errungenschaft des Passionsoratoriums hingegen gilt die Poetisierung auch des Bibelwortes mit dem Ergebnis einer theologisch selektiven Paraphrase, was letztlich zur Bibelferne führt. *Geistliche Auslegung* meint das Eintragen der Hörer in die neutestamentliche Botschaft, mit der sie gleichzeitig werden wollen. Sie sollen sich in der Passionsmusik gleichsam auf die Bühne des Geschehens gespiegelt finden. Deshalb verzichtet die Oratorische Passion auf eine vordergründige Dramatisierung. Ihr Weg zur Gleichzeitigkeit ist nicht die einseitig emotional akzentuierte ästhetische Identifikation mit einem fiktiven Geschehen im Sinne des dramatischen ›Mitgehens‹. Angezielt ist vielmehr ein Verstehen der Passion in ihrer gegenwärtig-existenziellen Bedeutung. Gerade weil der Leidensgeschichte eine überzeitliche Bedeutung zukommt, kann sie sich zu jeder Zeit neu erschließen. »Andächtige Musik« ist ein Weg hierzu, wie er auch in Kirchenliedern anklingt: »Jesu, deine Passion will ich jetzt bedenken; wollest mir vom Himmelsthron Geist und Andacht schenken« (Sigmund von Birken)[37]. Während die innere Einheit des in einem fiktiven Heute spielenden Passionsoratorium durch die einheitliche Stilebene der Dichtung garantiert wird, fordert die prinzipiell mehr-zeitige Oratorische Passion ihre hörenden Betrachter auf, in der »Passions-Arbeit« (Heinrich Müller) die Einheit von damals und heute, von Darstellung und Deutung selbst zu suchen und zu finden.

Die *Traditionsbindung* manifestiert sich im Rückgriff auf die anerkannten thematischen Aspekte der Passionsauslegung. Dies umfasst die Integration von Liedstrophen ebenso wie poetische Anleihen bei Predigten sowie Werken der Dichtkunst. Während Henrici-Picander sich bei den betrachtenden Sätzen von Bachs *Matthäuspassion* vor allem von Heinrich Müllers Predigten *Vom Leiden*

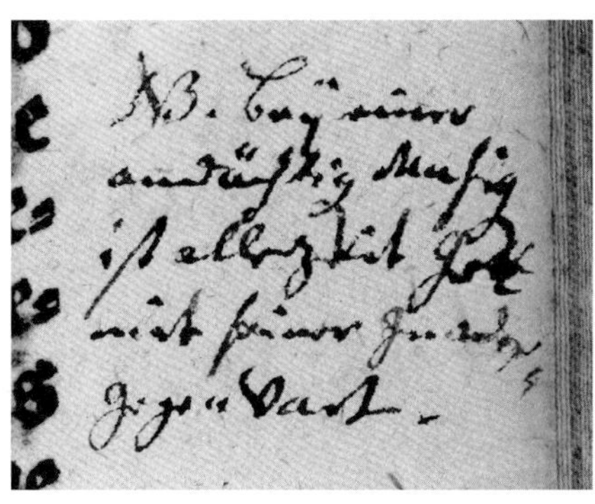

Calov-Bibel aus J. S. Bachs Besitz, Bd. I, Sp. 2087/2088 zu 2. Chronik 5,13 mit Bachs Randbemerkung: »NB. Bey einer andächtigen Musique ist allezeit Gott mit seiner Gnadengegenwart«. Concordia Seminary Library, St. Louis, Missouri

Christi inspirieren lässt, kennt die Johannespassion ein ganzes Ensemble poetischer Quellen. Gleich im ersten Passionsteil sind mit der Arie »Ach, mein Sinn« (1675) eine Gedichtstrophe von Christian Weise, mit »Von den Stricken meiner Sünden« (1712) der modifizierte Beginn der modernen *Brockes-Passion* und mit »Ich folge dir gleichfalls« (1724) eine wohl eigens hierfür geschaffene neue Ariendichtung vertont. Obwohl also jede Arie im ersten Passionsteil eine andere literarische Quelle hat, glückt doch – nicht zuletzt mittels Bearbeitung anstelle eigener Erfindung – insgesamt eine spannungsvolle Einheit. Deren Zentrum ist das Zusammenspiel von drei verschiedenen, aber beständig aufeinander zu beziehenden Textschichten: erstens das Bibelwort als textliches Rückgrat, zweitens die Barockdichtung als Zentrum der geistlichen Auslegung und Aneignung der Passionsbotschaft, drittens die Choralstrophen als katechetisch-didaktische Zusammenfassung von Einzelszenen.

Das Passionsoratorium hingegen sucht eine andere Einheit, nämlich die stilistische, die aus einer Feder stammt, wodurch der wörtliche Bibeltext theologisch wie poetisch problematisch wird und vor allem auf die Integration von Traditionsstücken (Choralstrophen, Verse fremder Autoren) immer mehr verzichtet wird. Die wenigen Liedstrophen werden nun zu Zitaten aus dem Mund etwa der »Christlichen Gemeinde«, wohingegen das Bibelwort eine typisch barocke Poetisierung erfährt. Dass die Poeten hier gegen die Gefahr der Banalisierung nicht immer gefeit waren, wird am Beispiel der zum Grabe eilenden Frauen in Picanders *Erbaulichen Gedanken* deutlich:

»Die Weiber folgten nach,
Wiewohl sie in den Thränen-Güssen
Nicht gehen, sondern schwimmen müssen.«[38]

Den literarischen Umbruch markiert Christian Friedrich Hunolds Passionslibretto *Der Blutige und Sterbende Jesus* (1704 komponiert von Reinhard Keiser), weil hier die biblische Verkündigung erstmals nicht mehr nach der Luther-Bibel erklingt, sondern durchweg in »lebhaften« und »nachdrücklichen« Versen. Zugleich entfällt die Rolle des Evangelisten. Im Vorwort charakterisiert Hunold den Unterschied beider Passionstypen, nun jedoch im Gegensatz zu Gerbers »adelicher Wittwe« mit dem Vorrang des neuen Passionsoratoriums: »Zwar so man diese Passion nach Art der andern einrichten wollen, würde man die Entschuldigung seiner Unvollkommenheit nicht nöthig haben, weil man so dann durch den Evangelisten und aus Büchern gezogenen geistlichen Gesängen [Liedstrophen aus Gesangbüchern] sich helfen können [= Oratorische Passion]. Allein so hat man gemeinet, dieses Leiden, welches wir ohne diß nicht lebhafft genung in unsere Hertzen bilden können, bey dieser heiligen Zeit nachdrücklicher vorzustellen, wenn man es durchaus in Versen und sonder Evangelisten, gleich wie die Italiänische so genannte Oratorien, abfaste, so daß alles auf einander aus sich selber fliesset« [= Passionsoratorium].[39]

Der Evangelist – mitsamt der Vox Christi und den Personae alienae freilich – sowie die »geistlichen Gesänge« gelten Hunold als überkommene Charakteristika der Oratorischen Passion. Barthold Hinrich Brockes schlägt dann 1712 einen interessanten Mittelweg ein, indem er den Part des Evangelisten zwar beibehält, dessen biblische Botschaft jedoch in Reime fasst. Wenn schließlich die betrachtenden Stücke »gewissen erdichteten Personen«[40] in den Mund gelegt werden, wie es Johann Adolph Scheibe in seinem *Critischen Musicus* (Leipzig 1745) formuliert, darf zumindest gefragt werden, ob das Auftreten der »Andacht« als Person, welche die Hörer außerhalb ihrer selbst wahrnehmen können, nicht geradezu deren Verschwinden im Werk wie im Betrachter signalisiert.

Letztlich haben Oratorische Passion und Passionsoratorium einen anderen *Hörer* im Blick. Bei der Oratorischen Passion ist das Subjekt der Betrachtung immer das gläubige Ich, das sich in einer direkten Beziehung der Gleichzeitigkeit zum Passionsgeschehen findet. Unterstützt wird dies durch die Einbettung der Passionsmusik in das gottesdienstliche Geschehen etwa am Karfreitag und durch den Kirchenraum, dessen Aura zum musikalisch-geistlichen Verstehen nicht wenig beitragen kann. Das in der Regel konzertant aufgeführte Passionsoratorium gibt allegorischen Personen wie der »Tochter Zion« oder dem »Chor der Gläubigen« breiten Raum. Deshalb ist die Betrachtung weniger ein Dialog zwischen Werk und Hörern, sondern sie wird immer mehr zu einem Thema innerhalb des Werkes, das die Hörer kaum innerlich mitvollziehen, sondern wie von außen wahrnehmen.

Schließlich kommt es zu einer weiteren theologischen Akzentverschiebung: Stellen die Oratorischen Passionen die Leidensgeschichte als Geschehen der Erlösung und Versöhnung (mit Gott und untereinander) dar, so verzichten die Passionsoratorien immer mehr auf den versöhnenden Aspekt, weil er die Schwierigkeiten des stellvertretenden Strafleidens Jesu für die Sünden der Menschen in sich birgt. Die fast geniale Kompromissformel heißt in Bachs *Matthäuspassion* »Aus Liebe will mein Heyland sterben« (Nr. 49). Im traditionell-theologischen Konzept ist dies die Liebe des Vaters, der seinen menschgewordenen Sohn nicht verschont, um die Menschheit zu retten (Satisfaktions- und Sühnegedanke). Im neuen Konzept ist es die menschlich-vorbildhafte Liebe Jesu, der uns allen ein tugendhaftes Beispiel gibt, das wir in seiner Nachfolge beherzigen sollen. Luther denkt noch alle Komponenten zusammen, nämlich Gottvater, Sohn und Menschen, was nur einer geistlichen Auslegung gelingen kann: »Wie wir aus dem

Erzeigen seiner (Jesu) Liebe hier Gott erkennen lernen, so lernen wir aber auch uns selbst erkennen.«[41]

Zusammenfassend lässt sich der Unterschied zwischen Oratorischer Passion und Passionsoratorium auf die Grundfrage Balance (Oratorische Passion) oder Einheit (Passionsoratorium) bringen. Die Oratorischen Passionen akzeptieren und gestalten die Vielfalt, um deren Balance zu suchen. Dies gilt für die Vielfalt im Blick auf die Rollen, die Zeiten (damals-heute), die Sprachebenen von Wort und Antwort sowie die musikalischen Formen; letztlich gilt es auch für die theologischen Verstehensmodelle, weil die Akzente der modernen Dichtung keineswegs deckungsgleich mit denen der Choräle sind. Dennoch kommt es zu einer Ergänzung. Das Passionsoratorium hingegen entscheidet sich für die Einheit, welcher der jeweils gegenläufige Aspekt untergeordnet oder gar geopfert wird.

Geistesgeschichtlich zeigt der Übergang von der Oratorischen Passion zum Passionsoratorium die zunehmende Säkularisierung auch der Passionsthematik. Säkularisierung meint weniger eine generelle Entkirchlichung mitsamt Glaubensverlust, sondern die Reduzierung der Passion auf *Jesus*, den Erlöser. Damit rückt zum einen die Person des göttlichen *Vaters* in den Hintergrund. Zum anderen wird der *Geist* als Helfer des Verstehens hinfällig, weil nur wenig Spielraum für eine geistliche Auslegung bleibt. Abschließend bringen wir die Entwicklung nochmals auf die beiden Grundbegriffe »Schauspiel« und »Spiegel«. Das Schauspiel des Passionsoratoriums verlangt nach einem Publikum; die Oratorische Passion als Spiegel braucht Hörer, die mitbeten. Das Schauspiel fesselt die Aufmerksamkeit und richtet alles auf ein Ziel aus: wie es ausgehen wird. Der Spiegel setzt von Anfang an voraus, dass der Hörer den Ausgang kennt, und nur deshalb kann das Ziel in jedem einzelnen Punkt schon antizipiert werden. Die Oratorische Passion betrachtet die Passion von der Auferstehung her, was in der österlichen Rahmung der Bach'schen Johannespassion mit den Stichworten »Verherrlichung« und ewiger Lobpreis überaus deutlich wird: »Herr, unser Herrscher, dessen Ruhm in allen Landen herrlich ist ...« – »... ich will dich preisen ewiglich«.

Eine Einschränkung dieser dezidiert unterschiedlichen Sicht von Passionsoratorium und Oratorischer Passion muss aber noch gemacht werden. Zunächst darf die ›symphonische‹ Qualität der biblischen Passionsbotschaft nicht aus dem Blick geraten. Das *eine* Evangelium artikuliert sich bereits biblisch in vier divergierenden ›Ur-Kunden‹, und auch die christliche Soteriologie kennt eine Vielzahl von Motiven, die letztlich weder einfach harmonisierbar noch in eine Hierarchie zu bringen sind. Nicht wenige Diskussionen über die auch von vielen heutigen Hörern Bachs als problematisch empfundene Passionstheologie mit den Aspekten Sühne, Opfer und stellvertretendes Leiden[42] kranken bereits an einer verengten Darstellung des recht polyphonen biblischen Zeugnisses. Zu berücksichtigen ist auch, dass jeder Künstler sich für eine Deutung der Passion nicht nur entscheiden kann, sondern muss. Dass die Oratorischen Passionen der lutherischen *Theologia crucis* näher stehen als die meisten Passionsoratorien, soll nicht bestritten werden. Dies disqualifiziert aber nicht von vornherein alle Passionsoratorien – man denke an die inzwischen in CD-Einspielungen vorliegenden *Brockes-Passionen* etwa von Händel, Telemann und Stölzel, die reiches Vergleichsmaterial zu Bachs Johannespassion abgeben – in ihrem theologisch-spirituellen Gehalt. Denn immer ist es auch der Rezipient, der seinen eigenen Horizont mitbringt als Vorverständnis, indem er etwa im Werk fehlende theologische Aspekte ergänzt. Bachs Bibel-Randnotiz ist ernst zu nehmen: »Bey einer andächtigen Musik ist allezeit Gott mit seiner Gnadengegenwart.« Was trägt bei zur andächtigen Musik? Werk und Interpretation, aber auch Hörer und Situation. Ihr gelingendes Zusammenspiel kann sich der »Gnadengegenwart« öffnen. Der Herausgeber Abraham Calov (1612–1686) versah diese Perikope von der Einsetzung der Tempelmusik (2 Chronik 5,13) mit der theologisch überaus präzisen Überschrift: »Wie auff die schöne Music die Herrligkeit des Herrn erschienen sey«[43]. Der Anklang an den Eingangschor »Herr, unser Herrscher, dessen Ruhm in allen Landen herrlich ist« soll hier nicht als direktes Zitat vereinnahmt werden. Und doch zeigt sich an dieser Übereinstimmung, wie sprachlich einheitsstiftend und kompositorisch inspirierend die Luther-Bibel für die geistlich-musikalische Welt des Protestantismus war, in der Johann Sebastian Bach ein musikalischer Höhepunkt bis heute ist.

Bachs Passionsmusik als Sprachspiel in Wort und Ton

Ähnlich wie die etwa 200 überlieferten Kirchenkantaten oder das *Weihnachtsoratorium* sind auch Johann Sebastian Bachs Passionswerke durchaus heterogen, und zwar in Wort und Ton. Der Komponist nutzt die poetisch-musikalische Vielfalt der Formen und Stile verkündigend als Chance zur dramatischen Gestaltung in spannungsvollen Polaritäten: Schauspiel (nach vorn) und Spiegel (nach innen), Wort (Bibel) und Antwort (Choräle, Barockdichtung), Darstellung und Aneignung, Fragen und Antworten, vokal und instrumental, Dramatik und Innerlichkeit, Gesamtsinn und Einzelszene, Affekt und Dogma, Ich (solistisch) und Wir (chorisch), konzertante Musik im liturgischen Dienst.

Aus der Gregorianik, der ältesten musikalischen Passionstradition, stammt das Singen der Leidensgeschichte mit verteilten Rollen. Konstant geblieben sind seit alters her zwei Stimmlagen, nämlich die Vox Christi als tiefe und der Part des Evangelisten (Testo) als hohe Männerstimme. Als weitere Einzelpersonen (Personae alienae) begegnen uns in Bachs Passionsmusiken Petrus und Pilatus, außerdem die Magd (ancilla) und ein Diener des Hohenpriesters (servus) sowie, nur in der *Matthäuspassion*, die »zween falschen Zeugen« (testis). Hinzu tritt die chorische Darstellung der Turbae (Menge, Haufe), was sowohl Jesu Jünger als auch seine Gegner meint, in Bachs Johannespassion freilich in erster Linie die

Gegner, weil neben der unmittelbar feindlichen Gruppe von Juden nur noch die Petrus fragenden Knechte und Diener (»Bist du nicht seiner Jünger einer?«) sowie die römischen Kriegsknechte mit dem Chor »Lasset uns den nicht zerteilen« zu Wort kommen, nicht aber die Jünger Jesu.

Evangelist, Christusworte und weitere Personen

Testo (Evangelist), Vox Christi (Christusworte), Personae alienae (weitere Personen wie Petrus, Pilatus, Diener, Magd) und Turbae (Gruppen der Widersacher Jesu und der Kriegsknechte) sind die ›Rollen‹ des biblischen Berichts in der Richtung nach vorn. Der musikalisch-solistischen Darstellung dieses Geschehens dient zunächst das äußerst flexible Rezitativ, das mittels musikalisch-rhetorischer Gestaltung sowohl die bildhafte (Hypotyposis-Figuren) als auch die affektvolle (Emphasis-Figuren) Textauslegung kennt. An wenigen Stellen nur steigert Bach den prinzipiell im Sprechduktus, also Silbe für Silbe (syllabisch) erfolgenden Textvortrag zu melodisch ausgeschmückten (melismatischen) Höhepunkten, um ein bestimmtes Wort – wie etwa das bitterliche »Weinen« des Petrus nach dem »Krähen« des Hahnes oder das freilich verneinte »Kämpfen« der Jünger sowie die Worte »Geißeln« und »Kreuzigen« – besonders hervorzuheben. Im Unterschied zur *Matthäuspassion,* in der die Jesusworte accompagnato erklingen, findet sich in jener nach Johannes keine generelle Unterscheidung zwischen den verschiedenen Solopartien. Sie sind als vom Generalbass begleitete Rezitative vertont, wenngleich auch in der Johannespassion die Jesusworte durch besondere Gravität ausgezeichnet sind. Überdies werden die meisten alttestamentlichen Zitate im Passionsbericht des Evangelisten als Arioso-Passagen hervorgehoben. Wie sehr Bach an den Rezitativen im Einzelnen gefeilt hat, wird im gelegentlichen Vergleich zwischen der Fassung 1724/25 und der Partitur 1739 deutlich werden.

Plausibel scheint, dass die Vertonung der rezitativischen Partien am Beginn des Kompositionsvorgangs steht. Bach hat diesen solistischen Handlungsstrang wohl ›in einem Zug‹ skizziert. In der Partitur schreibt er zunächst die Worte eines Abschnitts nieder und dann erst die Noten, weil sich so die Platzeinteilung am besten bewerkstelligen lässt. Von Anfang an muss er dabei immer die tonartliche Gesamtordnung im Blick behalten, damit die ›Öffnungsstellen‹ für Turbae, Arien, Accompagnati und Choräle nicht nur angemessene Berücksichtigung finden, sondern bereits im Rezitativ die jeweils für den Einschub geplante Tonart erreicht bzw. vorbereitet wird.

Turba-Chöre und Symmetrie-Debatte

Die mit den Turba-Chören der Johannespassion verknüpften Fragen haben sich zu einem eigenen Thema der Bachforschung verselbstständigt. Musikwissenschaftler, Theologen und Musiker widmen sich diesem Aspekt des Werkes in einer insgesamt vielstimmig-kontroversen Debatte, zu der hier nur ein Überblick gegeben werden soll. Grundlage der Diskussion ist das hohe Gewicht der Turbae. Dies rührt nicht zuletzt daher, dass diese Chöre in der Johannespassion fast ausschließlich aus dem Mund der Widersacher Jesu erklingen. So entsteht die dramatische Konfrontation zwischen dem Juden Jesus und dieser jüdischen Menschengruppe, und Bach war offenbar sehr daran gelegen, dies mit musikalischen Mitteln pointiert nachzuzeichnen. Dazu wählt er eine durchaus extreme Affekt-Gestaltung, oftmals mit energischem Repetitionsgestus, greller Chromatik und melodisch-harmonischem Dissonanzenreichtum. Zu berücksichtigen ist außerdem die ›verlängerte‹ zeitliche Ausdehnung, mittels der ein dreisilbiger »Kreuzige«-Ruf auf mehrere Partiturseiten gedehnt wird, was einen deutlichen Unterschied zu den kompakteren Turbae der *Matthäuspassion* macht.

Die Hauptsache ist jedoch die besondere symmetrische Gestaltung der meisten Turbae. Ausgangspunkt der Diskussion ist ein in der Geschichte der Passionsmusik einzigartiges Faktum: Die Turbae der Johannespassion stehen nicht jeweils einzeln für sich, sondern sind durch eine Art internes Parodieverfahren miteinander verbunden. So schafft Bach ein formales Beziehungsnetz für einen großen Teil des Werkes. Jeweils zwei Chöre sind durch ähnliche Gestaltung aufeinander bezogen, wodurch sich insgesamt eine Symmetrie um den vierstimmigen Choral »Durch dein Gefängnis, Gottes Sohn« (Nr. 22) ergibt. In der älteren Bachforschung wurde diese eigenwillige Turba-Gestaltung zunächst kritisch kommentiert. So tadelt etwa Philipp Spitta, dass Bach »dem Wunsche nach musikalischer Festigung und Abrundung die feinere Charakterisirung geopfert«[44] habe. Zu erinnern ist auch daran, dass Bachs Parodieverfahren insgesamt im 19. und noch im 20. Jahrhundert auf große ästhetische Vorbehalte gestoßen ist. Man vermisste bei den Parodien – selbst im *Weihnachtsoratorium* und der *h-Moll-Messe* – die im ästhetischen Kanon der Erhabenheit hoch angesetzten Kriterien der Originalität und Einheitlichkeit.

Zentrum der Diskussion ist nun die Erkenntnis, dass das Turba-Beziehungsgeflecht der Johannespassion einem symmetrischen Grundprinzip folgt, verbunden mit der Frage, was das zu bedeuten habe. Hier gewinnt nun das zunächst als ästhetisch fragwürdig eingestufte Verfahren Bachs aus theologischer Sicht eine neue und positive Deutung. Im Mittelpunkt steht Friedrich Smends Theorie von der *»Herzstück-Symmetrie«:* Die Turbae gruppieren sich um den zentralen Choral »Durch dein Gefängnis, Gottes Sohn«[45]. Auch versteht Smend die von ihm als »chiastisch« bezeichnete Ordnung als *Sinnbild des Kreuzes.* Insofern ist seine These eine Form früher theologischer Bachforschung, die bald zur vorherrschenden Meinung wurde. Ergänzungen zur »Herzstück-Symmetrie« kamen durch Untersuchungen zur Disposition der Tonarten (Moser, Chafe u. a.). Auch hier zeigen sich ordnende Prinzipien, wobei die Autoren oftmals bestrebt waren, ihre Erkenntnisse mit denen von Smend zu harmonisieren, was jedoch nicht ohne Weiteres gelingen will.

Die Turba-Korrespondenzen nach Friedrich Smend

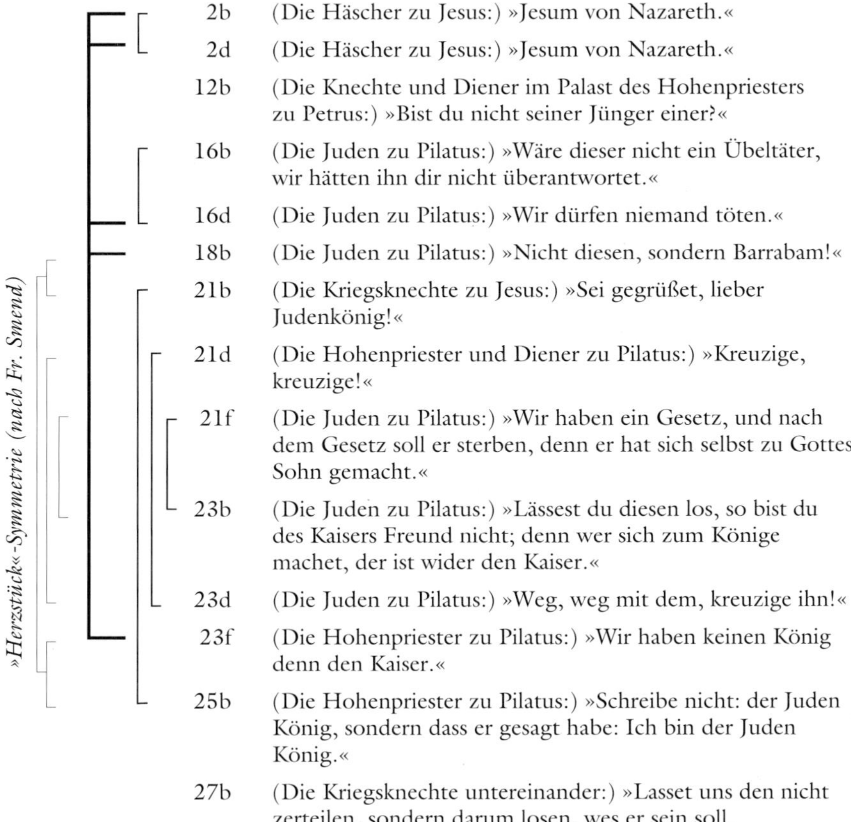

2b	(Die Häscher zu Jesus:) »Jesum von Nazareth.«
2d	(Die Häscher zu Jesus:) »Jesum von Nazareth.«
12b	(Die Knechte und Diener im Palast des Hohenpriesters zu Petrus:) »Bist du nicht seiner Jünger einer?«
16b	(Die Juden zu Pilatus:) »Wäre dieser nicht ein Übeltäter, wir hätten ihn dir nicht überantwortet.«
16d	(Die Juden zu Pilatus:) »Wir dürfen niemand töten.«
18b	(Die Juden zu Pilatus:) »Nicht diesen, sondern Barrabam!«
21b	(Die Kriegsknechte zu Jesus:) »Sei gegrüßet, lieber Judenkönig!«
21d	(Die Hohenpriester und Diener zu Pilatus:) »Kreuzige, kreuzige!«
21f	(Die Juden zu Pilatus:) »Wir haben ein Gesetz, und nach dem Gesetz soll er sterben, denn er hat sich selbst zu Gottes Sohn gemacht.«
23b	(Die Juden zu Pilatus:) »Lässest du diesen los, so bist du des Kaisers Freund nicht; denn wer sich zum Könige machet, der ist wider den Kaiser.«
23d	(Die Juden zu Pilatus:) »Weg, weg mit dem, kreuzige ihn!«
23f	(Die Hohenpriester zu Pilatus:) »Wir haben keinen König denn den Kaiser.«
25b	(Die Hohenpriester zu Pilatus:) »Schreibe nicht: der Juden König, sondern dass er gesagt habe: Ich bin der Juden König.«
27b	(Die Kriegsknechte untereinander:) »Lasset uns den nicht zerteilen, sondern darum losen, wes er sein soll.

Dezidierte Kritik an Friedrich Smends Grundthese wurde im Umkreis des Bachjahres 1985 laut. Als prominente Autoren seien Werner Breig[46] und Alfred Dürr[47] genannt. Deren Argumentation beruht auf der Tatsache, dass die Achsialsymmetrie der meisten Turbae in der Johannespassion nur ein gliederndes Prinzip neben anderen darstellt. Zudem ist sie eine Form musikalischer Gestaltung, die sich bei einer Passionsmusik nicht von vornherein nahe legt. Anders verhält es sich etwa bei Bachs Motette *Jesu, meine Freude,* in der die achsialsymmetrische Gliederung allein strukturbildend wird. Zudem gilt die Symmetrie der Johannespassion zunächst ja nur für die erste Fassung des Werkes. Hätte Bach, wenn ihm so sehr daran gelegen wäre, dies dann nicht in den weiteren Fassungen eher perfektioniert als verschleiert? Auch wird zu Recht bemängelt, dass »Herzstück-Symmetrie« und tonartliche Disposition keineswegs das gleiche Zentrum haben. Mittelpunkt der »Herzstück-Symmetrie« ist der Choral »Durch dein Gefängnis, Gottes Sohn«, was für das tonartliche Zentrum so nicht gilt.

Eine bedenkenswerte gehaltliche Idee mit durchaus theologischer Bedeutung äußert Werner Breig. Die symmetrische Gestaltung weist auf eine übergeordnete theologische Disposition, nach der Jesu Gegner nicht völlig frei, sondern im Rahmen eines vorgezeichneten Heilsplanes agieren: »Dass die Turba-Chöre nicht durchweg situations- und personenbezogen komponiert sind, sondern sich einer vorgeplanten Ordnung einfügen, könnte als Ausdruck einer Perspektive gedeutet werden, die der unmittelbar dramatischen der Sprechenden übergeordnet ist: der epischen Perspektive nämlich, aus der die Widersacher, ohne es zu wissen und zu wollen, zur Verwirklichung des göttlichen Heilsplanes beitragen.«[48] Auf die Frage nach der Disposition der Johannespassion gibt es mehrere Antworten, je nachdem, ob man die biblische Grundlage, die theologisch-lutherische Tradition, das Libretto des Werkes oder Bachs Musik in den Blick nimmt.

Bibel: Ein dramatischer Spannungsbogen führt von der Gefangennahme bis zu Jesu Tod (und seiner Auferweckung), also von Gethsemane bis Golgatha. Dieser Ablauf ist keineswegs symmetrisch, sondern vielmehr zielgerichtet (teleologisch) angeordnet, denn er strebt einem Höhepunkt zu. Das letzte Wort Jesu nennt dieses Ziel (telos): »tetelestai«, es ist vollbracht (Joh 19,30).

Theologie: In der zeitgenössischen Theologie begegnet uns die Gliederung des Passionsgeschehens nach Abschnitten, die »Actus« genannt werden: Hortus, Pontifices, Pilatus, Cruxque Sepulcrum – Garten, Hohepriester, Pilatus, Kreuz und Begräbnis. Diese Disposition schimmert bei Bach noch durch, weil er jeden Actus mit einem Choral beschließt (siehe S. 48). Doch auch mitten in den Actus hören wir Liedstrophen, so dass auch diese Gliederung keineswegs dominierend wirkt.

Libretto: Das Grundprinzip der Disposition des Librettos ist einfach und entspricht dem Typus der Oratorischen Passion. Es beruht weder auf Teleologie noch auf Symmetrie, sondern auf einer Art ›Zweigleisigkeit‹: Beibehaltung des biblischen Ablaufs sowie dessen Unterbrechung mit betrachtenden Sätzen. Beide ›Komponenten‹, die wir als die Richtung nach vorn und die nach innen charakterisiert haben, erklingen in der gleichberechtigten Balance eines musikalisch-spielerischen Hin und Her.

Musik: Bach bringt die skizzierten Dispositionsmöglichkeiten zur Geltung und überformt sie noch durch weitere. Drei musikalische Aspekte seien genannt. Erstens die symmetrische Gestaltung der Turbae, zweitens die tonartliche Disposition vor allem der Arien und drittens die ansatzweise Gliederung des Werkes durch Choralstrophen aus ein und demselben Lied »Jesu Leiden, Pein und Tod«, und somit auch zum gleichen Cantus firmus. Im Blick auf die Arien hat Klaus Hofmann eine sehr einleuchtende Tonartenordnung im Sinne von »tonalen Gravitationsfeldern«[49] aufgezeigt, wobei die Grundtöne eine zunächst fallende und dann steigende Terzenreihe bilden.

Disposition der Tonarten nach Klaus Hofmann

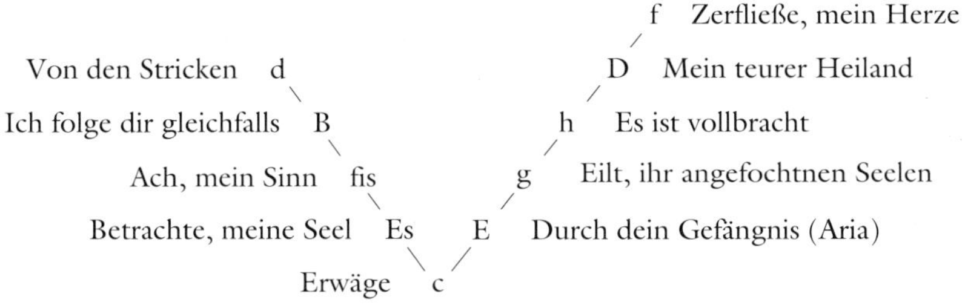

Gibt es nun bei diesen Gliederungsprinzipien eine Hierarchie wichtiger und weniger wichtiger Aspekte? Diese Frage ist in der bisherigen Bachforschung kaum explizit gestellt worden. Zu unterscheiden sind zunächst die Prinzipien, die man leichter hört, von solchen, die man kennen muss, aber kaum hörend mitvollziehen kann. Zu den kaum direkt hörbaren zählen Symmetrie und tonartliche Disposition. Wesentlich besser wahrzunehmen ist hingegen der choralische Abschluss von Szenen sowie vor allem der Wechsel der Richtungen nach vorn und nach innen. Er steht im Zentrum des Wort-Ton-Geschehens, weil er am deutlichsten mitvollziehbar wird im hörenden Verstehen und verstehenden Hören: im Blick auf Text und Musik, zudem ohne Ausnahme auf das gesamte Werk bezogen. An den Übergängen bieten sich reizvolle Möglichkeiten der musikalischen Gestaltung: Wie lang ist jeweils die Pause, etwa zwischen Rezitativ (nach vorn) und Choral (nach innen), die ja Zäsur und Brücke zugleich sein kann? Überdies will Bach, dass die Hörer genau hier ›mitgehen‹, etwa sich selbst in das »Ich« der Arien und das »Wir« der Choräle eintragen. Die teleologische Entwicklung wird von Bach ebenso selbstverständlich vorausgesetzt wie die Actus-Einteilung. Die weiteren Gliederungsaspekte haben eher den Charakter experimenteller Dispositionsversuche. Obwohl sie allesamt dem Werk große Geschlossenheit und inneren Halt geben, ist doch die Alleingültigkeit *eines* Prinzips nicht haltbar, denn zum einen bezieht sich keines von ihnen konsequent auf das Gesamtwerk, sondern immer nur auf Teilbereiche (die Symmetrie nur auf das »Herzstück«, die Tonartenordnung nur auf die Arien), und zum zweiten sind sie nicht deckungsgleich, sondern entfalten sich in einer Pluralität.

Als *Hörhilfe* scheint ein Hören auf zwei Ebenen sinnvoll und anzustreben: Handlung nach vorn und Betrachtung nach innen. Dies ist ja die musikgeschichtliche Leistung Bachs: Er hat diese beiden Richtungen integrativ miteinander verbunden, so dass ein Gleichgewicht entsteht. Im älteren Typus der Passionshistorie dominiert die Richtung nach vorn, wohingegen das moderne Passionsoratorium in der Regel die betrachtende Richtung bevorzugt. In der Bachrezeption des 19. Jahrhunderts wiederum und weit darüber hinaus wurde bei Passionsaufführungen in den betrachtenden Sätzen so stark gekürzt, dass das Gleichgewicht zugunsten der Richtung nach vorn gestört scheint.

Arien und Accompagnati

Die betrachtende Richtung nach innen wird durch die Arien und Accompagnati repräsentiert, wobei auch die nicht-choralischen großen rahmenden Chorsätze als Chor-Arien mitzubedenken sind. Diese moderne Musik war den ersten Hörern gänzlich unbekannt, und vielleicht empfanden sie Bachs Klänge sogar als unerhört. Bereits in dessen früher Kirchenmusik (Mühlhausen, Weimar) zeichnet sich eine Entwicklung ab, die in Leipzig zu ihrem Ziel gelangt: von der »unschematischen Formenfülle«[50] der älteren Kirchenkantate mit ihren fließenden Übergängen zu der nach Nummern klar gegliederten oratorischen Musik. Deren textliche Wurzel ist die Predigt, wohingegen die musikalischen Wurzeln in der Barockoper auszumachen sind. Der Hamburger Pastor und Poet Erdmann Neumeister (1671–1756) gibt eine berühmte Definition der Gattung Kantate, die ebenso für die Oratorische Passion als einer Art Passionskantate gilt: »Soll ichs kürzlich aussprechen, so siehet eine *Cantata* nicht anders aus als ein Stück aus einer *Opera*, von *Stylo Recitativo* und Arien zusammengesetzet.«[51]

Typisch für Bach ist, dass er diese Formenwelt, zu der auch die von Neumeister hier nicht eigens erwähnten Liedstrophen zählen, niemals schematisch handhabt, sondern äußerst kreativ. Damit gelingt es ihm, nun mit den Worten des Dichters Menantes, »die Kunst=Griffe überall nach Gelegenheit anzubringen«[52]. Bisweilen mischt Bach in der Johannespassion Arie mit Choralstrophe bzw. Arie und Chor. Außerdem nimmt er die Dacapo-Arie nicht als einzige Norm, sondern variiert sie, etwa mit Ciaconne-Gestaltungen. Accompagnati hören wir nur zwei Mal – »Betrachte, meine Seel« (Nr. 19) und »Mein Herz, in dem die ganze Welt« (Nr. 34) –, wohingegen in der *Matthäuspassion* das Satzpaar Accompagnato-Arie zur poetisch-musikalischen Norm geworden ist.

Was also ›machen‹ die Arien (und Choralstrophen) in der Passionsmusik? Sie unterbrechen gezielt den dramatischen Zug nach vorn, um die Handlung auf ihre geistliche Tiefe hin, also nach innen, auszuloten. Und in ebendieser Tiefe oder Mitte soll sich der Betrachter mit dem treffen, was er betrachtet, indem er sich die Passion von Jesus selbst »zeigen« lässt (Eingangschor), vor allem deren existenzielle Bedeutung hier und heute.

Choralstrophen

Insgesamt 14 Liedstrophen finden sich in der Johannespassion (vgl. die Übersicht, S. 261–263), die zugleich jenes Werk darstellt, in welchem »der Bachchoral zur Reife gelangt«[53] ist. An zwei Stellen unterlegt Bach einem vierstimmigen Satz zwei Strophen; zwei Melodien verwendet er doppelt und eine sogar drei bzw. vier Mal (Fassung II). Die generelle Funktion der Liedstrophen ist die Betrachtung, und zwar mittels in Wort und Ton bekannter und durch eigenes Singen zu Hause, in der Schule und vor allem im Gottesdienst vertrauter Musik – mithin in der ›musikalischen Muttersprache‹ der ersten Zuhörer.

Kirchenlieder sind die »Intimgeschichte des Christentums«[54]. Martin Luther hat das deutsche Kirchenlied zwar nicht erfunden, ihm aber wichtige Impulse gegeben als Zusammenfassung und »Quersumme des Glaubens«[55] im Rhythmus des Kirchenjahres. Lieder sollen den Glauben lebendig halten und »in Schwang bringen«, wie der Reformator sagt. Auch die pädagogische Bedeutung etwa des Vaterunser-Liedes ist nicht zu unterschätzen, zumal die Choräle eine auswendig beherrschte und deshalb inwendig angeeignete Zusammenfassung des Glaubens sind. Sie stellen einen großen klingenden Katechismus (Catechismus sonorus) dar, immer verknüpft mit der Aneignung, denn »so sie's nicht singen, glauben sie es nicht« (Martin Luther).

In Bachs geistlicher Musik spielen Liedstrophen oftmals eine vermittelnde Rolle zwischen Bibeltext und geistlicher Dichtung. Speziell bei den Passionen repräsentieren Choräle die alte, von Anselm von Canterbury über Luther herkommende Passionstheologie mit dem Gedanken des stellvertretenden Strafleidens Jesu, wohingegen die freie Dichtung modernere Töne anschlägt. Gleich der erste Choral der Johannespassion »O große Lieb« akzentuiert den aus Liebe leidenden Jesus. Und dies ist um so bemerkenswerter, weil der Eingangschor »Herr, unser Herrscher« ganz auf den verherrlichten Christus gestimmt war.

Bach lernte die Lieder im Rahmen seiner familiären, schulischen und kirchlichen Erziehung kennen, »von Mutterleib und Kindesbeinen an«, um es mit einer Liedzeile zu sagen. Schon in jungen Jahren kam – nach dem Mettensingen etwa als Schüler in Lüneburg – das gottesdienstliche Orgelspiel hinzu: Improvisieren und Begleiten von Liedstrophen. Wie die Arnstädter Konflikte um die angemessene Art der Liedbegleitung belegen, waren die Choräle für den jungen Organisten Bach ein reizvolles harmonisches Experimentierfeld. Leider besitzen wir aus Bachs intensivem Umgang mit den Liedern nur noch die komponierte Hälfte, wohingegen die improvisierte verloren ist. Bisweilen erleichtern die Choralmelodien auch die zeitliche Einordnung eines Werkes, weil sie in melodischen Einzelwendungen von Ort zu Ort differerieren; im Blick auf die Melodie »Jesu Leiden, Pein und Tod« mit ihrer Weimarer Variante in der Johannespassions-Arie »Himmel reiße, Welt erbebe« (Fassung II) wird uns das noch beschäftigen.

Choralstrophen sind im Gesamtwerk Bachs wichtige Momente der Tradition, welche didaktische Zusammenfassungen bieten und zugleich das innerliche Mit-Einstimmen ermöglichen. Zugleich ist der reizvolle Kontrast zwischen traditionellem Textgehalt und Bachs höchst innovativer harmonischer Kommentierung zu bedenken. Der Komponist Mauricio Kagel, der dem Thomaskantor eine abendfüllende »Sankt-Bach-Passion« (1985) gewidmet hat, charakterisiert dies mit der Bemerkung: »Oben singt die friedliche Gemeinde, unten brodelt es.«[56]

Innerhalb dieser generellen Funktion der dem Geschehen ›unterflochtenen‹ Liedstrophen gibt es in der Johannespassion noch zusätzliche Differenzierungen: drei Choräle haben rahmende Funktion, und zwar als Abschluss des ersten (»Petrus, der nicht denkt zurück«) und Beginn des zweiten Teils (»Christus, der uns selig macht«) sowie als Epilog des Gesamtwerkes: »Ach Herr, lass dein lieb Engelein«. Martin Petzoldt konnte zudem zeigen, dass Bach die überkommene Actus-Einteilung kannte und jeden Actus mit einer Choralstrophe beschließt.[57]

Actus	**Sätze**	**Abschluss-Choral**
1. Hortus	2–4	5: Dein Will gescheh, Herr Gott, zugleich
2. Pontifices	6–13	14: Petrus, der nicht denkt zurück
3. Pilatus	16–25	26: In meines Herzens Grunde
4. Crux	27–36	37: O hilf, Christe, Gottes Sohn
5. Sepulcrum	38–39	40: Ach Herr, lass dein lieb Engelein

Die meisten Choräle sind betrachtende Reaktionen (Richtung nach innen) auf jeweils ein Detail der Passionsgeschichte (Richtung nach vorn). Einige Beispiele: »Was schlägest du mich?« – Choralstrophe 1: »Wer hat dich so geschlagen?« – Strophe 2: »Ich, ich und meine Sünden«. Oder die Petrus-Szene mit der Abfolge narratio (biblischer Bericht), explicatio (Deutung desselben) und applicatio (Aneignung im Glauben): Evangelisten-Rezitativ »... und ging hinaus und weinete bitterlich«, auslegende Tenor-Arie »Ach, mein Sinn« und abschließende Liedstrophe »Petrus, der nicht denkt zurück«. Ein Sonderfall ist schließlich der Arientext »Durch dein Gefängnis, Gottes Sohn«, den Bach nicht als Arie, sondern als Choral vertont, um ihn exakt in der Mitte der Turba-Symmetrie zu platzieren.

Bachs zweitältester Sohn Carl Philipp Emanuel, der Choräle seines Vater als Muster für den vierstimmigen Satz gesammelt hat, rühmt an diesen vierstimmigen Sätzen »die ganz besondre Einrichtung der Harmonie« (vertikal-akkordische Dimension) und das »natürlich fließende der Mittelstimmen und des Baßes«[58] (horizontal-melodische Dimension). Dabei ›überhört‹ er jedoch die nicht weniger wichtige Dimension der Textauslegung: Bachs Choralsätze vor allem in den Passionen und Oratorien sind nicht nur Musterbeispiele zur »Unterweisung in der Setzkunst«, sondern geradezu individualisierte Gebilde, die oftmals mit hohem Wortbezug eine bestimmte Strophe des Liedes interpretierend nachzeichnen. Besonders deutlich wird dies, wenn in den Passionsmusiken ein und dieselbe Melodie in mehrfacher Harmonisierung, bisweilen bis zur Gegensätzlichkeit gesteigert, erklingt. Bach trägt somit Momente der Textauslegung in die Choräle ein, die eigentlich in die Bereiche Rezitativ und Arie gehören. Zudem gestaltet er manche Choralstrophen als kleine Affekt-Dramen.

Die Entstehung der Johannespassion

Die erste Fassung der Johannespassion hat Bach in der Fastenzeit 1724 für den Karfreitag jenes Jahres wohl zum größten Teil neu komponiert. Damit trat er ambitioniert in eine noch junge Leipziger Praxis ein, denn erst 1717 hatte die Aufführung Oratorischer Passionen in der Neuen Kirche begonnen, und 1721 hat Bachs Amtsvorgänger Johann Kuhnau sie in die Thomaskirche übertragen. Die Ratsakten berichten davon, dass »der Cantor zu St. Thomas alhier, Joh. Kuhnau, auf künftigen Charfreytag die Passions-Historie gerne figuraliter in der Thomas Kirche alhier musiciren möchte, weil doch solches etliche Jahre her in der Neu-Kirche geschehen, diese Kirche aber die große Frequentz derer Leute und Zuhörer nicht gestattete«[59]. Offenbar war der Erfolg der modernen Passionsmusik in der Neuen Kirche so groß, dass die Thomaskirche nicht mehr dahinter zurückstehen wollte und konnte.

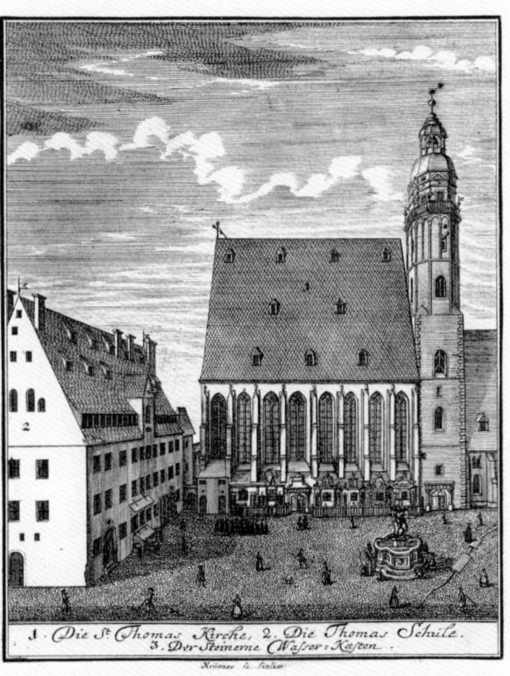

Thomaskirche und Thomasschule Leipzig. Stich von Johann Gottfried Krügner, um 1723

Die Stiftung einer Vesperpredigt in der Nikolaikirche durch die am 4. April 1722 verstorbene Witwe eines Goldschlägers und Juweliers namens Maria Rosina Koppy legte den finanziellen Grundstock für die Einbeziehung auch der Nikolaikirche in diese konzertante Karfreitagsmusik. Aus jenem Legat wurde der Vespergottesdienst finanziert, was wohl auch einen Zuschuss für die Musik bedeutet hat. Für Bachs Leipziger Kirchenmusik machten solche ›Sponsoring‹-Aktivitäten einen nicht geringen Anteil der finanziellen Absicherung mitsamt seiner eigenen Einnahmen aus.

Die Bedeutung, die der Uraufführung der Johannespassion in der Nikolaikirche am musikalischen Hauptfeiertag des Kirchenjahres in den Augen Bachs zukam, kann wohl kaum überschätzt werden. Nach etlichen Kantaten und dem lateinischen *Magnificat* Es-Dur (zum 2. Juli 1724 und zu Weihnachten desselben Jahres) war die Johannespassion das erste wirkliche Großwerk, mit dem der Komponist den Leipziger Bürgern vielleicht auch zeigen wollte, dass ihre vor etwa einem Jahr nicht ganz reibungslos verlaufene Wahl des neuen Thomaskantors die richtige Entscheidung gewesen war.

Wie sehr Bach mit der Thematik der Passion bereits vertraut war, lässt sich zumindest ansatzweise erschließen. Vermutlich hatte er 1713 in Weimar die *Markuspassion* eines namentlich nicht mit letzter Sicherheit identifizierbaren Komponisten (Reinhard Keiser oder Friedrich Nicolaus Brauns)[60] aufgeführt und dann 1717 selbst eine verschollene Passionsmusik nach Matthäus oder nach einer Passionsharmonie – musikalisch war das vielleicht ein Passionsoratorium – komponiert und auf Schloss Friedenstein bei Gotha zur Aufführung gebracht.

Als Hörer und Leser von Predigten kannte er die Grundgedanken der lutherischen Passionstheologie. Und nicht zuletzt könnten auch Bilder zur Passion, die er von Kindheit an auf seinen Lebens- und Berufsstationen vor Augen hatte, seine musikalische Auslegung der Passion beeinflusst haben.

Zwei für das Verständnis der Johannespassion wichtige Entscheidungen waren in Leipzig 1724 vermutlich längst festgelegt oder rasch getroffen. Zunächst hatte der neue Thomaskantor die liturgisch-theologische Vorgabe zu respektieren, dass als Karfreitagsmusik in den beiden Hauptkirchen nur eine Oratorische Passion in Frage kam und nicht ein Passionsoratorium, das auf den wörtlichen Bibeltext verzichtet. Dies sollte sich bis zu Bachs Tod im Wesentlichen nicht ändern. Die zweite Entscheidung hingegen musste Bach selbst treffen: Nach allem, was wir schaffenspsychologisch über ihn wissen, scheint es fraglos, dass für ihn am ersten Karfreitag seiner Leipziger Amtszeit nur ein Werk aus eigener Feder in Frage kam. In späteren Jahren dachte Bach anders und führte etliche Passionsmusiken anderer Komponisten auf, darunter auch ein Passionsoratorium (siehe S. 260).

Vielleicht hat Bach sich während der Komposition seiner ersten Leipziger Passion im Jahr 1724 auch an die Vereinbarung erinnert, die er vor Dienstantritt unterschrieben hatte. Ein Revers[61] hält nämlich fest, dass die Kirchenmusik, für die er als neuer Thomaskantor und Musikdirektor der Stadt Leipzig verantwortlich ist, »nicht zulang währen« und nicht »opernhafftig herauskommen« dürfe, sondern »die Zuhörer vielmehr zur Andacht aufmuntern« solle. Hat sich Bach an diese Vereinbarung gehalten? Ja und nein. Er hat die Bestimmung weder einfach befolgt noch schlichtweg negiert. Vielmehr unterläuft er sie geschickt, indem er zeigt, welches Potenzial der Andacht auch in opernhaft inspirierter Musik steckt, zumal wenn neben den modernen Klängen auch die Tradition der Choralstrophen gewahrt bleibt. Im Übrigen sind keine Klagen über Länge oder Opernhaftigkeit von Bachs Leipziger Passionsmusiken, Kantaten und Oratorien überliefert.

Doch auch künstlerisch dringliche und ungelöste Fragen gab es im Frühjahr 1724. Zunächst fehlte ein geeigneter Textdichter für die neue Passionsmusik, weshalb das Libretto der Johannespassion – ganz im Gegensatz zu dem 1727 von Picander erstellten zur *Matthäuspassion* – einen recht uneinheitlichen Charakter trägt, was für sämtliche Fassungen des Werkes gilt. Ein weiteres Problem betraf den Aufführungsort. Hier wurden Missverständnisse aktenkundig.[62] Bach wollte die Passionsmusik in der Thomaskirche aufführen. Auch hatte er diesen Ort bereits auf die zum Verkauf oder gegen Spenden angebotenen Programmhefte drucken lassen. Der Rat der Stadt hingegen bestand auf den vereinbarten, dem neuen Thomaskantor wohl nicht eigens mitgeteilten Wechsel der Karfreitagsvesper zwischen den beiden Hauptkirchen. Bach musste sich schließlich dem vorgesehenen Turnus beugen und die Johannespassion 1724 in der Nikolaikirche musizieren. Dafür wurden wenige Tage vor der Aufführung auf städtische Kosten eigens Handzettel gedruckt, weil der falsche Ort ja bereits veröffentlicht worden war. Außerdem war eilig noch das Cembalo der Nikolaikirche zu reparieren, was dessen Mitwirkung bei Bachs Passionsmusiken belegt.

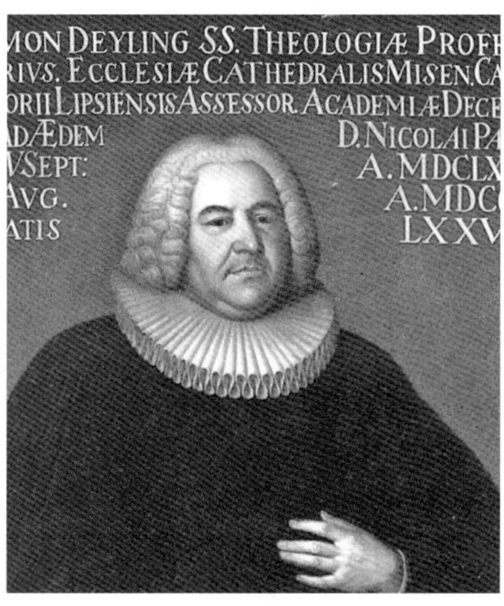

Superintendent D. Salomon Deyling (1677–1755). Bildnis eines unbekannten Malers an der Südwand des Chorraumes der Thomaskirche Leipzig (Ausschnitt)

Damit war die Affäre jedoch noch nicht beendet. Als ›Nachspiel‹ zu seiner ersten Leipziger Passionsaufführung musste Bach eine Rüge des Superintendenten einstecken, weil er das Verhalten des Rates ohne Berechtigung kritisiert und die Angelegenheit so dargestellt hatte, dass es »gleichsam eine Caprice des Rates«[63] gewesen war, die Passionsmusik alternieren zu lassen. Superintendent Deyling protokollierte die Entschuldigung des Thomaskantors in barocker Sprache: Bach »erkennet auch, daß er geirret, hoffe aber man werde ihm als einen frembden, so hiesiger Gewonheiten nicht kundig, perdonieren [entschuldigen]. Künfftig wolle er sich beßer in acht nehmen, und dergleichen Dingen mit mir seinem Superintendenten communiciren, welches ihm auch ernstlich iniungiret [eingeschärft] worden. Leipzig d. 23 May 1724«.[64]

Der Textdichter und seine Quellen

Letztlich verbietet es sich fast, von *einem* Librettisten der Bach'schen Johannespassion zu sprechen. Der Singular verdeckt, dass etwa ein halbes Dutzend Poeten mehr oder weniger wissentlich daran beteiligt waren: Barthold Hinrich Brockes mit seinem berühmten Passionsoratorium, Christian Weise und Christian Heinrich Postel mit einzelnen Texten, schließlich der namentlich unbekannte Redaktor von Fassung I (1724) sowie Christoph Birkmann als Redaktor und Autor der neuen Arien von Fassung II (1725) – und bei der einen oder anderen Formulierung womöglich auch der Komponist selbst. Von vornherein lag der biblische Bericht nach dem Johannesevangelium (Kapitel 18 und 19) im Wortlaut der Luther-Bibel fest. Entscheidungen waren zu treffen im Blick auf Exordium und Conclusio, Arien und Accompagnati sowie die Choralstrophen. Unklar bleibt, wer all diese Festlegungen letztlich getroffen hat. Am wahrscheinlichsten ist eine musico-theologische Zusammenarbeit zwischen Redaktor und Komponist. Sie könnte ähnlich verlaufen sein wie bei der Umarbeitung weltlicher zu geistlicher Musik mittels Neutextierung (Parodieverfahren) in Bachs *Weihnachtsoratorium*[65], allerdings unter anderen Voraussetzungen und mit anderer Zielsetzung.

Wer also könnte Bach 1724 bei der Einrichtung der Textvorlage zur Hand gegangen sein? Frühere Überlegungen, im Thomaskantor auch den Librettisten zu sehen, sind kaum haltbar, zumal in Bachs gesamter kirchenmusikalischer Laufbahn bislang kein einziges aussagekräftiges Beispiel hierfür nachweisbar ist. Gewiss sind immerhin einige Teilaspekte. Dieser Mitarbeiter Bachs könnte ein Theologe gewesen sein, der sich kaum als ambitionierter Librettist, sondern eher als pragmatischer Redaktor verstanden hat. Deshalb verzichtet er darauf, ein einheitliches Textbuch in eigener Autorschaft vorzulegen. Vielleicht hat er sich Bachs Ansinnen, auf bereits vorhandene Sätze zurückzugreifen und sie in das neue Werk zu integrieren, insofern zu eigen gemacht, dass auch er zunächst einmal Vorhandenes mittels Bearbeitung zu einem größeren Ganzen zusammenfasst, um die Lücken dann aus eigener poetisch-theologischer Kraft zu füllen. Zudem scheint es sein Ziel gewesen zu sein, besonders intensiv die johanneische Sicht der Passion zur Geltung zu bringen[66], was ihm zweifellos überzeugend gelingt und was Bachs Musik außerordentlich pointiert unterstützt – ein weiteres Argument für die enge Zusammenarbeit von Dichter und Komponist.

Im Ergebnis führt diese Redaktoren-Rolle des Librettisten nicht zu einer einheitlichen Passionsdichtung, sondern zu einer Anreicherung des dominierenden johanneischen Passionsberichts mit einem heterogenen Ensemble betrachtender Antworten, die prinzipiell austauschbar und zudem in ihrer Besetzung bisweilen variabel sind. Insgesamt wird so die Richtung nach vorn in ihrer Kontinuität und Stringenz gestärkt, was durch die hohe Gewichtung der Vox Christi und vor allem der Turbae noch unterstützt wird. Die Richtung nach innen ist hingegen eher unschematisch ausgearbeitet, was auch an der keineswegs regelmäßigen Verteilung der Arien über die Handlung hinweg erkennbar ist. Sowohl im ersten als auch im zweiten Passionsteil folgen jeweils zwei Arien fast unmittelbar aufeinander, wobei jedes Mal der biblische Erzählzusammenhang unorganisch unterbrochen wird: »Simon Petrus aber folgete Jesu nach und ein ander Jünger« – Arie »Ich folge dir gleichfalls« – »Derselbige Jünger aber war dem Hohenpriester bekannt …«; und im zweiten Teil: »… sprach er: Es ist vollbracht« – Arie »Es ist vollbracht« – »Und neiget das Haupt und verschied«.

Aus all dem ist zu schließen, dass es vermutlich keinen frühzeitig fixierten poetisch-theologischen Plan zu den betrachtenden Einschüben der Johannespassion gab, sondern eher den pragmatischen Grundsatz, möglichst viele Stellen des Geschehens mit einer betrachtenden Antwort zu versehen. Dass dabei auch unkonventionelle Lösungen ins Spiel kommen und die heterogenen Einschübe dennoch ein stringentes Beziehungsgeflecht bilden, macht den Reiz der Bach'schen Johannespassion aus. Zu ihren poetisch-theologisch eigenwilligen Aspekten zählen die weitgehend neu gedichteten Texte zum Eingangschor »Herr, unser Herrscher« sowie zu den Arien »Ich folge dir gleichfalls mit freudigen Schritten« und »Es ist vollbracht«. Ihr gemeinsamer poetisch-theologischer Nenner ist die explizite Orientierung am Johannesevangelium: an seiner Christologie

(Eingangschor »Herr, unser Herrscher«), seiner Nachfolgetheologie (»Ich folge dir gleichfalls«) und vor allem seiner integrativen Verschränkung von Passion und Ostern (»Es ist vollbracht« – »Der Held aus Juda siegt mit Macht«). Auch die Auswahl der Choralstrophen lässt sich mit dieser johanneischen Akzentuierung im Verbindung bringen. Wer letztlich hierfür verantwortlich war, ist bei Bachs oratorischen Werken durchaus fraglich – eine Mitsprache des Komponisten muss jedoch vorausgesetzt werden, weil die Liedstrophenauswahl unmittelbar Konsequenzen für die tonartliche Ordnung eines vokal-instrumental Großwerkes hat. Auch in den Chorälen kommen johanneische Akzente zur Geltung, man denke nur an die Stichworte »Liebe« und »Welt« im ersten Choral oder an die Strophe »Ach großer König« aus demselben Lied »Herzliebster Jesu, was hast du verbrochen«.

Selbst wenn die namentliche Identifizierung des Librettisten der Johannespassion derzeit nicht möglich ist, kann gesagt werden, dass ihm die integrative Verbindung theologischer und musikabler Aspekte bestens gelungen ist. Dieser Gedanke wird gestützt durch das theologische Programm des Jahrgangs der Choral-Kantaten, das Elke Axmacher[67] dargelegt hat. Einige der von ihr festgestellten typischen Eigenheiten jenes Dichters wie seine »bewusst enge Bindung an Vorlagen«, die Betonung des »aktiven Moments« im Glauben oder die Auslegung der endzeitlichen Themen als bereits gegenwärtig erfahrbar (präsentische Eschatologie) begegnen uns auch in den ersten beiden Fassungen der Johannespassion, wohingegen Fassung IV mit ihren Textänderungen eindeutig einen literarisch-theologischen Bruch darstellt. Dennoch müssen wir hier festhalten, dass die poetischen Mitarbeiter Bachs in Leipzig – vor der Phase seiner um 1727 beginnenden fruchtbaren Zusammenarbeit mit Picander – bislang weitgehend unbekannt sind. Dies gilt für etliche Kantaten des ersten Leipziger Jahrgangs sowie insgesamt für den Jahrgang der Choralkantaten und eben auch für die erste Fassung der Johannespassion. Allerdings dürfen wir dabei keineswegs vergessen, dass die Interpretation der Worte mitsam der wichtigen Frage, wie Bach sie musikalisch interpretiert, letztlich wichtiger ist als die Namen von Librettisten.

Die vier Fassungen des Werkes

Wie kein zweites Werk Johann Sebastian Bachs ist die Johannespassion mit Problemen der Überlieferung und mit Fassungsfragen geradezu belastet. Und bei keinem vergleichbaren Opus – auch von Bach gibt es ja nicht wenige Kompositionen, die in verschiedenen Fassungen oder insgesamt fragmentarisch überliefert sind – bleiben etliche dieser Fragen so unlösbar wie bei dieser Passionsmusik. Grundlage aller Überlegungen ist die Darstellung der Überlieferungsgeschichte, die Arthur Mendel als Ergebnis seiner über zwanzigjährigen Forschungen im Kritischen Bericht zur Neuen Bach-Ausgabe vorgelegt hat.

Der Johannespassion eignet ein fragmentarischer Charakter, weil die von Bach um 1739 begonnene Reinschriftpartitur nach zwanzig Seiten abbricht, ohne dass sich dafür stichhaltige Gründe in Erfahrung bringen ließen. Hätte Bach diese Revision zu Ende gebracht, dann stünde uns heute *die* Johannespassion in einer endgültigen Gestalt, mithin als Fassung letzter Hand, zur Verfügung. Abweichende Frühfassungen – man denke an Bachs *Matthäuspassion* und deren in einer Abschrift von Bachs Schwiegersohn Altnickol überlieferte Erstfassung – würden dann allenfalls noch in der Wissenschaft diskutiert. Die Aufführungspraxis hätte sich zweifellos am letzten Willen des Komponisten zu orientieren. Bei der Johannespassion aber gibt es sozusagen vier verschiedene Absichtserklärungen, nicht aber den wirklich ›letzten Willen‹ des Komponisten.

Ist die Johannespassion also ein unvollendetes Werk? Ja und Nein. Bach hat sie doch mindestens vier Mal komplett aufgeführt! Das Werk selbst ist nicht einfachhin als Fragment überliefert wie etwa die *Kunst der Fuge*. Vielmehr erhielt es von Aufführung zu Aufführung wechselnde Identitäten, die es changieren lassen. Im Rahmen seiner geistlichen Vokalmusik ist die Johannespassion dasjenige Werk, mit dem Bach am längsten und am intensivsten experimentiert hat. Zudem sind sämtliche Aufführungen mit Fragen behaftet: Fragen, die Überlieferung betreffend, aber auch Probleme im Blick auf Werkdetails. Dies soll im Folgenden im Rückgriff auf die zahlreich vorliegende Literatur[68] nachgezeichnet werden, wobei die von Peter Wollny erstellte Konkordanz der Fassungen einen sehr hilfreichen Überblick bietet (wiedergegeben auf S. 56f.).

Fassung I (1724)

Gewiss hat Bach die ›stille Zeit‹ (tempus clausum) vom ersten Fastensonntag bis zur Karwoche des Jahres 1724 zunächst zur Konzeption und Komposition, dann auch zum Ausschreiben der Stimmen sowie zur Einstudierung seiner Johannespassion genutzt. In den Gottesdiensten dieser Zeit erklingt vokal-instrumentale Figuralmusik nur ausnahmsweise, etwa am 25. März, dem Fest Mariae Verkündigung. Das Ergebnis seiner kompositorischen »Passions-Arbeit« (Heinrich Müller), das Bach am Karfreitag 1724 präsentiert, wirkt wie aus einem Guss. Allein die beiden Matthäus-Einschübe (Reue des Petrus und die kosmischen Ereignisse nach Jesu Tod) nähren die Vermutung, dass Bach frühere Teile einer bereits 1717 komponierten und auf Schloss Friedenstein bei Gotha aufgeführten Passionsmusik in das neue Werk integriert hat.[69] In vergleichbarer Weise nutzt er auch beim ersten Leipziger Kantatenjahrgang 1724/25 jede sich bietende Gelegenheit, um Werke aus der Weimarer Zeit einzuschieben, wodurch sich insgesamt – anders als ein Jahr später beim einheitlichen Jahrgang der Choralkantaten – ein disparates Bild ergibt.

Warum aber hat Bach am Karfreitag 1724 nicht die *Gothaer Passion* (1717), ihre Existenz jetzt einmal vorausgesetzt, insgesamt aufgeführt? Es könnte ein

Passionsoratorium gewesen sein, wie Andreas Glöckner vermutet. Als Textgrundlage wäre das Matthäusevangelium denkbar, aber auch – nach Brockes-Art – eine Passionsharmonie. Und ein Passionsoratorium ohne wörtlichen Bibeltext wäre im konservativen Leipzig und angesichts der noch neuen und unstabilen Tradition konzertanter Passionsmusik in der Karfreitagsvesper der Hauptkirchen dann wohl doch zuviel der Neuerung gewesen.

Erhalten haben sich von Fassung I nur die vokalen Ripieno-Stimmen (für die Sänger ohne solistische Aufgaben in Bachs Chor) sowie die Dubletten Violine I und Violine II (für das jeweils zweite Pult der Streicher) mitsamt einer Continuo-Dublette. Deshalb ist diese Fassung nur schwerlich rekonstruierbar.[70] Einzig die Continuo-Stimme enthält sämtliche Sätze des Werkes und lässt erkennen, dass Fassung I im Grundriss mit der vierten Fassung weitgehend identisch ist. Wichtige Details der Instrumentierung bleiben jedoch offen, da die Originalstimmen von 1724, die Auskunft geben könnten, ebenso verloren sind wie Bachs Partitur zur ersten Aufführung seiner Johannespassion. Unklar ist deshalb, ob bereits 1724 Querflöten mitgewirkt haben[71], etwa im Eingangschor. Wohin aber könnte das Notenmaterial geraten sein? Vermutlich hat Bach es zwischen der ersten und der zweiten Aufführung verliehen (oder verkauft?) und nur die erwähnten Dubletten mitsamt Partitur in Leipzig behalten.

Fassung II (1725)

Am 30. März, dem Karfreitag des Jahres 1725, hat Bach wiederum die Johannespassion aufgeführt, nun in der Leipziger Thomaskirche. Allerdings hat er das Werk des Vorjahres hierfür stark bearbeitet, und zwar nicht nur in einigen Details, sondern im Blick auf die gesamte Werkkonzeption. Die wichtigste Änderung ist der neue Rahmen, denn Bach tauscht Exordium und Conclusio aus. An den Beginn setzt er nun die große Choralfantasie »O Mensch, bewein dein Sünde groß« (Es-Dur), die ihren endgültigen Platz im Oeuvre des Thomaskantors 1736 als Schlusschoral des ersten Teils der *Matthäuspassion* (nun in E-Dur) finden wird. Als Conclusio der Johannespassion erklingt 1725 die Choralbearbeitung »Christe, du Lamm Gottes«, die nachweislich einen früheren Ursprung hat, nämlich in Bachs Leipziger Probekantate »Du wahrer Gott und Davids Sohn« auf den Sonntag Estomihi (1723).[72]

Weitere Einzelheiten zu Fassung II sind in einem eigenen Kapitel (siehe S. 207 ff.) zu besprechen. Fürs erste genügt die Grundeinschätzung, dass diese Fassung – unabhängig von den nicht mehr letztlich zu durchleuchtenden Entstehungsbedingungen – ein vollgültiges Leipziger Kirchenwerk des Thomaskantors darstellt. Bis heute jedoch ist diese Fassung der Johannespassion das unbekannteste große geistliche Vokalwerk Bachs. Ihr wären deshalb mehr Aufführungen zu wünschen, was durch die Edition von Peter Wollny möglich geworden ist.

Unterschiede der Fassungen I–IV und der Revisionspartitur (Konkordanz von Peter Wollny)[73]

Nr.		Fassung I (1724)	Fassung II (1725)	Fassung III (1732)	Fassung IV (1749)	Unvollendete Revisionsfassung (1739)
1	Chor: Herr, unser Herrscher	vielleicht noch ohne Flöten	ausgetauscht gegen Satz 1II (Choral: O Mensch, bewein dein Sünde groß)	wie Fassung I, mit Flöten	wie Fassung I, mit Flöten	Satz 1-10 wie Fassung I, jedoch in zahlreichen Details geändert
2	Recit.: Jesus ging mit seinen Jüngern	Satz 2-6 in Fassung I-IV identisch				
3	Choral: O große Lieb					
4	Recit.: Auf dass das Wort erfüllet würde					
5	Choral: Dein Will gescheh, Herr Gott, zugleich					
6	Recit.: Die Schar aber					
7	Aria: Von den Stricken meiner Sünden		wie Fassung I	wie Fassung I	Oboen und Gesangsstimme wie Fassung I, Continuo wie Revisionsfassung	
8	Recit.: Simon Petrus aber folgete Jesu nach	Satz 8 in Fassung I-IV identisch				
9	Aria: Ich folge dir gleichfalls				Text geändert, nach Takt 146 ein Takt eingefügt, sonst wie Fassung I	nach Takt 146 ein Takt eingefügt, Schlussritornell um 8 Takte gekürzt
10	Recit.: Derselbige Jünger	Satz 10 in Fassung I-III identisch			Continuo in Takt 20 geändert	
11	Choral: Wer hat dich so geschlagen	Satz 11 in Fassung I-IV identisch				Satz 11-40 wie Fassung I mit Ausnahme von Satz 33 (wie Fassung II bzw. IV), 34 (wie Fassung II) und 38 (wie Fassung III)
			Satz 11+ zusätzlich eingefügt (Aria: Himmel reiße, Welt erbebe)			
12	Recit.: Und Hannas sandte ihn gebunden	Satz 12 in Fassung I, II, IV identisch		Satz 12c in einer 9taktigen Kurzfassung (bis Takt 31a) mit Kadenz in h-Moll (Verzicht auf die Textinterpolation nach Matthäus 26,75)		
13	Aria: Ach, mein Sinn	wohl ohne Bläser	ausgetauscht gegen Satz 13II (Aria: Zerschmettert mich, ihr Felsen und ihr Hügel)	ausgetauscht gegen Satz 13III (Aria, verschollen)	ohne Flöten und Oboen; Ritornelle mit Bassono grosso	mit Besetzungsangabe »tutti gli stromenti«
14	Choral: Petrus, der nicht denkt zurück		wie Fassung I	Ganzton tiefer transponiert	wie Fassung I	
15	Choral: Christus, der uns selig macht	Satz 15-18 in Fassung I-IV identisch				
16	Recit.: Da führeten sie Jesum					
17	Choral: Ach, großer König					
18	Recit.: Da sprach Pilatus zu ihm					
19	Arioso: Betrachte, meine Seel	Instrumentalbesetzung: 2 Viole d'amore, Laute, Bc	Satz 19-20 ausgetauscht gegen Satz 19II (Aria: Ach, windet euch nicht so, geplagte Seelen)	wie Fassung I, Instrumentalbesetzung jedoch mit 2 Violinen con sordino statt Viole d'amore und obligater Orgel	wie Fassung III, jedoch möglicherweise mit obligatem Cembalo statt Orgel (eventuell auch alternativ in zwei verschiedenen Aufführungen); Text geändert	

Nr.		Fassung I (1724)	Fassung II (1725)	Fassung III (1732)	Fassung IV (1749)	Unvollendete Revisionsfassung (1739)
20	Aria: Erwäge, wie sein blutgefärbter Rücken	Instrumentalbesetzung: 2 Viole d'amore, Bc (mit Viola da gamba)	entfällt (siehe oben)	wie Fassung I, Instrumentalbesetzung jedoch mit 2 Violinen con sordino, Continuo ohne Violone, möglicherweise mit Violoncello solo	wie Fassung III; Text geändert	
21	Recit.: Und die Kriegsknechte flochten		wie Fassung I	in Satz 21b je 1 Pult Violinen colla parte mit den Bläsern geführt	wie Fassung III	
22	Choral: Durch dein Gefängnis, Gottes Sohn	Satz 22–24 in Fassung I–IV identisch				
23	Recit.: Eilt, ihr angefochtnen Seelen					
24	Recit.: Die Jüden aber schrieen und sprachen					
25	Recit.: Allda kreuzigten sie ihn		wie Fassung I	in Satz 25b je 1 Pult Violinen colla parte mit den Bläsern geführt	wie Fassung III	
26	Choral: In meines Herzens Grunde	Satz 26–29 in Fassung I–IV identisch				
27	Recit.: Die Kriegsknechte aber					
28	Choral: Er nahm alles wohl in acht					
29	Recit.: Und von Stund an					
30	Aria: Es ist vollbracht	Viola da gamba im Mittelteil colla parte mit dem Continuo	wie Fassung I	Viola da gamba im Mittelteil colla parte mit der Gesangsstimme (1 Oktave tiefer)	wie Fassung III	
31	Recit.: Und neiget das Haupt	Satz 31 in Fassung I–IV identisch				
32	Aria: Mein teurer Heiland	Chorstimmen ohne Verdopplung durch die Streicher	Streicher verdoppeln Chorstimmen	wie Fassung II	wie Fassung II	
33	Recit.: Und siehe da	dreitaktige Kurzfassung (Satz 33^{I}: Und der Vorhang im Tempel zerriß); Text nach Markus 15,38	siebentaktige Fassung, Text nach Matthäus 27, 51–52	Satz 33–35 ausgetauscht gegen Satz 33^{III} (Sinfonia, verschollen)	wie Fassung II	wie Fassung II bzw. IV
34	Arioso: Mein Herz, indem die ganze Welt	vielleicht noch ohne Holzbläser	Bläserbesetzung: 2 Traversflöten, 2 Oboe da caccia	entfällt (siehe oben)	Bläserbesetzung: 2 Traversflöten, 2 Oboe d'amore	wie Fassung II
35	Aria: Zerfließe, mein Herze	Instrumentalbesetzung unsicher	Instrumentalbesetzung: Traversflöte und Oboe da caccia	entfällt (siehe oben)	Instrumentalbesetzung: Traversflöte + Violino solo con sordino, Oboe da caccia	Instrumentalbesetzung: Traversflöte I+II und Oboe da caccia I+II
36	Recit.: Die Jüden aber, dieweil es der Rüsttag war	Satz 36–37 in Fassung I–IV identisch				
37	Choral: O hilf, Christe, Gottes Sohn					
38	Recit.: Darnach bat Pilatum	ältere Lesart (23 Takte)	wie Fassung I	jüngere Lesart (25 Takte)	wie Fassung III	wie Fassung III
39	Chor: Ruht wohl, ihr heiligen Gebeine	Satz 39 in Fassung I–IV identisch				
40	Choral: Ach Herr, lass dein lieb Engelein		ausgetauscht gegen Satz 40^{II} (Choral: Christe, du Lamm Gottes)	entfällt (Fassung III schließt mit Satz 39)	wie Fassung I	

Fassung III (1732)

Die dritte Fassung der Johannespassion ist nicht so eindeutig zu datieren wie die ersten beiden. Diskutiert werden die Jahre 1728 (Christoph Wolff) und 1732 (Peter Wollny). Zunächst fällt auf, dass Bach für die dritte Aufführung eine »Bereinigung des Evangelientextes«[74] vornimmt, indem er auf die beiden Einschübe nach Matthäus verzichtet. Dafür kann ein äußerer Grund geltend gemacht werden: Das Werk wird so zu einer reinen Johannespassion. Doch wer könnte das von Bach gefordert haben? Vielleicht die Zensur, die auf einer ›reinen‹ Passion nach einem der vier Evangelien bestand. Auch ein eher schaffenspsychologischer Grund ist zumindest denkbar, denn die *Matthäuspassion* lag inzwischen als Bachs gültige Musik zur Passion nach Matthäus vor. Anstelle der Arie »Ach, mein Sinn« erklingt in Fassung III eine verschollene Arie; »Erwäge« ist mit Orgel und zwei gedämpften Violinen anstelle von Laute und Violen d'amore besetzt, was einer ›Normalisierung‹ der Besetzung mit üblichen Instrumenten gleichkommt. Neben anderen Sätzen entfällt der Schlusschoral »Ach Herr, lass dein lieb Engelein«.

Doch hören die Rätsel damit noch nicht auf. Bach hat die beiden matthäischen Interpolationen in Fassung IV ja wieder in das Werk eingesetzt. Somit eignet der dritten Fassung insgesamt etwas Vorläufiges. Ihre Aufführung ist angesichts der erheblichen Verluste nicht möglich. Neu komponierte Sätze hat Bach mittels Einlage- oder Deckblätter in Fassung III integriert. Mitunter wurden sie auf vorhandene Notenblätter der früheren Fassungen aufgenäht und später, bei der Einrichtung des Notenmaterials für die vierte Fassung, wieder entfernt. Arthur Mendel gelang die Zuordnung durch Vergleich der Nadellöcher, die zwischen der jeweiligen Stimme und dem zeitweise aufgenähten Zusatzblatt übereinstimmen müssen! Nun gibt es auch Nadellöcher, zu denen sich kein ›passendes‹ Einlageblatt erhalten hat. Dies betrifft etwa die Petrus-Episode im ersten Teil. Bach hat hier zum einen das Rezitativ des Evangelisten um den affektvollen Aspekt des Weinens gekürzt, zum anderen aber auch den Choral »Petrus, der nicht denkt zurück« von fis-Moll nach e-Moll transponiert. Das lässt den Schluss zu, dass zwischen dem in h-Moll schließenden gekürzten Rezitativ und dem e-Moll-Choral eine verschollene Tenor-Arie mit Begleitung von Streichern und Basso Continuo stand, vermutlich in e-Moll oder in G-Dur. Keine Note von ihr ist erhalten.

Auch den zweiten Matthäus-Einschub mit den kosmischen Ereignissen nach Jesu Tod hat Bach in der Fassung III gestrichen. Damit entfällt aber die biblische Grundlage für das Arioso »Mein Herz, in dem die ganze Welt« und für die »Zerfließe«-Arie. Es müssen also insgesamt drei Sätze (Evangelium, Arioso, Arie) gestrichen werden. Bach ersetzt den gesamten Komplex durch ein leider verschollenes Instrumentalstück, von dem sich nur noch der wiederum für Fassung IV geltende Vermerk »Sinfonia tacet« (Sinfonia entfällt, wörtlich: schweigt) in einigen Stimmen erhalten hat.

Fassung IV (1749)

Vermutlich am Karfreitag des Jahres 1749 erklang in Leipzig ein letztes (oder vorletztes?) Mal unter Bachs Leitung die Johannespassion. Damit spannt sich deren Existenz von Bachs zweitem Leipziger Amtsjahr (allerdings dem ersten Karfreitag Bachs in Leipzig) bis zu seinem zweitletzten Amtsjahr. Nicht auszuschließen ist eine weitere Aufführung im Jahr 1750, nur wenige Monate vor Bachs Tod. Hinweise hierfür bieten die letzten Eintragungen Bachs, die nach Peter Wollny aus zwei Phasen zu stammen scheinen, deren exakte Scheidung allerdings kaum noch möglich ist.[75] Eigenartig mutet an, dass die vierte Fassung – durch die rückgängig gemachten Änderungen der Fassung III, in welcher wiederum die Neuerungen von Fassung II gestrichen worden waren – letztlich weitgehend einer Rückkehr zur ersten Fassung gleichkommt. Sollten womöglich die meisten der seit 1725 eingeführten und jeweils wieder verworfenen Änderungen auf äußere Notwendigkeiten oder Notbehelfe wegen widriger Umstände zurückgehen, so dass Bach geradezu beharrlich immer wieder zu seinem ursprünglichen Plan zurückgekehrt ist?

Musikalisch fällt auf, dass Bach 1749 den Apparat der Ausführenden vergrößert. So wird die Continuo-Gruppe um ein »Bassono grosso« erweitert, vermutlich ein Kontrafagott[76]. Im Detail finden sich zahlreiche Verbesserungen, die zwar zur vierten Fassung gehören, nicht aber in der Partitur von 1739 enthalten sind. Peter Wollny nimmt an, dass an dieser Aufführung der Fassung IV im Jahr 1749 etwa 40 bis 45 Musiker beteiligt waren, nämlich 6 Vokalsolisten (die auch Choräle und Chorsätze mitsangen), etwa 12 Ripieno-Sänger, ca. 18 Streicher und die wohl einfach besetzten Bläser. Cembalo, Orgel, Violoncello, Violone, Fagott und Kontrafagott bildeten die stattliche Continuogruppe.

Im Blick auf den vertonten Text wirken die Revisionen einiger Arien befremdlich. Sie sind kein Ersatz und erst recht keine Verbesserung des ursprünglichen Wort-Ton-Verhältnisses, weil die typisch bildhaft-barocke Sprache nun einem eher rationalistischen Duktus gewichen ist. Dass dies Bachs eigene Entscheidung war, ist schwerlich vorstellbar, obwohl das Ergebnis in seiner Handschrift vorliegt.

Die unvollendete Partitur 1739

Allem Anschein nach fasste Bach gegen Ende der 1730er Jahre den Plan, seiner Johannespassion – nach vermutlich drei Aufführungen 1724, 1725 und 1732 – eine endgültige ›Fassung letzter Hand‹ zu verleihen, was höchstwahrscheinlich mit dem Plan zu einer erneuten Aufführung, wohl im Jahr 1739, verbunden war. Diese Absicht fügt sich stimmig in Bachs Schaffenskonzepte der 1730er Jahre. Er strebte nach größeren Formen und nach der Festigung vorhandener Werke in einer durch eine Reinschriftpartitur dokumentierten Fassung. Als Beispiele

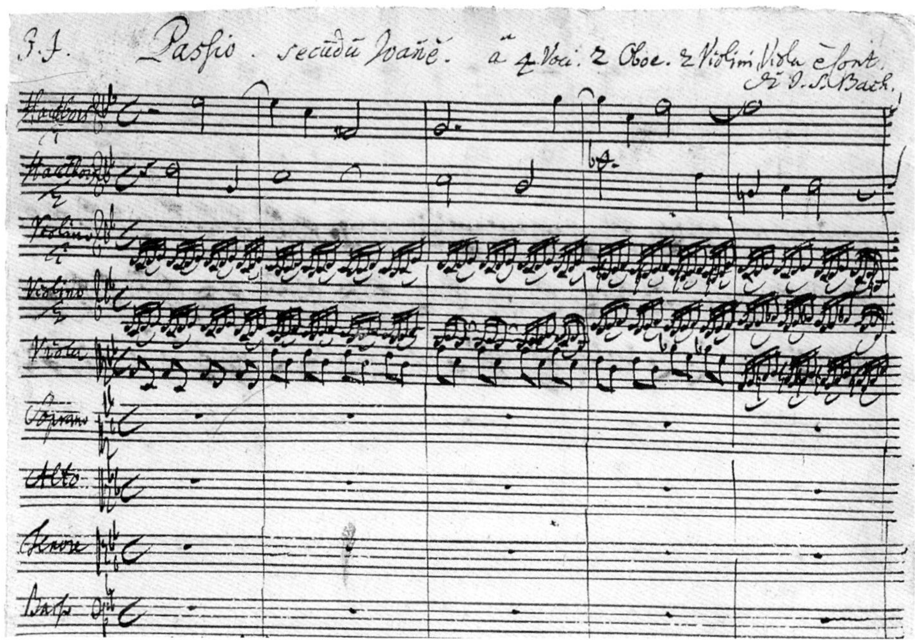

Johann Sebastian Bach: *Passio secundum Joannem* (Johannespassion).
Erste Seite der teilautographen Originalpartitur 1739 mit Kopftitel und Beginn des Eingangschors »Herr, unser Herrscher« (Ausschnitt).
Staatsbibliothek Berlin – Preußischer Kulturbesitz, Musikabteilung mit Mendelssohn-Archiv
Mus. ms. Bach P 28

für größere Formen gelten die Oratorien, vor allem das *Weihnachtsoratorium* (1734/35), sowie die lateinischen Kyrie-Gloria-Messen. Die Tendenz zur Fassung letzter Hand lässt sich insbesondere an der 1736 angefertigten Reinschriftpartitur der *Matthäuspassion* und etlichen Instrumentalwerken wie dem Zyklus der *Clavier-Übung* (1731–41) für Tasteninstrumente erkennen.

Der Kopftitel, den Bach auf der ersten Seite der Johannespassion über den Noten des Eingangschores angebracht hat, lautet: »J. J. Passio secundum Joannem. â 4 Voci. 2 Oboe. 2 Violini. Viola è Continuo | di J. S. Bach.« Das Kürzel »J. J.« bedeutet »Jesu juva« (Jesus hilf) und steht über vielen Bach'schen Handschriften, während am Ende oftmals »S. D. Gl.« zu lesen ist: Soli Deo Gloria, allein Gott die Ehre. Auf der letzten Seite der Partitur zur Johannespassion steht »Fine | D. J. C. | C. Gl.«, was »Fine. Domine Jesu Christe cum Gloria« bedeutet: Beschluss. Dem Herrn Jesus Christus zur Ehre. Auffallend ist, dass Bach bei der Angabe der Besetzung die Querflöten nicht erwähnt, obwohl 1739 längst Stimmen für diese Instrumente in der Johannespassion vorlagen. Denkbar ist, dass die Querflöten in der Kopiervorlage Bachs – das müsste die nicht erhaltene Partitur von 1724 gewesen sein – nicht genannt waren, weil sie in der ersten

Fassung noch nicht enthalten waren. Denkbar ist aber auch eine Nachlässigkeit Bachs, wie sie bei vielen solcher Titelangaben festzustellen ist. Im Übrigen verschweigt der Titel auch andere, nur in einzelnen Sätzen geforderte Instrumente wie die beiden Violen d'amore und die Laute.

Bach hat den Plan zu einer letzten Fassung der Johannespassion vermutlich in der Fastenzeit 1739 in Angriff genommen, die begonnene Partitur aber nach 20 Seiten – mitten im Rezitativ Nr. 10 – wieder aus der Hand gelegt. Erst 1749 komplettiert ein Kopist, den Peter Wollny als Bachs Schüler Nathanael Bammler identifiziert hat, das Partiturfragment durch eine Abschrift der damals noch vorhandenen Originalpartitur aus dem Jahr 1724. Merkwürdig bleibt, dass die im autographen Teil in dieser Partitur enthaltenen subtilen Verbesserungen unter Bachs Leitung in Leipzig nie erklungen sind. Deshalb schloss die erste Choralstrophe der Passion – um nur ein markantes Beispiel hier anzuführen – in sämtlichen für uns irgendwie greifbaren Aufführungen Bachs zwischen 1724 und 1749 (oder 1750) immer in Moll. Nahezu alle Aufführungen von der Mitte des 19. Jahrhunderts bis heute lassen diesen Choral jedoch in Dur enden, weil die Notenausgaben sich an Bachs Partitur von 1739 orientieren, in der Bach den Tenor am Schluss in die picardische Terz *h* führt.

Warum aber blieb diese Partitur unvollendet? Mangels anderer Erklärungen wird immer wieder ein Dokument ins Feld geführt, welches belegt, dass ein Konflikt um eine Passionsaufführung im Jahr 1739 aktenkundig geworden ist. Von einem »Bedencken wegen des Textes« ist die Rede und von Bachs ungehaltener Reaktion, er »hätte nichts darvon«, und zudem wären die Passionsaufführungen »ein onus«, eine Last – dieses Wort hat Friedrich Blume als generelle Überschrift über Bachs Kirchenmusik gesetzt, was kaum der historischen Wahrheit entsprechen dürfte. Die gesamte Aktennotiz aus der Feder des Unterleichenschreibers Andreas Gottlieb Bienengräber lautet: »Auff E. E. Hochweisen Raths Verordnung bin ich zu Herrn Bachen allhier, gegangen, und habe demselben hinterbracht, wie die von ihm auf bevorstehenden Char-Freytage haltende Music, bis auf darzu erhaltene ordentliche Erlaubniß unterbleiben solle; Worauff derselbe zur Antwort gab: es wäre ja allemahl so gehalten worden, er fragte nichts darnach, denn er hätte ohnedem nichts darvon, und wäre nur ein onus, er wolle es den Herrn Superintendenten melden, daß es ihm wäre untersagt worden, wenn etwa ein Bedencken wegen des Textes gemacht werden wolle, so wäre solcher schon ein paar mahl aufgeführet worden.«[77] Unbekannt ist nicht nur, ob sich diese Episode wirklich auf die Johannespassion bezieht, sondern auch, ob die verweigerte Erlaubnis dann vielleicht doch noch nachträglich erteilt worden ist.

Alles in allem: Bach hat mit seiner Johannespassion auf der Grundlage eines »flexiblen Werkbegriffs«[78] mehr experimentiert als mit irgendeinem anderen Werk seiner geistlichen Vokalmusik. Für das heutige Verstehen bietet diese Passionsmusik spannende Anhaltspunkte, weder als Beispiel für ein Opus perfectum (wie die *Matthäuspassion)* oder gar für ein Opus summum et ultimum (wie die in ihrer Art singuläre *Missa h-Moll),* sondern als Opus imperfectum sui generis. Weil der Komponist ihr »immer nur eine aktuelle und niemals eine endgültige Gestalt«[79] verliehen hat, ermöglicht die Johannespassion Studien zu Bachs bearbeitendem und differenzierendem Umgang mit eigenen Stücken, vergleichbar durchaus dem Parodieverfahren. Steht allerdings bei jenem die endgültige Einordnung von Einzelsätzen in neue Werkzusammenhänge im Mittelpunkt, so geht es bei der Johannespassion um die Frage, wie Bach ein Werk vier Mal je verschieden beendet und zur Aufführung bringt, ohne es jemals letztlich zu vollenden.

Erster Teil
der Passionsmusik

NB 1

Johannespassion

Fassung IV (1749)

Parte prima

vor der Predigt

Johann Sebastian Bach
1685–1750

1. Chorus

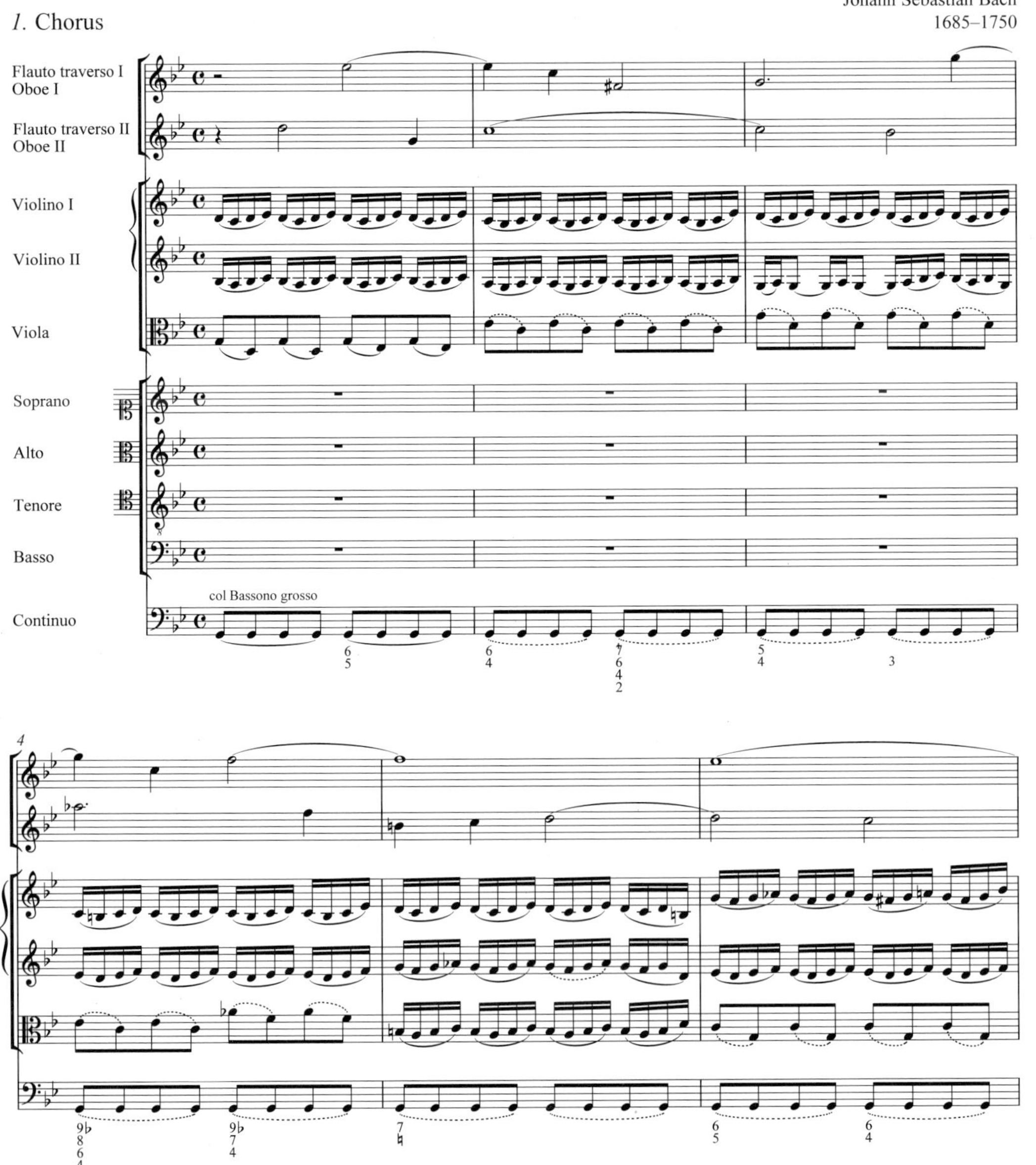

Der Eingangschor »Herr, unser Herrscher«

»Wenn je Bach'sche Musik uns die philosophische Tugend des Staunens lehren kann, dann in Sätzen wie diesem.«[1]

Alfred Dürr

Worüber sollen wir am meisten staunen? Über die Monumentalität dieser vokal-instrumentalen ›Kyrie‹-Anrufung, die Martin Geck vom Beginn »ernsthafter *Sinfonik*«[2] sprechen lässt? Oder über die typisch johanneischen Akzente in Wort und Ton, mit denen Christus hier mehr als Offenbarer denn als Erlöser vorgestellt wird, so dass die Einheit von Passion und Verherrlichung in einer Musik voller Sinn, nämlich sinnlich und sinnvoll, erklingt? Die musikalisch-theologische Interpretation will die Aspekte der Christologie (Wort) und Trinität (Klang) in den Mittelpunkt stellen.

Christologische Eröffnung

Im Rahmen einer barocken Passionsmusik fungiert das Exordium als eine Art Überschrift der Klangrede von Leid und Leidenschaft, welche die Hörer in das Thema hineinführen will. Musikgeschichtlicher Hintergrund sind zunächst einfache Formeln wie »Höret an das Leiden unsers Herren Jesu Christo nach dem heiligen Evangelisten Johannes«. So setzt am Karfreitag der liturgisch-feierliche Vortrag einer Passion ein, vergleichbar dem Lesen oder Kantillieren eines Sonn- oder Festtagsevangeliums. Allerdings gewinnen solche Eröffnungen wie »Höret das Leiden …« oder »Das Leiden unsers Herren Jesu Christi, wie uns das beschreibet der Evangeliste …« (siehe auch die Abb. S. 31) im Lauf der geschichtlichen Entwicklung der Passionsmusik immer stärkeres Gewicht, ähnlich der Conclusio zum Beschluss mit Formulierungen wie »Dank sei dem Herren, der uns erlöset hat durch sein Leiden von der Höllen«.

Thema des Exordiums ist in aller Regel der soteriologische Sinn dieses Leidens, das ›pro nobis‹. Warum überhaupt geschieht diese Passion? Zu unserer Erlösung, mit Luthers Worten: »als ein Sakrament, das mir zugut geschehen ist«[3]. Zu diesem theologischen Inhalt tritt der verkündigende Gestus, denn vor allem im Kontext der Oratorischen Passion will ein Exordium seine Hörer von Anfang an in das Geschehen gleichsam hineinziehen: »Kommt, ihr Töchter, helft mir klagen« heißt es deshalb am Beginn der Bach'schen *Matthäuspassion*. Musikalisch-geistliches Ziel ist das Sich-Einfinden in dieser biblischen Geschichte (identificatio), ja das Mitleiden (compassio) mit Christus, der wegen unserer Schuld (propter me) und um unserer Erlösung willen (pro nobis) gelitten hat und gestorben ist. Bachs Johannespassion aber setzt höchst unkonventionell ein und akzentuiert dabei Christus als Offenbarer:

Herr, Herr, Herr, unser Herrscher,	Trinität	*Präexistenz Christi (A)*
Dessen Ruhm in allen Landen herrlich ist!	Psalm 8	
Zeig uns durch deine Passion,	Passion	*irdischer Jesus (B)*
Dass du, der wahre Gottessohn,	vere DEUS	
Zu aller Zeit,	ewig – zeitlich – heute	
Auch in der größten Niedrigkeit,	vere HOMO	
Verherrlicht worden bist.	Herrlichkeit im Leiden	
Herr, Herr, Herr, unser Herrscher,	Trinität	*Postexistenz Christi (A')*
Dessen Ruhm in allen Landen herrlich ist!	Psalm 8	

Biblische Botschaft: herrlich und verherrlicht

Die Worte des Eingangschores sind ein christologisches Bekenntnis (Inhalt), das doxologisch (Gestus) formuliert ist: »Herr, unser Herrscher, dessen Ruhm (doxa) in allen Landen herrlich ist!« Alttestamentlicher Bezugspunkt ist zunächst Psalm 8,1: »Herr, unser Herrscher, wie herrlich ist dein Name in allen Landen.« Die Ersetzung von »Name« durch »Ruhm« erscheint unmittelbar legitimiert durch Psalm 48,11: »Gott, wie dein Name, so ist auch dein Ruhm bis an der Welt Ende.« Selbst das Leiden in der Passion (Mittelteil) ist poetisch umgriffen vom »Ruhm in *allen* Landen« und »zu *aller* Zeit«. Als liturgischer Hintergrund kommt überdies eine in Kursachsen gebräuchliche Formel zur Gebetseröffnung in Frage, die sich etwa im Dresdner Gesangbuch von 1725 findet: »Herr, unser Herrscher, dessen Namen herrlich ist in allen Landen!«[4]

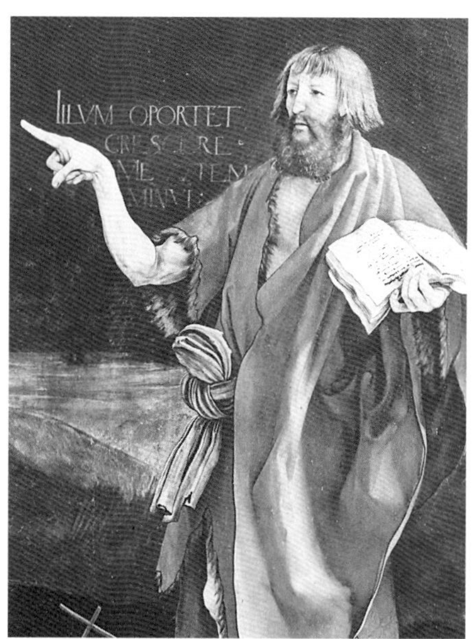

Johannes der Täufer. Aus der Mitteltafel des Isenheimer Altars von Matthias Grünewald, 1512–15. Beischrift Joh 3,30: »Illum oportet crescere, me autem minui« (Er muss wachsen, ich aber muss abnehmen)

Die Christologie ist der weitere Horizont im Vergleich zur Soteriologie. Nicht das Verhältnis Christus-Wir steht am Beginn, sondern das Verhältnis Gott-Christus als gegenseitiges Verherrlichen (Verklären) nach Joh 12,28: »Vater, verherrliche deinen Namen. Da kam eine Stimme vom Himmel: Ich habe ihn verherrlicht und werde ihn wieder verherrlichen« (vgl. Joh 13,1 und 17,1). Selbst die heutige exegetische Einsicht, dass sich das Johannesevangelium nicht in erster Linie missionarisch an seine Leser wendet, sondern deren Glauben bereits voraussetzt, um ihn zu vertiefen, finden wir bei Bach bestätigt. Denn es erklingt nicht wie in der *Matthäuspassion* die Aufforderung zum »Kommen« im musikalisch-verkündigenden Spiel von Frage und Antwort. Vielmehr sind die Hörer von Anfang an hineingenommen in das Lob des Herrschers, dessen Ziel es ist, sich die Passion von Christus selbst »zeigen« zu lassen.

Von Anfang an steht eine Frage im (Klang-)Raum der Johannespassion: Wie überhaupt kann der Herrscher des Himmels und der Erde leiden und gewaltsam umkommen? Die Antwort des vierten Evangeliums heißt: Weil er, das »Wort« (Joh 1,1) nicht nur Gott war und blieb (vere Deus), sondern Mensch geworden ist (vere homo), um sich in dieses Leiden und Sterben liebend (»O große Lieb«; Nr. 3) und freiwillig, ja geradezu souverän hineinzubegeben, und zwar immer in einer Art von ›Harmonie‹ mit dem Vater: »Dein Will gescheh, Herr Gott, zugleich / auf Erden wie im Himmelreich« (Nr. 5). Die Soteriologie ist hier gleichsam umfangen von der Christologie, weil beides »zwei Seiten einer Medaille«[5] sind, was wiederum gar nicht denkbar ist ohne Bezug zur Trinität. Und den gestischen Rahmen bildet der verherrlichende Lobpreis (Doxologie) als zunächst innertrinitarisches Geschehen, an dem die Menschen teilnehmen, etwa mit ihrem vielstimmigen Gotteslob als Antwort auf die biblische Botschaft von der Passion.

Bachs dreifache »Herr«-Anrufung

Bach lässt keinen Zweifel daran, dass er auch musikalisch den weitesten Horizont anzielt: »Herr, Herr, Herr« ruft der Chor, weil der trinitarische Gott der Horizont ist, vor dem die Passion des Gottessohnes zu sehen und zu verstehen ist. Wichtige »Herr«-Anrufungen gibt es im vierten Evangelium etwa in 6,68 (durch Petrus), vor allem aber österlich aus dem Mund des Apostels Thomas: »Mein Herr und mein Gott« (20,28), sowie im dreimaligen Bekenntnis des Petrus zum »Herrn« (21,15 ff.) analog zu seiner dreimaligen Verleugnung. Zudem ist die dreifache »Herr«-Anrufung, mit welcher der Chor einsetzt, in die Partitur dreifach und vom ersten Takt an gleichsam kreuzförmig von Bach eingetragen: erstens horizontal-sukzessiv als dreimaliger Ruf (vokal) und zweitens vertikal-simultan in der dreifachen Motivik (instrumental) des gesamten Satzes, wobei jedes Motiv einer der drei göttlichen Personen entspricht. Hinzu kommt, drittens, dass selbst die Anzahl der Stimmen in der Partitur dies als »Augenmusik« bestätigt (siehe Notenbeispiel der ersten Partiturseite; S. 64), weil das Vater-Motiv quasi als Fundament einstimmig in der einen Generalbasszeile (1) steht, die Sohn-Motivik von den beiden Oboen und Flöten, also zweistimmig (2) gespielt wird und die Geist-Koloraturen den drei Streicherstimmen (3) übertragen sind.

Zwischen dem dreifach angerufenen Herrn und seiner Gemeinde spielt sich alles ab, wobei der Herrscher – »unser Herrscher« als Andeutung des pro nobis und als Gegensatz zum »Herrscher der Welt« (vgl. Joh 12,31; 14,30; 16,11) – auch in seinem Leiden der souverän Handelnde bleibt, selbst in der

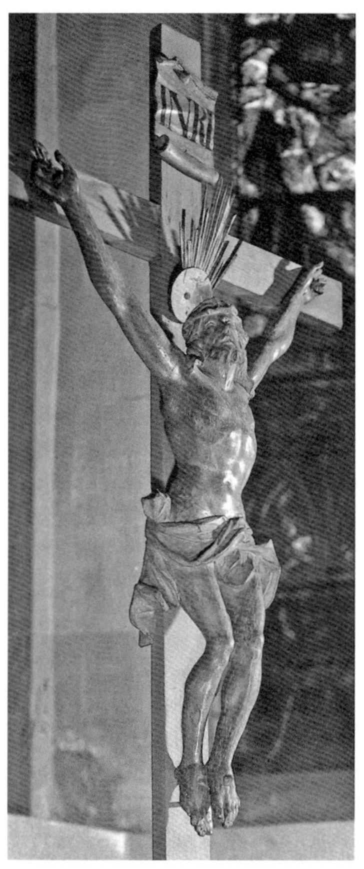

Kruzifix von Caspar Friedrich Löbelt (1687–1763) in der Thomaskirche Leipzig

»größten Niedrigkeit«. Wie also nehmen Bachs Hörer die Passion wahr? Nicht aus eigener Kraft, sondern indem der Gottessohn sich ihnen zeigt: »Zeig uns durch deine Passion …«. Aufgabe der Hörer ist das »Betrachten« und »Erwägen«, was Heinrich Müller in seinen Predigten *Vom Leiden Christi* die »Passions-Arbeit« nennt. Entscheidend ist also, dass Gott selbst die Passion seines Sohnes zeigt und dass der »Geist der Wahrheit« sie dem Verstehen erschließt (Joh 16,13). Dies schließt keineswegs aus, dass auch besondere Menschen – wiederum vom Geist dazu begabt – auf das Kreuz zeigen: Johannes der Täufer, Martin Luther, Lucas Cranach, Johann Sebastian Bach.

Wie kann der Leidende »herrlich« genannt werden? Die biblische Botschaft sieht die Herrlichkeit Gottes klar verwirklicht bei seiner Wiederkunft »mit großer Kraft und Herrlichkeit« auf den Wolken des Himmels (Mt 24,30). Ebenso ist der Ostersieg ein Datum, ja sogar das Urdatum der Herrlichkeit. Inkarnation und Passion scheinen jedoch weiter von dieser Herrlichkeit entfernt. Bei der Inkarnation – wir blicken kurz auf Bachs von der christologischen Zweinaturenlehre durch und durch geprägtes *Weihnachtsoratorium* – ist es die Spannung zwischen der Herrlichkeit des Gottessohnes (Majestät) und seiner Erniedrigung in der Menschwerdung (Kenosis) in einem Stall – eine hochtheologische Dialektik, die Bach etwa in der Bass-Arie mit obligater Trompete »Großer Herr, o starker König« (Nr. 8) entfaltet. Die Passion wiederum zeigt den Gott-Menschen »ohne Gestalt« und »Schöne« (Gottesknechtslied Jesaja 53,2), was die Kunst vieler Epochen inspiriert hat. Und ein Bild des Gekreuzigten, der zugleich Herrlichkeit ausstrahlt, kannte Johann Sebastian Bach sehr gut. Es ist das »Löbelt-Kreuz« in der Leipziger Thomaskirche.

Schönheit der Passion?

Zwei Formen der Dialektik sind erkennbar, eine theologische und eine ästhetische. Die theologische besteht darin, dass der Gekreuzigte nicht nur ein Bild des Jammers bietet. Irgendwie muss auch – wie beim Löbelt-Kreuz – die personale Einheit zwischen ihm und dem Auferstandenen gesehen werden, die jedoch zunächst geheimnisvoll bleibt. Die »Stunde« der »größten Niedrigkeit« – sowohl im Choral »Er nahm alles wohl in acht in der letzten Stunde« (Nr. 28) als auch in der Alt-Arie »Es ist vollbracht« (»Die Trauernacht lässt mich die letzte Stunde zählen«; Nr. 30) aus dem zweiten Passionsteil klingt sie deutlich an – wird zum Prüfstein der Herrlichkeit des Herrschers. Doch dem ersten Blick bietet sich nichts als rohe Gewalt. Erst auf den zweiten Blick öffnet sich dieses Bild gleichsam zu einer Deutung, die das Leiden nicht durchstreicht oder verharmlost, sondern es zugleich tiefer versteht und in helleres Licht rückt. Erst im Glauben werden das Leiden Christi und sein Tod von Ostern her verstehbar, denn die Auferstehung ist ohne Passion ebenso unvollständig wie die Passion ohne Ostern.

Die ästhetische Dialektik von grausamer Gewalt und lichtvoller Heilsbedeutung spiegelt sich in vielen künstlerischen Darstellungen der Passion, die immer Vergegenwärtigung und Ästhetisierung[6] zugleich sind. Auch die Musik transportiert die Passion in das Schöne der Kunst. Und Bach spielt auf dieser prekären Grenze zwischen Schönheit und Schrecken, zum Beispiel mit dem »Barrabam«-Schrei seiner *Matthäuspassion*. Im Betrachter erweckt dies sozusagen ›gemischte‹ Gefühle, was nur in paradoxe Worte zu fassen ist: »süße Frucht von seiner Wermut« oder »ängstliches Vergnügen« (Nr. 19) Diese rhetorisch-paradoxe Figur (Oxymoron) gründet letztlich in der Spannung von Kreuz und Auferstehung, von Karfreitag und Osternacht.

Gesamtform als Weg des Gottessohnes

Nicht nur einzelne Worte sind im Eingangschor theologisch bedeutsam. Auch die gesamte Architektur[7] ist eine klingende Theologie, weil die Dacapo-Form (A–B–A') der johanneischen Theologie präzise entspricht: Die Rahmenteile (A und A') besingen die ewige Herrlichkeit Jesu beim Vater (theologisch: Präexistenz und Postexistenz), der Mittelteil (B) widmet sich der zeitlichen Passion als Tiefpunkt der »Niedrigkeit«, die wiederum in Verherrlichung umschlägt, was Bach durch eine Abwärts- und Aufstiegsbewegung geradezu plastisch nachzeichnet. Die Erniedrigung des Kreuzestodes wird fast bruchlos zum Ausgangspunkt der Erhöhung. Als biblische Inspiration dieser dreifachen Struktur ist Johannes 16,28 zu nennen: »Ich bin vom Vater ausgegangen (Präexistenz) und gekommen in die Welt (incarnatio). Wiederum verlasse ich die Welt (irdische Passion und Auferstehung als Einheit) und gehe zum Vater (Postexistenz).«

An den Worten »Herr«, »herrlich«, »Herrlichkeit« und »verherrlicht« – ein ganzes Wortfeld also – lässt sich die poetisch-theologische Qualität des Eingangschores besonders gut beobachten. Das Wort »Herr!« ist musikabel als Ausruf, den Bach ins Trinitarische steigert. »Herrlich« und »verherrlicht« entsprechen sich in der Dialektik zeitlich-ewig sowie göttlich-menschlich. Der Gottessohn *ist* »herrlich« in seiner Prä- und Postexistenz beim Vater im Geist. »Verherrlicht«

wird er in seinem zeitlichen Dasein, wobei die Spitze des Gedankens darin besteht, dass sein Verherrlicht-Werden auch die Passion umschließt. Der Exeget Rudolf Schnackenburg hat diese Akzentuierung im Johannesevangelium präzise beschrieben: »Seit der frühesten Gemeinde gab es ein ständiges Bemühen, das Dunkel des Leidens Jesu zu lichten, seinen schmachvollen Tod in einem tieferen Sinn zu deuten. Man fand, vom Alten Testament ausgehend, verschiedene Ansatzpunkte (das Leiden des Gerechten, der sühnende Gottesknecht, Gottes in der Torheit des Kreuzes verborgene Weisheit usw.), um mit diesem grausamen und unbegreiflichen Geschehen theologisch zurechtzukommen. In irgendeiner Weise war es für die Glaubenden stets von der nachfolgenden Rechtfertigung Jesu durch Gott, der Auferweckung des Gekreuzigten, der Gewissheit seines Kommens in Herrlichkeit, seiner Einsetzung in göttliche Macht überstrahlt. Aber noch kein Theologe hatte es unternommen, in dem entehrenden Prozess gegen Jesus, in seinem Leidensweg und seinem Tod am Kreuz schon unmittelbar die Herrlichkeit Jesu aufleuchten zu lassen. Diese paradoxale Sicht blieb dem vierten Evangelisten vorbehalten, der dazu durch seine alles in die Gegenwart seines Christus verlagernde theologische Betrachtungsweise angeregt und gerüstet war. Dieser Grundzug seines Denkens prägt seiner Passionsdarstellung ein unverwischbares Siegel auf.«[8]

Trinität als musikalische Inspiration

Die Musik spielt auf drei instrumentalen Ebenen, in die der Vokalpart ›eingebaut‹ ist. Sie setzen fast simultan ein und lassen sich trinitarisch deuten, was zu verbinden ist mit dem bereits erwähnten dreifachen vokalen »Herr!«-Anruf, Bachs musikalisch-theologischem Kommentar zum ersten Wort des Textes. Wie bedeutsam der Gedanke der Trinität für Bach zeitlebens gewesen ist, zeigen die Arie »Heiligste Dreieinigkeit« aus der Weimarer Kantate *Erschallet, ihr Lieder, erklinget, ihr Saiten!* aus dem Jahr 1714, zehn Jahre vor der Johannespassion, sowie die Rahmensätze *Präludium und Fuge Es-Dur* aus dem *Dritten Teil der Clavier-Übung*, die Bach 1739, also im Jahr der unvollendeten Revision seiner Johannespassion, veröffentlicht hat.

Im Eingangschor der Johannespassion erklingt im Generalbass ein regelmäßig pulsierender *Orgelpunkt* auf dem Grundton G: Gott-Vater in seiner Majestät ist der »Herr«, der Schöpfer und Erhalter des Himmels und der Erde.

NB 2

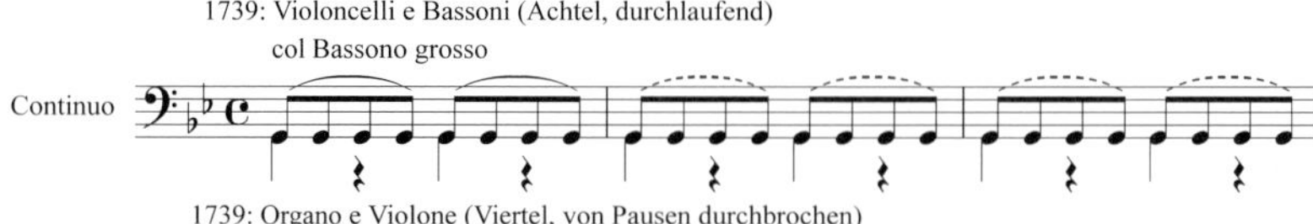

Eine klangliche Differenzierung in Viertel- und Achtelnoten nimmt Bach erst bei der Revision 1739 vor. Sie hat jedoch keinen Eingang in die Originalstimmen zu seinen Aufführungen gefunden. Vom zeitlichen Aspekt her ist wohl die eigentlich nur denkbare Einheit der ruhenden Bewegung als Sinnbild des Ewigen gemeint. Indem die Bewegung wiederholend sich vollzieht, bleibt sie – durch das Intervall der Prime und die einstimmige Notierung – doch bei sich.

In äußerst scharfen Dissonanzen *klagen* affektvoll die beiden Flöten und Oboen: ›leiden-machende‹ (pathopoietische) Klänge musikalisieren die Passion des Gottessohnes. Der leidende Herr ist der Erlöser, die zweite Person der Trinität, die Bach auch in der *h-Moll-Messe* zweistimmig darstellt, was er dort am Rand der Partitur sogar ausnahmsweise als Beischrift notiert: »duo voces articuli secundi« (zwei Stimmen für den zweiten Glaubensartikel).

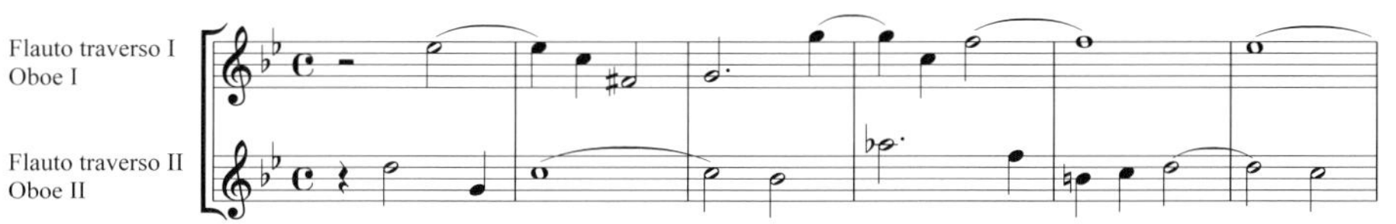

NB 3

Initialmotiv der beiden Bläserstimmen ist in der Johannespassion die bereits im ersten Takt frei einsetzende kleine Sekunde *d²–es²*, deren innere Spannung überaus deutlich zu hören ist. Sodann spielt Bach mit changierender Harmonik, indem er Töne konsonant einsetzen lässt, um sie durch den Wechsel der Harmonie sogleich in dissonierendem Licht erscheinen zu lassen. Statt der zu erwartenden Auflösung ergeben sich oftmals ganze Ketten mit immer neuen Dissonanzen. Vom Aspekt der zeitlichen Gestaltung her eröffnen diese musikalischen Leidensvokabeln der Bläser-Motivik etwas Neues: Entwicklung geschieht, indem eine Spannung aufgebaut wird und sich wieder löst, mitunter erst nach mehrfacher Wiederholung der Spannung. In der Arie »Himmel reiße, Welt erbebe« (Fassung II, Nr. 11⁺) werden die Flöten diese Klangwelt erneut aufgreifen.

Die gleichsam um sich selbst kreisenden *Streicherfiguren* sind Symbol des wehenden Geistes, der »Herr ist und lebendig macht«, wie es im Glaubensbekenntnis und vor allem im Johannesevangelium 6,63 heißt. Als harmonisch variable Figuren entfalten sie sich in der Zeit. Anders als der Orgelpunkt gehen sie aus sich heraus, schlagen kreisend und zielstrebig eine Richtung ein. Ihre Bewegung ist die zweitvollkommenste: nicht das In-Sich-Verharren, sondern der vollkommene Kreis, dessen Zielpunkt zugleich wieder der Ausgangspunkt ist, bisweilen in sprialförmiger Fortsetzung als Sequenzierung. Hier ergibt sich zudem die Brücke zum vokalen Aspekt des Eingangschores. Die Streicherfiguren – dreistimmig! – werden in ihrer Bedeutung erkennbar, weil ihnen vor allem die Worte »Herr«, »herrlich« und »verherrlicht« unterlegt sind.

NB 4

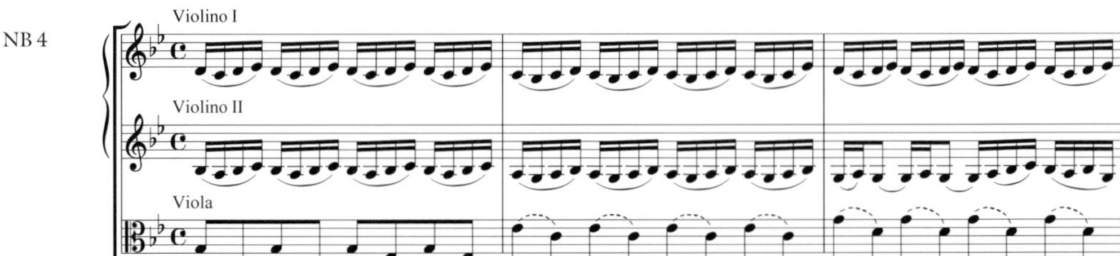

Drei Arten von Bewegung also sind zu hören: die vollkommene des In-sich-Verharrens (Orgelpunkt) als Fundament, die in sich kreisende als Sinnbild des Wehens (Geist), und die aus der Dynamik von Spannung und Lösung lebende (Affekt des Leidens). Instrumental entfaltet sich der gesamte Satz im spannungsvollen Miteinander dieser drei Klangschichten. Im Mittelpunkt steht die Person des Leidenden, der in der Passion seine Herrlichkeit aufgibt, um sie neu und endgültig zu gewinnen. Die instrumentale Motivik wirkt als dreifach-einheitliche musikalische Gestalt dieser Aussage.

Zu diesem instrumental geprägten trinitarischen Skopus (Ziel der Rede und Klangrede) tritt im vokalen Part die Hervorhebung einzelner Begriffe in ihrem Sensus (Bedeutung des Einzelwortes). Zunächst ist die vokale »Herr«-Anrufung zu nennen, die den Eingangschor zu einem *komponierten Gebet* macht. Bach variiert den dreifachen Anruf steigernd, indem er ihn zunächst auf den starken, dann aber, zudem in neuer Harmonisierung, auf den schwachen Taktzeiten erklingen lässt. Zudem ergibt sich eine Steigerung durch den Übergang von konsonant zu dissonant sowie von weiter zu enger Lage. Bach findet so eine ganze Reihe von Musikalisierungen der ersten Zeile »Herr, unser Herrscher«:

NB 5

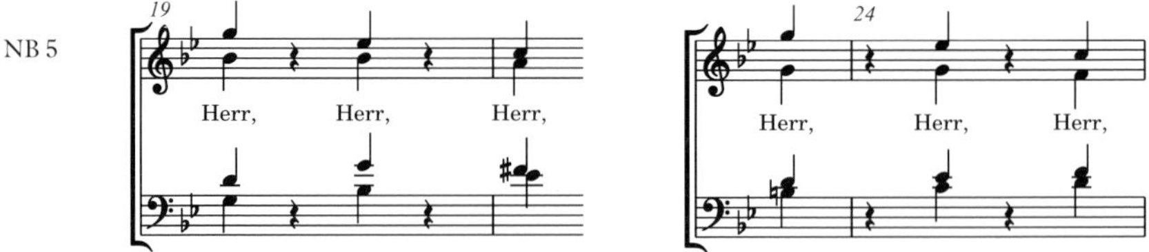

a. Akkordisch-blockhafte Rufe, homophon-eindringlich; zunächst auf betonter, dann auf unbetonter Zählzeit

NB 6

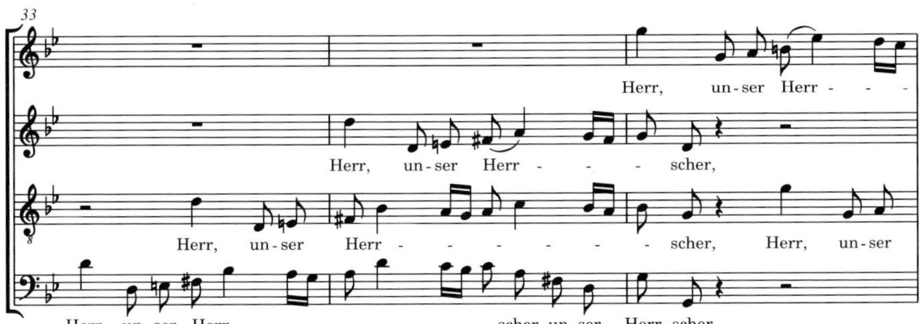

b. Oktav-Dissonanz-Motiv, polyphon – Vorwegnahme des Passionsmotivs »zeig uns durch deine Passion« bereits beim Wort »Herrscher« – erst später wird der Herrscher als der Leidende identifiziert

NB 7

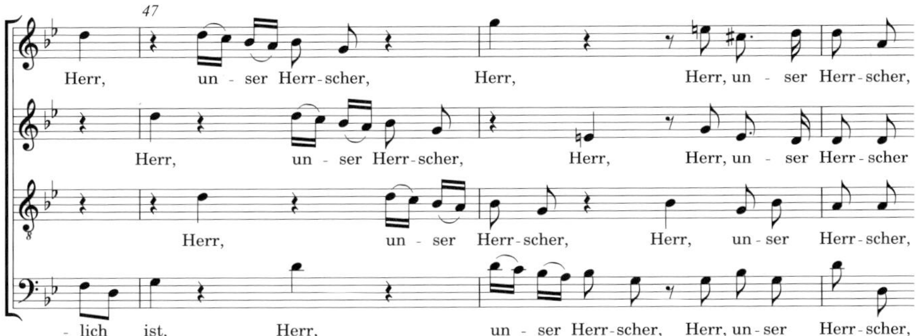

c. Weiteres Motiv mit abgetrenntem »Herr«-Anruf, imitatorisch durch alle Vokalstimmen laufend, im Sinne von: Rufe aus allen Richtungen

Mittelteil: »... auch in der größten Niedrigkeit«

Der Mittelteil ist motivisch mit den Rahmenteilen verbunden und nennt erstmals die Betrachter mitsamt ihrer Bitte »Zeig *uns* durch deine Passion ...«, wenngleich Bach die immerhin mögliche Betonung des »uns« nicht berücksichtigt hat. Die Worte »zeig uns« meinen gestisch die Richtung vom Erlöser (oben) zu den Menschen (unten). Es erklingen Synkopen und Dissonanzen zum Wort »Passion«, außerdem die Totalität der Oktave (»zu aller Zeit«) und vor allem eine Katabasis in die dunklen Tiefen des Klangraumes, wenn der Sopran zu den Worten »auch in der größten Niedrigkeit« fast seinen gesamten möglichen Stimmumfang (von g^2 bis cis^1) in absteigender Richtung durchläuft. Entscheidend sind die Worte »verherrlicht worden bist«, denn an diesem Tiefpunkt ereignet sich der Umschlag in die kreisenden Figuren der Verherrlichung. Diese entscheidende

NB 8 Niedrigkeit – Verherrlichung

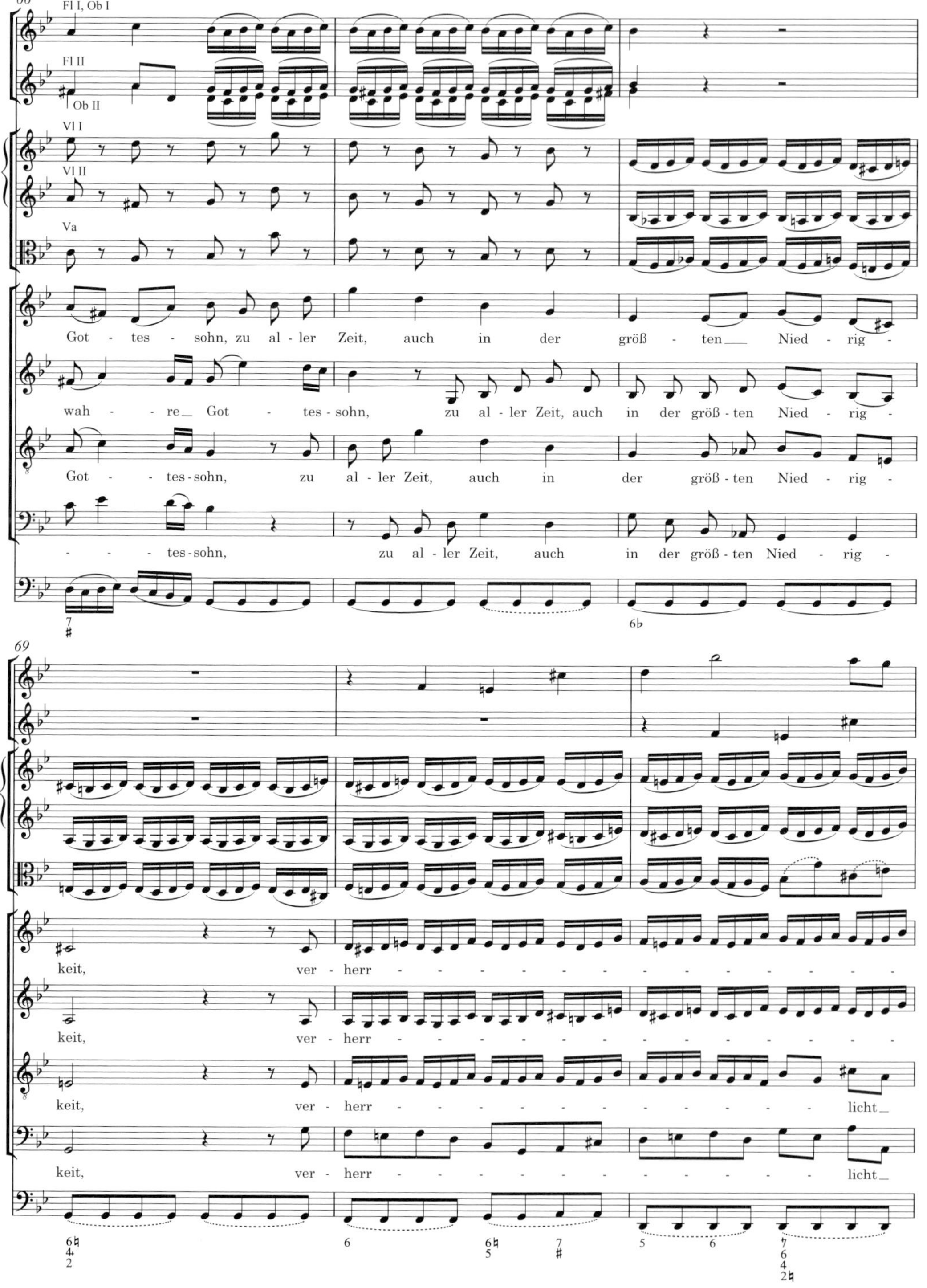

und ›sprechende‹ Stelle lässt sich noch genauer im Blick auf das von Bach äußerst kreativ gestaltete Verhältnis von vokal und instrumental betrachten.

Vom Beginn des Mittelteils an (T. 58ff.) sind die kreisenden Streicher-Figuren im Generalbass zu hören, während alle weiteren Instrumente ihre bislang dominierende Motivik zur Begleitung der Singstimmen mit stützenden Akkordtönen abmildern. So dominieren die Vokalstimmen, bis bei den Worten »zu aller Zeit« überraschend die Bläser ihr anfängliches Klagemotiv mit dem Verherrlichungsmotiv tauschen, um dann beim Wort »Niedrigkeit«, das die vier im Kanon geführten Vokalstimmen aus höchster Höhe absteigend, ja fast abstürzend erreichen, zwei Takte lang (T. 68f.) zu verstummen. Die Streicher übernehmen zwar das Verherrlichungsmotiv, aber in tiefer Lage als fast schattenhaft-verherrlichende Verzierung der »Niedrigkeit«. Zum entscheidenden Wort »verherrlicht«, das sich aus der Tiefe empor schwingt, dominiert dann wiederum das Verherrlichungsmotiv. Tonrepetitionen im Generalbass deuten den Orgelpunkt nur an. Sie werden gleichsam von der Bewegung des Verherrlichens harmonisch mitgerissen. Allein die zu erwartende Dissonanzenfolge der Oboen weicht einer Imitation (T. 70f.), die eher Steigerung meint als Leidensdissonanz.

Entscheidend ist Bachs vierfache, jeweils musikalisch-sinnbildlich verschieden akzentuierte Verwendung der kreisenden Verherrlichungsfigur. Zunächst ist sie im Generalbass zu hören, ihn gleichsam aufweichend und in Wallung bringend, denn vom Fundament her soll sich etwas Neues ereignen. Dann übernehmen paradoxerweise die Oboen und Flöten das Herrlichkeitsmotiv, obwohl ihnen doch von Anfang an der Klagegesang zugedacht war. Die theologisch kühne Aussage von der Verherrlichung »zu aller Zeit« gewinnt musikalische Präzision, indem diese Herrlichkeit sich der Passion gleichsam bemächtigt. Die subtilste Vertonung erfahren jedoch die durch eine Pause getrennten und wiederum über diese Pause hinweg verbundenen Worte »Niedrigkeit – verherrlicht«, denn hier gehen Wort und Klang gezielt auseinander, was wiederum bedeutungsvoll ist: Bereits zum Wort »Niedrigkeit« (T. 68f.) – vokal ein weiter Abstieg in tiefste und höchst dissonante Regionen auf der Basis des anfänglichen Orgelpunktes im Generalbass – setzt das Verherrlichungsmotiv als begleitende Umspielung der vokalen Katabasis ein. Für die Hörer geht es zunächst in dieser vokalen Dominanz unter, bis es, bedingt durch die Pause der Singstimmen, als einziger Klang noch über dem Orgelpunkt eigens hörbar wird, eine neue Dominanz und Richtung nach oben gewinnt – eine Dynamik, von der nun die Singstimmen mit dem Wort »verherrlicht« mitgerissen werden. Weil nun auch die Oboen neu einsetzen, allerdings im Verzicht auf ihre harten Dissonanzen, entwickelt sich der Satz aus seinem geringstimmigsten Tiefpunkt (»Niedrigkeit«) wie durch einen Sog zum Ambitus-Höhepunkt mit strahlendem Orgelpunkt auf der Dominante. Aus der vokalen Dominanz ist die nicht minder sprachkräftige instrumentale geworden. Und entscheidend für den gesamten Vorgang scheint die Variabilität des Verherrlichungsmotivs: Bach zeigt in Wort und Ton, dass die Verherrlichung vom Vater ausgeht (Beginn des Mittelteils) und dass sie selbst am Leiden des Sohnes nicht scheitert (T. 66f.), weil sie auch und gerade in dessen »Niedrigkeit« verborgen anwesend bleibt (T. 68), um sich am Tiefpunkt in einer überraschenden Kehre aufwärts zu richten (T. 69) und alles mit sich zu »ziehen« (vgl. Joh 12,32).

Bildhafte Entsprechung: Musik und Gnadenstuhl

Eine bildliche Entsprechung hat Bachs musikalische Auslegung der johanneischen Passionsdeutung in der Darstellung des »Gnadenstuhls«, die ähnlich wie Bachs Musik trinitarisch geprägt ist.

Dieser Bildtypus zeigt den Gekreuzigten in den Armen Gottvaters und kontrapunktiert so gleichsam das letzte Wort Jesu »Mein Gott, mein Gott, warum hast du mich verlassen?« (Matthäus 27,46). Zugleich unterläuft er die theologische Vorstellung eines selbst beim Leiden des Sohnes unerschüttert in seiner Majestät verharrenden Vaters. Überdies weist der Geist in Gestalt der Taube auf das Verstehen der allein für die Vernunft immer unbegreiflich bleibenden Passion. Ein solches Bild von Lucas Cranach d. Ä. kannte Johann Sebastian Bach aus der Leipziger Nikolaikirche, dem Ort der ersten Aufführung seiner Johannespassion (siehe Farbtafel 11). Wiederum steht die Trinität im Mittelpunkt, weil die Passion nicht vom dreifaltigen Gott gelöst werden kann. Cranach setzt die Memoria Passionis ins Bild, indem er die Arma Christi (Leidenswerkzeuge) wie Kreuz und Martersäule den Engeln in die Hand gibt. Die Passion wird nicht negiert, sondern aus der Perspektive der Herrlichkeit betrachtet.

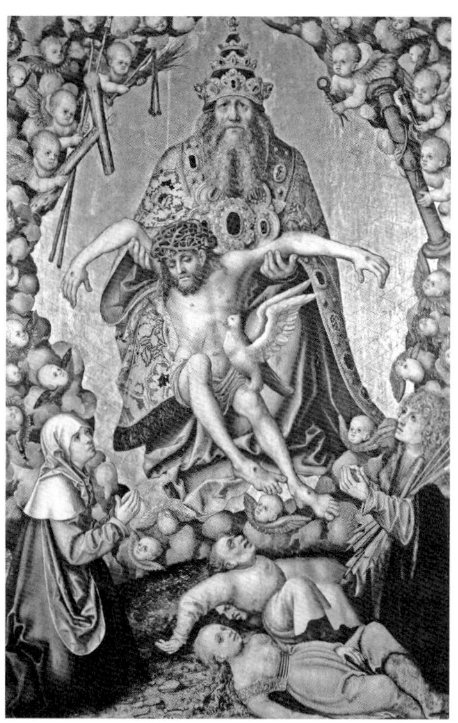

Gnadenstuhl von Lucas Cranach d. Ä. und Werkstatt, um 1515, ursprünglich in der Nikolaikirche Leipzig. Öl auf Holz. Museum der Bildenden Künste Leipzig. © akg-images

»Gnadenstuhl« und »Gnadenthron« sind theologisch variable Worte, denn auch die Krippe kann als »Gnadenthron« bezeichnet werden. In Bachs Johannespassion erklingen noch zwei Zeilen mit diesem Wort, und zwar an entscheidenden Stellen. Der zentrale Choralsatz »Durch dein Gefängnis, Gottes Sohn« besingt den »Kerker« als »Gnadenthron« und »Freistatt aller Frommen« (Nr. 22). Der choralische Epilog schließlich ruft Christus in eschatologisch-aneignender Perspektive als »Heiland und Genadenthron« an. Somit ist dieses Wort in der geistlichen Dichtung sowohl inkarnatorisch (Menschwerdung) als auch passionstheologisch (Leiden) und eschatologisch (Vollendung) zu hören. Im Blick auf Bachs Passion nach Johannes ergibt sich sogar eine überzeugende architektonische Struktur des Gnadenthrons mit Eingangschor (Trinität), Zentrum (Passion) und Schlusschoral (Vollendung). So verstärkt dieses Stichwort die doxologische Rahmung des Gesamtwerkes aus der »Wir«- und der »Ich«-Perspektive: »Herr, unser Herrscher ...« – »... ich will dich preisen ewiglich«.

Hugo Niebelings Inszenierung der Johannespassion

Kein Theologe vor dem Evangelisten Johannes »hatte es unternommen, in dem entehrenden Prozess gegen Jesus, in seinem Leidensweg und seinem Tod am Kreuz schon unmittelbar die Herrlichkeit Jesu aufleuchten zu lassen« (Rudolf Schnackenburg). Ergänzt werden darf, dass kein Komponist diesen johanneischen Gedanken so eindrucksvoll in Musik übersetzt hat wie Johann Sebastian Bach im Eingangschor seiner Johannespassion. Anstelle der zu erwartenden soteriologischen Grundaussage des ›pro nobis‹ erklingt im Eingangschor »Herr, unser Herrscher« ein christologisches Bekenntnis, das bis in die Passion hineingeführt wird, um den Zusammenhang zu betonen zwischen dem, was Christus *ist* und dem, was er in der Passion *tut*. Allein Bach weitet den Horizont musikalisch noch zu einer trinitarischen Musik, die insgesamt dem Lobpreis des Leidenden gilt (Doxologie). Alles geht von Christus aus: was er ist (»Herr«) und wie Gott an ihm handelt, ihn »verherrlicht«, auch in der »größten Niedrigkeit« der Passion. Dennoch stellt sich die Frage, wie heutige Hörer – Hans Blumenberg spricht von »Spätzeithörern« – in diese Passion hineinfinden. Wirkt dieser hoheitliche Christus nicht allzu fern, womöglich abweisend und von allen menschlichen Fragen entrückt? Eine bedenkenswerte Antwort auch auf solche Fragen gibt Hugo Niebelings im Speyerer Dom spielende Verfilmung der Johannespassion unter dem Titel »Es wäre gut, dass ein Mensch würde umbracht für das Volk« (1991).

Nach einer kurzen Eingangssequenz mit der Tempelreinigung – Jesu kompromissloses Handeln schafft ihm Feinde – zeigt Hugo Niebeling zu den Klängen des Eingangschores »Herr, unser Herrscher« die Akteure der Passion zunächst noch in ihrem Alltag. Sie sind – wie alle Hörer – auf dem Weg zur Passion, etwa als Chorsängerinnen und -sänger mit dem Klavierauszug unter dem Arm. Sie sitzen in einem Straßencafé und begeben sich dann in die Maske: noch im Alltag und schon auf dem Weg zur Passion. Dann passieren einige – mittels einer Eingangskontrolle sogar – die Schwelle zum Ritus: ein markanter Übergang vom profanen in den sakralen Raum. Der Christusdarsteller soll für den Film zunächst das Gesicht des Gekreuzigten erhalten, wie es auf dem Grabtuch von

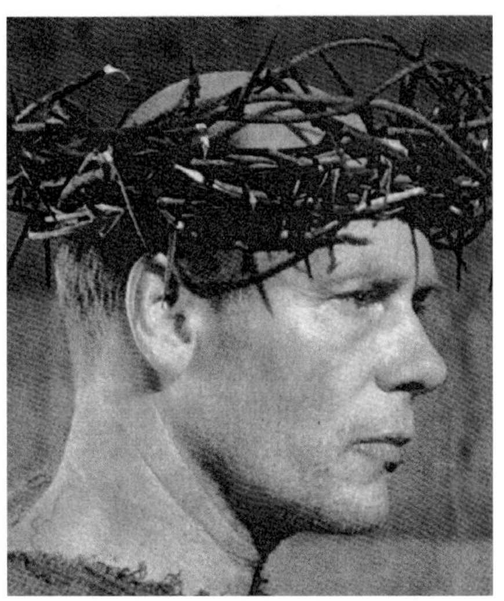

Filmische Umsetzung der Johannes-passion von J. S. Bach im Dom zu Speyer von Hugo Niebeling: Christusdarsteller (Christoph Quest) mit Dornenkrone

Turin zu erahnen ist, dessen Replik neben dem Schminkspiegel hängt. Doch plötzlich verweigert er sich der Prozedur, die schon begonnen hatte. Es wäre zuviel Schauspiel, wenn ein Darsteller den Jesus ›gibt‹. Den Blick auf das Bild gerichtet, sagt er: »Das bin ich nicht, das kann ich nicht, das will ich auch nicht! Das ist nur einer.« Christus als vere homo braucht diese Verkleidung nicht. Und die Oratorische Passion *spielt* die Passion nicht vordergründig, sondern sie *erinnert* an die Passion. Der Film will den Mittelteil des Eingangschores »Zeig uns durch deine Passion«, der zu dieser Szene erklingt, von Anfang an erst nehmen. Deshalb bleibt der Schauspieler, indem er die Passion verkündigt, er selbst. Er trägt die Botschaft weiter, die auch er nur empfangen kann.

Die Passion umgreift wahrlich Alltag und Ritus, jedoch nicht in der Gegenwart des Schauspiels, in die hinein der Zuschauer sich verliert, sondern in der Gegenwart der Erinnerung, in der sich der Betrachter finden kann. Entscheidend ist wohl auch für Bach die Möglichkeit zur eigenen Begegnung mit der Passion, für die keine Normen aufzustellen sind. Deshalb spricht seine Musik so viele Hörer ganz verschiedener spiritueller Herkunft – konfessionell, ästhetisch, nachchristlich – an. Sie gibt zu hören, zu denken und zu glauben. Ein literarisches Zeugnis zum Eingangschor der Johannespassion stammt von Petra Morsbach: »Aber die innere Bewegung! Eine unaufhaltsame Welle, die aus der Stille entsteht und auf dich zukommt, die Passion in ihrer Unausweichlichkeit und Gewalt.«[9]

Verrat und Gefangennahme

2 Evangelium

Jesus ging mit seinen Jüngern über den Bach Kidron, da war ein Garte, darein ging Jesus und seine Jünger. Judas aber, der ihn verriet, wusste den Ort auch, denn Jesus versammlete sich oft daselbst mit seinen Jüngern. Da nun Judas zu sich hatte genommen die Schar und der Hohenpriester und Pharisäer Diener, kommt er dahin mit Fackeln, Lampen und mit Waffen. Als nun Jesus wusste alles, was ihm begegnen sollte, ging er hinaus und sprach zu ihnen: »Wen suchet ihr?« Sie antworteten ihm: »Jesum von Nazareth.«

Jesus spricht zu ihnen: »Ich bin's«. Judas aber, der ihn verriet, stund auch bei ihnen. Als nun Jesus zu ihnen sprach: Ich bin's, wichen sie zurücke und fielen zu Boden. Da fragte er sie abermal: »Wen suchet ihr?« Sie aber sprachen: »Jesum von Nazareth.«

Jesus antwortete: »Ich hab's euch gesagt, dass ich's sei, suchet ihr denn mich, so lasset diese gehen!«

3 Choral

O große Lieb, o Lieb ohn alle Maße,
Die dich gebracht auf diese Marterstraße!
Ich lebte mit der Welt in Lust und Freuden,
Und du musst leiden.

4 Evangelium

Auf dass das Wort erfüllet würde, welches er sagte: Ich habe der keine verloren, die du mir gegeben hast. Da hatte Simon Petrus ein Schwert und zog es aus und schlug nach des Hohenpriesters Knecht und hieb ihm sein recht Ohr ab; und der Knecht hieß Malchus. Da sprach Jesus zu Petro: »Stecke dein Schwert in die Scheide! Soll ich den Kelch nicht trinken, den mir mein Vater gegeben hat, den Kelch, den mir mein Vater gegeben hat?«

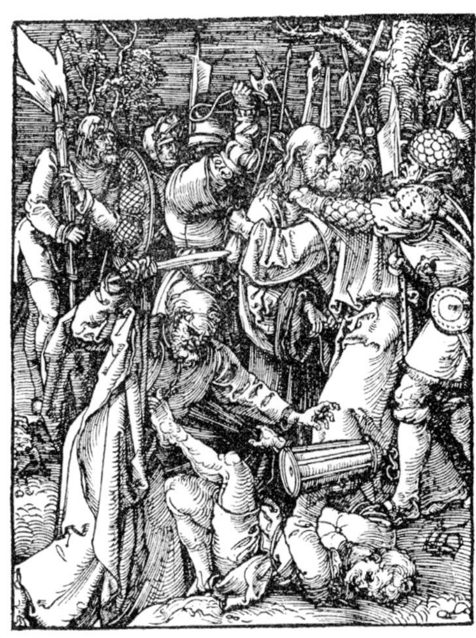

Gefangennahme Christi aus der Kleinen Holzschnitt-Passion von Albrecht Dürer, 1509/11

5 Choral

Dein Will gescheh, Herr Gott, zugleich
Auf Erden wie im Himmelreich.
Gib uns Geduld in Leidenszeit,
Gehorsam sein in Lieb und Leid;
Wehr und steur allem Fleisch und Blut,
Das wider deinen Willen tut!

Die Festnahme Jesu im Garten

»Jesus ging mit seinen Jüngern über den Bach Kidron.« Also die Lokalität des Baches wird genau bezeichnet. Das fand [Bertolt] Brecht als ein Musterbeispiel gestischer Musik. Es ist es auch.[10]

Hanns Eisler

Die Eingangsszene der Passion im Johannesevangelium

Die in sich abgeschlossene Passionserzählung des Johannesevangeliums (Kap. 18 und 19) ist der »Fluchtpunkt des Buches«[11], auf den seine gesamte Dramatik hinzielt. Deshalb kennt die Passionsgeschichte innere Bezüge zum gesamten Evangelium, insbesondere zu Jesu Abschiedsreden. Gleich im ersten Satz Joh 18,1 wird das deutlich: »Da Jesus solches geredet hatte ...«, nämlich in den Abschiedsreden (Kap. 13,31 bis 17,26), treten die Leser der Bibel und die Hörer Bachs ein in das Drama der Passion. Johannes verfasst ein »Passionsevangelium«[12], in welchem der theologische Akzent der ›Offenbarung‹ (Jesus zeigt sich als Kyrios) ebenso wichtig ist wie die Darstellung mittels reicher Symbolik (Wasser, Hirt etc.) und die Verstehensweise einer geistlichen Auslegung. Bereits zur Zeit der Kirchenväter galt das vierte als das geistig-geistliche Evangelium.[13]

Vielfach hat Johannes in den vorausgegangenen Kapiteln schon auf das Passionsthema hin präludiert: im Bild vom »Lamm Gottes« (Joh 1,29), in der Zeichenhandlung der Tempelreinigung mitsamt ihrer Deutung (Joh 2), in Jesu Selbstdarstellung als der »Gute Hirte«, der sein Leben für die Schafe gibt (Joh 10), oder im Bild vom »Weizenkorn«, das sterben muss, um Frucht zu bringen (Joh 12); letztlich in den gesamten Abschiedsreden, mit denen die Jünger auf die bevorstehende Passion vorbereitet, ja eingestimmt werden.

Auch der Librettist der Bach'schen Johannespassion hat immer das gesamte vierte Evangelium vor Augen, insbesondere dessen innere Einheit von Kreuz und Auferstehung. Die beiden ersten betrachtenden Stücke beziehen sich mit den Stichworten »Herrlichkeit« (Eingangschor) und »Liebe« (erste Choralstrophe) deutlich auf den Schluss von Kapitel 17, wo unmittelbar vor der Passionsgeschichte die Rede davon war, dass die Menschen »meine Herrlichkeit sehen« (Vers 24) und »dass die Liebe, mit der du mich liebtest, sei in ihnen und ich in ihnen« (Vers 26). Anders als in Bachs *Matthäuspassion* mit ihrem Eingangswort »Da Jesus diese Rede vollendet hatte ...« (Mt 26,1), entfällt in der nach Johannes die Vertonung des Verses Joh 18,1, so dass die Musik gleich mit der neuen Handlung einsetzt: »Jesus ging mit seinen Jüngern über den Bach Kidron ...«.

Vergegenwärtigen wir uns die Situation. Es ist Nacht, und zwar die Nacht vor dem Rüsttag des jüdischen Paschafestes. Erster Schauplatz des Geschehens ist der Garten Gethsemane, wenngleich Johannes ihn nicht namentlich erwähnt. Zu erreichen ist er über den Winterbach Kidron, den Luther in einer Predigt

»den rechten Finsterbach«[14] nennt. Erste Unterschiede zu den synoptischen Evangelien fallen auf, denn wir hören nichts von einem verzweifelten Gebet Jesu zum Vater, nichts von einer Flucht der Jünger oder vom Judaskuss; und das hat einen theologischen Grund: Alle Aktivität geht im vierten Evangelium vom Gottessohn selbst aus, der von Anfang an (18,4: »Als nun Jesus wusste alles, was ihm begegnen sollte«) bis zum Ende (19,28: »Darnach, als Jesus wusste, dass schon alles vollbracht war«) alles weiß und sogar in der Passion noch souverän handelt, ja sie am Ende mit den Worten »Es ist vollbracht« in eigener Majestät deuten wird.

Die Vorrangstellung Jesu als Handelnder prägte bereits den Eingangschor der Johannespassion mit seiner Aufforderung: »Zeig uns durch deine Passion«. Nun setzt sich dies im biblischen Bericht fort, wenn gleich zu Beginn nicht Jesu Gegner aktiv werden, sondern der Sohn Gottes die Initiative ergreift und auf sie zugeht, so dass sie auf seine Frage »Wen suchet ihr?« antworten müssen. Und Jesu nächste Antwort »Ich bin's« erinnert nicht nur an Gottes Selbstoffenbarung an Mose in Exodus 3,14 (»Ich bin der ich bin«), sondern vor allem an die berühmten »Ich-bin«-Worte des vierten Evangeliums vom »rechten Weinstock«, vom »Guten Hirten«, von »Weg, Wahrheit und Leben« oder vom »Licht der Welt«. Jesu erstes Wort erklingt in der Tat machtvoll, seine Gegner verstörend. »Der Offenbarer spricht!«[15], so kommentiert Rudolf Bultmann. Martin Luther predigt, dass das erste Wort aus Jesu Mund »mit fünf Buchstaben – gemeint ist der Jesus-Name – die Leute zu Boden wirft«[16], was heutige Bibelwissenchaftler eine »Epiphanie-Reaktion« nennen.[17] Luther versteht sogar Jesu abermalige Frage an seine Gegner als deren einzige Chance, wieder auf die Füße zu kommen: »Hätte er sie nicht angeredet, so lägen sie noch heutigen Tages.«[18]

Jesus vermag all dies, weil er bereits alles weiß, was sich zutragen wird. Das große Aufgebot an Soldaten, von dem Johannes berichtet – Hunderte oder zumindest Dutzende – wirkt merkwürdig und ist wohl eine poetische Konstruktion: Die Soldaten stehen für die gesamte widergöttliche »Welt«, von der wir in Bachs Johannespassion noch Einiges hören werden. Zudem ist dieses Jesuswort verbunden mit der Zuwendung an seine Jünger im Sinne der Pro-Existenz: »Suchet ihr denn mich, so lasset diese gehen«. Dies erinnert etwa an Jesu Gleichnisrede vom Guten Hirten, der seine Schafe nicht nur vor dem bösen Wolf bewahrt, sondern bereit ist, sein Leben für sie zu geben (Joh 10,11–15).

Der ›Cantus firmus‹ des Hoheitlichen wird zum Grundzug nicht nur der Passion nach Johannes, sondern auch der Musik Bachs, was noch im Einzelnen zu zeigen sein wird. Jesus »beherrscht die Handlung; er *weiß*, was auf ihn zukommt (18,4), er überliefert sich in die Hände seiner Feinde (19,5), sorgt für seine Jünger (18,8f.), gibt souverän dem Hohenpriester und dem Richter Antwort und erweist sich so als der eigentliche Richter (18,20f.; 23.36f.; 18,11). Sterbend trifft er Verfügungen für die Zukunft seiner Mutter und des *geliebten Jüngers* (19,26f.) und *vollendet* bewusst (19,28) sein Wirken (19,30).«[19]

Bachs Musik: Jesus und Judas, Jünger und Gegner

In gespannt hoher Lage setzt der Evangelist ein: »Jesus ging mit seinen Jüngern über den Bach Kidron …« Der erste Satz gilt Jesus und seinen Jüngern. Sie werden ebenso betont wie der »Garte« (Exclamatio!) als Ort des Geschehens, der auch dem Actus seinen Namen »Hortus« gibt. Dass Librettist und Komponist der Johannespassion noch mit der alten Tradition vertraut waren, die den »Ölgarten« mit dem »Paradiesgarten« (Genesis) in Verbindung bringt, um so die großen biblischen Themen Schöpfung und Erlösung miteinander zu verschrän-

NB 9

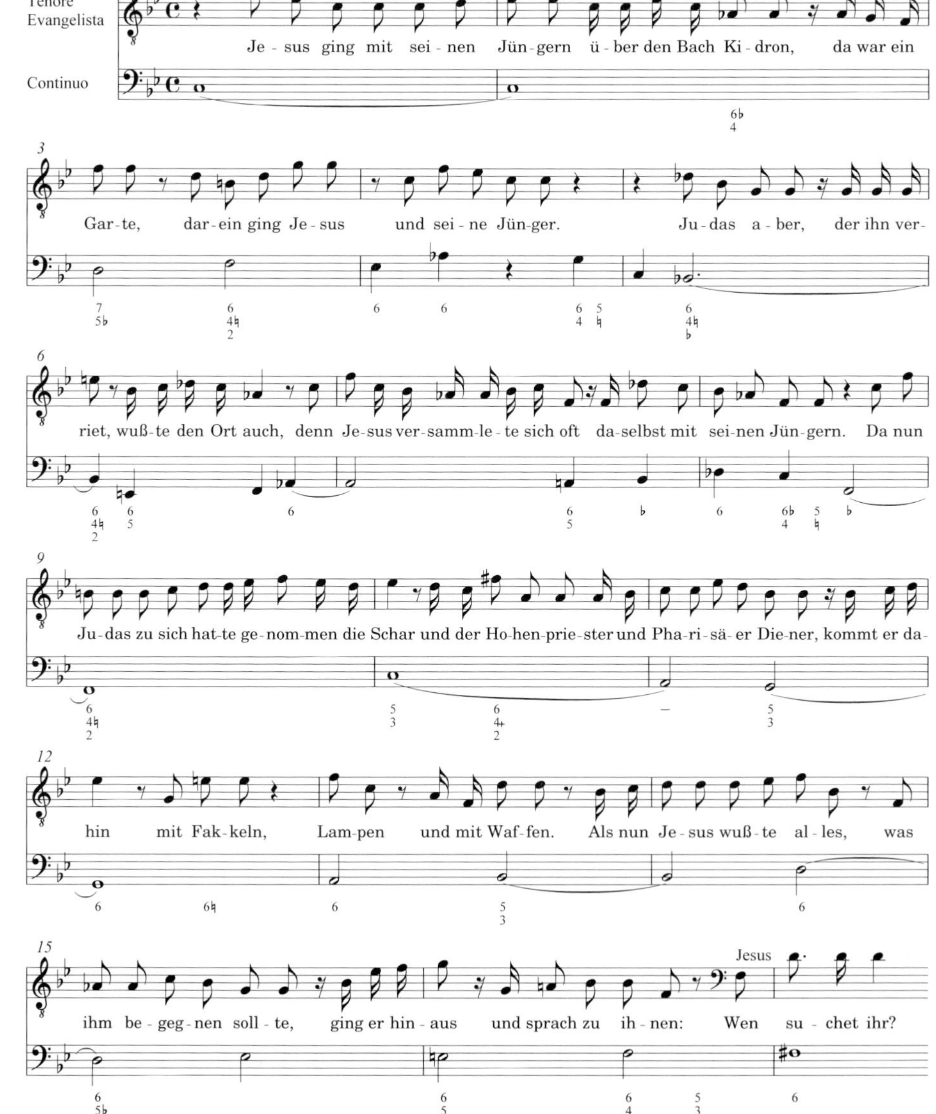

ken, darf zumindest vermutet werden. Eine reguläre Kadenz beschließt den vierten Takt bekräftigend, bevor Judas als zweite Hauptperson eingeführt wird, und zwar – kontrastierend zu Jesus – mit der verminderten Tonfolge *des–b–g*. Vielleicht ist es nicht allzu weit hergeholt, das Rahmenintervall hier traditionell als ›Diabolos in musica‹ zu benennen, zumal das Johannesevangelium 6,70 die Auffassung von Judas[20] als ›Diabolos‹ kennt.

Der ruhige Vortrag in Achtelwerten, der nur ausnahmsweise ›beschleunigt‹ und etwa halbtaktig durch Pausen gegliedert wird, verändert sich jetzt zur erregten, immer öfter von Pausen durchbrochenen Deklamation. Ja, die Pausen verselbstständigen sich geradezu zu Ausrufungszeichen hinter den Worten »mit Fackeln«(!), »Lampen«(!) »und mit Waffen«(!). Die analog zum ersten Satz (Jesus) wiederum zu erwartende bekräftigende Kadenz erklingt nach dem zweiten Satz (Judas-Jesus) immerhin noch angedeutet; nach dem dritten »… und mit Waffen« jedoch verzichtet Bach gänzlich auf eine harmonische Zäsur mit Kadenz, die das Geschehen bestätigen könnte, und lenkt unvermittelt und mit beruhigendem Gestus zurück zu Jesus: »Als nun Jesus wusste alles …«

Jesus	*Judas*
Achtelwerte, ruhig	Sechzehntel, aufgeregt
weite harmonische Flächen	rasche harmonische Wechsel
lange Phrasen	kurze Ausrufe

In der Partitur 1739 schärft Bach etliche Aspekte, von denen zwei besonders wichtig sind. Zum einen parallelisiert er nun die beiden Stellen »Judas aber« und »da nun Judas«, indem er die zweite Judas-Erwähnung (T. 8 f.) melodisch der ersten (T. 5) angleicht und auch hier den verminderten Akkord einfügt, also *f–d–h* statt *c–f–h*. Zum anderen verändert er die melodische Gestalt der »Hohenpriester« (wie »Garte« der Titel eines Actus). Abbildlich wirkt hier die hohe Lage der beiden *a*, nicht weniger wichtig ist aber der emphatische Zugewinn durch den Beginn des Wortes mit *es* anstatt *d*, so dass von Anfang an die extreme harmonische Spannung *es–fis* (durch das *c* gemildert) im Raum steht.

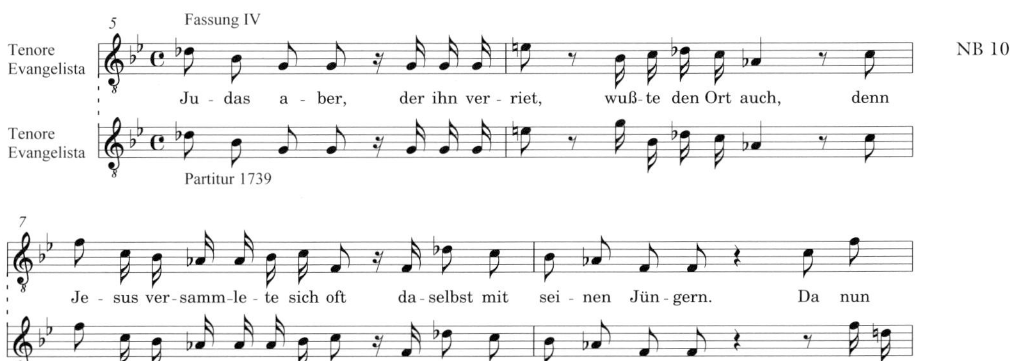

NB 10

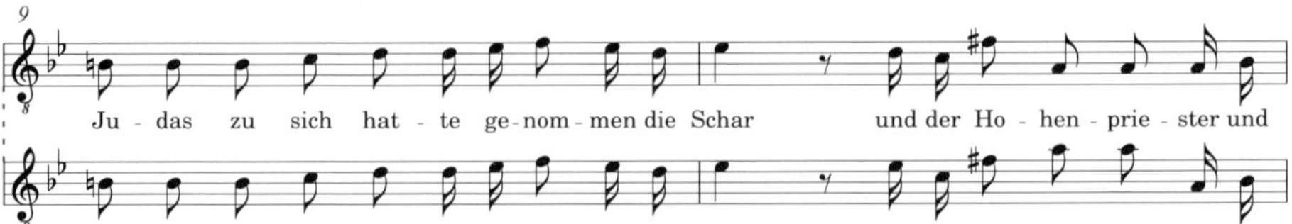

Besonders wichtig ist die Entwicklung von Diatonik zu Chromatik. Sie setzt in T. 12 ein (NB 9), weil hier der diatonische Aufgang »kommt er dahin« in eine Art Akzentchromatik des Evangelisten überführt wird: *es–e–f*. Das allein wäre kaum hörbar, wenn diese Tonfolge nicht in vergrößerten Notenwerten (Augmentation) gleich wiederkehrte, nämlich im Generalbass T. 14 bis 16. Hinzu kommt ein für Bach typisches Moment des Kalküls. Im Kontext der ersten chromatischen Judas-Passage hat er fast unmerklich die Hörer darauf ›eingestimmt‹, dass Halbtonschritte bis *f* (Dominante) durchlaufen werden und dann eine Lösung nach B-Dur (»Waffen«) erfolgt, wenngleich er dieser Lösung eine Bestätigung (Kadenz) verweigert hat. Die parallele Jesus-Stelle beginnt nun melodisch fast identisch, jedoch harmonisch nicht in g-Moll, sondern im bereits erreichten B-Dur, und anstelle der tonartfremden Exclamatio mit *e* auf »Fackeln« hören wir jetzt eine Oktave *f* (d-Moll) und die anschließende, bereits erprobte Eintrübung mit der Moll-Subdominante (»ihm begegnen«).

Entscheidend ist, dass die angedeutete harmonische Parallelität im letzten Moment überraschend außer Kraft gesetzt wird, um Jesu erstes Wort »Wen suchet ihr?« zu besonderer Wirkung zu bringen. Dazu wählt Bach eine majestätische, bislang noch nicht erklungene Punktierung (»sú-chet ihr?«). Um den Anschein der organischen Weiterführung noch bis zum letzten Moment aufrecht zu halten, übernimmt die Vox Christi zum Wort »Wen …« den Zielton *f* des Evangelisten. Das eigentliche Ereignis ist weniger die exclamatio auf *d* zu »… suchet ihr?«. Vielmehr ist es deren harmonische Einbettung nicht in B-Dur (so bei »mit Waffen« zu den exakt gleichen Tönen *f–d)*, sondern im bislang sorgsam ausgesparten D-Dur, wodurch es zu einem Querstand zwischen dem ersten Ton *f* der Vox Christi und dem Generalbass-*fis* kommt. Bereits in dieser ersten konfrontativen Szene mit Beteiligung von Testo, Vox Christi und Turba erklingt als kommentierende musikalische Leidens-Vokabel ab T. 14 ein chromatischer Quartgang *d–es–e–f–fis–g* mit abschließender Leitton-Grundton-Bestätigung im Generalbass, womit Bach überdies die drei Redenden gleichsam miteinander verklammert: Evangelist *(d–es–e–f)*, Christus *(f–fis)* und die Menge *(g–fis–g)*.

Die chorischen Rufe »Jesum von Nazareth« stehen nie auf der betonten, der ›guten‹ Zeit, sondern erklingen jeweils synkopisch verzögert, zunächst um einen Viertelwert, wodurch die beiden »Jesum«-Rufe auf die zweite und vierte Zählzeit des Taktes rücken. Beim dritten Ruf, der als Steigerung den gesamten Wortlaut »Jesum von Nazareth« bringt, verschärft Bach diese Verzögerung, denn jetzt ist es nur noch eine Achtelpause, deren atemloser Effekt mit der falschen Betonung des Wortes »Je-súm« einhergeht. Sowohl die schlechte Platzierung des Wortes im Takt bei »Jesum, Jesum« als auch dessen falsche Betonung lassen an den Beginn des Eingangschores »Herr, Herr, Herr, unser Herrscher« zurückdenken. Dort waren die majestätischen »Herr«-Huldigungsrufe auf die betonte und die unbetonte Zeit gesetzt und durch bestätigende Pausen gegliedert. Nun jedoch setzen die »Jesum, Jesum, Jesum von Nazareth«-Rufe aus dem Mund der Gegner Jesu schroffe Gegenakzente, die von Pausen durchbrochen sind.

Ähnlich verspätet wie die Rufe kommt auch die Begleitung erst nach der letzten Silbe des Schlusswortes »Nazareth« an ihr Ziel. Diese Begleitung zeigt bereits einen Grundsatz der Turbae in Bachs Johannespassion. Sie sind umgeben von einem selbstständigen Orchesterklang. In dessen Motivik sind die vokalen Rufe, wie Werner Breig es formuliert, sozusagen »eingehängt«[21].

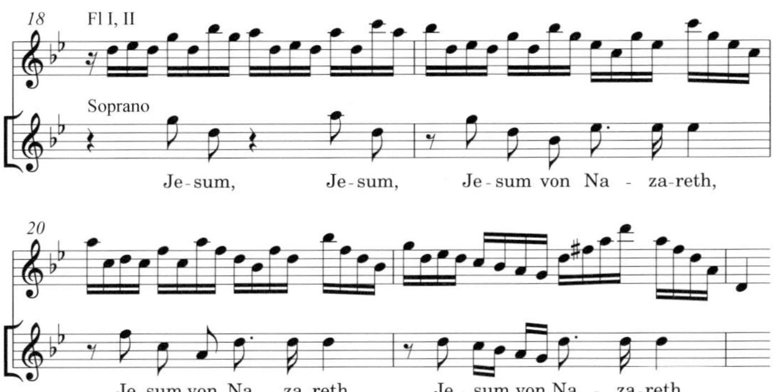

NB 11

Bemerkenswert scheint, wie Bach die verschiedenen Qualitäten eines biblischen Textes zum Klingen bringt, indem er sie höchst kreativ in Musik ›übersetzt‹. Nach den ersten »Jesum von Nazareth«-Rufen zitiert der Evangelist die hoheitsvollen Worte Jesu »Ich bin's«, deren Dreizahl somit vollendend, in gravitätischen Viertelwerten. Dass diese Rede die Jünger förmlich umwirft, erklingt bildhaft als melodische Katabasis. Die biblisch vorgegebene Wiederholung der erregten Rufe »Jesum von Nazareth« mag ein erster Impuls gewesen sein für Bachs Dispositions-Entscheidung einer doppelten Vertonung der meisten Turbae, aus der sich die viel diskutierte Symmetrie im »Herzstück« der Johannespassion letztlich ergibt.

Die Transposition des ersten Turba-Chores von g-Moll nach c-Moll wirkt als Steigerung. Innerhalb des »Viertaktmodells« durchschreitet Bach jeweils den dreiteiligen Weg von Kadenzharmonik (Tonika-Dominante) über Sequenzharmonik (der Stufen I–IV–VII–II) wieder zu Kadenzharmonik (Subdominante-Dominante), wobei der harmonische Abschluss auf der Dominante öffnend wirkt. Der Chor schließt nicht eigentlich, sondern der Evangelist übernimmt *attaca* die Spannung. »Diese harmonische Offenheit bewirkt, dass der Fluss des Evangelienberichts durch die Turba-Einwürfe nicht zu stark unterbrochen wird.«[22]

Choral »O große Lieb«

Man nehme einmal jede einzelne Stimme heraus und sehe sie für sich besonders an. Man wird finden: das sind lauter Melodien, die oft ebenso schön sind, wie die Choralmelodie selbst.[23]

Arnold Schönberg über einen Choralsatz der Bach'schen *Matthäuspassion*

Die erste Liedstrophe »O große Lieb« zeigt Bachs Souveränität im Umgang mit dem Kirchenlied. Die Melodie ist in damaligen Gesangbüchern ausschließlich mit dem Passionslied »Herzliebster Jesu, was hast du verbrochen?« von Johann Heermann verknüpft. Somit sind Wort und Ton der ersten Liedstrophe dieser Passionsmusik allein der Passion zugeordnet.

Theologie des Liedes

In seiner originalen Gestalt ist dieses Lied eine vielstrophige Liedpassion mit berichtenden und deutenden Strophen. Neben diesem Gehalt ist von Anfang an zugleich die dialogische Geste als Sprechhaltung wichtig, denn die Anteil nehmende Frage »Herzliebster Jesu, was hast du verbrochen?« eröffnet ein Zwiegespräch zwischen dem Leidenden und seinen Betrachtern. Grundlage hierfür ist jene Gleichzeitigkeit, die auch für das musikalische Erinnern der Passion äußerst wichtig ist. Johann Heermann entfaltet die Grundgedanken der lutherischen Passionstheologie. Die Passion ist geschehen *wegen* uns (propter nos), das ist der kausale Aspekt. Zweitens aber geschieht sie *für* uns (pro nobis), das ist der finale Aspekt, wie er auch im Credo benannt ist: »Gekreuzigt wurde er für uns«. Drittens soll sie lebenverändernde Bedeutung *in* uns gewinnen, das ist der konsekutorische Aspekt.

In der vierten Strophe »O große Lieb« geht es – inspiriert von der Botschaft des ersten Johannesbriefes »Denn die Liebe ist von Gott« (1 Joh 4,8) – um Jesus und um den Betrachter der Passion. Ursache des Leidens Christi in einem geistlichen Sinne ist letztlich die große Liebe Gottes, die alle menschlichen Maßstäbe sprengt. Ein sehr johanneischer Gedanke! Dieses Leiden ist geistlich zu verstehen als die Hingabe des Sohnes in den Willen des Vaters, um aller Menschen willen. Deshalb sind Passion und Trinität unlösbar miteinander verbunden, wie es bereits der Eingangschor der Bach'schen Johannespassion gezeigt hat.

Das »Ich« bekennt sein weltliches Leben in »Lust und Freuden«, die dem Leiden Jesu scharf entgegengesetzt werden. Durchgängig klingt durch die Anfangs- und Schlussworte das Doppelmotiv »Liebe« und »Leiden« auf, das im nächsten Choral der Johannespassion erneut zum Thema wird, dann im Zusammenhang der in Jesu Handeln fundierten Ethik: »… gehorsam sein in Lieb und Leid«.

Bachs Musik als Textauslegung

Gleich die vierte Silbe »Lieb« versieht Bach mit einer Fermate und zudem in der Melodie mit dem Halbtonschritt *g–fis* (Grundton–Leitton), der sich in keinem Gesangbuch findet und die modern-tonale Spannung von Grundton (*g*) und Leitton (*fis*) in das alte Lied einträgt. So ergibt sich auf »Lieb« die Harmonisierung in D-Dur, was an Jesu erste Frage »Wen suchet ihr?« erinnert. Das Grundwort Liebe (Doppelgebot Jesu) wird von Bach in dieser Choralzeile einmalig hervorgehoben. Und ähnlich stark inspiriert ihn als weiteres bildkräftiges Wort die »Marterstraße«. Weil es eine direkte Entsprechung in der musikalisch-rhetorischen Figur des »Passus duriusculus« (ein etwas harter Gang) hat, übersetzt Bach dieses Passionswort in der Bass-Stimme in den chromatisch abwärts geführten Gang (T. 5). Doch damit nicht genug. Mit einem Leiden darstellenden, pathopoietisch-seufzenden Halbtonschritt greift er verbotenerweise ein zweites Mal in die Melodie ein!

NB 12

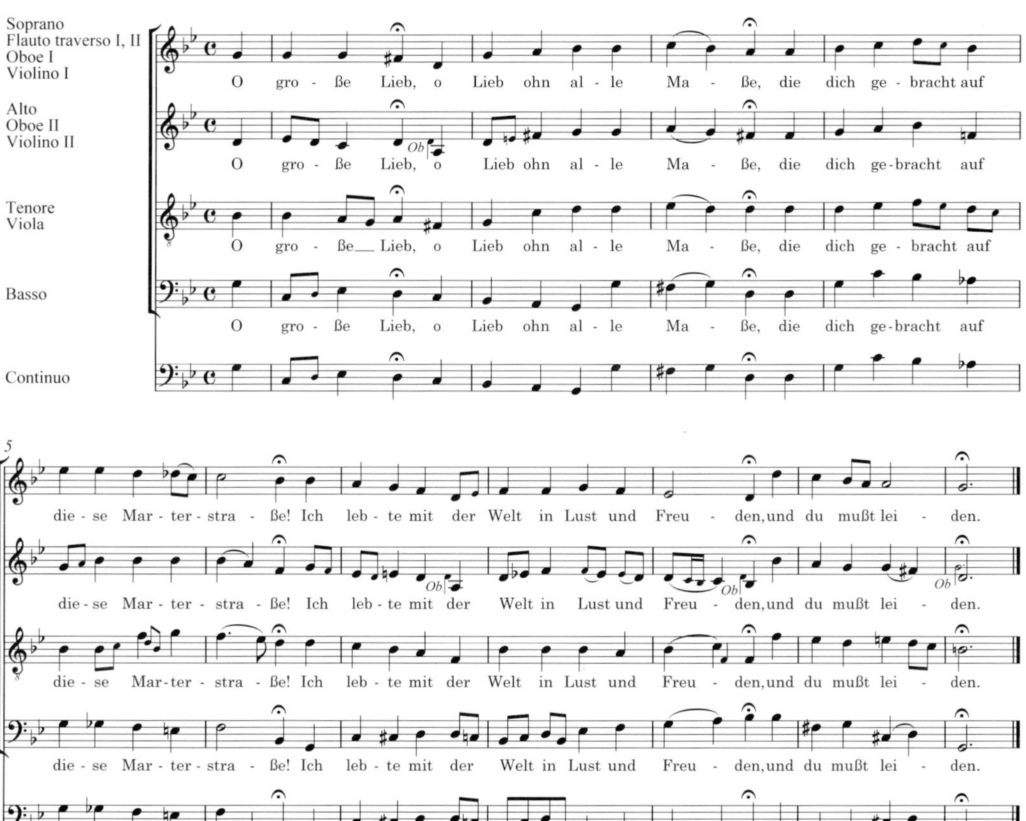

Choral »O große Lieb«. Die Stichnoten geben die Änderungen in der Revisionsfassung von 1739 wieder.

Der Alt bringt Tonwiederholungen, die in diesem Kontext an Schläge erinnern mögen. Und der Tenor wird in der Revisionsfassung so verändert, dass er eine Exclamatio zu singen hat, aber irregulär auf die falsche, die eigentlich unbetonte Silbe, und zudem auf die falsche Zählzeit: »Mar-tér-straße«. Eindringlicher lässt sich die »Marterstraße« in einem vierstimmigen Choralsatz nicht nachzeichnen.

Im Übrigen gibt es zur intensiven Chromatik innerhalb eines Choralsatzes bei Bach zwei Parallelstellen, die eine, kurz vor der Johannespassion, im ersten Leipziger Kantatenjahrgang, die zweite etwa zehn Jahre danach im *Schemelli-Gesangbuch*. Im berühmten Schlusschoral der Dialogkantate *O Ewigkeit, du Donnerwort* (BWV 60) wählt Bach für die Darstellung des »großen Jammers« einen überaus dissonierenden Satz mit chromatischem Quartgang im Bass. Dies wirkt um so kraftvoller, weil er die melodisch parallele Stelle »Ich fahre sicher hin in Frieden« durch Dezimparallelen zwischen den Außenstimmen und völlige Diatonik auszeichnet. Das Schmemelli-Lied »So gehst du nun, mein Jesu, hin« (BWV 500) hat noch direkteren inhaltlichen Bezug zum ersten Choral der Johannespassion. In dieser Aria erklingt bereits die erste Liedzeile zum Passus duriusculus im Generalbass, als wollte Bach die Worte simultan im Klang der Musik präzisieren: auf die »Marterstraße«.

Doch zurück zur Johannespassion. War die Fermate auf dem wichtigsten Wort »Lieb« einer musikalischen Unterstreichung vergleichbar, so ist die Nachzeichnung der »Marterstraße« ein eindringlicher Kommentar mit den emotionalen Mitteln der Musik. Noch intensiver, weil vielschichtiger wird es in der vorletzten Choralzeile bei den Worten »Lust und Freuden«: Bach unterscheidet musikalisch den Sinn des Einzelwortes (Sensus) und die Gesamtbedeutung des Satzes (Skopus). In der Altstimme erklingt eine geradezu tänzelnd-verspielte Figur, die Lust und Freude zum Ausdruck bringt. Bach hat sie erst in der Revisionsfassung so eingetragen. Wie so oft – denken wir an die Arie »Ich folge dir gleichfalls« (Nr. 9) – dient der Tanzcharakter zur musikalischen Darstellung der Freude. Diese Lust und Freude aber ist falsch, nämlich Lust und Freude der »Welt«, ein weiterer johanneischer Begriff, der wiederum im ersten Johannesbrief in der Bedeutung von Finsternis begegnet. Das wird musikalisch im Verhältnis von Sopran (Hauptstimme) und Alt (Lust und Freude der Welt) deutlich, wenn die scharfen Dissonanzen der großen und sogar der kleinen Sekunde in mehrfacher Wiederholung erklingen.

Bach stellt also »Lust und Freude« nicht nur dar, sondern er bewertet sie als weltlich und das heißt hier als falsch. In den letzten Takten dann musikalisiert er Jesu Leiden mit einem doppelten Saltus duriusculus (harter Sprung) in der Bass-Stimme (*b–fis* und *g–cis*), der den Passus duriusculus zum Wort »Marterstraße« ergänzt. Zudem komponiert er eine Entgegensetzung (Antithesis) zwischen weltlicher Lust und Jesu Leid, indem beim Oktavsprung der Melodie am Beginn der letzten Choralzeile auch die Mittelstimmen – satztechnisch durchaus ungewöhnlich – dem Sopran nach oben folgen, wodurch der gesamte Klang in eine andere, lichtere Region gerückt wird, vergleichbar vielleicht am ehesten mit einem Manualwechsel der Orgel.

Der Schlussklang: Dur oder Moll?

Am Ende der Liedstrophe stellt sich eine wichtige Frage, die bislang in der Aufführungspraxis und in der Wissenschaft kaum bedacht wurde. Mit welchem Klang schließt dieser Choral? Die NBA-Fassung wählt Bachs Schlussklang der Revisionsfassung 1739: *G* mit picardischer Terz. Die erhaltenen Originalstimmen jedoch belegen, dass dieser Choral bei den Aufführungen Bachs in der Leipziger Karfreitagsvesper immer in Moll geschlossen hat.

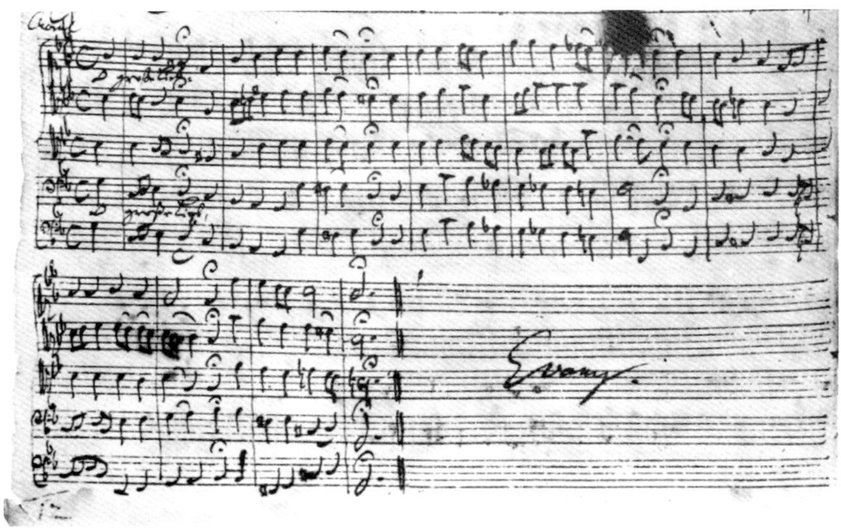

Choral »O große Lieb« in Bachs Handschrift aus dem Partiturfragment zur Johannespassion, 1739: Schlussklang ist G-Dur durch das *h* des Tenors. Staatsbibliothek Berlin – Preußischer Kulturbesitz, Musikabteilung mit Mendelssohn-Archiv, *Mus. ms. Bach P 28*

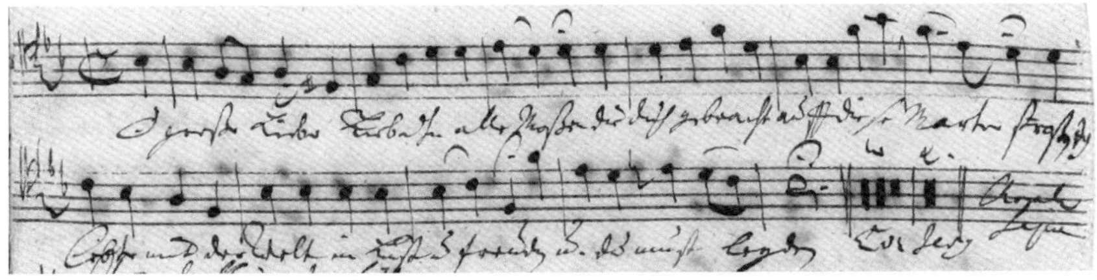

Tenorstimme des Chorals »O große Lieb« aus Bachs originalem Stimmenmaterial zur Johannespassion: Schlussklang ist g-Moll durch das *b* des Tenors. Staatsbibliothek Berlin – Preußischer Kulturbesitz, Musikabteilung mit Mendelssohn-Archiv, *Mus. ms. Bach St 111*

Das Leiden Christi im Licht seiner Vollendung zu sehen und zu deuten – so heißt das theologische Programm des vierten Evangeliums, dem Bach und sein Textdichter durchweg verpflichtet sind. Sollte Bach das 1739 nochmals geschärft haben? Vor Überinterpretationen ist zu warnen; denkbar ist jedoch, dass die Existenz der *Matthäuspassion* hier in das Schwesterwerk nach Johannes ›hineingespielt‹ hat. In der *Matthäuspassion* stirbt Jesus mit dem Schrei am Kreuz »Mein Gott, mein Gott, warum hast du mich verlassen« (Psalm 22), bei dem Bach sich bis nach es-Moll wagt. Die Johannespassion hingegen kennt ein letztes Wort Jesu, mit dem er selbst seine Passion als Vollendung deutet: »Es ist vollbracht«. Und von diesem letzten Wort fällt vielleicht auch ein helles Licht auf den Schlussklang der ersten Choralstrophe.

Die Spannung des ersten Chorals ist die von Liebe und Leiden, denn dies sind die Rahmenworte der Strophe beim ersten und letzten Zeilenschluss (Fermate). Nach dem ersten gewichtigen Wort »Herrlichkeit« (Eingangschor, Polarität zu »Niedrigkeit«) ist »Liebe« (Choral, Polarität zu »Leiden«) das zweite. Der Theologe Klaus Berger sieht sogar im gesamten Johannesevangelium einen abgestuften »ordo amoris«[24] als Ordnung der Liebe in sechs Stufen: die vollkommen-gegenseitige Liebe zwischen Gott und Jesus (I), die einseitige zwischen Jesus und seinen Jüngern (II), wie sie der Choral »O große Lieb« entfaltet; dann die Liebe der Jünger untereinander (III). Für den Fortgang der Passion ist die in der Verleugnung getrübte Liebe zwischen Jesus und Petrus (IV) aufschlussreich, außerdem die von Untreue und Verrat überschattete zu Judas (V). Schließlich bleibt noch das von Hass gekennzeichnete Verhältnis zwischen der Welt und Jesus (VI), das im ersten Choral auch bereits anklingt.

Der musikgeschichtliche Nachklang dieses vierstimmigen Bachchorals ist zu hören in Krzysztof Pendereckis zweiter Oper *Paradise lost* (Das verlorene Paradies), die der Komponist als geistliches Drama versteht. Im zweiten Akt kommentiert der Chor das Opferangebot Christi mit dem Pianissimo-Zitat des vierstimmigen Chorals »O große Lieb, o Lieb ohn alle Maße« aus Bachs Johannespassion.

Schwert und Kelch

Biblischer Bericht

Mit der Formulierung »auf dass das Wort erfüllet würde …« holt der Evangelist den biblischen Hinweis auf ein früheres Jesus-Wort nach, den Bach durch die eingeschobene Choralstrophe »O große Lieb« vom zugehörigen Bericht »… so lasset diese gehen« getrennt hatte. Dieses sich in der Passion erfüllende Wort »Ich habe der keine verloren, die du mir gegeben hast« steht im Johannesevangelium: »Das ist aber der Wille des Vaters, der mich gesandt hat, dass ich nichts verliere von allem, was er mir gegeben hat, sondern dass ich's auferwecke am Jüngsten Tage« (Joh 6,39). Dass eine solche innerbiblische Deutung in Bachs Passionsmusik erst nach der Choral- oder Arienbetrachtung zur Geltung kommt, geschieht häufiger.

In der Passionserzählung steht nun die Festnahme Jesu bevor, die aber nicht sogleich erfolgt. Johannes fügt als retardierendes Moment eine Tat des Petrus und ein Wort Jesu ein. So lässt der vierte Evangelist bereits hier die Petrus-Episode beginnen, die den weiteren Gang des ersten Teils der Bach'schen Johannespassion – von seiner ersten Erwähnung »Da hatte Simon Petrus ein Schwert« bis zur Strophe »Petrus, der nicht denkt zurück« – entscheidend bestimmen wird. In seinem Übereifer schlägt Petrus dem Knecht des Hohenpriesters das rechte Ohr ab, ohne dass die zahlreichen Soldaten dies verhindern oder bestrafen. Vielmehr ist es Jesus, der ihn zurechtweist mit dem Hinweis auf seine eigene Leidensbereitschaft: »Soll ich den Kelch nicht trinken, den mir mein Vater gegeben hat?«

Bachs Vertonung

Das Zitat des früheren Jesus-Wortes »Ich habe der keine verloren, die du mir gegeben hast« erfährt keine ariose Hervorhebung wie einige der alttestamentlichen Schriftstellen. Die Petrus-Szene jedoch erklingt in großer Dramatik, die sich erst bei Jesu Tadel »Stecke dein Schwert in die Scheide« wieder beruhigt. Besonders wichtig ist für Bach das Wort vom »Kelch«. Er wiederholt es nicht nur musikalisch und nimmt es in der halbschlüssigen Wendung nach A-Dur (statt

NB 13

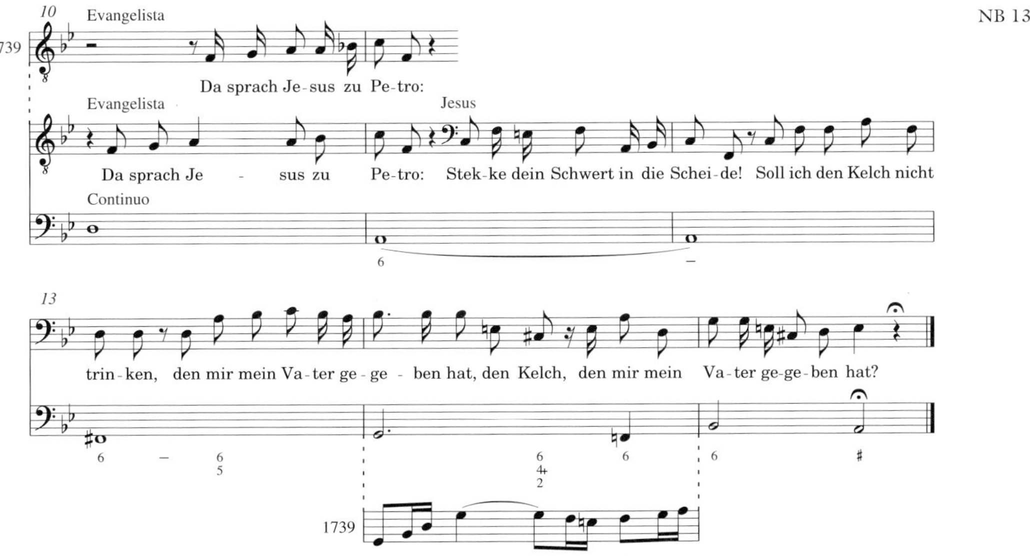

d-Moll) harmonisch als Frage ernst, sondern er gibt ihm im Partiturfragment 1739 eine neue ariose Begleitung, welche die herbe Harmonik abmildert, jedoch den harten Fall der großen Septime am Ende des vorletzten Taktes beibehält. Sollte Bach sich hier musikalisch auch an den anderen Evangelien orientiert haben, in denen es heißt: »… und fiel nieder auf sein Angesicht«? Vielleicht ist die neue Begleitung 1739 auch als eine Art ›Echo‹ auf die von einem »Heiligenschein« der Streicher umgebenen Jesusworte in der *Matthäuspassion* zu verstehen, unter denen die Abendmahlsworte (Verba testamenti) besonders herausragen.

Choral »Dein Will gescheh«

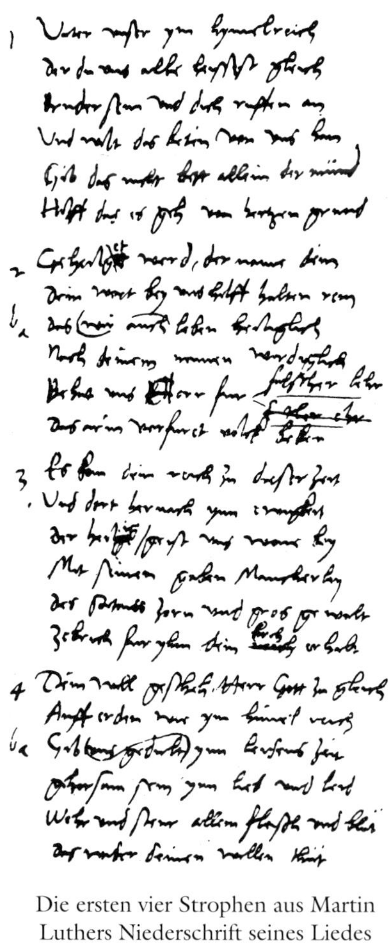

Die ersten vier Strophen aus Martin Luthers Niederschrift seines Liedes »Vater unser im Himmelreich« (Ausschnitt). Lutherhalle Wittenberg

Die zweite Choralstrophe der Johannespassion Bachs stammt aus Martin Luthers Vaterunser-Lied »Vater unser im Himmelreich«. Eine passendere Deutung des Jesuswortes vom »Kelch« könnte kaum gefunden werden. Doch warum passt sie hier, und wie gestaltet Bach dies in Wort und Ton? Die Liedstrophen und Arien der Johannespassion sind allesamt betrachtende Antworten auf das Wort der Heiligen Schrift. Weil sie den Bericht unterbrechen, stellt sich jedes Mal neu die Frage des Übergangs auf der Ebene der Worte wie in der Musik. Oftmals gibt es einen *Stichwortanschluss,* so auch hier. »Vater« ist das entscheidende Wort, das nochmals an den Eingangschor und seine trinitarische Deutung denken lässt. Doch es kommt ein weiteres Moment hinzu, nämlich das *konkordante Hören,* womit die Aufmerksamkeit auf größere Zusammenhänge gelenkt wird. So ist beim Übergang von biblischem Bericht zur Strophe »Dein Will gescheh« auch die Überschrift des Luther-Liedes mitzudenken, damit sich der Stichwortanschluss tatsächlich ergibt: »… den Kelch, den mir mein *Vater* gegeben hat« (Evangelium) – Martin Luthers Vaterunser-Lied *»Vater* unser im Himmelreich« (Überschrift) – und dessen Strophe »Dein Will gescheh, Herr Gott *[Vater]* zugleich« (Choral). Damit schließt sich der Zusammenhang, obwohl ja nicht die erste Strophe erklingt, sondern die vierte. Diese

Strophe wiederum zitiert mit der Vaterunser-Bitte »dein Wille geschehe wie im Himmel so auf Erden« zugleich auch Jesu Wort in der Passionsgeschichte: »Mein Vater, ists möglich, so gehe dieser Kelch von mir. Doch nicht wie ich will, sondern wie du willst.« Es steht nicht bei Johannes, sondern im Matthäusevangelium 26,39. Und dabei eröffnet sich eine weitere Dimension des konkordanten Hörens, nun nicht auf Bachs Johannespassion bezogen, sondern auf das vierte Evangelium. Bei seinem Jesuswort vom »Kelch, den mir mein Vater gegeben hat« setzt er wohl die Kenntnis der anderen Evangelien voraus, um diesem Kelch-Wort aber eine etwas veränderte Deutung zu geben. Auch Johannes verschweigt Jesu Gefühle angesichts der nahenden Passion nicht, wenngleich bei ihm der Gedanke der Einheit von Vater und Sohn dominiert: »Die Passion entspricht dem Willen des Vaters, der Sohn nimmt sie freiwillig an und dokumentiert gerade darin seine Einheit mit dem Vater.«[25]

Ebenso wichtig wie der textliche Anschluss des Chorals an den Evangelienbericht ist der musikalische. Bach findet hierfür immer neue Lösungen. Bisweilen sind es organische Weiterführungen wie beim ersten Choral der Johannespassion, der den B-Dur-Schluss des Rezitativs in der parallelen Tonart g-Moll weiterführt. Mitunter gibt es auch größere harmonische Entfernungen im Sinne

NB 14

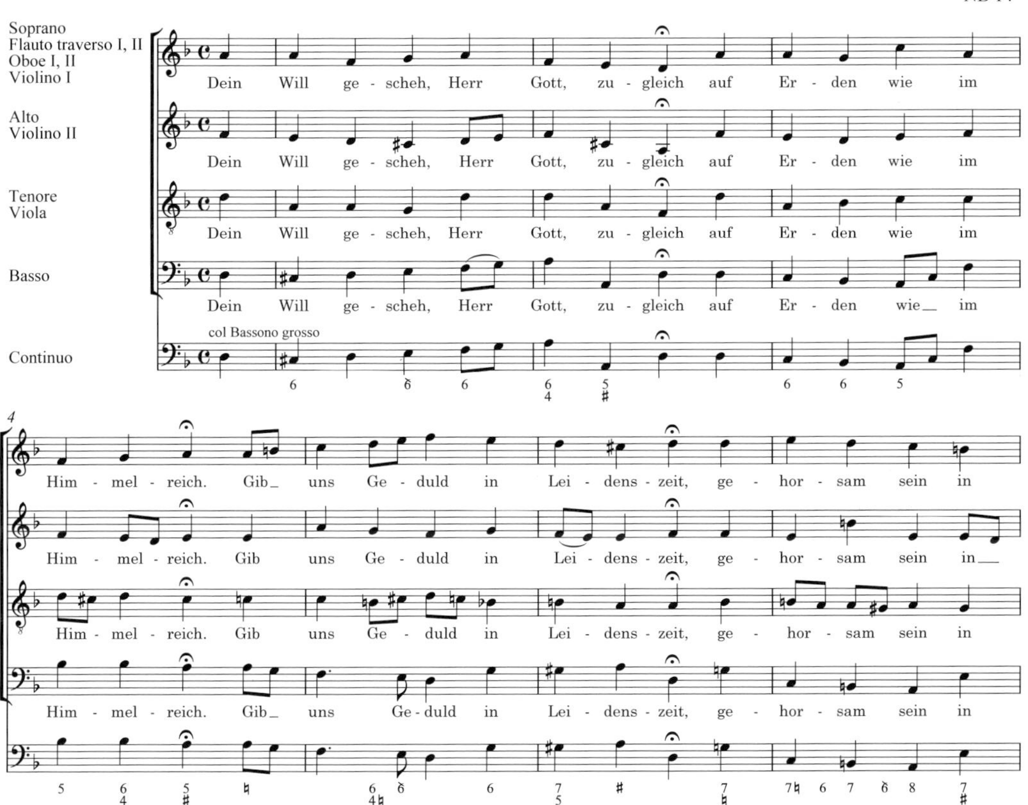

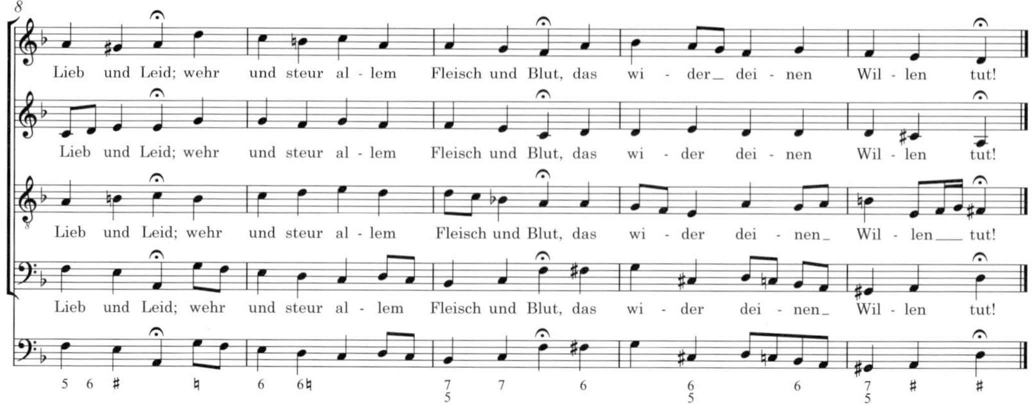

harmonischer Zäsuren. »Dein Will gescheh« setzt in d-Moll ein, also der Tonart, mit der das Rezitativ bereits hätte schließen können, wäre nicht das Fragezeichen des Textes gewesen, das Bach harmonisch in einen Halbschluss ›übersetzt‹ hat. Somit beantwortet erst der Choral mit seiner Tonart d-Moll die Jesus-Frage des Evangeliums. Ja, die Unsicherheit der Frage scheint noch nachzuklingen in der ersten Choralzeile, weil hier anstelle einer harmonischen Entwicklung ein ungewöhnliches Pendeln zwischen d-Moll- und A-Dur-Klängen zu hören ist: Dein (d) Will (A) ge (d) -scheh (A), Herr (d) Gott (d) zu (A) -gleich (d). Auch der labile Quartsextakkord auf »Gott« könnte Ausdruck dessen sein, dass Bach die Einheit Jesu mit dem Vater nicht sogleich musikalisieren, sondern zunächst andeuten und dann erst bestätigen will.

Auf der Basis der Integration von vertikal-homophoner Akkordik und horizontal-polyphonisierter Stimmführung gelingt Bach zugleich die Hervorhebung weiterer, besonders musikabler Einzelworte: die »Leidenszeit« erklingt mit bestätigender Diskantklausel des Soprans, wobei die Unterstimmen allesamt chromatische Wendungen beitragen. Die gegensätzlichen Worte »gehorsam« und »wider (deinen Willen)« sind im Bass charakteristisch abgewandelt: aus der Quinte *g–c* bei »gehorsam« wird der Tritonus *g–cis* bei »wider«. Im Unterschied zum ersten Choral »O große Lieb« sind die Korrekturen Bachs in der Partitur 1739 wesentlich gravierender. Das Ziel des Komponisten war offenbar die Stärkung der horizontal-polyphonen Richtung.

Die Verleugnung des Petrus

6 Evangelium

Die Schar aber und der Oberhauptmann und die Diener der Jüden nahmen Jesum und bunden ihn und führeten ihn aufs erste zu Hannas, der war Kaiphas Schwäher, welcher des Jahres Hoherpriester war. Es war aber Kaiphas, der den Jüden riet, es wäre gut, dass ein Mensch würde umbracht für das Volk.

7 Arie (Alt, Oboe I, II und Basso Continuo)

Von den Stricken meiner Sünden
Mich zu entbinden,
Wird mein Heil gebunden.
Mich von allen Lasterbeulen
Völlig zu heilen,
Lässt er sich verwunden.

8 Evangelium

Simon Petrus aber folgete Jesu nach
und ein ander Jünger.

9 Arie (Sopran, Flöten und Basso Continuo)

Ich folge dir gleichfalls, mein Heiland, mit Freuden
Und lasse dich nicht,
Mein Heiland, mein Licht.
Mein sehnlicher Lauf
Hört eher nicht auf,
Bis dass du mich lehrest, geduldig zu leiden.

Frühere Fassung von Nr. 9:

9 Arie (Sopran, Flöten und Basso Continuo)

Ich folge dir gleichfalls mit freudigen Schritten
Und lasse dich nicht,
Mein Leben, mein Licht.
Befördre den Lauf
Und höre nicht auf,
Selbst an mir zu ziehen, zu schieben, zu bitten!

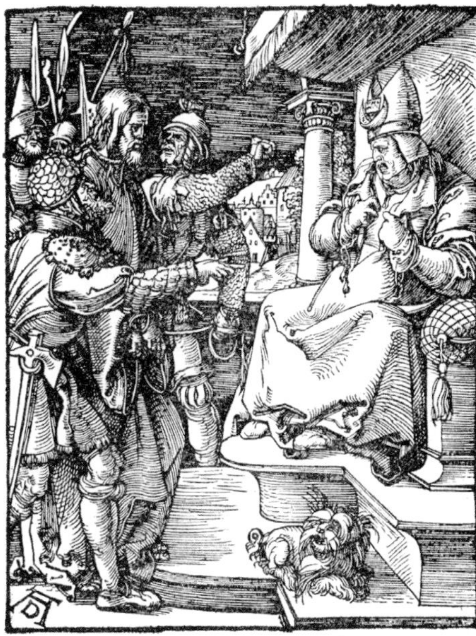

Christus vor Kaiphas aus der Kleinen Holzschnitt-Passion von Albrecht Dürer, 1509/11

10 Evangelium

Derselbige Jünger war dem Hohenpriester bekannt und ging mit Jesu hinein in des Hohenpriesters Palast. Petrus aber stund draußen für der Tür. Da ging der andere Jünger, der dem Hohenpriester bekannt war, hinaus und redete mit der Türhüterin und führete Petrum hinein. Da sprach die Magd, die Türhüterin, zu Petro: »Bist du nicht dieses Menschen Jünger einer?« Er sprach: »Ich bin's nicht.«
Es stunden aber die Knechte und Diener und hatten ein Kohlfeu'r gemacht, denn es war kalt, und wärmeten sich. Petrus aber stund bei ihnen und wärmete sich. Aber der Hohepriester fragte Jesum um seine Jünger und um seine Lehre. Jesus antwortete ihm: »Ich habe frei, öffentlich geredet für der Welt. Ich habe allezeit gelehret in der Schule und in dem Tempel,

da alle Jüden zusammenkommen, und habe nichts im Verborgnen geredt. Was fragest du mich darum? Frage die darum, die gehöret haben, was ich zu ihnen geredet habe! Siehe, die selbigen wissen, was ich gesaget habe.«
Als er aber solches redete, gab der Diener einer, die dabeistunden, Jesu einen Backenstreich und sprach: »Solltest du dem Hohenpriester also antworten?« Jesus aber antwortete: »Hab ich übel geredt, so beweise es, dass es böse sei, hab ich aber recht geredt, was schlägest du mich? «

11 Choral

Wer hat dich so geschlagen,
Mein Heil, und dich mit Plagen
So übel zugericht'?
Du bist ja nicht ein Sünder
Wie wir und unsre Kinder,
Von Missetaten weißt du nicht.

Ich, ich und meine Sünden,
Die sich wie Körnlein finden
Des Sandes an dem Meer,
Die haben dir erreget
Das Elend, das dich schläget,
Und das betrübte Marterheer.

12 Evangelium

Und Hannas sandte ihn gebunden zu dem Hohenpriester Kaiphas. Simon Petrus stund und wärmete sich, da sprachen sie zu ihm: »Bist du nicht seiner Jünger einer?« Er leugnete aber und sprach: »Ich bin's nicht.« Spricht des Hohenpriesters Knecht' einer, ein Gefreundter des, dem Petrus das Ohr abgehauen hatte: »Sahe ich dich nicht im Garten bei ihm?« Da verleugnete Petrus abermal, und alsobald krähete der Hahn. Da gedachte Petrus an die Worte Jesu und ging hinaus und weinete bitterlich.

13 Arie (Tenor, Streicher, Flöten, Oboen und Basso Continuo)

Ach, mein Sinn,
Wo willt du endlich hin,
Wo soll ich mich erquicken?
Bleib ich hier,
Oder wünsch ich mir
Berg und Hügel auf den Rücken?
Bei der Welt ist gar kein Rat,
Und im Herzen
Stehn die Schmerzen
Meiner Missetat,
Weil der Knecht den Herrn verleugnet hat.

14 Choral

Petrus, der nicht denkt zurück,
Seinen Gott verneinet,
Der doch auf ein' ernsten Blick
Bitterlichen weinet.
Jesu, blicke mich auch an,
Wenn ich nicht will büßen;
Wenn ich Böses hab getan,
Rühre mein Gewissen!

Arie »Von den Stricken«

Vorbereitung im Rezitativ

Nun erfolgt Jesu Festnahme, welche der vierte Evangelist durch die Erwähnung des Schwertstreichs des Petrus und durch Jesu Wort vom »Kelch« hinausgezögert hatte. Wieder ist musikalisch ein Übergang zu gestalten, nämlich vom Choral »Dein Will gescheh« zum Rezitativ »Die Schar aber und der Oberhauptmann«. Hatte Bach den Choral in der Tonart begonnen, welche die Hörer im vorigen Rezitativ ohnehin erwartet hatten, so macht er nun das Gegenteil; allein seine absichtsvolle Markierung der inhaltlichen Nähe oder Ferne mittels der Harmonik bleibt die gleiche. Auf den D-Dur-Schluss des Chorals erklingt unvermittelt die nur terzverwandte Tonart F-Dur: Wir sind wieder in einer anderen Welt, nämlich nicht mehr beim Verhältnis Jesus–Vater, in das der Choral die Hörer mit hineingenommen hat, sondern mitten in der Konfrontation zwischen Jesus und seinen Gegnern.

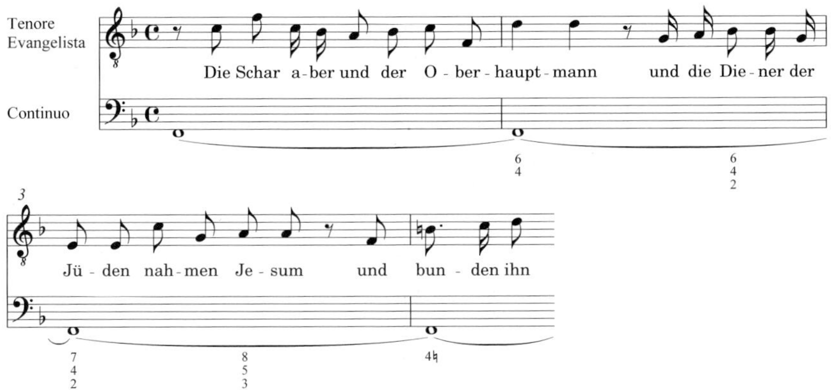

NB 15

Das Rezitativ enthält bereits das Stichwort für die Alt-Arie: »und bunden ihn«. Bach hebt es hervor, indem er den Gesang über dem Basston *f* sich immer weiter von den F-Harmonien entfernen lässt, um zu dem Wort »bunden« die weitest mögliche Entfernung, nämlich den Tritonus *f–h* zu setzen, der sowohl melodisch als Intervall im Evangelistenpart als auch harmonisch in der Distanz von Generalbass zum Evangelisten präsent ist. Am Ende des Berichts wird der Tritonus ein zweites Mal zu den Worten »umbracht für das Volk« erklingen, und auch dies ist eine präzise musikalische Aussage, die dem Grundsatz der Passionsbetrachtung folgt, dass in jedem Detail das Ganze der Passion gegenwärtig ist: Das Umbringen ist die letzte Konsequenz des anfänglichen Bindens. Eine Steigerung zu diesem Höhepunkt hin erreicht Bach – ähnlich wie in der Judas-Zeichnung des ersten Rezitativs – wiederum harmonisch durch einen vermindert-falschen Klang auf »riet«, womit dieser Ratschlag musikalisch als falscher Rat bewertet ist. Dominierend wird jedoch die rhythmische Gestalt, weil Bach um der Dramatik willen den ruhigen Achtelfluss aufgibt und das Zitat der Worte des Kaiphas als fast gepresstes, von Pausen durchbrochenes Zischen in der Abfolge hektischer Sechzehntel und Viertel nachzeichnet: »Es wäre gút (...), dass ein Ménsch (...) würde umbracht für das Volk.« Die betonten Worte »gut« und »Mensch« werfen Fragen auf: Was ist gut an der Passion? Sie geschieht »uns zugut« – aber das war es nicht, was Kaiphas gemeint hatte. Und welcher Mensch ist es? Der Gottmensch, der sich um aller Menschen willen in die Passion führen lässt, wie es die Arie sogleich ausführen wird. Dass er gebunden wird (passiv), ist nur äußerlich gesehen die Wahrheit. Tiefer reicht die Deutung, dass er sich binden und verwunden lässt. In der rhythmisch veränderten Revisionsfassung mildert Bach die Dramatik dieser Stelle etwas ab, indem er die Pausen in der Singstimme streicht. Anstelle mehrerer Betonungen ergibt sich nun die eher ›runde‹ Gestaltung mit klarem Höhepunkt auf dem Wort »um(-bracht)«. Der Wechsel von *e* zu *es* (T. 10) kommt so noch besser zur Geltung.

NB 16

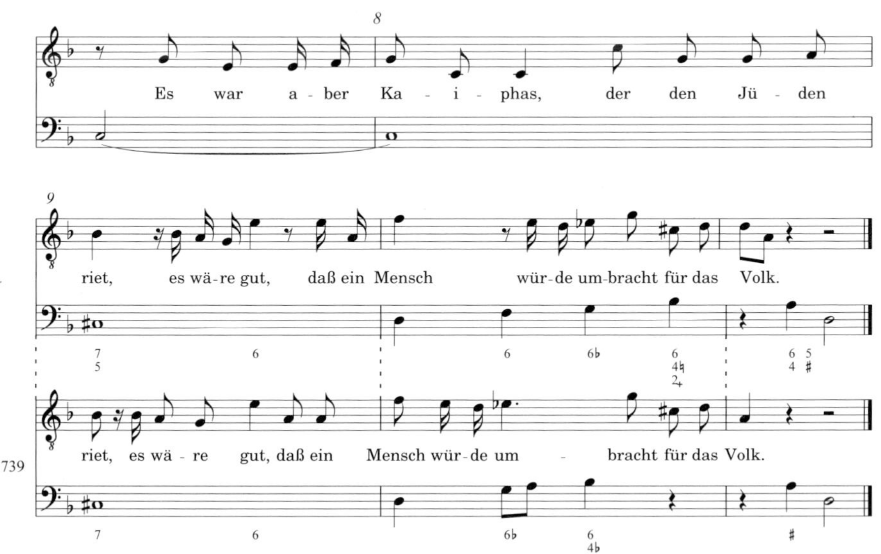

Wortlaut der Arie

Auf den christologisch akzentuierten Eingangschor folgt mit dieser ersten Arie die zweite Vertonung einer madrigalisch-geistlichen Dichtung, nun zum Aspekt der Soteriologie. Die theologischen Akzente heißen somit im ersten Passionsteil in gegenseitiger Ergänzung und stimmiger Abfolge:

Eingangschor »Herr, unser Herrscher«	trinitarisch, christologisch, doxologisch
Choral »O große Lieb«	ordo amoris, propter me
Choral »Dein Will gescheh«	Geduld als Frucht der Passion
Arie »Von den Stricken meiner Sünden«	soteriologisch, pro me
Arie »Ich folge dir gleichfalls«	Nachfolge als Frucht der Passion, Freude
Choral »Petrus, der nicht denkt zurück«	Reue als Frucht der Passion, Gewissen

Textgrundlage der Alt-Arie ist das leicht veränderte Brockes-Exordium. Das entscheidende Wörtlein »mich« steht bei Brockes am Anfang:

Brockes

Chor gläubiger Seelen

Mich vom Stricke meiner Sünden
Zu entbinden,
Wird mein GOtt gebunden:
Von der Laster Eyter-Beulen
Mich zu heilen
Lässt er sich verwunden.

Es muß meiner Sünden Flecken
Zu bedecken,
Eig'nes Blut ihn färben:
Ja, es will, ein ewigs Leben
Mir zu geben,
Selbst das Leben sterben.

Bach

keine allegorische Zuschreibung

Von den Stricken meiner Sünden
Mich zu entbinden,
Wird mein Heil gebunden.
Mich von allen Lasterbeulen
Völlig zu heilen,
Lässt er sich verwunden.

Theologisch und poetisch gekonnt wechselt Brockes vom passiven Gebunden-Werden (er wird gebunden) zur biblisch-johanneisch stimmigen Andeutung des Zulassens (er lässt sich verwunden). Die Veränderungen des Redaktors der Johannespassion sollten nicht überinterpretiert werden. Die wichtigste ist – neben dem Verzicht sowohl auf die allegorische Zuschreibung an den »Chor gläubiger Seelen« als auch auf die zweite Strophe – die neue Einordnung: Aus dem Brockes-Exordium wird bei Bach eine Arie, genau platziert an der Stelle, wo sie ihren biblischen Anhaltspunkt hat: »... und bunden ihn« (siehe NB S. 97) – »Von den Stricken meiner Sünden mich zu entbinden, wird mein Heil gebunden«. Der Text entspricht dem Passionsprinzip ›Das Ganze im Fragment‹, denn das Binden wird weitergeführt in das Verwunden, ähnlich wie die biblisch-rezitativische Weiterführung binden-umbringen, die Bach durch die zweimalige Verwendung des Tritonus eigens akzentuiert hat. Dann aber kommt die Paradoxie der Passion zur Sprache: Binden und Entbinden sind nicht nur ein Gegensatz, sondern zugleich bedeutsam miteinander verschränkt, weil Gebunden-Werden letztlich Entbinden meint und das Sich-Verwunden-Lassen zugleich Heilen bedeutet. Das ist der Passionsaspekt des pro nobis, zugleich verknüpft mit dem propter me: »mich von allen Lasterbeulen völlig zu heilen«. Theologisch korrekt ist die Änderung von »mein GOtt« in »mein Heil«, weil diese soteriologisch akzentuierte Arie dem Heiland gilt. Die Einfügung des Wortes »völlig (zu heilen)« entspricht der universalen Tendenz des namentlich nicht bekannten Redaktors, der auch später bei der Frage »Ist aller Welt Erlösung nah?« (Nr. 32) das futurische »nah« in das präsentische »da« korrigiert.

Bachs Musik als Spiel von Bindung und Lösung

Das Aussageziel (Skopus) dieser Arie verwirklicht Bach musikalisch, indem er den Sensus in seiner Struktur leicht verändert. Der Wortlaut ist immer dreigliedrig: meine Verstrickung (oder Krankheit) – und die Ent-Bindung (Heilung) davon – durch Jesu Bande (bzw. Verwundung). Diesen Dreischritt vereinfacht Bach zu einem dynamischen Zweischritt, der jeweils vom Negativen zum Positiven führt: Binden – Entbinden.

Worte	**Musik**
Von den Stricken meiner Sünden	Sich-Verstricken
Mich zu entbinden,	Lösung der Stricke
Wird mein Heil gebunden.	Bekräftigung durch Kadenz
Mich von allen Lasterbeulen	Sich-Verstricken
Völlig zu heilen,	Skalen und Ausrufe
Lässt er sich verwunden.	Bekräftigung durch Kadenz

NB 17

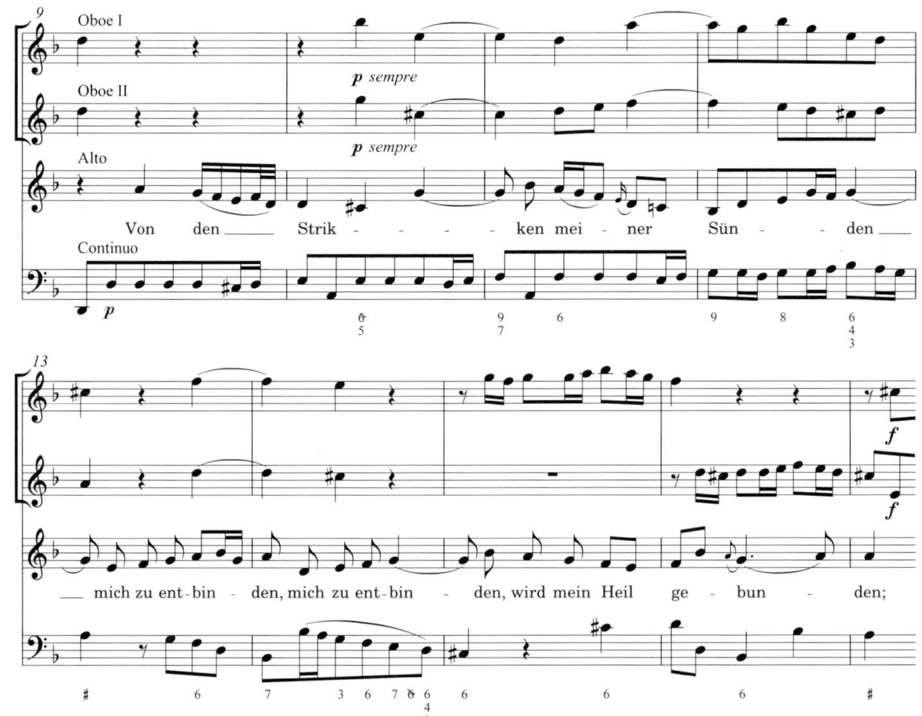

Darin zeigt sich Bachs generelle Tendenz, eher statische Bilder seiner Kantaten-, Oratorien- und Passionslibretti in ein musikalisches Geschehen zu überführen; theologisch gesprochen: den Inhalt des Glaubens (fides quae creditur) als Vorgang und Geschehen (fides qua creditur) zu musikalisieren. Der Inhalt ist hier ein zeitlicher Vorgang: Das Lösen der Stricke wird allegorisch gedeutet als Erlösung von allen Sünden. Zum Vergleich könnte die frühe Bachkantate *Nach dir, Herr, verlanget mich* (BWV 150,6) herangezogen werden. Dort vertont Bach denselben Skopus, formuliert in den Psalmworten

»Denn er wírd meinen Fúß aus dem Nétzé zíehén«,

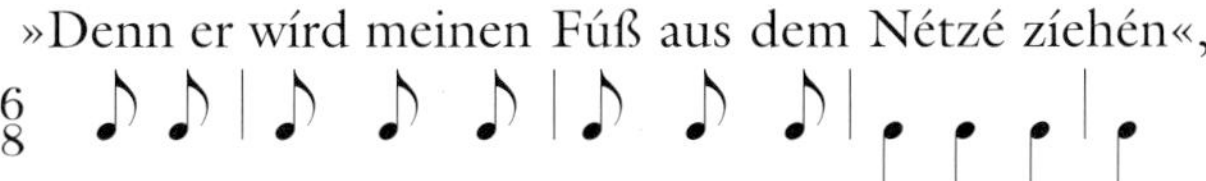

indem er die Verstrickung mit insistierenden (das Netz gleichsam festzurrenden) Tonrepetitionen darstellt, die Befreiung – vertont ist wiederum der *Vorgang* des Befreiens – hingegen als Sich-Aufbäumen gegen die Taktordnung des 6/8-Taktes in Gegenakzenten.

Bereits im Ritornell der Alt-Arie wird der Skopus Binden-Entbinden deutlich exponiert. Das Binden übersetzt Bach in die »gebundene Schreibart« des musikalischen Kanons. So bindet er beide Stimmen aneinander. Martin Geck hat noch weitere Aspekte des Bindens in dieser Arie entdeckt: das »Gebundene« in der Generalbass-Stimme, die auf Wiederholungen nach Art einer frei gehandhabten Chaconne beruht, die Bindung des ganzen Satzes an den Basso Continuo und seine Motivik, außerdem und leicht hörbar die häufigen Überbindungen in allen Stimmen[26]. Dem Entbinden entspricht der Verzicht auf den Kanon und die melodische Weiterführung in Terz- und Sextparallelen. Sie wirken ähnlich (er-)lösend wie der Übergang von komplexen Rhythmen mit Vorschlägen, Überbindungen und ausgezierten Nebensilben zu einfacherer Gestaltung oder gar zu klarer, fast befreiter Fortschreitung in Vierteln (T. 96). Zur Satzart kommt hinzu das Verhältnis von Dissonanz und Konsonanz. Der Kanon setzt im dissonierenden Intervall ein, sogar mit frei eintretender Dissonanz der ersten Oboe, die Parallelführung hingegen ergeht sich in wohllautenden Sexten.

Dominiert im instrumentalen Ritornell die Fuge mitsamt den schmerzlichen Dissonanzen – zu erinnern ist auch an die pathopoietischen Dissonanzfiguren der Bläser im Eingangschor – so ändert sich dies beim Vokaleinbau, indem die Sinnbildlichkeit nun in die Altstimme verlegt wird. Hierzu modifiziert Bach den anfänglichen Quintsprung mit einer Verzierung in Sechzehnteln und sogar Zweiunddreißigsteln, was hier jedoch nicht den »Schmuck« (hypotypisch) oder gar die Ekstase (emphatisch) meint, wie an zahllosen anderen Stellen, sondern ein von den Worten inspiriertes »Sich-Verhaspeln«[27] als negatives Moment des Textes. Wie Bach diese Idee noch perfektioniert hat, zeigt das Partiturfragment 1739, in welchem er das Melisma verkompliziert, indem er die Zweiunddreißigstel nach vorne verschiebt.

Der Mittelteil der Arie bringt keine neue Textaussage. Vielmehr wird in einer Art Erweiterung der Perspektive nun die Allegorese Binden-Entbinden auf ihren theologisch-soteriologischen Kern zurückgeführt, der Krankheit-Heilung heißt. Bach übernimmt dies, indem er den Mittelteil nicht gegensätzlich, sondern eher variativ gestaltet. Dies leuchtet um so mehr ein, als der Gegensatz ja von Anfang an als Gegensatz *in nuce* gestaltet ist: innerhalb des Ritornells sowie in jeder vokalen Phrase.

NB 18

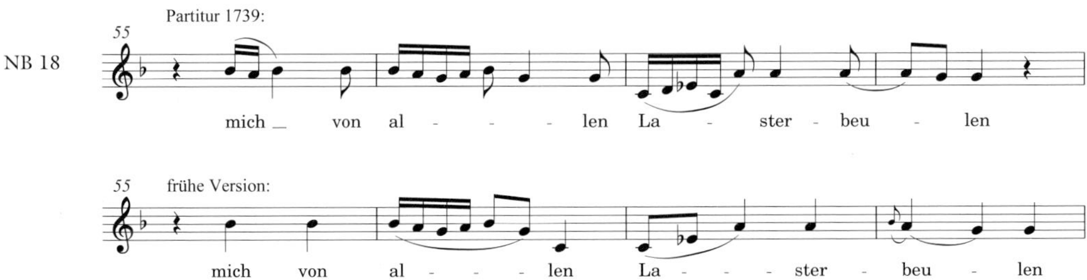

Der positive Aspekt – »mich zu entbinden« bzw. »völlig zu heilen« – erklingt immer zur gefälligen Aufstiegsbewegung. In zusammenfassender Darstellung:

Binden	**Entbinden**
melismatisch	syllabisch
abwärts gerichtet	aufwärts strebend
ohne Wiederholung der Worte	bekräftigende Wiederholung
dissonant	konsonant
kontrapunktisch	parallele Terzen und Sexten (»völlig«)
unnatürliche Betonung	Betonung im Satzduktus
häufige Überbindungen	weder Überbindungen
und Synkopen	noch Synkopen

Insgesamt dominiert das Entbinden, vor allem weil der dissonierende Kanon im Mittelteil der Arie nicht mehr auftritt. Quasi als Unterstreichung werden einzelne Worte hervorgehoben: »völlig« zum Beispiel als isolierter Ausruf – mit einem Wort, das bei Brockes noch gefehlt hatte.

Wer ist der »andere Jünger«?

Das kurze Rezitativ »Simon Petrus aber folgete Jesu nach und ein ander Jünger« wirft die Frage nach diesem anderen Jünger auf. Zunächst hat er im vierten Evangelium eine dramaturgische Funktion. Weil er mit dem Hohenpriester Hannas bekannt ist, kann er Petrus den Zugang zu dem Hof des Hohenpriesters verschaffen. Wer aber ist er? Während einige Exegeten seine Rolle auf die beschriebene Funktion reduzieren, nach deren Erfüllung er nicht mehr gebraucht wird und auch nicht mehr auftritt[28], denken andere an die Identität dieses Jüngers mit dem »Jünger, den Jesus liebte« und der an seiner Brust ruhte (Joh 13,23.25; 21,20).[29] Dieser ist im Johannesevangelium mit geradezu idealen Zügen ausgestattet: Er folgt Jesus nach, und zwar im Unterschied zu Petrus ohne Verleugnung; ihm werden wir als einzigem Jünger unter dem Kreuz wieder begegnen; und er kommt am Ostermorgen als erster zum Glauben. Bachs nun folgende, in einer Passionsmusik ungewöhnliche Nachfolge-Arie scheint diese heutige exegetische Einsicht zu bestätigen. Dieser Jünger ist einerseits eine »Erzählfigur, in der sich auch die Leser wiederfinden können«; zum anderen »ist er unersetzlich und einzigartig, nämlich in seiner Rolle als authentischer Bürge und Zeuge der Offenbarung«[30]. Was bereits der vierte Evangelist seinen Lesern anbietet, nämlich eine Identifikationsfigur, das arbeitet Johann Sebastian Bach musikalisch aus. Er bietet seinen Hörern im Ausgang von dem kurzen Rezitativ ein musikalisches Arien-Sinnbild gelingender Nachfolge, die vom Hinterhergehen der beiden genannten Jünger ausgeht, um in Wort und Ton die spirituelle Tiefe der *Imitatio Christi* zu erreichen.

Arie »Ich folge dir gleichfalls«

> Vor acht Tagen mit Robert in einem geistlichen Konzert. Die Johannespassion von Bach. Als ich die Stelle »Ich folge dir gleichfalls mit freudigen Schritten« hörte, kam es mir vor, als ob sich meine Seele erhöbe, um Jesus nachzufolgen. Es lag eine schreckliche Kraft in der Sanftheit dieses Rufes.[31]
>
> *Julien Green, Tagebuchnotiz vom 10. April 1926*

»... vortrefflich, aber in stark weltlichem Stil das ›Ich folge dir‹ mit dem emphatischen ›Mein Licht‹.«[32] Mit dieser Bemerkung lobt der kunstsinnige Philosoph Wilhelm Dilthey (1833–1911) diese Arie. Zwar »vortrefflich« sei sie, doch – leider – »in stark weltlichem Stil«, und zugleich »emphatisch« bei dem Wort »Licht«, dem Lieblingswort des Platonismus aller Jahrhunderte, dem das Lieblingswort des ›Lebensphilosophen‹ Dilthey vorausgeht.

Ich folge dir gleichfalls mit freudigen Schritten
Und lasse dich nicht,
Mein Leben, mein Licht.
    Befördre den Lauf
    Und höre nicht auf,
    Selbst an mir zu ziehen, zu schieben, zu bitten.
Ich folge dir gleichfalls mit freudigen Schritten
Und lasse dich nicht,
Mein Leben, mein Licht.

Im gleichen Zusammenhang schränkt Dilthey sein Urteil »vortrefflich« jedoch wieder ein. Hören wir ihn ein zweites Mal, ebenfalls in seinen Bemerkungen *Von deutscher Dichtung und Musik*. Da kritisiert er an Bachs Johannespassion, dass »an einzelne äußere Vorgänge eine lyrische Unterbrechung geknüpft wird«. Er führt dies aus: Das Bibelwort »sie nahmen Jesus und bunden ihn« veranlasst das Altsolo »Von den Stricken meiner Sünden« [als erste Arie der Johannespassion]; »... im nächsten [Bibel-]vers heißt es dann: ›Petrus folgte Jesu nach‹, und auf diesen einzelnen Vers folgt gleich eine neue lyrische Unterbrechung durch die Sopranstimme: ›Ich folge dir gleichfalls‹. Das ist äußerliche Spielerei, die den Bau [...] zerbricht.«[33]

Diltheys Kritik zielt mitten in das Formgefüge der Oratorischen Passionskomposition. An »einzelne Vorgänge« des Geschehens wird eine »lyrische Unterbrechung« geknüpft. Nachdem bereits die Arie »Von den Stricken« den dramatischen Gang der Passion meditierend – also nach innen gerichtet – unterbrochen hatte, folgt – nun wieder auf der Ebene nach vorn – das kurze Rezitativ mit den Worten »Simon Petrus aber folgete Jesu nach und ein ander Jünger«. Und jetzt kommt – obwohl der biblische Text mit dem anderen Jünger noch gar nicht fertig ist: derselbige Jünger war nämlich dem Hohenpriester bekannt usw. – schon wieder eine Arie: »Ich folge dir gleichfalls mit freudigen Schritten«. Da wird es dem Philosophen Dilthey einfach zu viel. Er protestiert mit dem Hinweis auf den »Bau« des Ganzen, auf die »zusammenhängende Erzählung«, die nicht dauernd unterbrochen werden sollte. Ja, er hielte es für das Beste, den »einheitlichen Zug des ganzen Werkes« dadurch zu betonen, dass man die gesamte Petrus-Episode – die Geschichte seiner Verleugnung und der durch den Gnadenblick Jesu bewirkten Gewissensreue – aus dem Werk entfernt. »Dass Bach selbst diese Episode nicht ausschied«, so der Philosoph, »lag in der Verehrung des Protestanten vor dem Bibeltext«.[34]

Den rigorosen aufführungspraktischen Vorschlag Wilhelm Diltheys hat wohl kein ausübender Musiker je zur Kenntnis genommen, wenngleich Bachs oratorische Werke von der Zeit ihrer Wiederentdeckung im 19. Jahrhundert bis in die jüngste Vergangenheit immer wieder in gekürzten Versionen dargeboten wurden, in der Regel um die Handlung (Rezitative, Turbae) zu stärken, was jedoch mit einer Schwächung der Betrachtung (Accompagnati, Arien, Choräle) einhergeht. Selbst der große Bachkenner und -spieler Albert Schweitzer hat sich dem Vorschlag der Streichung der Nachfolge-Arie angeschlossen, bemerkt aber zugleich, dass dies wohl immer »am Widerstand der Sopranistin« scheitern wird. Auch Dilthey versteht Bachs Musik vorwiegend als dramatische Vergegenwärtigung der Passion. Deshalb erscheint ihm der poetische Stil der Oratorischen Passion mit ihrer textlichen Mehrschichtigkeit von Bibelwort, geistlicher Dichtung und Choralstrophen als »unrein« und »unvollkommen«. Es wird zu zeigen sein, dass gerade diese Mehrschichtigkeit, die letztlich eine ›Mehr-Zeitigkeit‹ (damals – heute) bedeutet, *die* hermeneutische Chance dieser Art von Passionskomposition ist: ihre Möglichkeit, die Passion nicht nur ›einlinig‹ darzustellen, sondern sie umfassender und persönlicher zum Verstehen zu bringen, dabei auch zu deuten und zu antworten, zu predigen und sogar musikalisch zu beten. Das Grundprinzip Bachs heißt: Die dramatische Richtung *nach vorn* wird ergänzt durch die betrachtende Richtung *nach innen*.

Die Interpretation versteht sich nun als ein Nachzeichnen dieser Arie mitsamt dem Vorgang ihrer Komposition. Bisweilen ist es ein detailliertes Nachbuchstabieren, vor allem bei der Erörterung des Textes. Wir beginnen mit einer Voraussetzung der Komposition, die in dem bereits erwähnten Typus der Oratorischen Passion (siehe S. 34 ff.) grundgelegt ist, dem Bachs Passionen nach Johannes und Matthäus folgen. Von dieser Rahmenbedingung her wird dann näherhin vom vertonten Text zu sprechen sein, schließlich von der Musik; und letztlich geht es um die Frage, warum das, was sich bei dieser »andächtigen Musik« vollzieht, ein komponiertes Gebet ist.

Die Oratorische Passion als Bachs Rahmenbedingung

Die Oratorische Passion ist, ebenso wie die Kantate zur Zeit Bachs, ein mehrschichtiges Gebilde aus Bibeltext, geistlicher Dichtung und Liedstrophen. Dieses poetisch-musikalische Gefüge dient der Erinnerung, der Vergegenwärtigung des Leidens und Sterbens Jesu, und zwar in einer ›doppelten Perspektive‹. Erinnert werden soll, was damals war, und was das hier und heute bedeutet. Johann Gottfried Walthers (1684–1748) Begriff der »geistlichen Historie«[35] vereint beide Perspektiven. Es ist und bleibt eine »Historie«, ein zeitlich und räumlich lokalisierbares Ereignis, dessen biblische Bezeugung an erster Stelle steht; gemäß Joh 19,35: »Und der das gesehen hat, der hat es bezeuget, und sein Zeugnis ist wahr. Und derselbige weiß, dass er die Wahrheit saget, auf dass auch ihr gläubet«; oder mit Martin Luthers vielzitierter Formulierung »Das Wort sie sollen lassen stahn« aus seinem Kirchenlied »Ein feste Burg ist unser Gott«[36]. Deshalb bleibt in der Oratorischen Passion der biblische Wortlaut unangetastet, wohingegen er im Passionsoratorium nur noch in gefühlvoller und theologisch oft fragwürdiger Paraphrase nachklingt. »Geistliche« Historie heißt nun näherhin, dass die Historie zum einen ein geistliches Thema hat, zum anderen aber auch, dass sie auf ihren tieferen geistlichen Sinn hin auszuloten ist. Dem dienen die dem Geschehen ›unterflochtenen‹ Arien sowie die Choralstrophen.

Sprachlich erfordert die Wendung nach innen geradezu einen Stilbruch, eine andere Art des Redens. Jetzt wird nicht mehr dem Hörer erzählend etwas mitgeteilt, sondern es wird, paradoxerweise, aus der Perspektive des Hörers gesprochen. Der Hörer wird so zum eigentlichen Sprecher. Das ›Ich‹ der Arien meint das Ich des Hörers, denn die Arie ist ihm ein Angebot zur Identifikation, womit ihm ein Platz nicht im Zuschauerraum, sondern mitten im Geschehen zugewiesen wird. Deshalb ist die Passion nicht (nur) ein »Schauspiel«, dem wir – ich betrachte etwas – zuschauen, sondern ein »Spiegel«[37], in dem wir uns selbst betrachten können: Ich erkenne mich im Licht des Evangeliums; und dies ist bereits das erste Moment des Gebets, denn im Gebet der Arien und der Choräle spricht das gläubige Ich. Nochmals: Nicht der Petrus der Bibel, auch nicht die Sängerin oder der Chor der Aufführung, sondern die Hörer. Ihnen werden die Arien (und Choräle) sozusagen in den Mund gelegt.

Das »Ich« in Bachs geistlicher Musik

Deutlichstes Beispiel für das emphatische ›Ich‹ ist in Bachs Passionsmusik – wir werfen einen kurzen Seitenblick auf die *Matthäuspassion* – die Frage der Jünger: »Herr, bin ich's?« und die nach einer Pause in der Musik-Sprache des Chorals stellvertretend für den Einzelnen in der Gemeinde gesungene Antwort: »Ich bin's, ich sollte büßen.« Auch diese Passionsszene wurde von einem berühmten Philosophen kommentiert: »Denn wenn Jesus sagt: ›Einer unter euch wird mich verraten‹, und die Jünger im heftigsten Allegro aufgeregt durcheinander schreien: ›Herr, bin ich's?‹, und nun nach einer wunderbaren Pause die Gemeinde den Choral singt: ›Ich bin's, ich sollte büßen‹, so hallt das Innerste in diesem Augenblick der Matthäuspassion wider, und Kierkegaard selber könnte für dies *ad hominem* Gesprochenwerden, für das christliche Tun und Subjektivieren des Christlichen keine gewaltigere Predigt finden.«[38] So angerührt war Ernst Bloch von dieser Stelle der *Matthäuspassion*. Und zweifellos trifft dieser Philosoph mit seiner Deutung vom »Widerhall des Innersten« den Gebetscharakter solcher Stücke. Vielleicht, das jedoch nur in Klammern, trifft ihn irgendwie sogar der Liedermacher Wolf Biermann, wenn er seine zu DDR-Zeiten provokanten Ichs (»Ich, ich, ich … das Kollektiv liegt schief«) in Bachs Weimarer Kantate *Ich hatte viel Bekümmernis* wiederfindet: »Als ich dann Bachs Kantate entdeckte, traf ich meine drei guten Bekannten gleich am Anfang wieder: Ich, Ich und Ich. Und gleich noch einmal ›Ich hatte viel Bekümmernis … [in meinem Herzen; aber deine Tröstungen erquicken meine Seele]‹. So fängt ja Bach an mit dem Chor. Das gefiel mir, der Mensch freut sich über einen Gleichgesinnten, auch wenn es ein Gott ist.«[39]

Doch genug der Abschweifungen. Sie boten sich an, weil dasselbe »Ich, ich, ich …« der soeben zitierten Weimarer Kantate bereits 1725, als Bach schon in Leipzig wirkte, Gegenstand einer Kritik geworden ist. Der Kritiker ist der berühmte Musiktheoretiker und Komponist Johann Mattheson (1681–1764), der sich aus eher aufgeklärter als barocker Perspektive über die ausgiebigen Textwiederholungen in dieser Kantate mokiert, indem er ihren musikalischen Verlauf mitsamt den Wiederholungen – aus einer Sopranstimme, die er vielleicht besessen hat? – und den Pausen so notierte: »Ich, ich, ich, ich hatte viel Bekümmerniß, ich hatte viel Bekümmerniß, in meinem Hertzen, in meinem Hertzen. Ich hatte viel Bekümmerniß in meinem Hertzen, in meinem Hertzen ...«[40] Die emphatische Ich-Perspektive in der Bach'schen Musik ist jedoch kein Egozentrismus, sondern der Versuch, musikalische Brücken zwischen der Bibel und ihren Hörern zu schlagen. Und zudem ist es eine bemerkenswerte Eigenschaft der Musik, dass sie als Zeitkunst ausgiebige Wiederholungen erlaubt, die beim bloß gesprochenen oder geschriebenen Wort befremdlich wirken. Mit Wolf Biermann ist die Kantate *Ich hatte viel Bekümmernis* nun sozusagen literarisch rehabilitiert; wir aber wenden uns wieder der Johannespassion zu.

Komposition des Textes

Zunächst eine Überlegung zur Disposition, die am Beginn jeder Passionskomposition stehen muss: Warum gerade hier ein betrachtender Einschub? Auf den ersten Blick erscheint die eher beiläufige Stelle für eine lyrisch-betrachtende ›Unterbrechung‹ sehr ungewöhnlich. Letztlich aber erweist sie sich als überaus geeignet, und zwar unter der Voraussetzung, dass der Librettist sich beim »Folgen« der beiden Jünger nicht nur an den theologisch gefüllten Nachfolge-Begriff erinnert hat (biblische Inspiration), sondern zudem vielleicht auch wusste, wie ergiebig dieses Folgen im Sinne des Imitierens kompositorisch sein kann (musikalische Inspiration). Und noch eine weitere Überlegung könnte ihn geleitet haben: Die *inventio* zu diesem Stück könnte die großräumige *dispositio* gewesen sein, weil die Nachfolge-Arie zwischen zwei weiteren Arien steht, zu denen sie jeweils eine schlüssige Beziehung aufweist. Die Erlösungs-Arie »Von den Stricken meiner Sünden« und die Nachfolge-Arie fassen gemeinsam den einen Grundgedanken der Passionstheologie dogmatisch-ethisch so zusammen, wie auch Luther ihn in einer Predigt beschrieben hat: Die Passion ist »1. facta, ut per eam liberaremur; 2. ut sequeremur«[41]; sie ist erstens geschehen, damit wir erlöst, befreit sind, und zweitens, damit wir in die Nachfolge Jesu eintreten. Auf der Grundlage des kausalen Verständnisses der Passion (propter me) nennt Luther hier den finalen Sinn (pro me) und den konsekutiv-ethischen Sinn (imitatio).

Miteinander verklammert sind zudem die Nachfolge-Arie und die Reue-Arie »Ach, mein Sinn«, und zwar durch die Gestalt des Petrus, der bereits biblisch eine Symbolfigur des Nachfolgens ist, was Dietrich Bonhoeffer pointiert kommentiert: »Zweimal ist an Petrus der Ruf ergangen: ›Folge mir nach!‹ Es war das erste und das letzte Wort Jesu an seinen Jünger (Mk 1,17; Joh 21,22). Sein ganzes Leben liegt zwischen diesen beiden Rufen«[42] – auch die Verleugnung. Bach zeigt in seiner Johannespassion die gelingende (»Ich folge dir gleichfalls«) und die scheiternde Nachfolge (»Ach, mein Sinn, wo willt du endlich hin?«). Johanneischer gesagt: Licht und Finsternis des Nachfolgens werden musikalisch-symbolisch aufgezeigt, um eine Resonanz im »Innersten« (Ernst Bloch), im ›Ich‹

der Hörer zu finden. Von dieser dialektischen Überlegung her ist es einsichtig, dass die Sopran-Arie ausschließlich den hellen Aspekt enthält, wohingegen die Tenor-Arie »Ach, mein Sinn« ganz der Finsternis des Nachfolgens gewidmet ist. Insgesamt steht damit die »Freude« im Zentrum der Arien des ersten Passionsteils. Gleichsam flankiert wird sie von den Aspekten der Erlösung (»Von den Stricken«) und der Reue des Petrus (»Ach, mein Sinn«).

Zum Wortlaut im Einzelnen: Die Qualität einer barocken geistlichen Ariendichtung bemisst sich an drei Kriterien, da ein solcher Text erstens *Dichtung* und zweitens *Theologie* (Predigt und Gebet) ist, und weil er, drittens, zur *Vertonung* bestimmt ist. Der Leipziger Bachforscher Hans-Joachim Schulze spricht sogar von der »Dreieinigkeit aus theologischem Gehalt, literarischer Qualität und musikalischer Brauchbarkeit«[43]. Man könnte diese drei Kriterien auch die poetische, die biblische und die musikalische Inspiration nennen. Solche Texte sind erstens sachlich und sprachlich stimmig, zweitens von der Bibel inspiriert und drittens musikalisch ergiebig. Dabei dürfen diese drei Dimensionen jedoch nicht unverbunden nebeneinander her laufen, sondern sie müssen ineinander verschränkt werden.

Wie also könnte der Dichter vorgegangen sein, nachdem er erkannt hat, dass sich hier ein betrachtender Einschub anbringen lässt? Zunächst muss er poetisch und musikalisch den tieferen theologischen Sinn von Nachfolgen erreichen; Nachfolgen als bloßes Hinterhergehen lässt sich kaum geistlich betrachten. Der Librettist knüpft also verbal an das »folgete nach« an und füllt diesen Begriff theologisch in der Sprache des Gebets. Das äußerliche Hinterhergehen wird so zur Erinnerung an jene Nachfolge, die im Mittelpunkt des Glaubens steht. Der Passionspredigt der Bach-Zeit kommt es ja insgesamt darauf an, jedes Einzelmoment der Passion – etwa die Bande Jesu, eines seiner Sieben Letzten Worte oder eines seiner gemarterten Gliedmaßen … – auf ihren Gesamtsinn zu beziehen, um so in jedem Fragment das Ganze aufleuchten zu lassen. Und Nachfolgen *ist* das Ganze der Passion unter der ethischen Hinsicht, die in Bachs Johannespassion später als Frage aufklingt: »Was willst du deines Ortes tun?« Nachfolge ist, ebenso wie compassio, eine Antwort auf ebendiese Frage.

Die Sprachform der Arie ist die Anrede Jesu als Gebet und Bekenntnis: »Ich folge dir« antwortet auf den konkordant und stillschweigend vorausgesetzten erwählenden Ruf Jesu: »Folge mir nach!« (z. B. Mk 1,17: »Folget mir nach«). »Gleichfalls«, das vierte Wort, reflektiert eigens die Situation der Ungleichzeitigkeit mit Jesus. Die Ungleichzeitigkeit soll im Gebet gleichzeitig werden. Vielleicht ist es kein Zufall, dass das Wort »gleichfalls« in Bachs Johannespassion noch ein weiteres Mal erklingt, und zwar im zweiten Teil: »Mein Herz, in dem die ganze Welt bei Jesu Leiden gleichfalls leidet« (Nr. 34). Jesu Leiden ist wie eingespannt in den Makrokosmos der »ganzen Welt« im Sinne der Passio mundi und in den Mikrokosmos des betrachtenden ›Ich‹ (»Ich folge dir gleichfalls«). Dann kommen die für die Musik wichtigsten Worte »mit freudigen Schritten«,

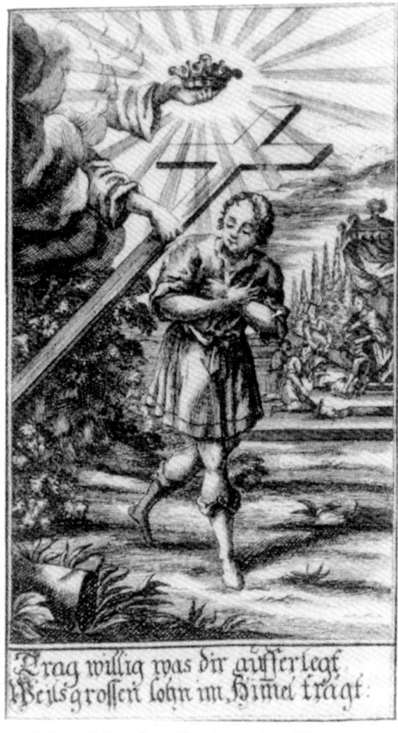

Nachfolge im Zeichen des Kreuzes und der Krone (vgl. BWV 12,3: »Kreuz und Kronen sind verbunden«). Kupferstich, Kempten 1707

die Bild und Affekt vereinen. Freude ist der Affekt oder die Stimmung der Nachfolge, und die Schritte sind Sinn-Bild des in der Nachfolge Stehenden, besser, Gehenden.

Somit ist die erste Arienzeile insgesamt ein Musterbeispiel barock-religiöser Lyrik im Hinblick auf die Musik. Mit dem Stichwort »Folgen« knüpft der unbekannte Dichter assoziativ an das vorausgegangene Rezitativ an; er formuliert den Grund-Satz christlicher Nachfolge ›dialogisch‹ aus der Ich-Du-Perspektive (»Ich folge dir«), wobei er mit dem »gleichfalls« die erhoffte Einheit zwischen biblischem Geschehen (damals) und betrachtendem Innehalten (heute) zusätzlich ins Spiel bringt; und er bietet dem Komponisten das an, was er braucht: ein musikalisches Bild (»Schritte«) sowie einen musikalischen Affekt (»Freude«).

Vielleicht hat sich der Librettist nach dieser ersten Zeile an die wichtigste Stelle des Johannesevangeliums zum Thema der Nachfolge erinnert. Es ist dies Joh 8,12, einer der beiden Nachfolgerufe des johanneischen Jesus: »Ich bin das Licht der Welt. Wer mir nachfolgt, der wird nicht wandeln in Finsternis, sondern wird das Licht des Lebens haben.« Hier klingt der Johannesprolog an: »In ihm«, dem Logos nämlich, »war das Leben, und das Leben war das Licht der Menschen« (Joh 1,4). Was die Dialektik Licht-Finsternis für den Menschen bedeutet, steht in Joh 3,21: »Wer aber die Wahrheit tut, der kommt an das Licht.« Nichts anderes meint Nachfolge als »Leben und Licht«. Davor werden noch die häufig vertonten alttestamentlichen Worte Jakobs bei seinem Kampf am Jabbok zitiert: »Ich lasse dich nicht, du segnest mich denn« (Gen 32,27). Dass sich diese Worte auch im Hohenlied finden, »Ich halt ihn und will ihn nicht lassen« (Hld 3,4), intensiviert den biblischen Gehalt des Textes – aus barocker Sicht – vielleicht noch mehr in Richtung Mystik, wie es auch bei anderen Bach'schen Arien zum Thema des Nachfolgens zu beobachten ist. Zu erinnern ist insbesondere an die melodisch sehr ähnlich und zudem auch imitatorisch gestaltete Bass-Arie »Ich folge Christo nach, von ihm will ich nicht lassen« aus der Weimarer Kantate *Weinen, Klagen, Sorgen, Zagen* (BWV 12), aber auch an die vielleicht früheste Bach-Motette *Ich lasse dich nicht, du segnest mich denn* (BWV Anh. 159). Inwiefern sind die biblisch inspirierten Worte nun zugleich musikalisch inspirierend? »Nicht-Lassen« etwa ist ein Wort, das nach eindringlicher Wiederholung ruft, die von ihren Worten nicht ablässt. Und »Leben« ist schließlich immer in der Musik – und besonders in dieser.

Soviel zum biblisch gesättigten (sola scriptura) A-Teil der Arie. Der Mittelteil ist auf den ersten Blick weniger biblisch, dafür aber deutlich lutherisch geprägt. Er antwortet auf die Frage, worauf es in der Nachfolge letztlich ankommt. Zugleich wird der Text vollends zu einem Gebet, wenn aus dem Indikativ des Aussagens »ich folge dir« die Sprachgeste des Bittens wird: »befördre den Lauf«. Dies können wir als sprachliches Kennzeichen des Gebets nehmen: Es spielt zwischen Aussage und Bitte. Das Thema ist jetzt die Gnade, denn Jesus selbst ist es, der den Lauf »befördert«, indem er – sola gratia – zieht, schiebt und bittet. Das Bild ist logisch und theo-logisch, weil es das Nachfolgen auf Jesus selbst zurückführt. Keineswegs ist es so, dass der Nachfolgende vielleicht »zieht« und Jesus »schiebt« – nein, die Gesamtbewegung verdankt sich Jesus. Selbst die Initiative liegt bei Jesu Bitten: »... höre nicht auf, selbst an mir zu ziehen, zu schieben, zu bitten.« Folglich liest sich vom Schluss des Textes der Anfang wiederum neu und anders: »Ich folge dir gleichfalls« ist nicht nur Anfang, sondern zugleich Antwort auf das »Gebeten-Sein« durch Jesus selbst (solus Christus), dessen Ruf in die Nachfolge konkordant vorausgesetzt wird. Doch erst die Musik benennt das nicht nur, sondern sie führt es als Dacapo-Arie aus, indem in ihr der zweiteilige Text zur dreiteiligen Form wird, so dass das »Bitten« am Schluss des Mittelteils in der Tat die Wiederholung des A-Teils »erbittet«.

Auch im Mittelteil hören wir Bibelzitate und -anklänge, was kurz angedeutet sei: Die Fundierung des Nachfolgens im Gezogen-Werden klingt im Hohenlied an (Hld 1,4: »Zieh mich dir nach, so laufen wir ... wir freuen uns und sind fröhlich über dir«), das ja insgesamt von der Barockpredigt sehr häufig herangezogen worden ist. Affekt der Freude auch hier. Vom »Ziehen« lesen wir im Johannesevangelium mehrfach: Jesus will »alle zu mir ziehen«, wenn er erhöht ist (Joh 12,32), und niemand kann zu ihm kommen, »es sei denn, dass ihn ziehe der Vater« (Joh 6,44). »Befördern« hingegen ist kein Wort der Luther-Bibel, denn es kommt erst im 17./18. Jahrhundert auf. »Befördre den Lauf«, so scheint es, sagt mit dem damals modernen und heute eher antiquiert wirkenden Wort, was Paulus im Römberbrief so umschreibt: »So liegt es nun nicht an jemands Wollen oder Laufen, sondern an Gottes Erbarmen« – an Gottes »Befördern« also. Zu vergleichen ist auch die Arienzeile »Befördre deines Namens Ehre« in der Kantate *Nun komm, der Heiden Heiland* (BWV 61) mit einem Text von Erdmann Neumeister. In der Johannespassion meint »Befördern« das Gelingen und Glücken der Nachfolge, wobei das »Innerste« des Nachfolgenden von Christus, dem Ziel des Nachfolgens, ergriffen und »gezogen« wird. Werfen wir wiederum einen Blick auf das musikalisch inspirierende Potenzial der Worte. Im »Lauf« klingen die »Schritte« des A-Teils nach; und ebenso musikabel sind die Bewegungsverben »schieben« und »ziehen«. Das »Nicht-Aufhören« ruft in der Musik, wie bereits erwähnt, nach eindringlich-unablässiger Wiederholung.

»Bitten«, das letzte Wort unseres kleinen Textes, ist kein besonders musikalisches Wort. Zunächst könnte man meinen, dass es nur dasteht, um sich zu reimen, nämlich auf »Schritten«. Das sei auch hier unbestritten. Zudem erinnert es aber wieder an das Johannesevangelium und vor allem an den Schluss des vierten Gottesknechtliedes Jes 53,12: »... und für die Übeltäter gebeten«. Wenn man die Bedeutung der Gottesknechtslieder für die Passionstheologie und -frömmigkeit insgesamt bedenkt, wird man hier die dichterische Absicht eines Bibelzitats durchaus erwägen dürfen. Soviel zu diesem kleinen poetisch-theologisch überaus geglückten Text. Als Gebet beschreibt er das Nachfolgen – mitten in einer Passion – in seiner freudigsten Variante, dabei von biblischer Sprache ausgehend und in seiner inneren Musikalität zu Bachs Komposition hinführend.

Was macht Bach mit diesen Worten?

Bach vertont den Text als Dacapo-Arie, also in der dreiteiligen Großform A–B–A, wie es für ihn während seiner Leipziger Zeit charakteristisch ist. Darin ist nicht eine generelle klingende Symbolik zu sehen (vgl. jedoch den Eingangschor). Es darf aber gesagt werden, dass die hier im Text angezielte Integration von »Nachfolgen« (aktiv) und »Befördern« (passiv) durch die Dacapo-Form bestens zur Geltung kommt. Die Reue-Arie des Petrus »Ach, mein Sinn« hingegen widerstrebt in ihrer Ausweglosigkeit der in sich geschlossenen A–B–A-Form.

Auch Tonart, Taktart und Besetzung lassen sich von dem durch den Text vorgegebenen freudigen Affekt her verstehen. Johann Mattheson bezeichnet B-Dur als »prächtig« und »modest«[44]. Dazu passen das rasche Tempo und der Dreiertakt, der ja bereits in der Textdeklamation präsent ist, und dazu passt vorzüglich die Besetzung mit Sopran und Flöte (vgl. etwa BWV 204/6: »Meine Seele sei vergnügt«), wobei als semantischer Hintergrund der Flötenbesetzung vielleicht auch das Thema des Hirten wie von ferne auszumachen ist. Nachfolge ist im Johannesevangelium (Joh 10) ja auch mit dem Bild vom Hirten und den ihm folgenden Schafen verknüpft, was Bach in den Kantaten zum Sonntag Misericordias Domini musikalisch ausarbeitet.

Ein kontroverses Thema der musikalischen Interpretation und Aufführungspraxis ist Bachs Entscheidung für zwei unisono spielende Traversflöten in dieser Arie. Zwei Positionen der Deutung stehen sich gegenüber. Die eine sieht darin, unter Verweis auf die mangelnde Klangfülle des damaligen Flauto traverso vor allem in den tieferen Lagen, eine vom Komponisten angezielte klangliche Verstärkung, wohingegen die andere von »symbolischen Erwägungen«[45] ausgeht: Die zwei biblischen Jünger finden eine Entsprechung in den beiden Flöten, wobei es dann nur noch ein kleiner Schritt ist, auch die weiteren Beteiligten ähnlich symbolisch zu identifizieren und das Bass-Fundament mit der Vox Christi in Verbindung zu bringen, die Sopranstimme hingegen mit dem betrachtenden

»Ich«. Aber vielleicht schließen sich die klangliche und die symbolische Deutung gar nicht aus, was als weiteres Argument für Bachs immer neue Verknüpfung der Bereiche ›sinnlich‹ und ›sinnvoll‹ gelten darf.

Wie könnte der Komponist nun im Einzelnen vorgegangen sein? Zunächst braucht die Arie, nachdem sie ein verbal formuliertes Thema hat, auch ein musikalisches Soggetto. Bach komponiert eine zweigliedrige Melodiefolge, die sogenannte Devise der Arie, auf die zweigliedrige Eingangszeile »Ich folge dir gleichfalls« (Motiv a) – »mit freudigen Schritten« (Motiv b).

NB 19

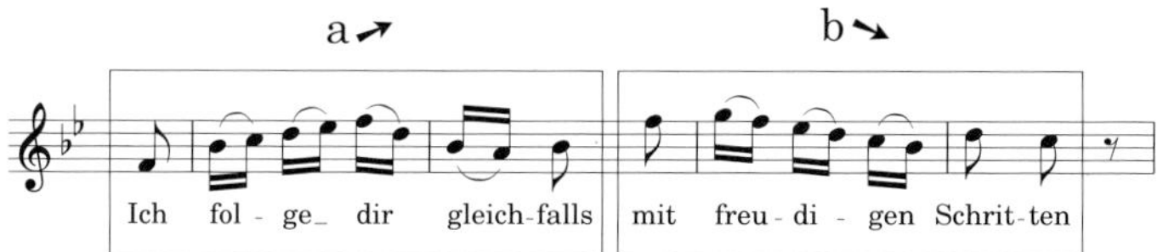

Dieses Thema verwendet er dann – das Text-Thema des Nachfolgens aufgreifend – zu musikalischen Imitationen, die das, wovon der Text spricht, ästhetisch erfahren lassen. Sehr schön hat der Musikschriftsteller Friedrich Rochlitz, dem wir die erste größere Darstellung der Johannespassion verdanken, dieses Soggetto beschrieben: »Im Gedanken selbst liegt etwas Spielendes: aber wie ein freundliches, emsiges und beharrliches Kind spielt. Niemand wird ihm leicht ohne Lächeln des Wohlgefallens und der Neigung zusehen.«[46] Am Werk ist hier das barocke Analogiedenken. Text und Musik können und sollen einander entsprechen. Und hat nicht Bach in seiner Vokalmusik solche Entsprechungen weit tiefer ausgelotet als andere Komponisten – so dass seine Musik den Worten nicht nur entspricht, sondern häufig sogar über sie hinausgeht, sie verstärkt, weiterführt und bisweilen auch phantasievoll kontrastiert?

Vier Formen des Imitierens prägen diesen Satz. Die erste (Imitatio 1) mag vielleicht nur in einem weiteren Sinn als ›Imitation‹ gelten. Der Arienbeginn imitiert die Melodik des Rezitativs. Das Motiv a (NB 19), das die gesamte Arie durchzieht, klingt so bereits im Rezitativ an, was sich je nach Perspektive als Antizipation (der Arie im Rezitativ) oder als Imitation (des Rezitativs in der Arie) beschreiben lässt. Entscheidend ist, dass Rezitativ und Arie damit nicht nur verbal verknüpft sind, sondern auch musikalisch. Das »gleichfalls« des Textes wird so in der Musik nicht nur ausgesagt, sondern unmittelbar ausgeführt. Dass es nicht nur um ein ›Folgen‹ geht, sondern um das ›Nachfolgen‹, markiert Bach mit einer Exclamatio auf der Silbe »nach«.

Die ersten Takte des Flötenritornells bringen die Idee der Imitation dann in einem zweiten Sinne ins Spiel, dem der »Repetitio«. Das Motiv a erklingt nun – anders als in der Devise der Singstimme – gleich zwei Mal (NB 21). Später folgen in der Flötenstimme noch ganze Ketten mit dieser Wiederholungsfigur (NB 22, T. 80 ff.).

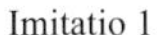

NB 20

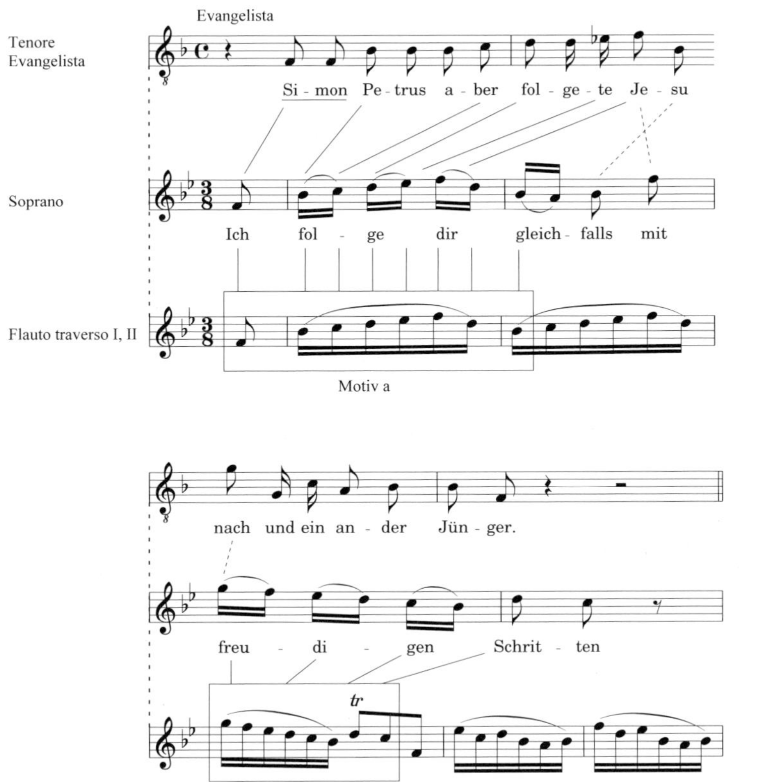

Die dritte und wichtigste Möglichkeit der Imitation ist die sogenannte »Figuralkanonik«[47] als kanonartige Einsatzfolge, die jeweils den Beginn der Vokalstimme markiert, so dass die vom »Folgen« singende Sopran-Stimme tatsächlich dem Generalbass folgt – und ihr selbst wiederum die Flöten nachfolgen (NB 21, T. 16, 24 u. ö.).

Schließlich ist auch die Sequenz eine (vierte) Möglichkeit des Imitierens. Bach wiederholt dabei im einleitenden Ritornell ein spielerisches Motiv auf verschiedenen Tonstufen, und zwar so, dass die Anfangstöne dieser Takte wiederum den Beginn der Devise (Motiv a) beschreiben – in Takt 6–10 die Töne es^2–f^2–g^2–as^2–b^2–g^2–es^2 – und dass der Spitzenton b^2 dieses Motivs exakt im Zentrum des gesamten Ritornells steht (Takt 9).

Hierzu noch ein weiter führender Gedanke: Bachs Komponieren ist in seiner inneren Schlüssigkeit ein ›Komponieren des Einen‹, das etwa dem philosophisch-neuplatonischen ›Denken des Einen‹ durchaus vergleichbar ist. Gewiss ist dies ein generelles Merkmal von Kunst, aber zugleich auch ein Kennzeichen des Gebets: Gesammeltwerden auf das Eine. Bach artikuliert es als unerschöpfliche

NB 21

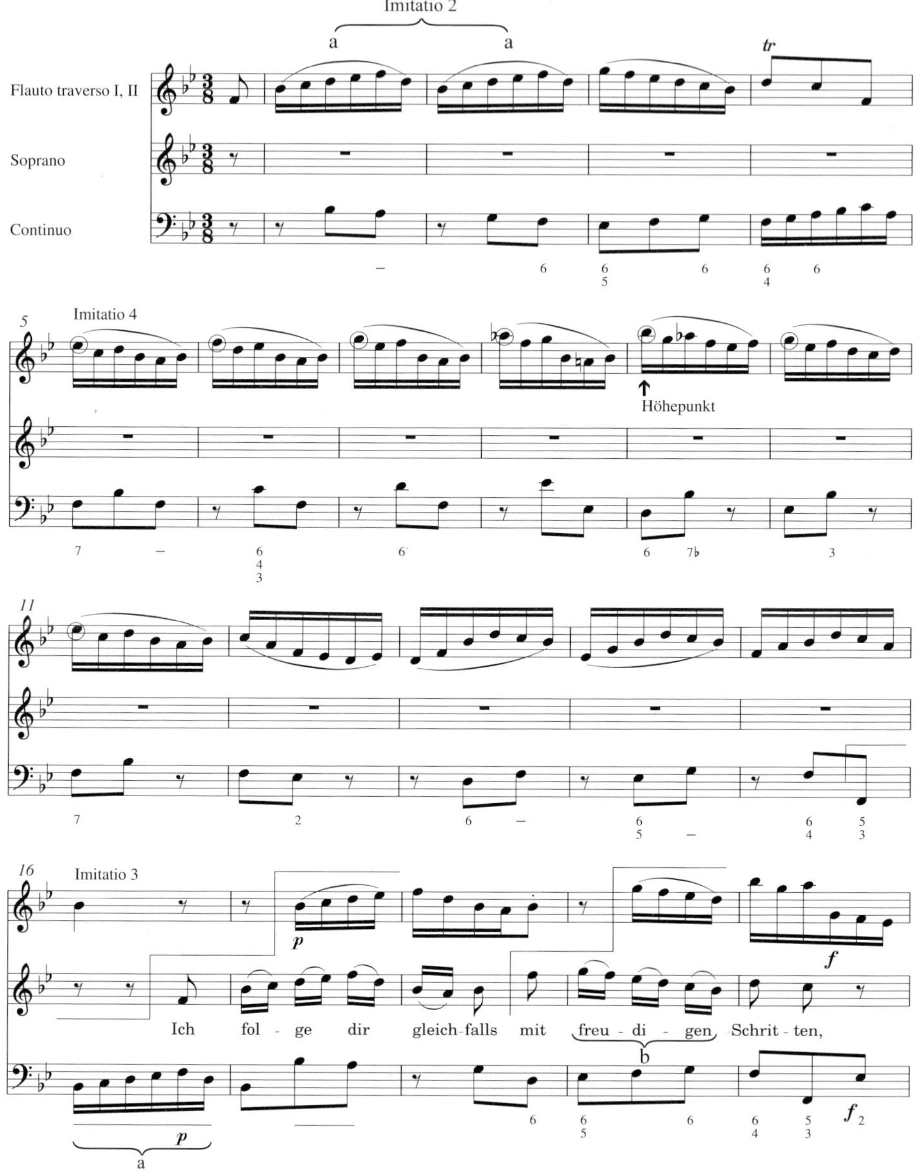

musikalische Vielfalt, die jedoch immer zugleich auf ihren Grundgedanken bezogen bleibt. Im musikalischen Imitieren wird zugleich die Untrennbarkeit von Nachfolgen und Nachahmen künstlerisch deutlich, denn die Stimmen folgen einander, indem sie sich gegenseitig nachahmen. »Quid est sequi nisi imitari?«[48] – was ist Nachfolgen, wenn nicht Nachahmen? – fragte bereits der Kirchenvater Augustinus.

Den Mittelteil der Arie gestaltet Bach komplementär zu den Rahmenteilen. Die aufsteigende melodische Linie des Wollens (»Ich folge dir gleichfalls«) wird so ergänzt durch die absteigende des Bittens (»befördre den Lauf«). Und der anschließende Oktavsprung (T. 49 f.) lässt keinen Zweifel daran, dass der Lauf – im Glauben – schon befördert ist. Wie so oft bittet der Text, während Bachs Musik diese Bitte im Sinne des »hermeneutischen Plus«[49] als schon erhörte Bitte erklingen lässt.

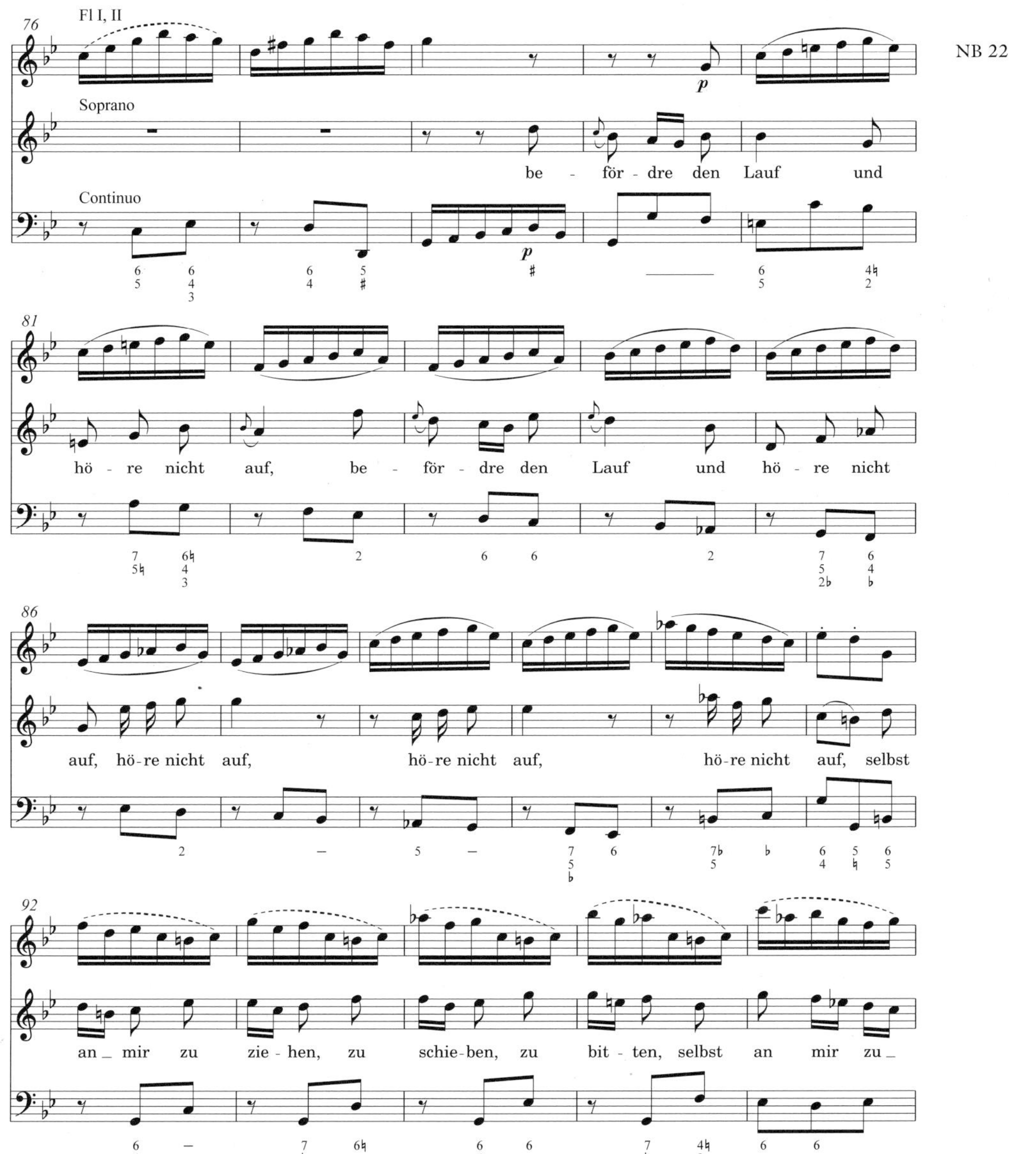

NB 22

Im Zentrum dieser Arienkomposition hören wir als strukturell dichteste und zugleich theologisch aussagekräftigste Stelle im Mittelteil (T. 79ff.) die *Integration* der beiden Motive des Nachfolgens und Beförderns. Was der Text vereinen will, indem er nacheinander sagen muss, ist in der Musik tatsächlich vereint, weil sie – vergleichbar der Bildkunst Cranachs – die Möglichkeit zur Simultaneität hat. Die Sopranstimme bittet um die Gnade (»befördre den Lauf« – vokal), während die Flöte(n) das Nachfolge-Motiv (»ich folge dir gleichfalls« – instrumental) unablässig wiederholen (Repetitio), wobei es nacheinander verschiedene Tonstufen durchläuft (Sequenz). Die Bitte *ist* musikalisch bereits erhört, der Lauf »befördert«. Bach setzt dieses komplexe Ineinandergreifen erst in der zweiten Hälfte des Mittelteils ein, wenn die Einzelmotive den Hörern bereits vertraut sind. Eine zusätzliche Steigerung ergibt sich, weil die Singstimme nun einen Ganzton höher einsetzt als am Beginn des Mittelteils (Wechsel von F-Dur zu g-Moll).

Ein weiterer Aspekt ist der Tanzcharakter. Die Imitationen vollziehen sich – ganz barock – auf dem Fundament des Generalbasses. In dieser Arie ist der Basso Continuo zuständig für den Affekt. Er intensiviert die »freudigen Schritte« und den »Lauf« zu Tanzschritten, wobei zwischen den Schritten oftmals sogar ein Freudensprung zu liegen scheint – dann nämlich, wenn die Continuostimme ›abfedert‹ und erst nach einer Achtelpause wieder auf den Boden kommt. Unterstützt wird dieser tänzerische Impetus durch die beiden Flöten. Ihre Sechzehntelketten vermitteln den rastlos-ausgelassenen Eindruck des Wollens und Gelingens, zum Beispiel wenn – wie bereits am Schluss des einleitenden Ritornells – gebrochene Akkorde auf verschiedenen Tonstufen hintereinander herjagen (Imitatio als Fuga).

Ein viertes Moment dieser Musik – nach der Grundidee des Imitierens, der satztechnischen Verdichtung im Mittelteil und dem tänzerischen Fundament des Generalbasses – ist die madrigaleske Hervorhebung einzelner besonders ›musikabler‹ Worte. Wichtig ist, dass diese Hervorhebung, die dem Sensus (Bedeutung des Einzelwortes) verpflichtet ist, sich innerhalb des größeren Ganzen vollzieht, also im Rahmen des Skopus (Gesamtsinn) der Bach'schen Klangrede. Dadurch trägt Bach an diesen Stellen nichts Fremdes in die Musik ein. Vielmehr intensiviert und akzentuiert er, was als einheitlicher musikalischer Sinn bereits präsent ist. Einige Beispiele hierfür: Wiederholungen unterstreichen, was die Imperative »und lasse dich nicht!« sowie »höre nicht auf!« meinen. Gerade wenn die Flöte nach ihren Wiederholungsfiguren im Mittelteil aufhören will und ihre Kadenz erreicht hat – so interpretiert Martin Geck[50] –, fällt ihr die Singstimme mit einem zweimaligen – im Sinne Wilhelm Diltheys »emphatischen« – »Höre nicht auf!« unvermittelt ins Wort (T. 103). Und in der Tat ›vergessen‹ die Flöten, dass sie bereits aufgehört hatten, und spielen ihr Motiv noch zweimal hinterher. Diesen Effekt unterstützt Bach zusätzlich, indem er die überaus regelmäßige viertaktige Periodik an den überraschenden »Höre nicht auf!«-Stellen (T. 86ff. und 103ff.) durchbricht und jeweils eine Gruppe von fünf Takten einschiebt.[51]

Bachs Musik legt den Text aus, indem sie die Worte ausführt, um sie spielerischer, aber auch eindringlicher und ganzheitlicher zu vergegenwärtigen, als bloße Worte es vermögen. Die bildhaften Verben »Ziehen« und »Schieben« schließlich finden ihre musikalische Entsprechung durch eine zunächst diatonisch (»ziehen«), dann im Sinne einer Steigerung chromatisch (»schieben«) aufsteigende Melodik, die zusätzlich in sich synkopisch – gegen den Takt – ist und deshalb so klingt, als ob beständig ein Widerstand überwunden werden müsste.

Komponiertes Gebet

Diese Arie ist ein Gebet, weil sie bereits in ihren Worten eine Antwort des Glaubens formuliert, und zwar die zentrale und – recht verstanden – »zu aller Zeit« gültige Antwort: »Nachfolge genügt!« Insbesondere zeigt der Arientext die das Gebet kennzeichnende Gleichzeitigkeit von Erinnerung und Verheißung sowie das Aufeinander-Verwiesensein von Handeln und Empfangen. Im Rätselkanon BWV 1077 (siehe S. 242 ff.) wird Bach den musico-theologischen Akzent dann auf den Zusammenhang von Imitatio und Conversio legen, der hier in der Melodik des B-Teils allenfalls anklingt.

Das Gebet der Nachfolge findet in der Erinnerung an die beiden biblischen Jünger die Verheißung von »Leben und Licht«; und das Bekenntnis zur Nachfolge ist zuinnerst Gebet um die Nachfolge. Nicht »ich bitte jetzt«, sondern als Anrede an Jesus: »Höre nicht auf, selbst an mir zu bitten!« Paulus im Römerbrief: »... denn wir wissen nicht, was wir beten sollen, wie sichs gebühret. Sondern der Geist selbst vertritt uns aufs beste« (Röm 8,26); oder ein Pfingstlied: »... bete du in uns, wo wir stumm bleiben« (Gotteslob 248,3).

Im größeren Kontext der lutherischen Passionspredigt heißt das: Nachfolgen ist die Konsequenz aus der Erlösung. In der Passionspredigt der Bachzeit wird sie eine »Frucht« der Passion genannt. Versöhnung, Erlösung und Nachfolge gehören zusammen. In Bachs Johannespassion wird das Nachfolgen am Exempel des Petrus aufgezeigt und inszenierend ›durchgespielt‹, wobei dieses Exempel zugleich Spiegelbild jedes Glaubenden sein soll. Alles Nachfolgen vollzieht sich im ›Spielraum‹ von Gelingen und Scheitern. Und um dieser Idee willen ist wohl diese Arie »Ich folge dir gleichfalls mit freudigen Schritten« an ebendiese Stelle der Johannespassion gesetzt worden. Sie ist das Pendant zur Reue-Arie des Petrus, in der die scheiternde Nachfolge musikalisch reflektiert wird.

Warum aber ist nicht nur der Text ein Gebet; warum fügen sich Wort und Ton zur Einheit des komponierten Gebetes? Weil Bach den begriffssprachlichen Gebetstext in vielfältig intensivierender Interpretation musikalisch vergegenwärtigt. Musik ist eine stärkere Erinnerung an die Nachfolge, weil sich in ihr das Folgen der Stimmen, von dem der Text handelt, unmittelbar vollzieht. Die Musik als ›Zeitkunst‹ führt die Bildhaftigkeit des Textes aus und setzt so seinen Affektgehalt in das Erklingen um. Bach verweist nicht nur auf Freude, sondern er komponiert freudige Musik – und bringt so das spirituelle Thema der gelingenden Nachfolge zu rationalem und emotionalem Verstehen. Theologischer gesagt: Der Akzent der Musik liegt auf dem Glaubens*akt*, also auf dem sich vollziehenden Geschehen des Glaubens, auf der ›fides qua creditur‹. Sprachphilosophischer gesagt: Die Musik ›tut‹ etwas, womit sie eine Möglichkeit der Sprache intensiviert – nicht nur Besagen, sondern unmittelbares Bewirken im Erklingen. »How to do things with music« könnte man das, den Titel von John L. Austins berühmtem sprachphilosophischen Buch[52] variierend, nennen. Doch wer tut hier etwas? Bach als Komponist, ja. Die Ausführenden, die seine Musik interpretieren, gewiss auch. Die Hörer, die ›mitgehen‹, auch. Doch an den Rand seiner Bibel schrieb Bach den berühmten Satz: »NB: Bey einer andächtigen Musique ist allezeit Gott mit seiner Gnadengegenwart« – damit tut auch Gott etwas, und zwar das Entscheidende.

Schließlich wiederholt die Musik ihren Text nicht nur, sondern sie führt im Sinne eines »hermeneutischen Plus« (Renate Steiger) über ihn hinaus, wenn sie etwa die im Text angezielte Integration von »Nachfolgen« und »Befördern« in klanglicher Simultaneität ausführt. Als nur gesprochene müssen die Worte dieser Arie den Willen zur Nachfolge sowie die Bitte um göttliche Gnade hintereinander zur Sprache bringen. Und vielleicht ist es ja auch dieses textliche Hintereinander-Sagen-Müssen – dies als ein etwas weiterführender Gedanke in Richtung der Fachtheologie –, was in der Theologiegeschichte zu den fatalen Kämpfen um die ›Sagbarkeit‹ der Gnade geführt hat. Bachs Musik zeigt etwas von der Gnade des Nachfolgens, und zwar im Phänomen des Spiels, in dem die musikalisch-imitatorische Integration zum Symbol wird für die Einheit von – mit Vorsicht sei es gesagt – Natur und Gnade. Vielleicht wären Gnadenlehren in diesem Sinne sogar an ihrer Musikalität zu messen. Zur »theologischen Bestimmung der Musik«[53] käme dann die musikalische Bestimmung der Theologie; und etwas von dieser Dimension von Gnade hat ja auch die musikalische Terminologie in der Vortragsbezeichnung »grazioso« bewahrt. Über eine praktische Ausgabe dieser Arie wäre etwa die Vortragsbezeichnung »allegretto grazioso« zu setzen. Ein ›Stil‹, von dem man heute befürchten kann, dass er kirchlich-theologisch in Vergessenheit gerät, so dass die Musik ihn uns in Erinnerung rufen darf. Letztlich ist diese Arie Bachs ein ganz besonderer und singulärer Akzent in der Geschichte nicht nur der musikalischen Passionsfrömmigkeit, nämlich eine Betrachtung der Nachfolge, die ohne die Worte »Leiden« und »Kreuz« auskommt.

Fassungen und Bearbeitungen

Von drei Bearbeitungen dieser Arie soll noch kurz die Rede sein. Die erste findet sich als autographe Textrevision in *Fassung IV* der Johannespassion (1749). Die zweite ist eine melodische Vereinfachung von Carl Friedrich Zelter (um 1830), die dritte eine klangliche Ergänzung aus der Feder von Robert Schumann (1851).

In Bachs Fassungen der Johannespassion ist die Arie »Ich folge dir gleichfalls« weitgehend identisch. Für Fassung I kommt statt Flöte(n) die Violine als Soloinstrument in Frage. In der Revisionsfassung sowie in der vierten Fassung hat Bach nach Takt 146 einen Takt eingefügt, und außerdem ist in der Partitur 1739 das Schlussritornell um acht Takte gekürzt. Gravierender als solche Details ist jedoch ist die Textänderung in Fassung IV, die kaum als Verbesserung gelten kann:

> Ich folge dir gleichfalls,
> Mein Heiland, mit Freuden
> Und lasse dich nicht,
> Mein Heiland, mein Licht.
>   Mein sehnlicher Lauf hört eher nicht auf,
>   Bis dass du mich lehrest, geduldig zu leiden.

Poetisch unbeholfen wirkt zunächst die Doppelung »mein Heiland« in den Zeilen 2 und 4. Musikalisch kontraproduktiv ist die Eliminierung der Schritte und der bildhaft-barocken Verben »ziehen, schieben, bitten«, denn beide Male wird dadurch der enge Zusammenhang von Wort und Ton gestört. Die Einführung des Leidensmotivs macht die Arie konventionell. Vor allem aber ist der bittend-betende Gestus des Mittelteils jetzt in eine Aussage transformiert, deren Sinn zudem fraglich bleibt: Hört denn mein »sehnlicher Lauf« etwa auf, wenn Christus mich das geduldige Leiden gelehrt hat? Alfred Dürr meint sogar, dass die Arie zum »gestotterten Bericht«[54] gerät, weil das »höret nicht auf« sich schlecht singen lässt.

Dass diese Revision eine Entbarockisierung ist und vielleicht die gläubige Aufklärung spiegelt, ist ebenso zu vermerken wie das Faktum, dass Bach sie eigenhändig niedergeschrieben hat. Immerhin ist anstelle einer eigenen Entscheidung des Komponisten auch ein Eingriff der Zensur denkbar. Insgesamt sind die Änderungen in jeder Hinsicht eine Verschlechterung, weshalb man sich nicht scheuen sollte, die Musik von Fassung IV mit dem ursprünglichen Wortlaut »Ich folge dir gleichfalls mit freudigen Schritten« aufzuführen.

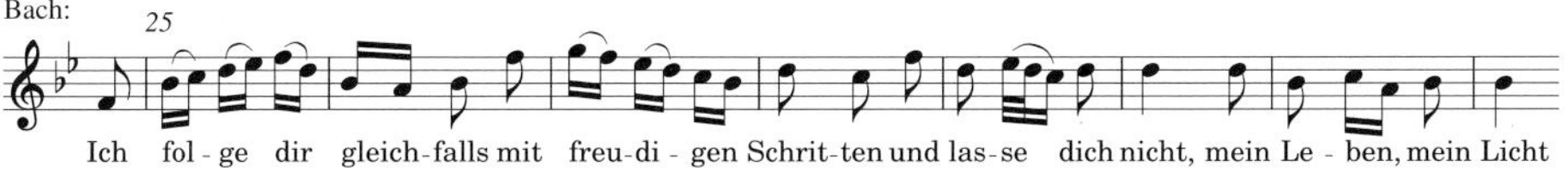

NB 23

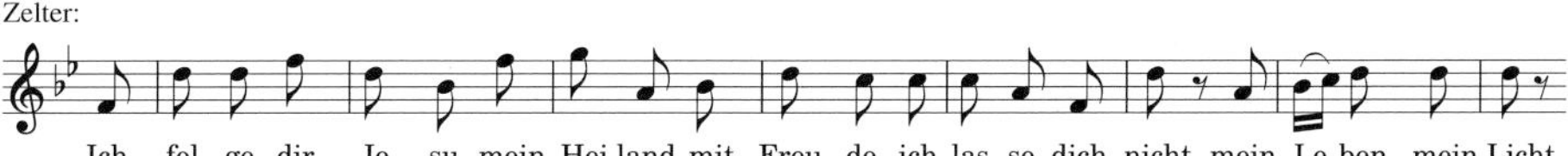

Von *Carl Friedrich Zelter* stammt diese Bearbeitung der Melodik, die »den Idealen der Berliner Liederschule verpflichtet ist«[55]. Hier ist um der Vereinfachung willen leider der Zusammenhang (»gleichfalls«) zwischen Rezitativ und Arie zur Unkenntlichkeit gebracht. Außerdem wird die koloraturenreiche Freude gemäßigt, weil die Sechzehntel eliminiert sind.

Robert Schumann schließlich hat diese Arie weder variiert wie Fassung IV (Text) noch melodisch reduziert wie Zelter (Koloraturen), sondern er hat den Satz harmonisch gefüllt durch die Einfügung zweier Klarinetten quasi als Andeutung einer Harmoniemusik mit stützenden Klängen, in den Kadenzen auch mit kleinen Spielfiguren.[56] Diese Entscheidung steht wohl im Kontext zahlreicher Versuche, unter anderem von Moritz Hauptmann bei seiner Bearbeitung des Bach'schen *Actus tragicus* (BWV 106), die ursprüngliche Funktion des Generalbasses mit den Mitteln des 19. Jahrhunderts zu stärken. Schumann fand wohl die »Klangkombination Querflöte – Continuo akustisch zu dünn und unbefriedigend«, so dass er auf einen »untermalenden Klangteppich nicht verzichten wollte«[57]. Das Ergebnis ist reizvoll und nicht allzu weit von dem entfernt, was ein damaliger oder heutiger Generalbass-Spieler mit seiner rechten Hand ergänzt.

NB 24

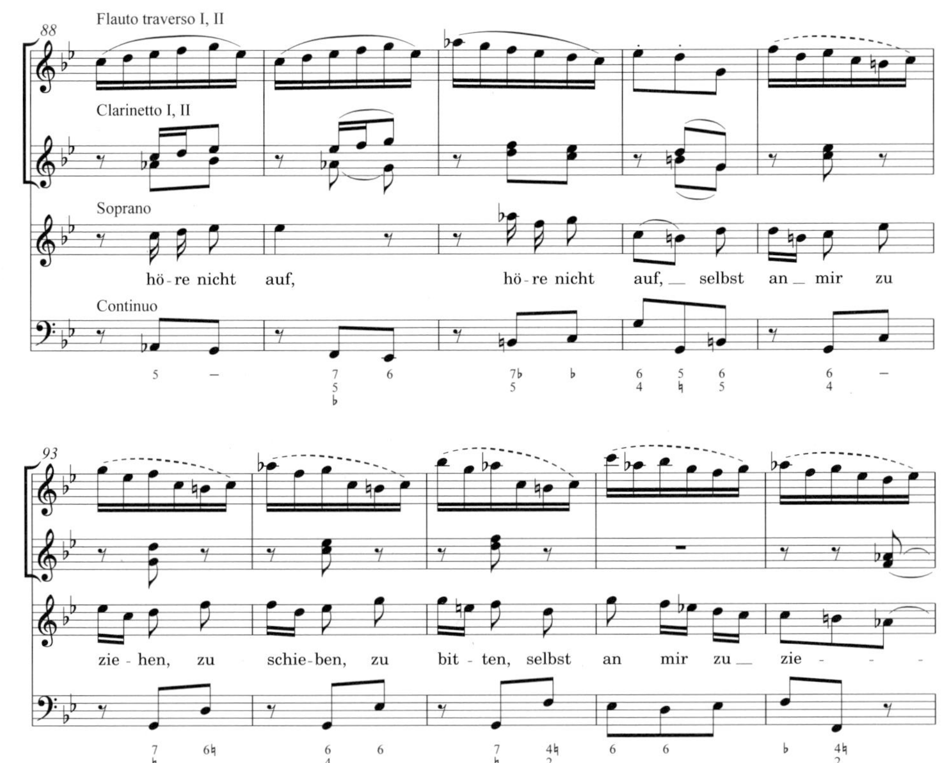

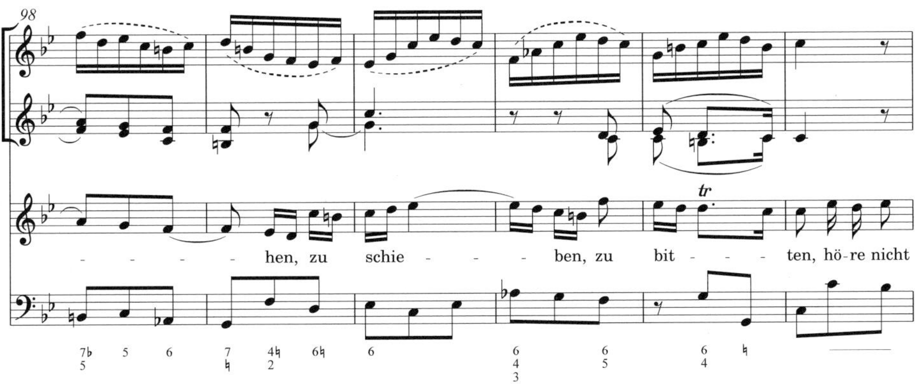

Arie »Ich folge dir gleichfalls« (Takt 88 ff.) mit Ergänzung zweier Klarinetten durch Robert Schumann

Resümee

Nach diesen fünf Abschnitten – zu den Rahmenbedingungen Bachs, zum Text, der Musik und ihrem Gebetscharakter sowie zu den drei Bearbeitungen – kehren wir zu den Einwänden Wilhelm Diltheys zurück, die sich im Übrigen auch bei dem Theologen Martin Dibelius (1883–1947) und bei dem Bach-Biografen Philipp Spitta (1841–1894) ähnlich artikuliert finden.

1. Dilthey hatte den »stark weltlichen Stil« dieser Arie moniert. Eine solche, meist unfruchtbare Polarisierung ›kirchlich versus weltlich‹ gab es nicht selten in der Geschichte der Kirchenmusik, man denke nur an den Cäcilianismus. Bachs Integration von ›weltlich‹ und ›geistlich‹ scheint ein Impuls auch für die Gegenwart zu sein. »Andächtige Musik«, so nennt Bach es. Die Differenzierung geistlich-weltlich ist sinnvoll, kommt aber erst an zweiter Stelle.

2. Die Arie unterbricht angeblich störend die Dramatik, den »einheitlichen Zug« (Dilthey) des Passionsgeschehens. Diese »Unterbrechung«[58] geschieht jedoch zur vertiefenden Aneignung. Sie ist theologisch beabsichtigt und zeigt, was Gebet heißen kann: das biblisch Bezeugte als Verheißung zu lesen, selbst das alltägliche Hinterhergehen als Verheißung für die das ganze Leben und Sterben prägende Nachfolge Christi. Bereits in der Eisenacher Lateinschule lernte Bach aus Leonhard Hütters »Compendium Locorum et Theologicorum« im 25. Artikel (Vom Gebet), »daß unser Glaube im Gebet gegründet sey auff ein gewisses Wort der Verheissung«[59]. Vielleicht ist es die Kunst des Glaubens und Betens, solche Worte nicht nur als Verheißung zu lesen, sondern sie – in der Nachfolge – zu leben.

Mit dieser ungewöhnlichen Arie öffnet Bach inmitten der Passion ein Fenster der Freude. »Jesu, deine Passion ist mir lauter Freude«, heißt es in ebendiesem

Sinne in der letzten Strophe von Paul Stockmanns Passionslied »Jesu Leiden, Pein und Tod«, dem wir in Bachs Johannespassion mehrfach begegnen. »Lauter« meint in dieser Strophe so viel wie lichthaft: »... mein Leben, mein Licht«. Das bedeutet nun aber nicht, dass die Passion einfachhin zur Freude verharmlost wird, sondern vielmehr, dass der Weg vom Leiden zur Freude musikalisch-symbolisch begangen wird. Als Behauptung oder gar Forderung wirkt das neurotisierend: den Menschen die Trauer ausreden, das geht nicht. Als Weg ist es aber gangbar in einem mystagogischen Sinne: zeigen, wie sich in der Passion ein Fenster der Freude öffnen kann. Bei Paul Stockmann findet sich diese tiefe Einsicht ja auch erst in der dreiunddreißigsten (und vorletzten) Strophe seines Liedes.

3. Der erste Passionsteil ist, stärker als es sein müsste, auf Petrus konzentriert. So ist etwa sein »bitterliches Weinen«, das im Johannesevangelium gar nicht berichtet wird, aus dem Matthäusevangelium zusätzlich eingefügt und musikalisch-arios ausgemalt. Und der den ersten Teil beschließende Choral »Petrus, der nicht denkt zurück« nimmt wiederum auf den Blick Jesu Bezug (»Jesu, blicke mich auch an«), den wir nur aus dem Evangelium nach Lukas kennen. All dies soll nun aber nicht von der Passion Jesu ablenken, sondern eine Antwort auf sie formulieren helfen – eine Antwort, die den Glauben nicht abstrakt fordert, sondern ihn an einer bestimmten biblischen Gestalt exemplarisch durchspielt, um ihn so für jeden durchsichtig und verstehbar zu machen. Christsein braucht in diesem Sinne Vorbilder als Identifikationsfiguren des Gelingens und auch des Scheiterns.

Bach will mit seiner Musik als Sprache des Glaubens nicht primär seine persönliche Religiosität zum Ausdruck bringen, sondern in Wort und Ton den Glauben verkünden; den Glauben zunächst, wie könnte es auch anders ein, in seiner damaligen geschichtlichen Ausprägung. Ob das aber noch heutiger Glaube, heutiges Gebet sein kann?, so höre ich Hans Heinrich Eggebrecht fragen, etwa mit den Worten: »Was fangen wir damit an? Ist eine geschichtliche Ausprägung von Frömmigkeit, christlicher Gottesglaube der Bach-Zeit, über zweieinhalb Jahrhunderte transportierbar?«[60] Ein Antwortversuch: Bachs Musik ist vergangenes und – im gegenwärtigen Erklingen und Hören – zugleich gegenwärtiges Glaubenszeugnis, und zwar als Spiel des Glaubens, in dem die Hörer Mit-Spieler sein dürfen. Erwartet ist von ihnen ein Dreifaches: das historische Verstehen, das ästhetische Verstehen und letztlich, darauf aufbauend und niemals damit konkurrierend, das geistliche Verstehen. Der Hörer muss das Komponierte zunächst in seiner historischen Bedingtheit und Gewordenheit ernst nehmen. Zugleich darf er sich – im Akt der »ästhetischen Identifikation« als einem »existenziellen Einswerden mit der Musik« – auf das Erklingen einlassen und dabei den überaus vielfältigen und so einheitlichen musikalischen Sinn wahrnehmen, auch in seiner theologischen Sinnbildlichkeit. Und er darf – er muss nicht – dieses Ganze auch in seinem geistlichen Sinn verstehen: als komponiertes Gebet.

Petrus und seine scheiternde Nachfolge

Der Abschnitt Johannes 18,15–27 umfasst die beiden Erzählstränge der Verhandlung (vor Hannas) und der Verleugnung (des Petrus), die parallel ablaufen. Beides findet offenbar im Hof des hohenpriesterlichen Palastes statt, also in unmittelbarer Nähe zueinander. Bach geht auf beide Themen ein, indem er in der Verhör-Szene zunächst den »Backenstreich« eines Dieners in den Choral »Wer hat dich so geschlagen?« münden lässt, um dann aber die Petrus-Geschichte in den Mittelpunkt der Betrachtung zu rücken. Deren dramatisches Potenzial nutzt er im Turba-Chor »Bist du nicht seiner Jünger einer?« sowie in der Arie »Ach, mein Sinn«, die auf den überaus expressiven Bericht des Evangelisten vom reuevollen Weinen des Petrus folgt. Durchaus im Kontrast zur traditionellen Actus-Gliederung der (musizierten) Passion hebt Bach in der Johannespassion die Gestalt des Petrus besonders hervor, dessen bittere Tränen das Johannesevangelium ja gar nicht erwähnt. Bach übernimmt dieses Moment aus Matthäus – als eine der beiden hochemotionalen Stellen, auf die er nur in der dritten Fassung des Werkes (1732) verzichtet.

Choral »Wer hat dich so geschlagen?«

Nach den Banden Jesu, die in der Alt-Arie »Von den Stricken« bedacht wurden, ist der »Backenstreich« ein weiterer Akt der Misshandlung. Wiederum wird *ein* Moment auf dem Leidensweg, der am Kreuz nicht nur enden, sondern seine Vollendung finden soll, zum Sinnbild der gesamten Passion. Dazu erklingen zwei Strophen aus Paul Gerhardts Lied »O Welt, sieh hier dein Leben«. Der assoziative Anschluss geht über das Stichwort »schlagen«. Jesu Frage »Was schlägest du mich?« wird in der Liedstrophe zunächst umformuliert – »Wer hat dich so geschlagen?« – und dann beantwortet, indem die ›Richtung nach vorn‹ in die ›Richtung nach innen‹ übergeht: »Ich, ich und meine Sünden«. Im letzten Wort »Marterheer« klingt wie von Ferne die »Marterstraße« der ersten Liedstrophe nach.

Dies ist eine der wenigen Stellen, an denen Bach einen Choral mit zwei Strophen, und zwar im Verhältnis von Frage und Antwort, einfügt. Sehr expressiv wirkt sogleich der Schlussklang der ersten Choralzeile mit einem Quintsextakkord, vergleichbar dem Zeilenübergang im Lied »Petrus, der nicht denkt zurück« von der explicatio zur applicatio (siehe S. 134). Hier jedoch ist kein Übergang zur folgenden Zeile intendiert, sondern ein Akzent, nämlich in der ersten Strophe ein Fragezeichen nach »Wer hat dich so geschlagen?« und in der zweiten ein Ausrufungszeichen: »Ich, ich und meine Sünden!«

Dieser Choraleinschub lässt sich unter dem Aspekt der Herkunft und Traditionsbindung betrachten. Vielstrophige Lieder sind in der Barockzeit nicht ausschließlich das Werk *eines* poetischen Schöpfers, sondern zugleich traditionsgesättigt. Zu diesem 16-strophigen Lied von Paul Gerhardt hat Elke Axmacher die Vorlage ermittelt. Es sind einige Zeilen zur Betrachtung des Gekreuzigten in Martin Mollers (1547–1606) Werk »Soliloquia de passione«, die unter der Überschrift stehen: »Wie man den Herrn an seinem Kreuz betrachten soll«. Bereits der Beginn des Liedes »O Welt, sieh hier dein Leben / am Stamm des Kreuzes schweben« ist eine Poetisierung von Mollers Predigt, die mit den Worten einsetzt: »Hebe nun deine Augen auf, liebe Seele, und siehe an den Fürsten des Lebens am Stamm des Kreuzes hangend.«[61] Auf die Selbstansprache von Seele (Moller) und ganzer Welt (Gerhardt) folgt in der dritten Strophe das direkte Ansprechen des gequälten Jesus: »Wer hat dich so geschlagen?«

Paul Gerhardt	**Martin Moller**
Wer hat dich so geschlagen,	*Was hast du* doch getan,
Mein Heil, und dich mit Plagen	*mein Herr!*
So *übel* zugericht?	dass du so *übel* gehalten wirst?
Du bist ja nicht ein *Sünder*	Zwar hast du nicht *gesündiget* …
Wie wir und unsre Kinder,	
Von *Missetaten* weißt du nicht.	um meiner *Missetat* (Jes) willen
Ich, ich und meine Sünden,	Ja, Herr, *Ich* bin's …
Die sich wie Körnlein finden	
Des Sandes an dem Meer,	(vgl. Gebet des Manasse*)
Die haben dir erreget	
Das Elend, das dich schläget	
Und das betrübte *Marterheer.*	um des willen du solche große *Marter* leidest.

* Gebet des Manasse, V. 9: »Meine Sünde ist mehr denn Sands am Meer.«

Ziel der Dichtung Paul Gerhardts ist zunächst die »emotionale Vergegenwärtigung« des biblisch bezeugten Leidens in seiner doppelten Grundbedeutung: propter me und pro me. Bachs Hörer halten im Lied Zwiesprache mit dem leidenden Jesus. Als Zwischenglied zwischen Bibel und Choral scheint mit Martin Mollers Predigt die lutherisch-theologische Tradition auf, die selbst wieder in altkirchlichen Traditionsbezügen steht. Diese Traditionskomplexe und der Rückgriff auf sie sind jedoch kein Indiz mangelnder Inspiration oder gar fehlender poetischer Güte, sondern im Selbstverständnis der Bachzeit eine ganz eigene Facette von Qualität. Im Blick auf die drei Aspekte der biblischen Inspiration, der poetischen Formung und der musikalischen Inspiration findet dabei eine Schwerpunktverlagerung statt: Mollers Worte werden von Paul Gerhardt poetisiert, in Reime gefasst, jedoch möglichst unter Beibehaltung der biblisch-theologischen Qualität, wenn nicht gar deren Steigerung; Bach wiederum wird sich der musikalischen Inspiration annehmen.

Stilmittel ist bei Gerhardt vor allem die paradoxe Aussage: Der Sündlose erfährt die Strafe, das Leben versinkt in den Tod, der Fürst der Ehren leidet großen Spott. In der Tradition der Psalmen mit ihrer charakteristischen Zweigliedrigkeit des Verses (Parallelismus membrorum), womit ein Gedanke umspielt, weitergeführt oder kontrastiert wird, sind auch Gerhardts Strophen zweiteilig angelegt. Die erste, die in der Johannespassion zitiert wird, entspricht dem synthetischen Parallelismus, weil der anfänglich-fragende Gestus in der zweiten Hälfte im Sinne einer Aussage weitergeführt wird. Ganz anders jedoch die zweite Strophe, »deren Schrecken sich in dem emphatischen, den Redefluss hemmenden ›Ich, ich‹ und im Überspringen der Zäsur nach der ersten Strophenhälfte widerspiegelt: Dieses Bekenntnis überfällt den Sprechenden gewissermaßen, es erlaubt keine Unterbrechung und kein bedächtiges Sprechen mehr«.[62] Auch könnte gefragt werden, ob diese Gliederung mitsamt ihrer Überspielung nicht auch einen Impuls geben kann für die musikalisch differenzierte Gestaltung der Fermaten an solchen Stellen. Die Zusammengehörigkeit der beiden Strophen wird deutlich in der symmetrischen Rahmung mit den Stichworten »schlagen« (außen) und »Sünde« (innen).

Die Qualität dieser beiden Strophen zeigt sich nicht nur traditionell (Bibel, Moller), poetisch (Paul Gerhardt) und musikalisch im Blick auf Bachs Johannespassion, sondern auch in ihrer Anschlussfähigkeit für ›moderne‹ Gedanken. Damit verlassen wir die Ebene historischer Interpretation und nähern uns der Wirkungsgeschichte, welche wiederum eine geistlich-aktualisiernde Interpretation ist, jedenfalls wenn die Theologin Dorothee Sölle (1929–2003) über diese beiden Liedstrophen der Johannespassion meditiert:

> »Wer hat dich so geschlagen?
>
> Manche sagen: Es ist der Weltkommunismus.
> Manche sagen: Es ist die Überbevölkerung.
> Manche sagen: Es ist die unkontrollierbare Technologie.
> Manche sagen: Es kommt alles, wie es kommt, es spielt doch keine Rolle, wer dich so geschlagen hat.
>
> Christen geben eine andere Antwort. Sie sagen, wie Johann Sebastian Bach: ICH. Ich lebte mit der Welt in Lust und Freuden … und du musst leiden. Ich habe dich geschlagen, Jesus. Ich unterstützte das wirtschaftliche System, das Folter braucht, um zu funktionieren. Ich sorgte dafür, dass du frühzeitig ins Bordell kamst für die Touristen. Ich, ich und meine Sünden …, die haben dir erreget das Elend, das dich schläget.
>
> Wo kommen wir da vor? Wie spielen wir da mit? Als Zuschauer unter der johlenden, spottenden Menge? Als die Freunde Jesu, die eingeschlafen sind? Als Petrus, der alles ableugnet? Als Judas, der bezahlt wird? Als die Soldaten, die tun, was sie gelernt haben, foltern und töten?
>
> Es gibt keinen Ort in der Welt, auf den der Schatten des Kreuzes nicht fiele.«[63]

Das Weinen des Petrus – Lacrimae Petri

Nach der Choral-Betrachtung in zwei Strophen wird Petrus endgültig zu einer Hauptperson im ersten Teil der Bach'schen Johannespassion. Zunächst steht seine Bedrängnis im Mittelpunkt, in die er durch die Frage »Bist du nicht seiner Jünger einer?« kommt, später dann seine Verleugnung und Reue im bitterlichen Weinen. Das dreimalige Verleugnen mit den Worten »Ich bin's nicht« hat eine Entsprechung zum dreimaligen »Ich bin's«, das in den Versen Joh 18,5 und 8 zwei Mal aus dem Mund Jesu erklingt sowie ein Mal vom Evangelisten berichtet wird: »Während Jesus für seine Jünger eintritt, bestreitet Petrus seine Zugehörigkeit zu Jesus.«[64] Rückblickend scheint seine Gegenwart in der Passion stufenweise auf, denn die explizite Präsenz in der scheiternden Nachfolge der Tenor-Arie erhellt erst, dass auch das gelingende Nachfolgen der Sopran-Arie »Ich folge dir gleichfalls« von Petrus – und dem »anderen Jünger« – seinen biblischen Ausgang genommen hatte.

NB 25

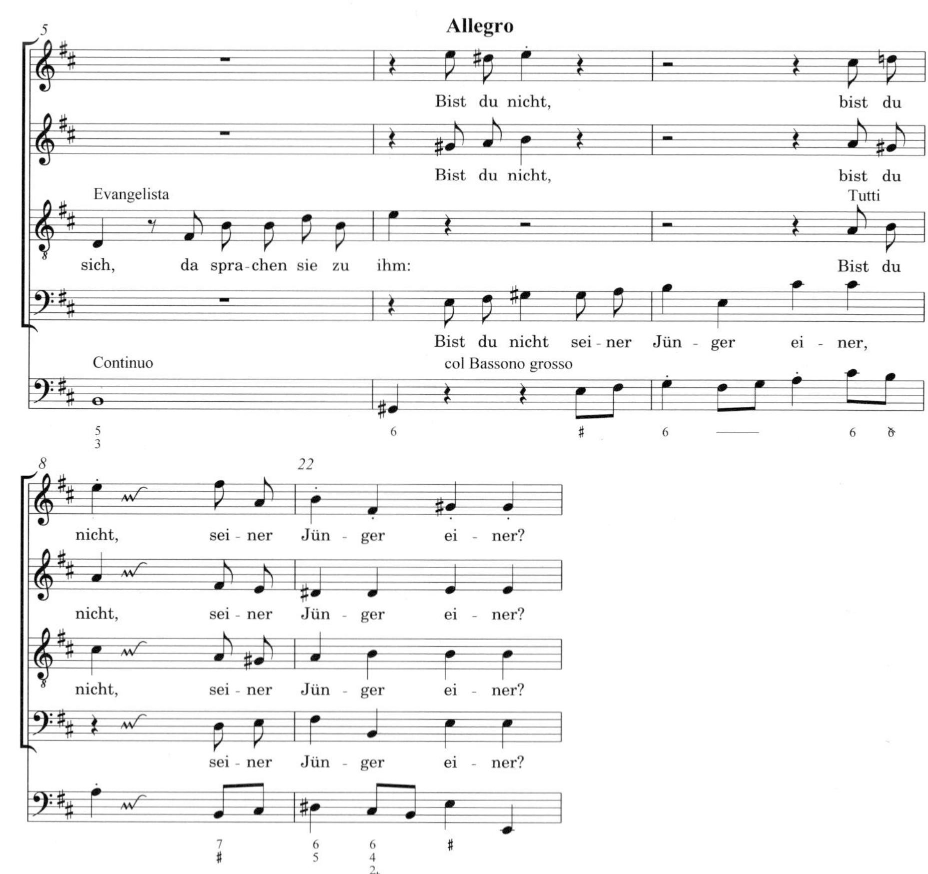

Petrus wärmt sich am Kohlenfeuer, was Bach mit einem charakteristischen Melisma zum Ausdruck bringt. »Bist du nicht seiner Jünger einer?« ist einer der beiden Turbasätze, die nicht in das symmetrische Beziehungsgeflecht einbezogen sind. Bach spielt mit diesen Worten, indem er sie zum einen als gesamten Satz komponiert, zum anderen aber in Fragmente zerlegt. Gemeinsam mit den hellen Vokalen ergibt dies einen realistischen Eindruck von der Rede einer zischelnden Menge, aus deren Durcheinander-Sprechen bisweilen einzelne Worte, dann wieder ein ganzer fragender Satz verstehbar werden. Am Ende erklingen die fast anklagenden Worte »... seiner Jünger einer« homophon-eindringlich. Bach hat sein Ziel der Intensivierung dieser Worte erreicht, denn sie scheinen vom ersten Erklingen bis zum homophonen Schluss immer näher zu kommen, wodurch sich zugleich organisch ein Crescendo ergeben hat, was manche Dirigenten noch durch ein gleichzeitiges Immer-Schneller-Werden (Accelerando) zu unterstützen versuchen.

Inzwischen ist es Morgen geworden. Die dritte Verleugnung des Petrus wird von einem Hahnenschrei begleitet, den Bach eher zurückhaltend in ein Arpeggio des Generalbasses übersetzt. So markiert dieses Arpeggio auch einen Wechsel der Handlung: vom äußeren Geschehen, das expressiv berichtet wurde mit Exclamationes auf »Ohr« und vor allem auf »abermal« (Ausweichen in die höhere Oktave bei *fis–g*) hin zur Reflexion, die langsamer erklingt, aber auch mit einer Exclamatio auf »Jesu« (siehe NB 26). Das langsamere Tempo beim Nachdenken des Petrus schafft zudem einen organischen Übergang zum Arioso (adagio). Auf eine hintergründige Entsprechung zwischen dem Hahnenschrei und der Verleugnung des Petrus, nun in Bachs *Matthäuspassion*, hat der Dirigent Helmuth Rilling in einem Gesprächskonzert[65] aufmerksam gemacht: Dort ist die Notenfolge bei den Worten »ich kenne des Menschen nicht« und »krähete der Hahn« (Nr. 38, T. 24f.) in der originalen Schlüsselung Bachs optisch (nicht klanglich) identisch.

Bachs Arioso zum Weinen des Petrus ist nicht die erste Hervorhebung eines wichtigen Wortes im Rezitativ des Evangelisten. Der »Kelch« sollte an die Verba Testamenti erinnern. Und noch weitere solcher melismatischer Akzentuierungen kennt die Johannespassion:

Kelch des Vaters	Verba testamenti (Abendmahl)	Wiederholung
Weinen des Petrus	Lacrimae Petri (Tränen des Petrus)	Arioso
Kämpfen	Ecclesia militans (streitende Kirche)	Koloratur
Geißeln	Arma Christi (Leidenswerkzeuge)	Koloratur
Kreuzigen	Theologia crucis (Kreuzestheologie)	Symbol des Kreuzes
Es ist vollbracht	Ultima verba Jesu (Letzte Worte)	Arioso

Das Weinen des Petrus veranlasst Bach dazu, den berichtenden Ton des Evangelisten aufzugeben. Hans Heinrich Eggebrecht hat diese Passage sehr eindrucksvoll beschrieben: »Die Vorschrift *Adagio,* der melismatische Gesang auf

NB 26

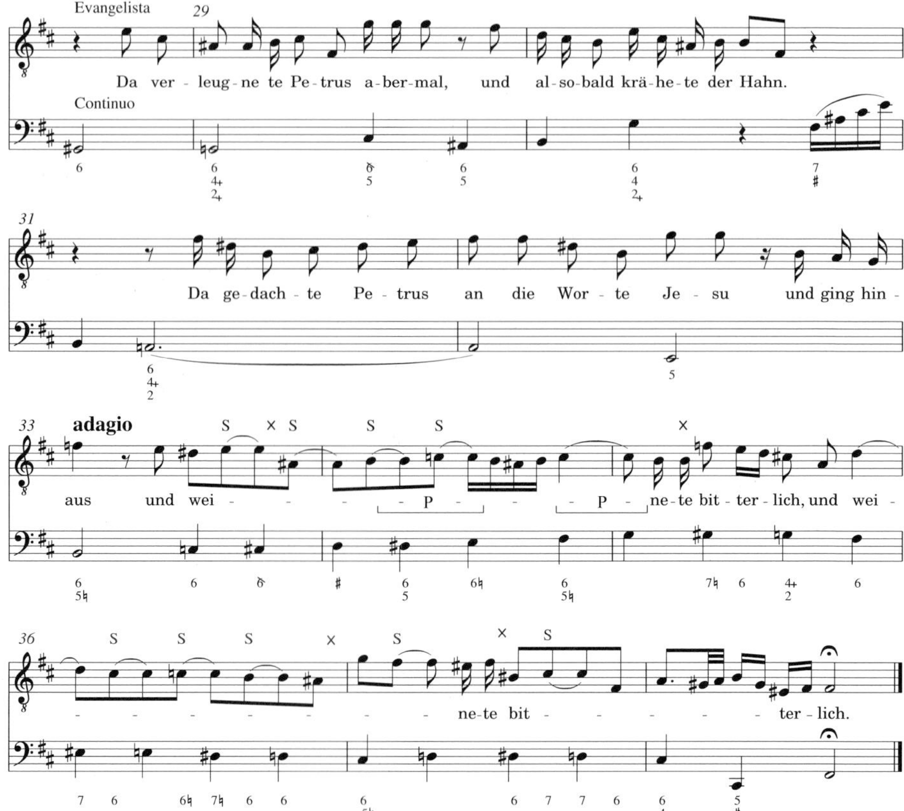

dem Wort ›weinete‹ und die Wiederholung der Wörter ›und weinete bitterlich‹, wobei auch das Wort ›bitterlich‹ ein Melisma erhält, geben dieser Aussage eine Gewichtigkeit wie sonst bei keiner anderen Aussage des Evangelisten in der Johannespassion. Eine doppelte Pathopoiia *h–c–h* (P) erscheint im ersten Melisma. Und während die Stimme bitterlich weint, ist zugleich das Bewusstsein der Sünde, des Abweichens von Gottes Ordnung, als Abweichen von der musikalischen Ordnung in dreifacher Weise dargestellt: erstens durch die zahlreichen *Intervalla falsa* in der Singstimme (x), zweitens durch die das Melisma beherrschenden Synkopenbildungen (S), wobei die Synkope als Abweichen von der regulären Taktordnung gilt, und drittens durch den chromatischen Gang, in der barocken Musiklehre Passus duriusculus genannt, wobei die chromatischen Halbtöne abweichen von der diatonischen Ordnung. In der Singstimme erklingt ein Passus duriusculus im zweiten ›weinete‹-Melisma (*d–cis–c–h–ais* | *g–fis–eis*) in Verbindung mit Synkopen und dem Intervallum falsum der verminderten Septima (*ais–g*). Und die Töne des Basses bewegen sich fast ausschließlich in chromatischen Abweichungen von der regulären Diatonik. Noch weit deutlicher als später in der *Matthäuspassion* hat Bach hier nicht nur das Weinen, sondern zugleich den Grund des Weinens in die Musik übersetzt.«[66]

Arie »Ach, mein Sinn«

> Der Mensch, der da singt, ist ja kein bußfertiger Christ in der Rolle des Petrus, sondern ein im Käfig gefangenes Tier. Deutlich sind jedoch nicht nur Verzweiflung und Unterwerfung, sondern auch Starrsinn, Auflehnung und Wut.[67]
>
> *Martin Geck*

Die überaus dramatische Tenor-Arie zählt zu den eigenwilligsten solistischen Vokalstücken aus Johann Sebastian Bachs Feder. Ähnlich wie bei der Alt-Arie »Von den Stricken« (Nr. 7) greift der Textredaktor auf eine bereits vorliegende Dichtung zurück, nämlich auf ein Gedicht mit der Überschrift »Der weinende Petrus« von Christian Weise aus dessen Sammlung »Der Grünen Jugend Nothwendige Gedanken«[68]. Dort ist dem Gedicht eine Notenzeile beigefügt, denn es dient dem Autor als Beispiel, wie man zu einer bereits vorliegenden Musik – es handelt sich um eine Intrade des Leipziger Thomaskantors Sebastian Knüpfer (1633–1676) – passende Worte erfinden kann.

Der Wortlaut und seine Quelle

Christian Weise (1642–1708) hebt darauf ab, dass der Wortlaut die rhythmische Gestalt der Musik aufnehmen muss, was er auch in seinem Beispiel beherzigt. Unter den wenigen Änderungen, die der Redaktor der Johannespassion vorgenommen hat, sind zwei Aspekte entscheidend. Zum einen die Dramatisierung: »wo denkst du weiter hin?« wird zu »wo willt du endlich hin?«, und zum anderen die johanneische Präzisierung: »Außen find ich keinen Rat« wird zu »Bei der Welt ist gar kein Rat«. Die »Welt« war uns bereits im ersten Choral in negativer Konnotation begegnet: »Ich lebte mit der Welt in Lust und Freuden« (Nr. 3).

Christian Weise	**Johannespassion**
Der weinende Petrus	
Ach mein Sinn / wo *denckstu weiter* hin?	willt du endlich
Wo sol ich mich erquicken?	
Bleib ich hier? oder wünsch ich mir	
Berg und Hügel auf den Rücken?	
Außen find ich keinen Rath /	Bei der Welt ist gar kein
Und im Hertzen *sind* die Schmertzen	stehn
Meiner Mißethat /	
Daß der Knecht den *Herren gantz* verleugnet hat.	Weil Herrn

Offenbar hielten der Redaktor und Bach diese Ariendichtung für geeigneter als eine weitere Anleihe bei Brockes, die durchaus möglich gewesen wäre. In dessen Passionsoratorium ist jedoch nicht das reuevolle Weinen Anlass der Betrachtung, sondern der Wunsch des Petrus zu erneuter Begegnung mit Jesus. Petrus tritt nicht nur direkt auf, er singt auch von sich selbst:

Nem't mich mit, verzagte Scharen!
Hier ist Petrus ohne Schwerdt.
Lasst, was JEsu widerfährt,
Mir auch wiederfahren!
Nem't mich mit …

Vielleicht war es die den Blick auf Petrus lenkende und die eigene Betrachtung eher verhindernde Formulierung »Hier ist Petrus ohne Schwerdt«, die eine Übernahme dieser Ariendichtung in Bachs Johannespassion verhindert hat. Differenziert wäre nicht nur zu zeigen, was der Redaktor 1724 von Brockes übernimmt und wie er es modifiziert, sondern zugleich, was er weglässt, obwohl es in einem rein formalen Sinne hätte übernommen werden können. Wieder darf an Martin Luther erinnert werden, der die Passionspredigt ganz auf das Verhältnis Christus-Ich konzentriert und alle Nebenpersonen wie Judas oder Petrus gleichsam zur Seite rückt. Luthers Kritik an einer Betrachtung, die sich damit begnügt, »über den armen Judas zu singen und zu schelten«[69], gilt ebenso im Blick auf Petrus. »Ach, mein Sinn« leistet nun beides: die Innenschau des Petrus und das Angebot der Identifikation, wozu Petrus zurückzutreten hat. Bach verdeutlicht dies mit dem Wechsel der Stimmlage von Bass (Petrus) zu Tenor (Reue-Arie). Im Ausgang von Petrus wird so das für jeden wichtige Thema der Gewissensreue musikalisch bedacht. In Wort und Ton ist diese Thematik mit auswegloser Verzweiflung angereichert, denn weder außen noch innen sind Trost zu finden.

Bachs Vertonung

Christian Weise hatte seine Worte der Musik von Knüpfer angeglichen. Bachs Musik hingegen sträubt sich geradezu gegen die Worte. Ob der Thomaskantor den ursprünglichen poetisch-musikalischen Kontext des Petrus-Gedichts gekannt hat, scheint zweitrangig. Wichtig ist, dass er genau das Gegenteil dessen macht, was Weise empfohlen hatte. Bach verweigert eine vordergründige Vertonung im rhythmischen Gleichmaß von Wort und Klang, um eine tiefere Auslegung des Gedichts zu erreichen. Dazu inszeniert er ein beständiges instrumental-vokales Gegeneinander, was auch eine höchst sperrig-instrumental geführte Vokalstimme einschließt:

NB 27

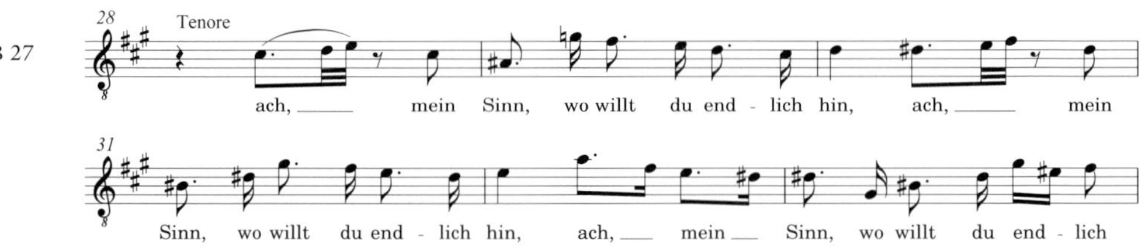

Zugleich widerstrebt die Musik jeglicher Dacapo-Form, sondern rast gleichsam auf ihr Ende zu. Die Großform entspricht einer Ciaconne, was hier das wiederholende In-Sich-Kreisen meint und an Augustins Definition der Sünde als »Verkrümmung in sich selbst« (incurvatio in se ipsum) denken lässt. Nun zeigt sich auch der innere Zusammenhang der drei Arien im ersten Passionsteil deutlicher. Obwohl in der Barockmusik generell die Dreiheit von Belehren, Erfreuen und Bewegen gilt, setzt hier nun jede Arie einen besonderen Schwerpunkt: War die erste der Betrachtung (der Bande Jesu) gewidmet und die zweite ganz von Bewegung (im Nachfolgen) geprägt, so steht jetzt die Bestürzung (angesichts des Versagens) im Zentrum. Barocker gesagt: Die Alt-Arie entspricht dem Belehren (docere), weil die Passion ja auch den lehrhaften Aspekt der doctrina kennt; die zweite gilt dem Sich-Erfreuen mitten in der Passion (delectare), was sich letztlich der spannungsvoll-paradoxen Einheit von Leid und Freude verdankt; die dritte nun will ihre Hörer emotional bewegen (movere), wobei die aufgewühlt-verzweifelte Seelenschilderung im Zentrum steht.

Bachs Komposition bietet bereits im Notenbild den Eindruck höchstmöglicher Vertracktheit: melodisch disparat und rhythmisch vertrackt, was erst vollends zur Geltung kommt, wenn Dirigenten die Notenwerte nicht angleichen, sondern die von Bach notierte Verschiedenheit etwa zwischen Sechzehnteln und triolischen Achteln respektieren.[70] Um die Ich-Bezogenheit des Petrus herauszustellen, betont Bach, gegen das Versmaß, sogleich das wichtige Wort »mein«[71]. Ähnlich verfährt er mit den Worten »bei dér Welt«. Dies besagt wohl demonstrativ, dass es *diese* Welt ist, die bereits das Johannesevangelium in grellen Farben malt. Aufschlussreich ist ein Seitenblick auf die Nachfolge-Arie, denn dort findet sich keine einzige ›falsche‹ Betonung, weil sämtliche textlichen Auftakte (»ich«, »dir«, »mit« in der ersten Zeile) und Abtakte (»folge«, »gleichfalls«, »freudigen« usw.) ihre genaue Entsprechung in Bachs Musik haben.

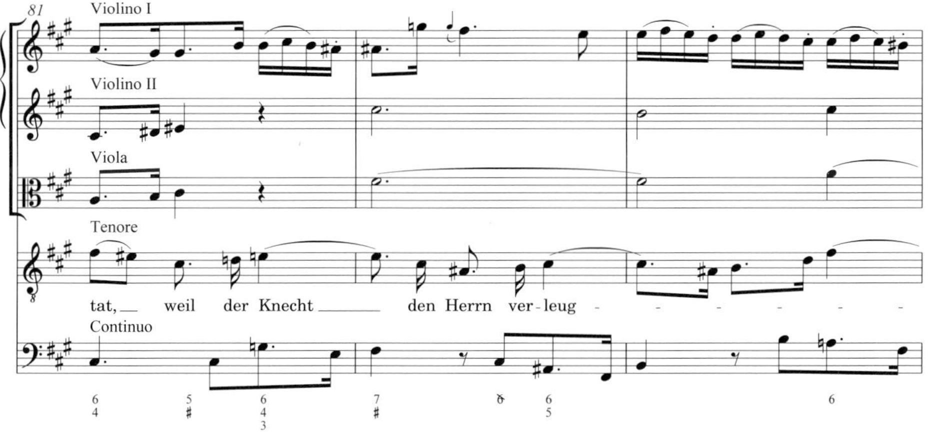

NB 28

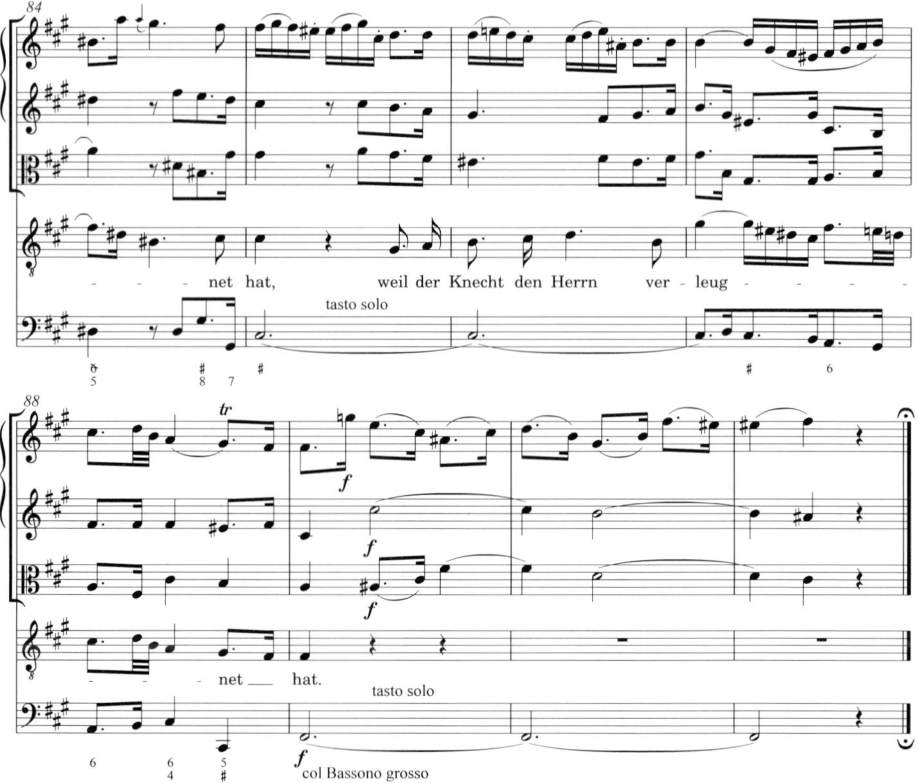

Die Reue-Arie des Petrus erklingt als rast- und ruheloses Kontinuum, in dem der Sänger weniger *mit* dem Orchester, als vielmehr *gegen* sämtliche Instrumentalisten zu agieren hat. Bachs Anweisung »tutti gli stromenti« scheint dies zu verschärfen, weil wohl ein Mitgehen auch der Bläser intendiert ist. Effektvoll ist zudem in der vierten Fassung der Einsatz des Kontrafagotts (Bassono grosso) zum Orgelpunkt der letzten drei Takte. Hier scheint es, als wolle Bach die notgedrungene Beruhigung des Satzes am Ende noch ein letztes Mal durch den Einsatz eines neuen Instruments geradezu störend unterlaufen; und hierzu passt der abrupt-offene Schluss auf der zweiten Zählzeit.

Schlusschoral des ersten Teils »Petrus, der nicht denkt zurück«

Der Schlusschoral des ersten Passionsteils aus Paul Stockmanns Liedpassion »Jesu Leiden, Pein und Tod« gliedert sich wie nahezu jede Strophe dieses Liedes in zwei Hälften, nämlich jeweils zusammenfassender Bericht und weiterführende Aneignung. Die Verleugnung des Petrus ist als »Verneinen« gedeutet, das zum »Weinen« führt, welches durch Jesu Blick ausgelöst wird. Im konkordanten

Gesamtspektrum stört es nicht, dass dieser Blick bei Johannes unerwähnt bleibt, er steht in der Bibel nur im Lukasevangelium (Lk 22,61). Auf diese explicatio mit Petrus im Mittelpunkt folgt die applicatio unter der Frage: Was bedeutet das hier und heute, für mich? Die Antwort findet der Lieddichter im Gewissen. Was Petrus äußerlich wahrnimmt, indem es ihm im »Blick Jesu« widerfahren ist, das kann jeder innerlich erfahren im Gewissen, dem traditionell allerdings eher ein »Rufcharakter« (Hörsinn) zugesprochen wird.

NB 29

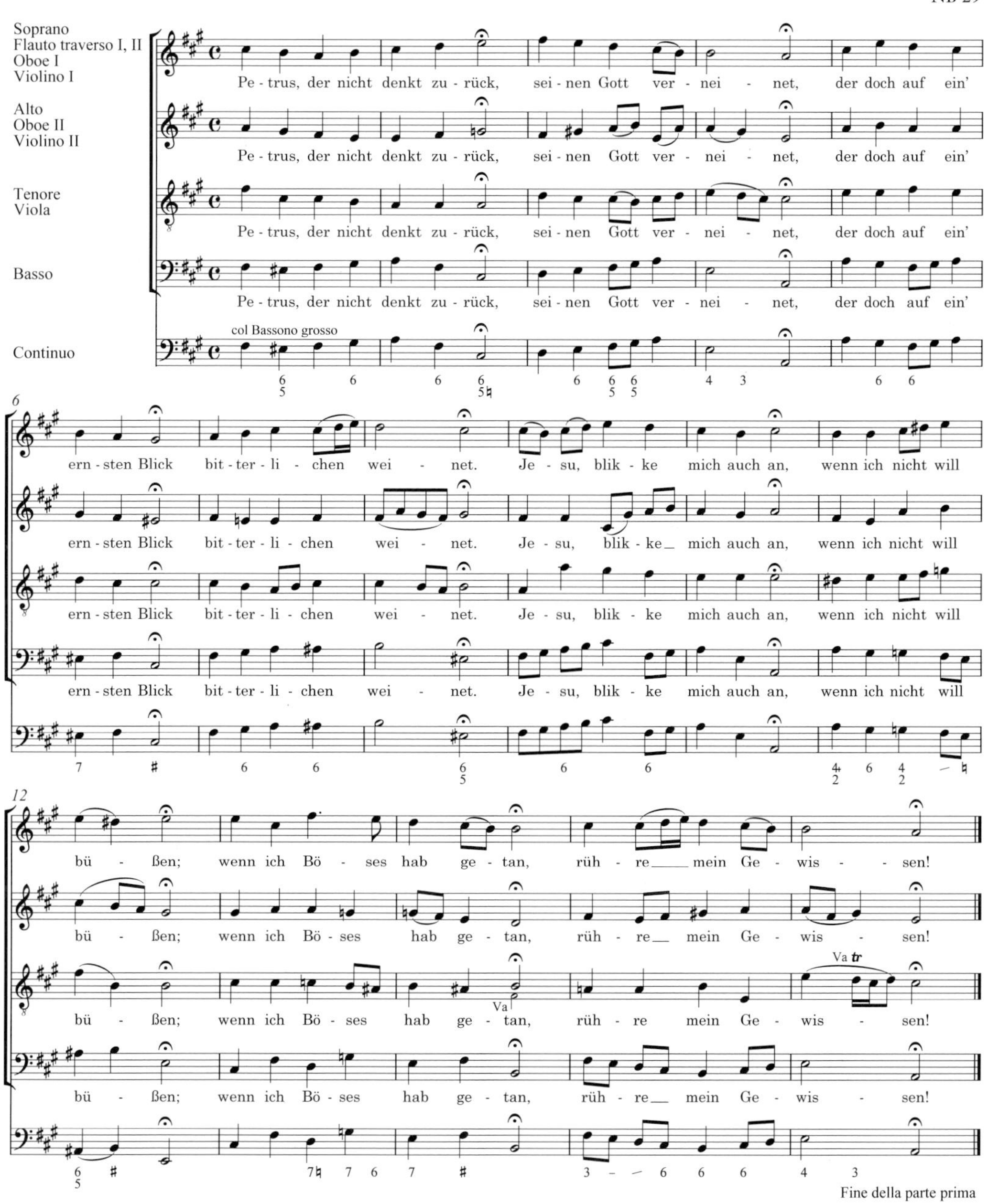

Die Zweigliedrigkeit der Strophe inspiriert Bach zur kompositorischen Verknüpfung der beiden Teile. Deshalb lässt er den ersten Teil recht ungewöhnlich mit einem auflösungsbedürftigen Quintsextakkord schließen (T. 8), was den Eindruck vermittelt: Hier – nämlich bei der bloßen Wiedergabe dessen, was damals geschehen ist – kann man unmöglich stehen bleiben! Die Harmonik des Chorals drängt weiter zur Aneignung.

Insgesamt hören wir in dieser »Petrus-Szene«, die quer zur Actus-Einteilung steht, eine geradezu idealtypische Abfolge der geistlichen Lektüre einer biblischen Szene mit den drei Verstehensmomenten des Lesens (narratio), Erläuterns (explicatio) und Anwendens (applicatio). Allerdings verlaufen die drei Schritte nicht synchron im Blick auf Wort und Ton, denn dies wäre eine Abfolge mit Rezitativ (narratio), Arie (explicatio) und Choral (applicatio). Bach setzt hier auf eine Dominanz der explicatio. Sie umfasst quasi präludierend bereits den hochexpressiven Bericht des Evangelisten »... und weinete bitterlich« sowie als ihr Zentrum die Arie »Ach, mein Sinn« und dann als eine Art Epilog noch die erste Hälfte der Liedstrophe bis »... bitterlichen weinet«, was durch den Choral vorgegeben ist. So ergibt sich als poetisch-theologische Rahmung sogar die quasisymmetrische Entsprechung von »weinete bitterlich« (Arioso) und »bitterlichen weinet« (Choral).

Petrus-Szene

Nr. 12	Nr. 13	Nr. 14
Wort: narratio	*explicatio*	*explicatio*-applicatio
und ging hinaus und weinete bitterlich	Ach, mein Sinn	Petrus, der nicht denkt zurück
Rezitativ – Arioso!	Aria	Choral
Musik: narratio-*explicatio*	*explicatio*	*explicatio*-applicatio

Einzelheiten des vierstimmigen Schlusschorals gestaltet Bach bewusst als Reminiszenzen an die Petrus-Szene. Da ist zunächst die chromatische und dissonierende Sphäre im Bass bei den Schlüsselworten »Petrus« (Bass-Chromatik), »zurück« (unaufgelöste Spannung) und »büßen« sowie »Böses« (tonartfremder Septakkord). Die stärkste Hervorhebung erfährt jedoch das »bitterlichen weinet«, das die Brücke zum Arioso zurück schlägt: mit einer schluchzenden Figur im Sopran, emphatischen Achteln der Mittelstimmen und dem unsanglichen Sprung *h–eis* im Bass, der zur harmonischen Verklammerung von explicatio und applicatio führt. Frei von Chromatik und zudem mit Achteldurchgängen bereichert sind allein die affirmativen Zeilen »Jesu, blicke mich auch an« und »rühre mein Gewissen«. Dennoch sind all diese fast extravaganten Stilmittel als Ausdrucksqualitäten eingebunden in Bachs vierstimmigen Choralsatz der Johannespassion, für den eine »stilistische Mitte« charakteristisch ist, »in der sich einerseits würdevolles Maß und andererseits Expressivität zusammenfinden«[72].

Die bereits mehrfach erwähnte komplizierte Überlieferungsgestalt der Johannespassion kann an einem Notenblatt der ersten Violine verdeutlicht werden, das die abschließende Szene des ersten Passionsteils enthält und aus dem wohl bei allen vier Aufführungen Bachs zwischen 1724 und 1749 gespielt worden ist.[73] Auf den ersten acht Systemen ist der Schluss der Arie »Ach, mein Sinn« erkennbar, wie er für Fassung I (1724) notiert wurde. Für Fassung II (1725)

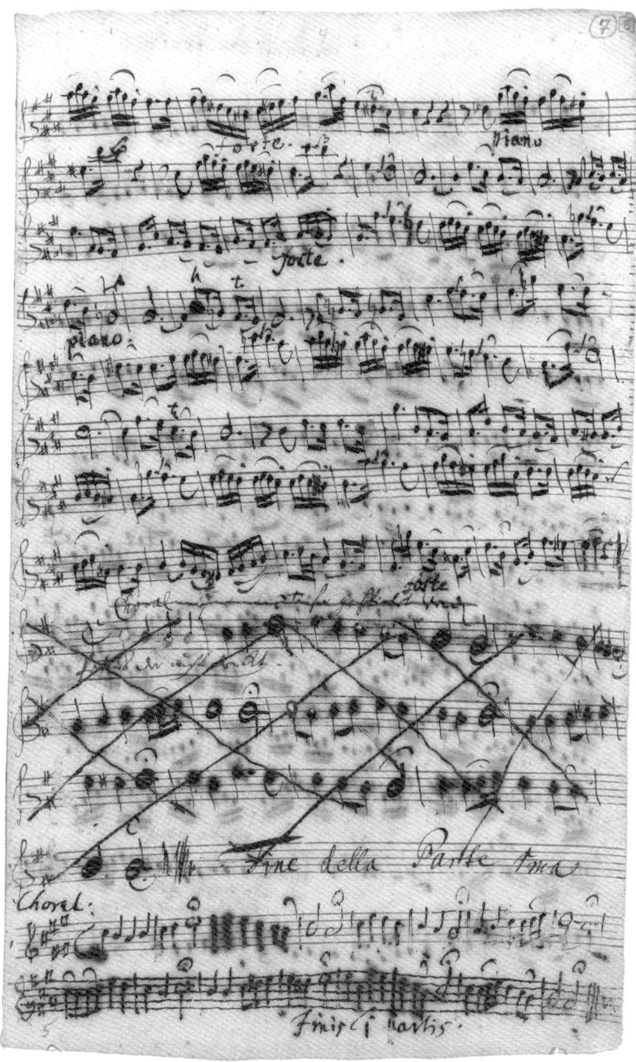

Schluss des ersten Passionsteils mit der Tenor-Arie »Ach, mein Sinn« und dem Choral »Petrus, der nicht denkt zurück« in der abschriftlichen Stimme der Violine I. Staatsbibliothek Berlin – Preußischer Kulturbesitz, Musikabteilung mit Mendelssohn-Archiv, *Mus. ms. Bach St 111*

wurde diese Arie eingeklammert und ein Verweis auf Satz 13^{II} angebracht, wobei das zugehörige Notenblatt mit dieser Arie »Zerschmettert mich« nicht erhalten ist. Für Fassung III (1732) war eine weitere Modifikation nötig. Deshalb folgt zunächst über dem neunten System nach der Überschrift »Choral« eine später jedoch durchgestrichene Beischrift und unter dem System der unterstrichene Textbeginn der Strophe: »Petrus, der nicht denkt zurück«. Die Choralmelodie war für die Fassungen I und II in A-Dur notiert, wurde dann jedoch durch die Veränderung der Vorzeichen mittels Rasur eines Kreuzes und Überschreiben der Noten nach G-Dur transponiert. Dies geschah, weil der vorausgegangene, gänzlich verschollene Satz der dritten Fassung wohl nicht zu A-Dur passte, jedoch zu G-Dur, also vermutlich in G-Dur oder e-Moll gestanden hat. Darunter ist »Fine della Parte 1ma« zu lesen, was für die Fassungen I bis III gilt. Nun folgt ein weiteres Mal der gleiche Choral in den beiden letzten Systemen, jetzt wieder in A-Dur, weil Bach in Fassung IV zur Satzfolge mit »Ach, mein Sinn« sowie damit auch zum tonartlichen Duktus der ersten Fassung zurückgekehrt ist. Um die Transposition des Chorals von A-Dur nach G-Dur rückgängig zu machen, war ein weiteres Überschreiben der Noten bei einiger Lesbarkeit nicht mehr möglich. Allein das kreuzweise Durchstreichen mit dicker Feder mitsamt der neuen (= alten) Notation in Bachs klobiger Altersschrift sorgt für Klarheit. Darunter steht der nochmalige, nun für die vierte Fassung gültige Hinweis »Finis 1 Partis«.

Intermezzo
Bachs Johannespassion als Musik im Gottesdienst

Bei ihrer ersten und bei allen weiteren Leipziger Aufführungen unter Bachs Leitung war die Johannespassion in den nachmittäglichen Vespergottesdienst des Karfreitags integriert. Als Predigt in Tönen rahmte sie die gesprochene Predigt, was an Bachs Einträgen in der Partitur deutlich wird: »Vor der Predigt« (erster Teil) und »Nach der Predigt« (zweiter Teil). Im Unterschied zur heute üblichen konzertanten Aufführungspraxis, in der ein solches Werk zum einzigen Programmpunkt eines abendfüllenden Konzerts geworden ist, kann man die Johannespassion 1724 als musikalisches Kunstwerk innerhalb eines größeren gottesdienstlichen Kunstwerks bezeichnen. Sie ist nur ein, wenn auch ein dominierendes Element in einer Liturgie von insgesamt mehr als drei Stunden Dauer. Wenn jemals der auch für Bachs Sonn- und Festtagskantaten gebräuchliche Begriff »Hauptmusik« berechtigt ist, dann gewiss im Blick auf seine großen Passionswerke.

Karfreitagsvesper in Leipzig 1724 (nach der seit 1721 üblichen Ordnung)
Hauptkirche St. Nikolai[73]

Geläut mit allen Glocken

Lied »Da Jesus an dem Kreuze stund«

JOHANNESPASSION, TEIL I

Kanzelgruß

Lied »Herr Jesu Christ, dich zu uns wend«

Vaterunser

Verlesung des Begräbnisses Jesu nach Bugenhagen

PREDIGT (Superintendent Salomon Deyling)

Kanzelsegen

JOHANNESPASSION, TEIL II

Motette »Ecce quomodo moritur iustus« von Gallus

Versikel: Altaristen – Chor

Kollektengebet

Segen

Lied »Nun danket alle Gott«

Martin Petzoldt hat die Charakteristika der Leipziger Karfreitagsvesper ab 1721 herausgearbeitet. Wegen der Länge der musizierten Passion entfallen einige für die Sonntagsvesper typische Stücke: »anstelle von Psalm und Magni-

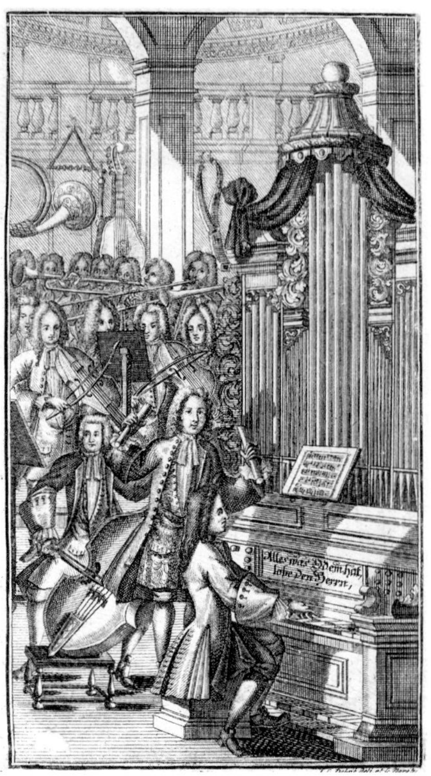

Kirchliche Aufführung von Figuralmusik zur Bachzeit. Frontispiz des *»Musicalischen Lexicon«* von Johann Gottfried Walther (1732)

ficat werden vor und nach der Predigt die beiden Teile der Passion musiziert«[74]. Nach dem Geläut mit allen Glocken begann der Gottesdienst mit dem neunstrophigen Lied »Da Jesus an dem Kreuze stund«[75], in dem – gerahmt von Einleitung und Beschluss – jedem der sieben letzten Worte des Erlösers am Kreuz eine Strophe gewidmet ist. Danach setzte der erste Teil der Passionsmusik ein. Nach der Musik folgen Kanzelgruß, das Lied »Herr Jesu Christ, dich zu uns wend«, Vaterunser und Verlesung des Predigttextes über das Begräbnis Jesu nach Bugenhagens Passionsharmonie. Nach dem zweiten Teil der Passionsmusik sang der Chor die lateinische Motette »Ecce quomodo moritur iustus« (Siehe, wie dahinstirbt der Gerechte) von Jacobus Handl (bzw. Gallus, 1550–1591), und nach Versikel, Kollektengebet und Segen schloss die Karfreitagsvesper mit dem dreistrophigen Lied »Nun danket alle Gott«, in dem die Passion gar nicht eigens erwähnt wird.

War das nun bereits damals ein ›heimliches‹ *Kirchenkonzert*? Nennen wir es eine Liturgie mit starken konzertanten Akzenten oder – aus anderer Perspektive – eine geistliche Musik im noch liturgischen Rahmen. Zum konzertanten Anteil zählt auch das von Thomasschülern besorgte »Austragen« von Textbüchern, die den Leipziger Bürgern gegen ein festgesetztes Entgeld oder eine freiwillige Spende angeboten wurden. Dass die Predigt die Grablegung zum Thema hat, verdient besondere Beachtung, weil die Passionsmusik am Ende ihres ersten Teils ja noch längst nicht bei dieser Station der Leidensgeschichte angelangt ist. Dies könnte somit als unstimmig empfunden werden. Allerdings gab es wohl generell eine große Toleranz im Blick auf die mangelnde Übereinstimmung von Predigt und Hauptmusik; man denke nur an Bachs *Weihnachtsoratorium*, bei dessen erster Aufführung an den sechs Feier- und Sonntagen der Weihnachtszeit 1734/35 auch mehrmals über ein anderes Evangelium als über das von Bach vertonte gepredigt worden ist.[76]

Allerdings war die oratorische Passion keineswegs die erste Passionsmusik, die am Karfreitag erklungen ist. Den Notizen des Leipziger Thomasküsters Rost ist zu entnehmen, dass dort während Bachs Amtszeit bereits im vormittäglichen Hauptgottesdienst des Karfreitags »die ganze Passion aus dem Evangelisten Mattäo abgesungen« wurde, deren Wortlaut zum Mitlesen im Leipziger

Gesangbuch von 1682 abgedruckt ist. Die musikalische Einrichtung war die responsorial-deutsche Fassung von Luthers musikalischem Berater Johann Walter. Das responsoriale Prinzip bedeutet hier, dass neben dem von einem Alumnus gesungenen Evangelisten auch »jede redend eingeführte Nebenperson durch einen Mitschüler, Christus aber von einem Diaconus, und das Volk vom Chore vertreten ward«.[77] Gewiss haben die ersten Hörer es als Steigerung empfunden, wenn dann nachmittags derselbe Wortlaut wiederum mit verteilten Rollen, nun aber mit Arien und Chorälen ergänzt, zudem mit affektvoller Begleitung des Generalbasses und zahlreicher charakteristischer Soloinstrumente erklungen ist.

Auch bei heutigen Aufführungen kann ein *geistlicher Impuls* zwischen den beiden Teilen einer Bach'schen Passionsmusik sinnvoll sein. Er hätte die besondere Situation des jeweiligen (Kirchen-)Konzertes zu berücksichtigen. Im Idealfall gelingt ein Brückenschlag zwischen Werk, Interpreten und Hörern. Manches aus der geistlichen Verwurzelung der Musik – »andächtige Musik« in Bachs Sinne – kann dabei angedeutet werden. Auch die Frage, was wir »Spätzeithörer« (Hans Blumenberg) mit solchen Werken anfangen, müsste nicht umgangen werden. Sehr sinnvoll ist eine Anknüpfung an die am Ende des ersten Passionsteils erklungene Petrus-Episode und die Weiterführung zum zweiten Passionsteil hin. Eine enzyklopädische Ausbreitung von Wissen wäre ebenso falsch am Platz wie die vorschnelle Kritik an den von Bach vertonten Texten. Allenfalls ein bis zwei Akzente können gesetzt werden, darunter womöglich auch die Frage nach dem Antijudaismus in Bachs Passionsmusik.

Exkurs
Antijudaismus in Bachs Passionsmusik?

Die »Judenchöre« der Bach'schen Johannespassion oder der chorische Einwurf »Sein Blut komme über uns und unsre Kinder« (Nr. 50[d]) aus der *Matthäuspassion* lassen die Frage aufkommen, ob diese Passionen nicht auch den Aspekt des Antijudaismus, also das christlich-jüdische Gegeneinander, in sich tragen. Dieser Überlegung folgend, haben Dirigenten gelegentlich die einleitenden Worte des Evangelisten »Die Juden aber schrieen ...« in »Die Menschen aber schrieen ...« verändert. Der Komponist Wolfgang Rihm, der im Jahr 2000 die Passionsmusik *Deus Passus* komponiert hat, entschied sich für den Wortlaut des Lukasevangeliums mit der Begründung, dass darin die wenigsten antijüdischen Tendenzen enthalten sind. Sowohl in christlich-jüdischen Gruppen als auch in journalistischen Beiträgen werden solche Fragen des musikalischen Antijudaismus regelmäßig und kontrovers thematisiert. Wie antijüdisch ist Bachs Johannespassion?[78]

Das Phänomen christlicher Judenfeindschaft kennt viele Ausprägungen: gewaltsame und subtile, alte und neue, explizite und eher verborgene. Im Bereich

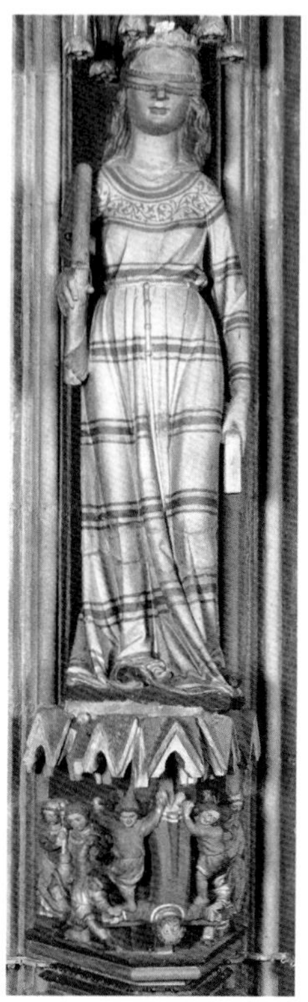
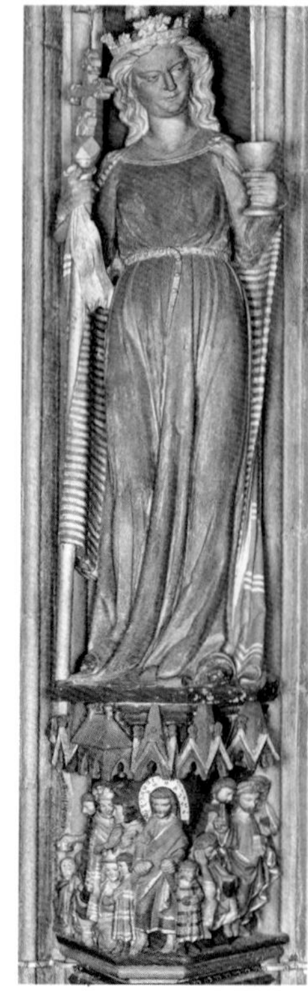

Synagoge und Ecclesia. Portalvorhalle des Freiburger Münsters, 2. Hälfte des 13. Jh.

der Bildenden Kunst ist die Frauengestalt der Synagoge mit verbundenen Augen und zerbrochenem Zepter als Ausdruck eines solchen Antijudaismus besonders bekannt. Klingende Varianten begegnen uns in Kirchenliedern und in der Passionsmusik. So finden sich eindeutig antijüdische musikalische Vortragsanweisungen bereits im Rahmen der gregorianisch-einstimmigen Passionsmusik, wenn etwa zur Darstellung der »überaus gottlosen Juden« eine »laute und rauhe Stimme«[79] verlangt wird. Auch wird in manchen späteren Passionswerken der biblische Antijudaismus in den neu gedichteten Texten noch verstärkt, so etwa in Georg Philipp Telemanns Passionsoratorium *Seliges Erwägen* (1728), in dessen vom Komponisten stammenden Libretto die Juden als »Gottesmörder« tituliert werden.

Was Johann Sebastian Bach persönlich gedacht hat, wissen wir nicht. Allerdings befand sich in seiner umfangreichen theologischen Bibliothek auch ein dediziert antijüdisches Buch. Es stammt von dem Theologen Johannes Müller und trägt den Titel »Judaismus oder Jüdenthum. Das ist: Ausführlicher Bericht von des jüdischen Volcks Unglauben, Blindheit und Verstockung …«[80] Ob es das Denken und Komponieren Bachs beeinflusst hat, bleibt ungewiss.

In Bachs Johannespassion kommen gegnerische Juden zu Wort, jedoch nur auf der Ebene ›nach vorn‹. Ihr musikalischer Part sind die Turba-Chöre. In der Betrachtung der Choräle und Arien kommt ein christlich-jüdisches Miteinander nirgends in den Blick, und das ist zeittypisch. Zudem war das theologische Klima zur Bachzeit auch von den antijüdischen Aussagen des späten Luther (»Von den Juden und ihren Lügen«) beeinflusst.

Über »die Juden im Johannesevangelium«[81] wurden schon zahlreiche Beiträge verfasst. Das antijüdische Potenzial des vierten Evangeliums kann heute nicht mehr geleugnet werden. Es muss aus der Entstehungsgeschichte des Evangeliums heraus verstanden werden. Indem Johannes in seiner Passionsdarstellung »die Juden« stärker in den Vordergrund rückt als die synoptischen Evangelien, verallgemeinert und verzeichnet er die konfliktreiche Gegnerschaft zwischen dem Juden Jesus und gewissen jüdischen Kreisen. Aber auch pro-jüdische Tendenzen sind im vierten Evangelium wahrzunehmen, etwa Johannes 4,22: »Das Heil kommt von den Juden«; dies ändert jedoch die anti-jüdischen Aussagen nicht. Das Johannesevangelium ist in sich höchst spannungsvoll und in manchen Fragen – wie die Bibel insgesamt – letztlich nicht harmonisierbar.

Johann Sebastian Bach hat die innere Dramatik der von Rede und Gegenrede geprägten johanneischen Passion erkannt und in Musik ›übersetzt‹. Dazu vertont er die Reden der Gruppen, die im Wesentlichen Gegner Jesu sind, in einem dramatisch-energischen Gestus, der sich von der in sich ruhenden und zugleich musikalisch-schlichten Rede Jesu wirkungsvoll unterscheidet. Die Turbae erlangen hohes musikalisch-dramaturgisches Gewicht, wenn man bedenkt, wie Bach die oft nur wenigen Worte wie etwa »Kreuzige, kreuzige!« zu ausgedehnten, von bizzarer Melodik, dissonanzreicher Harmonik und ostinater Rhythmik geprägten Sätzen verbreitert. Sein Ziel war es, diese Chöre musikalisch wirkungsvoll, das heißt affektgeladen zur Geltung zu bringen; und dies geschieht nicht, weil die Juden hier sprechen und agieren, sondern weil das so in der göttlich inspirierten Bibel steht. Was Bach inspiriert hat und was er verstärken wollte, ist also nicht der Antijudaismus, sondern eben diese Dramatik.

Eine Betrachtung der Passionsmusik Bachs allein in der Richtung ›nach vorn‹ wäre aber unzureichend. Die Richtung ›nach innen‹ kommt in den Arien und Chorälen zur Geltung, und dies relativiert wiederum das antijüdische Potenzial. Was das Johannesevangelium den Juden in problematischer Verallgemeinerung zuschreibt, lässt sich auf jeden Menschen übertragen. Und Bachs Choralstrophen sagen das unmissverständlich. Die Antwort auf die Frage »Wer hat dich so geschlagen?« heißt nicht »die Juden«, sondern: »Ich, ich und meine Sünden«. Bachs Passionen wollen dem Betrachter ein Spiegel sein, und zwar ein Spiegel seines Sünder-Seins und seines Erlöst-Seins.

Der heutige Horizont jeder Bach-Aufführung spannt sich gleichsam vom biblischen Zeugnis über Bachs Musik bis zur Gegenwart. Von biblischer Zeit an war das christlich-jüdische Verhältnis unheilvoll durch Aspekte des ›Gegeneinander‹ geprägt. In Bachs Johannespassion ist es eher ein ›Nebeneinander‹. Die Zukunft jedoch gehört dem ›Miteinander‹, was auch in neuen musikalischen Beiträgen deutlich werden sollte, denn: »So sie's nicht singen, glauben sie es nicht« (Martin Luther). Eindrucksvolle Zeugnisse aus der Bildenden Kunst stammen von dem jüdischen Maler Marc Chagall (1887–1985), der die Leidensgeschichte des Juden Jesus mit dem Leid des jüdischen Volkes verbindet (vgl. Farbtafel 12). In seiner *Kreuzigung in Gelb* zeigt er Christus Seite an Seite mit der Tora-Rolle. Die Welt steht in Flammen. Die Leiter jedoch, traditionell eines der Folterinstrumente (Arma Christi), wird hier zur alttestamentlichen Himmelsleiter, auf der Engel (»Ach Herr, lass dein lieb Engelein«) auf- und niedersteigen. Chagall malt Christus mit Nimbus (christlich) *und* mit den Gebetsriemen (jüdisch) am linken Arm. Um seine Stirn ist die Lederkapsel gebunden, welche die Worte aus 5 Mose 6,4, dem täglichen Gebet jüdischen Glaubens, enthält: »Höre, Israel, dein Gott ist Einer«. Intensiver und zugleich respektvoller lässt sich jüdisch-christliches Miteinander wohl nicht darstellen.

Dieser versöhnten Zukunft steht auch Bachs Passionsmusik nicht entgegen. Denn was im Jahr 1988 bei einer Aufführung der *Matthäuspassion* in Jerusalem von Pater Immanuel Jacobs OSB, dem Prior der dortigen Dormition Abbey, gesagt wurde, gilt auch für Bachs Passionsmusik nach Johannes: »Wir hoffen von ganzem Herzen, dass sich durch diese Passion in unserer Kirche kein Jude angegriffen oder verletzt fühlt, sondern dass sie zu einem Symbol für alle Religionen werden wird, sich zum gemeinsamen Ringen für das Leben und gegen das Leid aufzumachen.«[82]

Zweiter Teil
der Passionsmusik

Verhör und Geißelung

Parte seconda · Nach der Predigt

15 Choral

Christus, der uns selig macht,
Kein Bös' hat begangen,
Der ward für uns in der Nacht
Als ein Dieb gefangen,
Geführt für gottlose Leut
Und fälschlich verklaget,
Verlacht, verhöhnt und verspeit,
Wie denn die Schrift saget.

16 Evangelium

Da führeten sie Jesum von Kaipha vor das Richthaus, und es war frühe. Und sie gingen nicht in das Richthaus, auf dass sie nicht unrein würden, sondern Ostern essen möchten. Da ging Pilatus zu ihnen heraus und sprach: »Was bringet ihr für Klage wider diesen Menschen?« Sie antworteten und sprachen zu ihm: »Wäre dieser nicht ein Übeltäter, wir hätten dir ihn nicht überantwortet.«

Da sprach Pilatus zu ihnen: »So nehmet ihr ihn hin und richtet ihn nach eurem Gesetze!« Da sprachen die Jüden zu ihm: »Wir dürfen niemand töten.«

Auf dass erfüllet würde das Wort Jesu, welches er sagte, da er deutete, welches Todes er sterben würde. Da ging Pilatus wieder hinein in das Richthaus und rief Jesu und sprach zu ihm: »Bist du der Jüden König?« Jesus antwortete: »Redest du das von dir selbst, oder haben's dir andere von mir gesagt?« Pilatus antwortete: »Bin ich ein Jüde? Dein Volk und die Hohenpriester haben dich mir überantwortet; was hast du getan?« Jesus antwortete: »Mein Reich ist nicht von dieser Welt; wäre mein Reich von dieser Welt, meine Diener würden darob kämpfen, dass ich den Jüden nicht überantwortet würde; aber nun ist mein Reich nicht von dannen.«

17 Choral

Ach großer König, groß zu allen Zeiten,
Wie kann ich gnugsam diese Treu ausbreiten?
Keins Menschen Herze mag indes ausdenken,
Was dir zu schenken.

Ich kann's mit meinen Sinnen nicht erreichen,
Womit doch dein Erbarmen zu vergleichen.
Wie kann ich dir denn deine Liebestaten
Im Werk erstatten?

18 Evangelium

Da sprach Pilatus zu ihm: »So bist du dennoch ein König?« Jesus antwortete: »Du sagst's, ich bin ein König. Ich bin dazu geboren und in die Welt kommen, dass ich die Wahrheit zeugen soll. Wer aus der Wahrheit ist, der höret meine Stimme.« Spricht Pilatus zu ihm: »Was ist Wahrheit?« Und da er das gesaget, ging er wieder hinaus zu den Jüden und spricht zu ihnen: »Ich finde keine Schuld an ihm. Ihr habt aber eine Gewohnheit, dass ich euch einen losgebe;

wollt ihr nun, dass ich euch der Jüden König losgebe?« Da schrieen sie wieder allesamt und sprachen: »Nicht diesen, sondern Barrabam!« Barrabas aber war ein Mörder. Da nahm Pilatus Jesum und geißelte ihn.

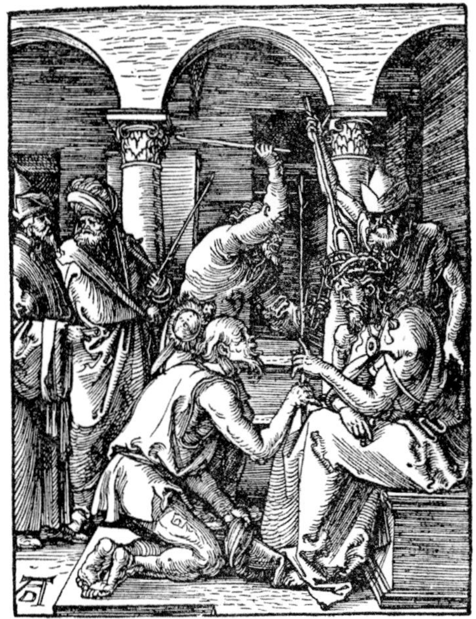

Dornenkrönung und Verspottung Christi aus der Kleinen Holzschnitt-Passion von Albrecht Dürer, 1509/11

19 Arioso (Bass, Violine I, II solo mit Dämpfer, Orgel oder Cembalo und Basso continuo)

Betrachte, meine Seel, mit ängstlichem Vergnügen,
Mit bittrer Lust und halb beklemmtem Herzen
Dein höchstes Gut in Jesu Schmerzen.
Sieh hier auf Ruten, die ihn drängen,
Vor deine Schuld den Isop blühn
Und Jesu Blut auf dich zur Reinigung versprengen,
Drum sieh ohn Unterlass auf ihn!

20 Arie (Tenor, Violine I, II solo mit Dämpfer und Basso continuo)

Mein Jesu, ach! dein schmerzhaft bitter Leiden
Bringt tausend Freuden,
Es tilgt der Sünden Not.
    Ich sehe zwar mit vielen Schrecken
    Den heilgen Leib mit Blute decken;
    Doch muss mir dies auch Lust erwecken,
    Es macht mich frei von Höll und Tod.

Frühere Fassung von Nr. 19 und 20:

19 Arioso (Bass, Viola d'amore I, II, Laute und Basso Continuo)

Betrachte, meine Seel, mit ängstlichem Vergnügen,
Mit bittrer Lust und halb beklemmtem Herzen
Dein höchstes Gut in Jesu Schmerzen,
Wie dir aus Dornen, so ihn stechen,
Die Himmelsschlüsselblumen blühn!
Du kannst viel süße Frucht von seiner Wermut brechen,
Drum sieh ohn Unterlass auf ihn!

20 Arie (Tenor, Viola d'amore I, II, Laute und Basso Continuo)

Erwäge, wie sein blutgefärbter Rücken
In allen Stücken
Dem Himmel gleiche geht,
Daran, nachdem die Wasserwogen
Von unsrer Sündflut sich verzogen,
Der allerschönste Regenbogen
Als Gottes Gnadenzeichen steht!

NB 30

Parte seconda

nach der Predigt

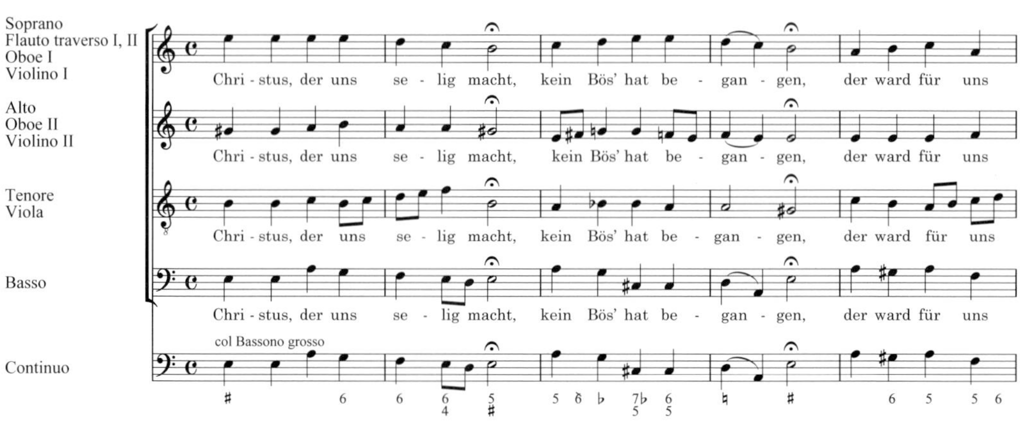

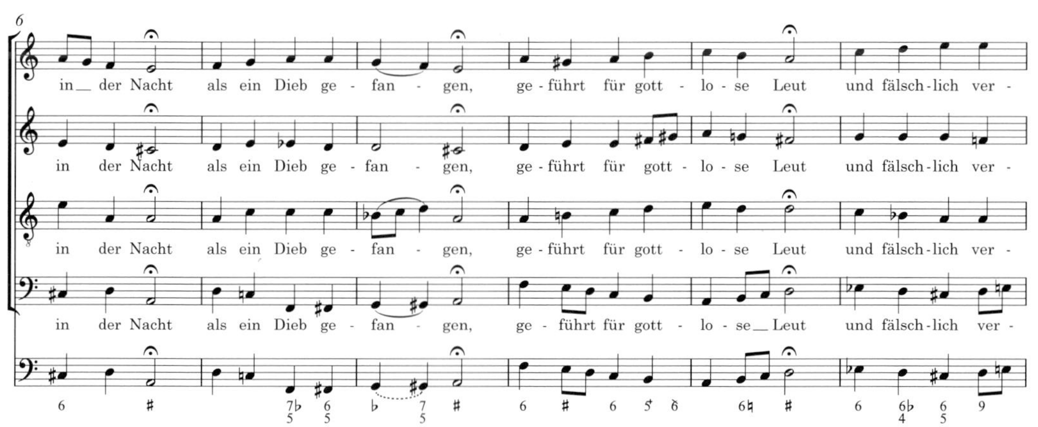

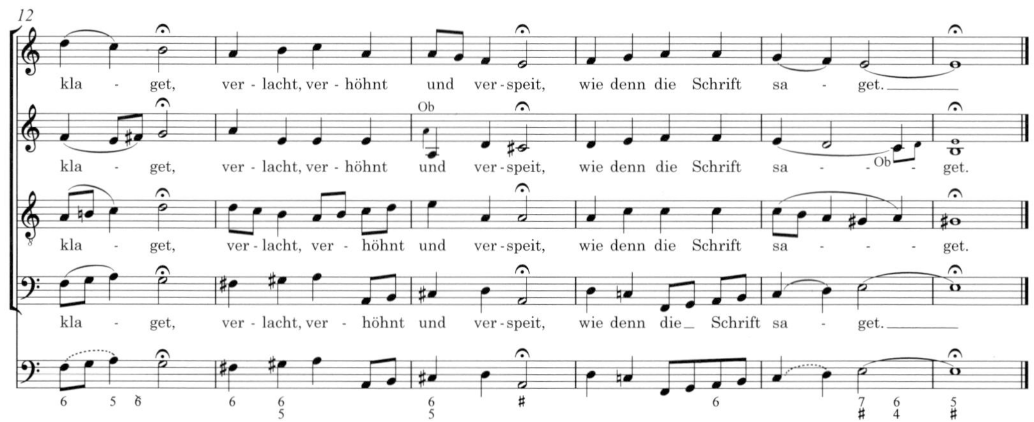

Choral »Christus, der uns selig macht«

Nach der Predigt musizierte Bach am Karfreitag mit seinem vokal-instrumentalen Ensemble den zweiten Teil der oratorischen Passionsmusik. Im Jahr 1724 predigte der Leipziger Superintendent Salomon Deyling, der zugleich Bachs Vorgesetzter war. Seine Predigt ist ebensowenig erhalten wie alle anderen Predigten im Zusammenhang mit Passionsaufführungen Johann Sebastian Bachs.

Die Liedstrophe zum Exordium des zweiten Passionsteils stammt aus Michael Weißes Choral von 1531 »Christus, der uns selig macht« (Strophe 1)[1], dem die lateinische Dichtung »Patris sapientia, veritas divina« (Des ewigen Vaters Weisheit, göttliche Wahrheit) zugrunde liegt. Die Integration der Choralstrophe im Werk ist formal, textlich und musikalisch zu betrachten. Zunächst ist die Großform der Johannespassion symmetrisch angelegt, sowohl in der vierten als auch in der zweiten Fassung des Werkes, obwohl nur die kursiv gesetzten Sätze gleich sind:

Fassung	**Teil 1** **Exordium – (Conclusio)**	**Teil 2** **(Exordium) – Conclusio**
IV. (und I.)	Chor (1) – *Choral (14)*	IV. *Choral (15)* – Chor (39) – *Epilog (40)*
II.	Choralchor (1) – *Choral (14)*	II. *Choral (15)* – Choralchor (40)

Der achtzeilige Choral[2] (Nr. 15) zu Beginn des zweiten Passionsteils erklingt in allen vier Fassungen des Werkes an dieser Stelle. Der Eingangsruf »Christus« mag als Anknüpfung an das erste Exordium »Herr, unser Herrscher« gehört werden. Zudem bietet diese Strophe als ›Wiedereinstieg‹ in die Passionsmusik nach der Predigt ein geradezu ideales Resumee des ersten Passionsteils mit seinen Geschehnissen von der Gefangennahme über das Verhör und die Anklage bis zu den Misshandlungen. Dass all dies »die Schrift saget«, ist sowohl Zusammenfassung als auch Ankündigung des Kommenden: »Da führeten sie ihn von Kaipha vor das Richthaus«, was wiederum den Rückbezug zum Choral ermöglicht, nämlich zu dessen Zeile »geführt für gottlose Leut«.

Wie repräsentativ Bach das Eingangsportal zum zweiten Passionsteil verstanden hat, wird bereits im ersten Takt hörbar: in den markanten Tonwiederholungen der Melodie, der strahlend hohen Lage des Soprans und der insgesamt weiten Lage. Bestimmend ist die Spannung von modaler Melodie und tonaler Harmonik. Bach sucht nach größter harmonischer Farbigkeit, entfernt sich also weit von einer stilistisch ›richtigen‹ Harmonisierung, die Akkorde in Moll zu bevorzugen hätte. Bereits auf den ersten Blick ist dies an den vielen Vorzeichen erkennbar, etwa in der Tenorstimme der Takte 3 und 4. Dass sowohl *b* als auch *gis* erklingen, deutet auf die weiten harmonischen Räume, die Bach eröffnen will. Zu hören sind in kurzen Abständen und somit quasi querständig *gis/g, h/b, c/cis und f/fis*. Diese Weiträumigkeit in harmonischer Hinsicht ist typisch für Bachs

Gestaltung modaler Lieder, denn eine Melodie, die eindeutig in Dur oder Moll steht, erlaubt solche harmonischen Eskapaden kaum.

Auf der falschen Silbe betont sind bereits im Cantus firmus die dramatischen Worte »gé-führt« »vér-lacht« und »vér-höhnt«, wohingegen »ver-speít« in regulärer Betonung erklingt. Insgesamt gelingt Bach hier ein markantes Exordium als Eingangsportal des zweiten Passionsteils. Dramaturgisch stringent wirkt, dass die gleiche Choralmelodie mit der Strophe »O hilf, Christe, Gottes Sohn« (Nr. 37) ein zweites Mal – dann einen Halbton höher – erklingen wird, nämlich als letzte Choralstrophe der Johannespassion vor dem Schlusschor. So ergibt sich eine innere Rahmung des zweiten Passionsteiles, wobei die erste Strophe Christus mitsamt den biblisch bezeugten Passionsereignissen in den Mittelpunkt stellt, die zweite hingegen die Antwort der Menschen: ihr »fruchtbarliches Bedenken« der Passion im klingenden »Dankopfer«; und nichts anderes will Johann Sebastian Bachs Johannespassion insgesamt sein.

Jesus vor Pilatus

Nicht nur Bachs Musik ist eine Komposition, sondern auch das Johannesevangelium mit seinem inhaltlich-dramatischen Höhepunkt der Verhandlung vor Pilatus. Der vierte Evangelist ›komponiert‹ dies als Abfolge von Einzelszenen mit jeweils drei Protagonisten: Jesus, Pilatus und die jüdischen Repräsentanten. Als wichtiges Gliederungsprinzip wählt er den mehrmaligen Ortswechsel des Pilatus, durch den sich sowohl Außenszenen (Pilatus spricht mit der Menge) ergeben als auch Innenszenen (Jesu Verhör vor Pilatus). »Die Außenszenen benennen die Anklage und die sich daraus ergebende Argumentation, die Innenszenen haben Jesu Königtum zum Thema. Die Raumstruktur hat somit auch eine symbolische Dimension: Während ›innen‹ Jesus als wahrer König erscheint, fordert ›draußen‹ die Menge seinen Tod.«[3] Dass im geistig-geistlichen Evangelium nach Johannes der innere Bereich wichtiger ist als der äußere, liegt nahe.

Zwei prozessuale Durchgänge gliedern sich in jeweils drei Einzelszenen: »eine öffentliche Verhandlung mit allen Beteiligten draußen, ein privates Verhör Jesu durch Pilatus drinnen und ein Freilassungsversuch des Pilatus, den die gegnerischen Juden verhindern«.[4] Der erste Durchgang setzt mit bitterer Ironie ein, denn die Gegner Jesu »tragen Mordgedanken im Herzen, sorgen sich aber um ihre kultische Reinheit«[5]. Auf die Frage des Pilatus nach ihrer Klage geben sie nur den vagen Hinweis, dass er ein »Übeltäter« sei. Vor allem aber wollen sie Pilatus davon überzeugen, dass er das Faktum ihrer Anklage bereits als Beweis für Jesu Schuld akzeptiert.

Mit einem »entsetzlichen, grauenhaft großen Geflechte aus verminderten Septimen«[6] hebt Bach das anklagende Wort »Übeltäter« im Turba-Chor geradezu extrem hervor, zumal er den in Achtel-Deklamation homophon (»Wäre

NB 31

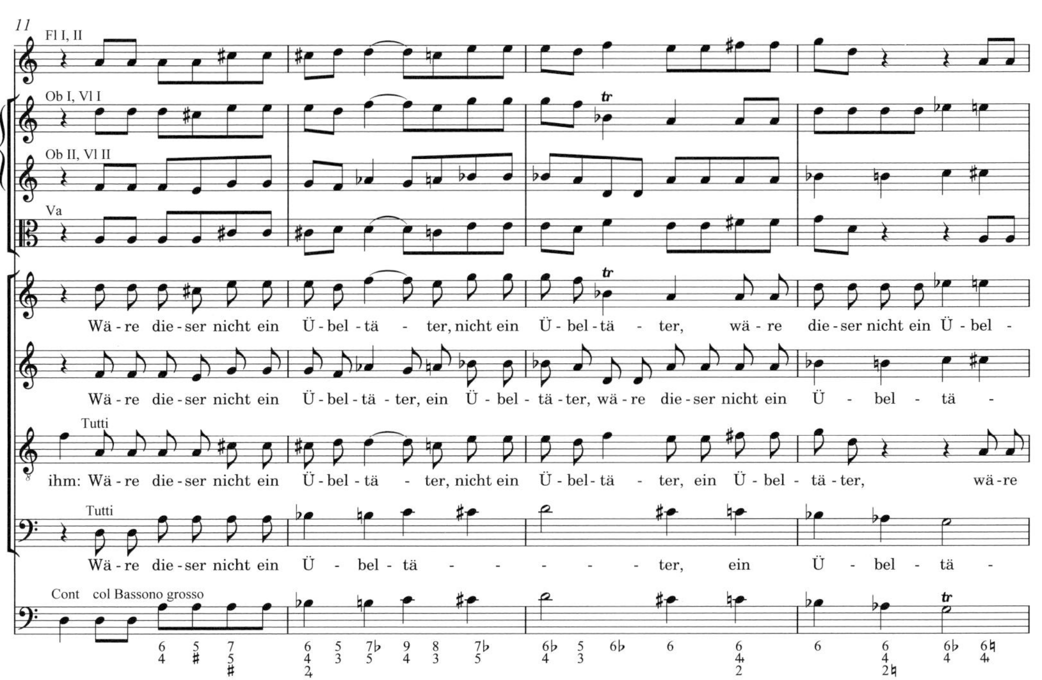
11
Fl I, II
Ob I, Vl I
Ob II, Vl II
Va
Wä - re die - ser nicht ein Ü - bel - tä - ter, nicht ein Ü - bel - tä - ter, wä - re die - ser nicht ein Ü - bel -
Wä - re die - ser nicht ein Ü - bel - tä - ter, ein Ü - bel - tä - ter, wä - re die - ser nicht ein Ü - bel - tä -
Tutti
ihm: Wä - re die - ser nicht ein Ü - bel - tä - ter, nicht ein Ü - bel - tä - ter, ein Ü - bel - tä - ter, wä - re
Tutti
Wä - re die - ser nicht ein Ü - bel - tä - ter, ein Ü - bel - tä -
Cont col Bassono grosso

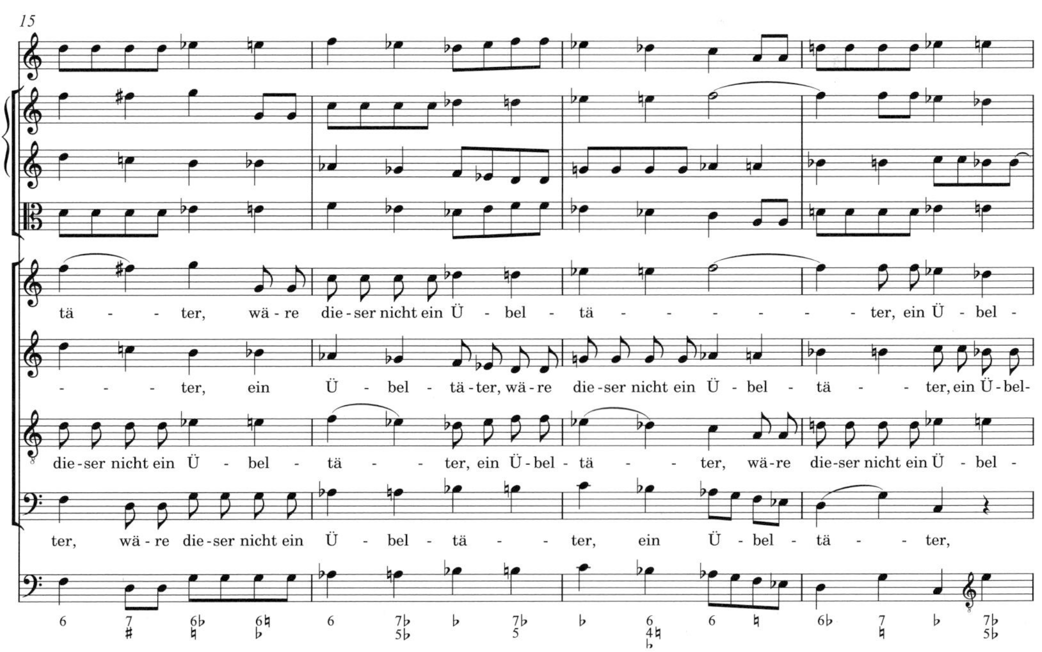
15
tä - ter, wä - re die - ser nicht ein Ü - bel - tä - ter, ein Ü - bel -
- ter, ein Ü - bel - tä - ter, wä - re die - ser nicht ein Ü - bel - tä - ter, ein Ü - bel-
die - ser nicht ein Ü - bel - tä - ter, ein Ü - bel - tä - ter, wä - re die - ser nicht ein Ü - bel -
ter, wä - re die - ser nicht ein Ü - bel - tä - ter, ein Ü - bel - tä - ter,

dieser nicht ein …«) begonnenen Satz in der Bass-Stimme abrupt zu Vierteln in chromatischer Bewegung verlangsamt. Durch die Chromatisierung möglichst vieler Stimmen, die zudem im Kanon geführt werden, erreicht er eine Ballung extremer Dissonanzen, die sich nicht harmonisch zielgerichtet, sondern wie in einem Teufelskreis gleichartiger Klänge zu bewegen scheinen: »Die Gefahr der tonalen Desorientierung korrespondiert mit der Vernebelung der formalen Gestalt.«[7] Nach einigen markanten Akkordschlägen auf »nicht«, »nicht«, die mit Pausen wie durch Ausrufungszeichen bestätigt werden, kommt der Satz ähnlich homophon zu seinem Ende, wie er begonnen hatte.

Der nächste Turba-Chor macht die Mordgedanken offenbar: »Wir dürfen niemand töten.« Bach nutzt den inhaltlichen Zusammenhang und legt auch diesem Chor die Substanz des vorigen zugrunde. Als Steigerung wirkt die zusätzliche instrumentale Oberstimme (Flöte I,II und Violine I) mit »spitz herausstechenden Sechzehnteln«[8]. Die »Übeltäter«-Chromatik erklingt jetzt wohl auch deshalb zum Wort »töten«, weil diejenigen, die dieses Wort verräterisch in den Mund nehmen und damit Pilatus, der es allein ausführen kann, für sich zu gewinnen suchen, die eigentlichen »Übeltäter« sind. Deutlich wird nun die für jeden Passionsteil geltende parallele Gestaltung der ersten beiden Turba-Chöre. Im ersten Teil wird der Chor »Jesum von Nazareth« (Nr. 2) in Worten und in der Musik wiederholt (g-Moll, c-Moll); im zweiten verschränkt Bach die beiden ersten Turbae musikalisch (d-Moll, a-Moll), obwohl der johanneische Wortlaut das nicht nahe legt. Für den hörenden Mitvollzug der gesamten Turba-Symmetrie sind genau diese Wiederholungen freilich eher ein Hindernis. Denn Bach führt seine Hörer damit auf die Fährte, dass immer zwei nebeneinander liegende Chöre zusammengehören könnten (a–a', b–b' usw.), was aber nur bei diesen beiden Ausnahmen der Fall ist und nicht bei der eigentlichen Symmetrie, die dem achsialsymmetrischen Muster a–b–c–[d]–c'–b'–a' folgt.

Die erste Unterredung zwischen Jesus und Pilatus hat das Königtum Jesu zum Thema. Pilatus fragt danach, weil er wohl verstanden hat, dass die Gegner Jesus für einen politisch-religiösen Rädelsführer halten, der sich an die Spitze eines Aufstands stellen könnte. Jesus verweist auf sein nicht innerweltliches Königtum: »Mein Reich ist nicht von dieser Welt« – eine hoheitlich-ruhige Passage in e-Moll ohne einen zusätzlichen oder gar dissonanten Ton. Störend wirkt allein die neue Harmonie auf »Welt«, die nach a-Moll überleitet. Das negierte »Kämpfen« musikalisiert Bach mit einem kämpferisch-signalartigen Motiv in einer Art Battaglia-Gestus als musikalisches Schlachtengemälde en miniature.

NB 32

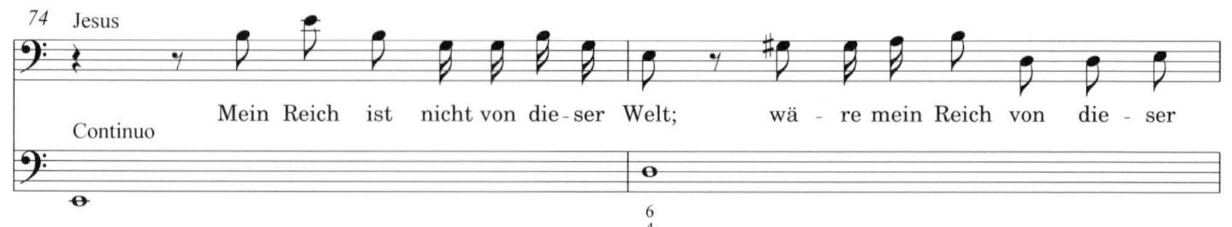

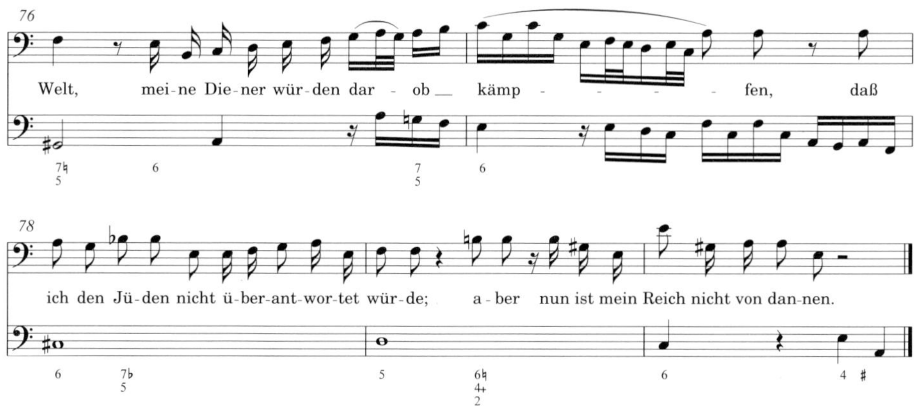

Vox Christi und Generalbass imitieren sich gegenseitig, zunächst in Gegenbewegung (T. 76), dann in einem Kanon mit kämpferischen Quart-Signalen (T. 77). Nach zwei expressiven Intervallen *b–e* (T. 78) und *f–h* (T. 79) erklingt das Wort »mein Reich« (T. 80) als Exclamatio, die mit einem Oktavsprung den Ton e^1 erreicht. So werden diese gleichen Worte »(mein) Reich«, mit denen die Rede Jesu beginnt und endet, von Bach auch gleichartig musikalisiert.

Choral »Ach, großer König«

Die erste Choralmelodie »Herzliebster Jesu« der Johannespassion (»O große Lieb«, Nr. 3) erklingt nun in der ersten Szene des zweiten Teils ein weiteres Mal, jedoch einen Ganzton höher (a-Moll, NB 33). Thema war im ersten Teil mit der siebten Liedstrophe die sich entäußernde und auf die »Marterstraße« begebende »Liebe« als Gegensatz zur menschlichen Sünde und weltlichen Lust. Nun geht es in den Strophen 8 und 9 um die Majestät Jesu, »groß zu allen Zeiten« (vgl. den Eingangschor mit der Formulierung »zu aller Zeit«), vor der jeder Versuch einer menschlich-adäquaten Antwort, welche die »Liebestaten« Gottes »im Werk erstatten« (letzte Choralzeile) will, immer nur scheitern kann. Was aber ist die eigentliche Antwort auf Jesu Passion? Sie klingt im Wort »Dankopfer« an, das jedoch keine Gegenleistung zu Jesu Tun und Erleiden meint, sondern den Dank, der sich auch musikalisch äußert.

Charakteristisch für Bachs zweiten vierstimmigen Satz zur Melodie »Herzliebster Jesu, was hast du verbrochen?« ist die durchgehende Achtelbewegung im Bass, die dem Choral große Ruhe und Majestät verleiht. War es im ersten Satz »O große Lieb« (siehe S. 88) das Bestreben, möglichst viele einzelne Worte ihrem Sensus nach musikalisch auszuleuchten, beginnend mit der überraschenden Fermate bereits auf dem dritten Wort »Lieb« und den Höhepunkten »Marterstraße« sowie »Lust und Freuden«, so steht nun das königliche Gesamtbild im

NB 33

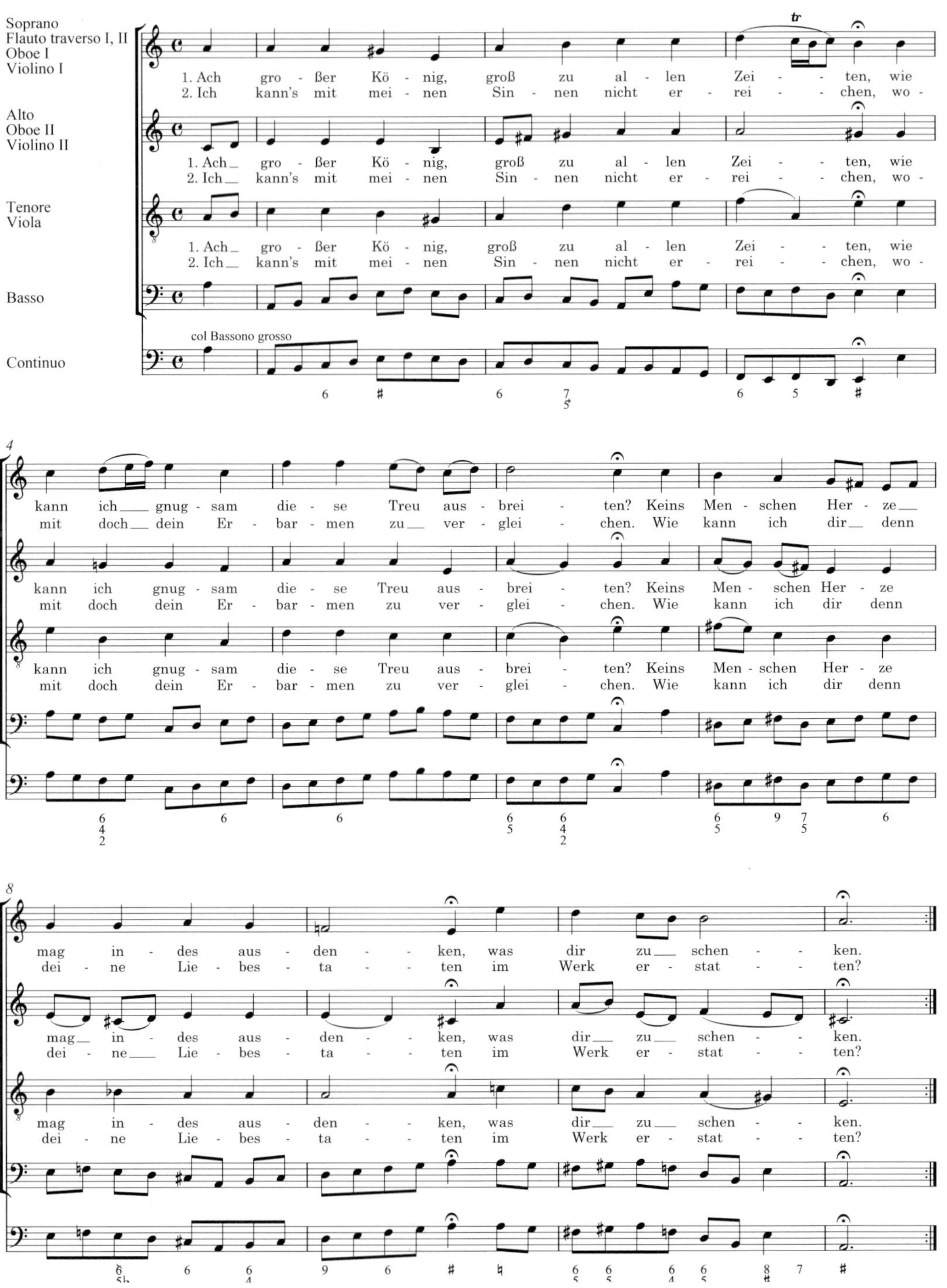
Soprano
Flauto traverso I, II
Oboe I
Violino I
1. Ach gro - ßer Kö - nig, groß zu al - len Zei - - ten, wie
2. Ich kann's mit mei - nen Sin - nen nicht er - rei - - chen, wo -
Alto
Oboe II
Violino II
1. Ach gro - ßer Kö - nig, groß zu al - len Zei - - ten, wie
2. Ich kann's mit mei - nen Sin - nen nicht er - rei - - chen, wo -
Tenore
Viola
1. Ach gro - ßer Kö - nig, groß zu al - len Zei - - ten, wie
2. Ich kann's mit mei - nen Sin - nen nicht er - rei - - chen, wo -
Basso
Continuo
col Bassono grosso
kann ich gnug - sam die - se Treu aus - brei - ten? Keins Men - schen Her - ze
mit doch dein Er - bar - men zu ver - glei - chen. Wie kann ich dir denn
kann ich gnug - sam die - se Treu aus - brei - ten? Keins Men - schen Her - ze
mit doch dein Er - bar - men zu ver - glei - chen. Wie kann ich dir denn
kann ich gnug - sam die - se Treu aus - brei - ten? Keins Men - schen Her - ze
mit doch dein Er - bar - men zu ver - glei - chen. Wie kann ich dir denn
mag in - des aus - den - ken, was dir zu schen - ken.
dei - ne Lie - bes - ta - ten im Werk er - stat - ten?
mag in - des aus - den - ken, was dir zu schen - ken.
dei - ne Lie - bes - ta - ten im Werk er - stat - ten?
mag in - des aus - den - ken, was dir zu schen - ken.
dei - ne Lie - bes - ta - ten im Werk er - stat - ten?

Zentrum. Zudem beschließt dieses Strophenpaar keine Szene, sondern ist wie ein betrachtendes Intermezzo mitten in das Pilatus-Verhör eingeschoben. Dies wirkt als reizvolle Vertauschung der üblichen Reihenfolge, so dass Bachs Hörer die folgende Auseinandersetzung zwischen Jesus und Pilatus bereits unter dem Eindruck ihrer zweistrophigen Choral-Deutung »Ach, großer König« wahrnehmen.

Zweites Verhör und Geißelung

Wieder erklingt Jesu Bekenntnis zu seinem Königtum in einem Dreiklang ohne ›fremde‹ Töne. Jesu Wort vom »Hören seiner Stimme« (Nr. 18, T. 9) steht in musikalischer Beziehung zum Evangelistenwort »krähete der Hahn«, denn beide Male erklingt die gleiche Tonfolge (vgl. NB 26, S. 128).[9] Der sinnliche Gleichklang ergibt theologischen Sinn, weil der Hahnenschrei Petrus ja an Jesu Wort erinnert. Das ganze Gespräch über sind zwei Vorstellungen von »König« im Spiel. Jesus ist kein König im irdischen Sinne. Er ist es nicht und will es nicht sein. Deshalb trifft ihn die Anklage seiner Gegner letztlich nicht. Er ist aber »dennoch ein König« im »Reich der Wahrheit« – ein Gedanke, zu dem weder seine jüdischen Widersacher noch Pilatus einen Zugang finden. Die berühmte Pilatus-Frage »Was ist Wahrheit?« musikalisiert Bach in jenem lapidaren Gestus, wie sie wohl ursprünglich gemeint war.

Nun scheitert der vielleicht ohnehin halbherzig unternommene Versuch des Pilatus, Jesus im Rahmen einer Amnestie freizugeben. Der Turba-Chor »Nicht diesen, sondern Barrabam!« folgt dem deklamierenden Viertaktmodell der Johannespassion mit instrumentaler Sechzehntel-Oberstimme. Eine noch stärkere Reduktion des »Barrabam!«-Schreis wird Bach in der *Matthäuspassion* komponieren, weil er diesen Schrei dort nur noch auf seinen drei Silben skandieren lässt, was ohne schlüssige harmonische Einführung, ohne Begleitung der Instrumente (außer Generalbass) und ohne Auflösung der extremen Dissonanz bleibt. In der Johannespassion lässt bereits der Evangelisten-Einsatz auf dem hohen *a* die Dramatik erahnen, mit der die Geißelung (siehe auch Farbtafel 4) musikalisch vergegenwärtigt wird. Im gesamten Werk hat kein anderes Wort eine auch nur ähnliche Ausdehnung wie dieses »geißelte« mit seinen 51 Noten in der Singstimme. Wie unerbittliche Schläge wirken die Punktierungen des Generalbasses, welche den Evangelisten gleichsam einpeitschend weiter drängen.

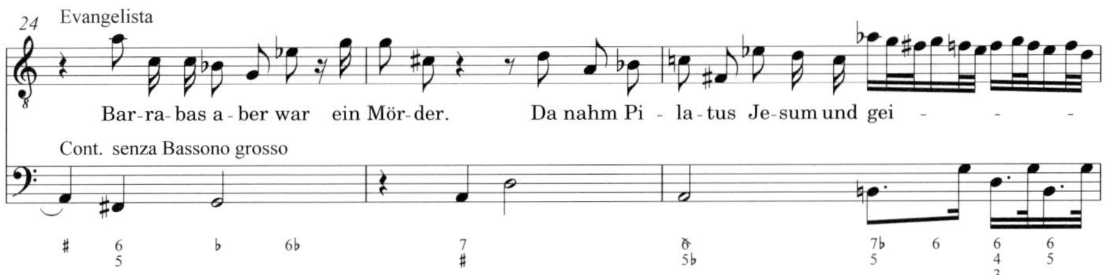

NB 34

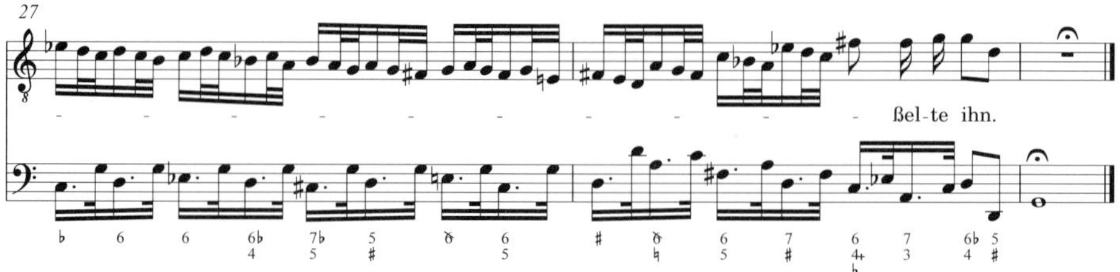

Arioso »Betrachte, meine Seel«

> Unbeschreibliche Seligkeit liegt in dem Arioso »Betrachte, meine Seel« und der darauf folgenden Arie »Erwäge, wie sein blutgefärbter Rücken«. Die Harmonien schweben zwischen Dur und Moll; dazu passt der umflorte Klang der beiden Viola d'amore. Ein Lächeln unter Tränen![10]
>
> *Albert Schweitzer*

Auf die überaus extrovertiert-virtuose Passage des Evangelisten von der Geißelung folgt mit dem Arioso »Betrachte, meine Seel« eine Adagio-Meditation. Gegensätzlicher könnte der Übergang von der Richtung ›nach vorn‹ zu der ›nach innen‹ nicht sein, und doch ist eine Art Brückenfunktion erkennbar. Das Bild der Geißelung wird den Betrachtern im Rezitativ geradezu drastisch vor Augen gestellt, um es dann musikalisch in einem Satzpaar zu vertiefen. Bereits die Anfangsworte lesen sich wie eine Zusammenfassung dessen, was die Passionsfrömmigkeit immer anstrebt: »Betrachten« (Sehen mit dem äußeren Sinn) und »Erwägen« (Verstehen des Gesehenen in seiner Heilsbedeutung).

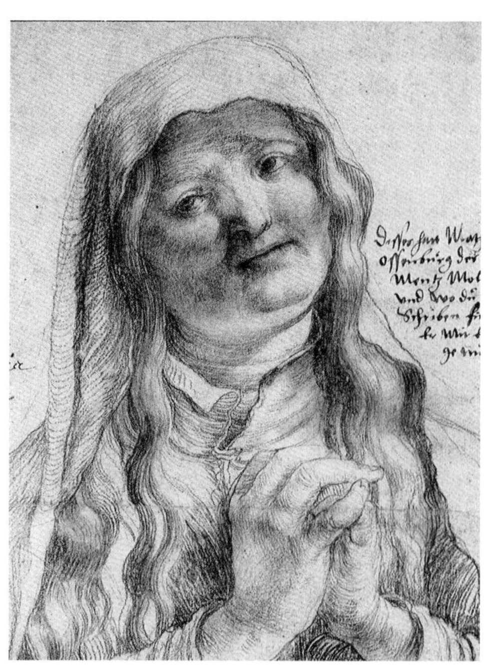

Weibliche Halbfigur mit gefalteten Händen
Matthias Grünewald, um 1515. Kohle auf gelblichem Papier. The Ashmolean Museum, Oxford

Indem sie sich gegenseitig ergänzen, umschreiben diese beiden Worte zugleich das »fruchtbarliche Bedenken«, das die Choralstrophe »O hilf, Christe, Gottes Sohn« (Nr. 37) entfalten wird. Zeitlich gesehen ist die Doppel-Antwort »Erwäge – Betrachte« auf Jesu Leiden die ausgiebigste Unterbrechung des Passionsgeschehens im gesamten Werk. Etwa zehn Minuten lang mag die Zeit still stehen zur Versenkung in die Passion, welche ja »ohn Unterlass« geschieht, also die Zeit getrost vergessen darf. Erleben (emotio) und Bedenken (ratio) sind dabei gleichermaßen gefordert. Zurecht spricht Martin Geck von der »Versunkenheit« als »Grundstimmung« dieses erlesenen Satzes, der an ein »stehendes Bild«[11] erinnert, dessen Betrachtung die Hörer sich hingeben.

Der Wortlaut

Der Librettist greift auf eine Passage der *Brockes-Passion* zurück, die in deren erster Auflage 1712 noch nicht enthalten war. Mit Elke Axmacher nehmen wir an, dass Barthold Hinrich Brockes und Bachs Librettist unterschiedliche Hörer voraussetzen. Brockes zielt auf die emotionale Identifikation mit dem Ereignis in einer fiktiven Gegenwart ab, welche die Dichtung konstituiert. Der Librettist Bachs will hingegen ein Gleichzeitig-Werden im Sinne der liturgischen Memoria eröffnen, das durchaus anders akzentuiert ist. Einer Entbarockisierung der Worte ist dann die Textrevision in Fassung IV verpflichtet.

Brockes-Passion	**Johannespassion 1724**
Soliloquio	*Arioso*
Drum, Seele, schau	Betrachte, meine Seel,
mit ängstlichem Vergnügen,	Mit ängstlichem Vergnügen,
Mit bitt'rer Lust	Mit bittrer Lust
und mit beklemmtem Herzen,	Und halb beklemmtem Herzen
Dein Himmelreich in Seinen Schmerzen:	Dein höchstes Gut in Jesu Schmerzen.
Wie dir auf Dornen, die Ihn stechen,	Wie dir auf Dornen, so ihn stechen,
Des Himmels Schlüssel-Blumen blüh'n!	Die Himmelsschlüsselblumen blühn!
Du kannst viel süße Frucht	Du kannst viel süße Frucht
von Seiner Wermuht brechen. [...]	von seiner Wermut brechen,
	Drum sieh ohn Unterlass auf ihn!

Johannespassion 1749
Betrachte, meine Seel
Mit ängstlichem Vergnügen
Mit bittrer Lust
Und halb beklemmtem Herzen,
Dein höchstes Gut
In Jesu Schmerzen.
Sieh hier auf Ruten, die ihn drängen,
Vor deine Schuld den Isop blühn
Und Jesu Blut auf dich zur Reinigung versprengen,
Drum sieh ohn Unterlass auf ihn!

Wie bei anderen Brockes-Übernahmen sind auch hier Reduktion und Identifikation als neue Akzente des Redaktors von Fassung I erkennbar. Was ihm entgegenkam, war der Gestus des Selbstgesprächs (Soliloquium), wobei man wohl offen lassen muss, ob die barocken Poeten das bekannteste philosophische Beispiel dieser Art, nämlich die *Soliloquien* des Augustinus mit ihrer berühmten

Devise »Gott und die Seele will ich erkennen, sonst nichts«, gekannt haben. Viel zitiert wurde Philipp Spittas scharfzüngige Kritik, dass die Hörer in diesem Arioso »hart an die Gränze des blühenden Unsinns geführt«[12] werden. Dieser Einwand wird den hochkomplexen Aspekten der Symbolik jedoch nicht gerecht. Zunächst geht es um die Ambivalenz der Passionsgefühle: »bittre Lust« erlebt das »halb beklemmte Herz«, dem der Schrecken der Passion ebenso wichtig ist wie ihre Heilsbedeutung. Zu erinnern ist an die Liedstrophe »Jesu, deine Passion ist mir lauter Freude« mit der Zeile »Meine Seel auf Rosen geht« in Fassung II der Johannespassion, denn auch dort ist das Bild der Dornen(krone) poetisch-theologisch in helles Licht gerückt. Die »Himmelsschlüsselblumen« sind jene, die – im Schlusschoral – den Himmel auf- und die Hölle zuschließen. Eine letzte Intensivierung erfährt der Gedanke, wenn nicht nur die Schönheit der Blumen in den Blick kommt, sondern Jesu Leiden im Bild von der »Wermut«. Deren Bitterkeit wandelt sich zu »süßer Frucht« ebenso wie die furchtbare Passion zur fruchtbaren Erlösung. Zu assoziieren sind also wiederum die Früchte der Passion. Sie heißen Erlösung (»Von den Stricken meiner Sünden«), Versöhnung (»... da zu dir, der mich versühnt«) und Nachfolge (»Ich folge dir gleichfalls«).

Bachs Musik

Dieses Arioso hat besonders viele Besetzungsänderungen erfahren. War es zunächst (Fassung I) mit zwei Violen d'amore und Laute besetzt, was einen reizvoll-herben Klang ergibt, entfällt es nur in Fassung II zugunsten der Arie »Ach, windet euch nicht so, geplagte Seelen«. Für die dritte und vierte Fassung wählt Bach als Soloinstrumente zwei gedämpfte Violinen (Violino con sordino), vermutlich weil ihm – wie auch heutigen Dirigenten bisweilen – keine Violen d'amore zur Verfügung standen. Die solistische Laute ersetzt er durch Orgel bzw. Cembalo (Fassung IV). In der letzten Fassung ist sogar im *pianissimo* ein Kontrafagott (Bassono grosso) als Generalbassinstrument besetzt. Die beschauliche Stimmung verdankt sich vor allem dem ruhig fließenden und harmonisch flächigen Figurenwerk des Tasteninstruments. Die Singstimme entfaltet keinen Ariengestus, unterscheidet sich aber in ihrer rhapsodischen Offenheit auch von typischen Ariosi. Man gewinnt den Eindruck, dass der Bassist sich an diesem Text entlang tastet. Die Phrasen sind absichtlich kurz gehalten und münden immer wieder in staunende Pausen.

Wie aber bringt Bach die paradoxe Dialektik des »ängstlichen Vergnügens« zur Geltung? Ein Mittel hierzu sind die überraschend-irritierenden melodischen Wendungen in den T. 4 und 5 zu den Worten »Vergnügen« (*a* statt *as*), »Herzen« (*e* statt *es*) und »Schmerzen« (*fis* statt *as*). Hinzu kommen harte Dissonanzen, die im instrumentalen Kontext aber durchaus mild klingen, etwa auf »ängstlich«, wenn der Generalbass erstmals den Grundton *es* verlässt (zwischen Bass

NB 35

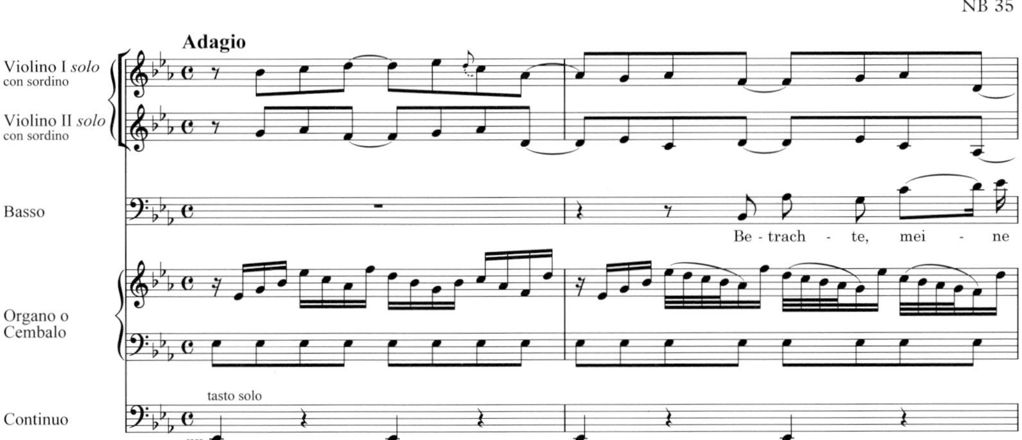

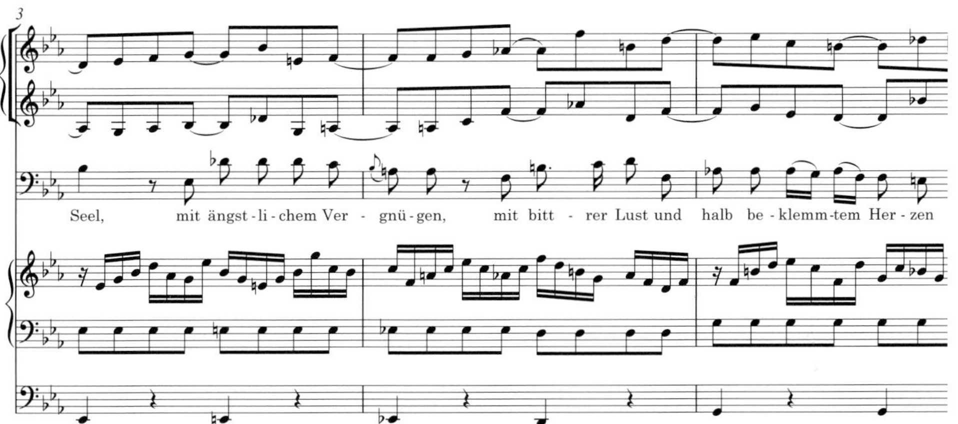

und Sänger ergibt sich das Intervall *e–des*). »Dein höchstes Gut« erklingt dann als quasi-arpeggierter C-Dur-Klang in der Singstimme. Zu dieser doppelten Charakteristik von Milde und Herbheit passt die Parallelführung der gedämpften Violinen. Insgesamt neigen sie mehr der »Lust« zu, doch gelegentlich ergeben sich harte, dennoch auszukostende Reibungen.

Besonders eindrücklich wirkt der Schluss »drum sieh ohn Unterlass auf ihn!«, denn er wird tatsächlich ohne Unterbrechung und mit zweifacher Wiederholung vorgetragen, was der großen kontemplativen Ruhe des Satzes nicht widerspricht, zumal die beiden letzten Worte »auf ihn« ein letztes Mal durch eine betonte Pause abgesetzt sind. Wenn der Bass mit großer Geste das Ziel des Grundtons erreicht, kommt es zum letzten Auskosten des Schmerzes, zumal die Violinen sich gleichsam in den Schlussklang hineinseufzen und die Kantilene der Orgel (oder des Cembalos) den Leitton nicht nach oben auflöst, sondern über die Septime nach unten abspringt. Das äußerliche Sehen (Arioso) hat in diesem Schauen sein Ziel erreicht, um in das noch tiefere Verstehen (Arie) überzugehen. Das Bild bleibt sozusagen stehen in seiner Helligkeit.

Arie »Erwäge, wie sein blutgefärbter Rücken«

Da mit der *Brockes-Passion* (Passionsoratorium), Bachs Libretto (Fassung I und II der Johannespassion) und der von einem unbekannten Theologen (?) stammenden Textrevision 1749 (Fassung IV) wiederum drei Varianten des Wortlauts im Spiel sind, gewährt die Textgestalt dieser Arie einen instruktiven poetisch-theologischen Werkstatt-Einblick.

Brockes: Aria 1712
Dem Himmel gleicht Sein bunt=gestriemter Rücken
Den Regen=Bögen ohne Zahl
Als lauter Gnaden=Zeichen schmücken:
Die (da die Sünd=Flut uns're Schuld verseiget)
Der holden Liebe Sonnen=Stral
In Seines Blutes Wolken zeiget.

Johannespassion 1724
Erwäge, wie sein blutgefärbter Rücken
In allen Stücken
Dem Himmel gleiche geht,
Daran, nachdem die Wasserwogen
Von unsrer Sündflut sich verzogen,
Der allerschönste Regenbogen
Als Gottes Gnadenzeichen steht!

Johannespassion 1749
Mein Jesu, ach! dein schmerzhaft bitter Leiden
Bringt tausend Freuden,
Es tilgt der Sünden Not.
Ich sehe zwar mit vielen Schrecken
Den heilgen Leib mit Blute decken;
Doch muss mir dies auch Lust erwecken,
Es macht mich frei von Höll und Tod.

Der Hamburger Ratsherr und Jurist Barthold Hinrich Brockes kennt die theologische Tradition und weiß sie poetisch zu nutzen. Der Anblick des gegeißelten Körpers soll die Erinnerung an einen Regenbogen wachrufen, weil im Neuen Bund Jesu Striemen ebenso Zeichen der Gnade sind wie der Regenbogen ein Zeichen der Versöhnung Gottes mit den Menschen im Alten Bund. Biblischer Bezugspunkt ist das 1. Buch Mose / Genesis, Kapitel 9,13 ff.: »Meinen Bogen hab ich gesetzt in die Wolken, der soll das Zeichen sein des Bundes zwischen mir und der Erden. Und wenn es kommt, dass ich Wolken über die Erden führe, so soll man meinen Bogen sehen in den Wolken. Alsdenn will ich gedenken an meinen Bund zwischen mir und euch und allem lebendigen Tier in allerlei Fleisch. Dass nicht mehr hinfurt eine Sintflut komme, die alles Fleisch verderbe. Darum soll mein Bogen in den Wolken sein, dass ich ihn ansehe und gedenke an den ewigen Bund zwischen Gott und allem lebendigen Tier in allem Fleisch, das auf Erden ist. Daselb saget Gott auch zu Noah: Dies sei das Zeichen des Bundes, den ich aufgerichtet habe zwischen mir und allem Fleisch auf Erden.« Gottes neues Gnadenzeichen ist die Hingabe seines Sohnes in der Passion, dessen schrecklicher Anblick erst auf den zweiten Blick an die Farbenpracht eines Regenbogens erinnert und damit zugleich an dessen fruchtbare Bedeutung, die sich im leidenden Jesus erfüllt.

Der Arientext von 1724 übernimmt das Bild von Brockes und verändert es entscheidend. Die bereits biblisch stimmige Aussage wird durch die Aufforderung ergänzt, all dies zu betrachten. Somit ist die geistliche Auslegung selbst zum Thema geworden. Zudem erscheint der Text nun geordnet und zugleich gestrafft. Am Beginn steht das Passionsbild des Gegeißelten und nicht der Himmel. Das Bild soll aber gleichsam auf den Himmel hin transparent werden. Im B-Teil herrscht große Stringenz: die »Wasserwogen« (Beschreibung) sind die »Sündflut« (Deutung), und der »Regenbogen« ist »Gottes Gnadenzeichen« – ebenso wie der gestriemte Rücken, der nun im Dacapo wiederkehrt.

In seiner musikalischen Meditation hält Bach bereits beim ersten Wort »Erwäge« inne, um es in ein musikalisches Sinnbild zu übersetzen. Die Waage neigt sich mehrmals nach beiden Richtungen, scheint dann aber in der Singstimme auf einem lang gehaltenen Ton ins stabile Gleichgewicht zu kommen. Manche Interpreten gehen noch weiter in den Wort-Ton-Korrespondenzen: »Die kleine Pause stellt das prüfende Innehalten zwischen zwei Wiegevorgängen dar«.[13] Im Rhythmus fließender Punktierungen musikalisiert Bach die »Wasserwogen«, wohingegen der »Regenbogen« in ein sprechendes melodisches Bild gefasst wird.

Erwägen

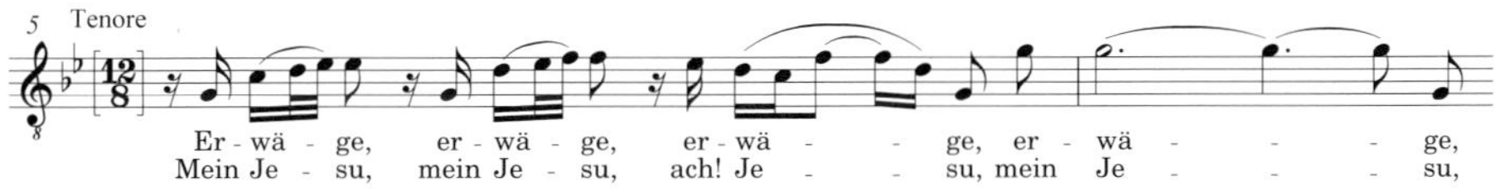

NB 35

Regenbogen

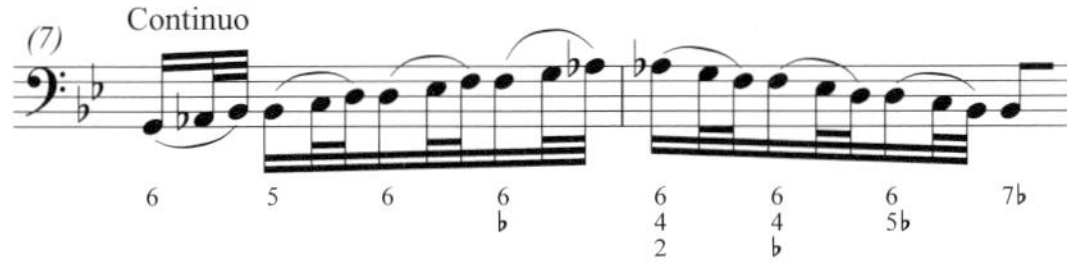

Wasserwogen

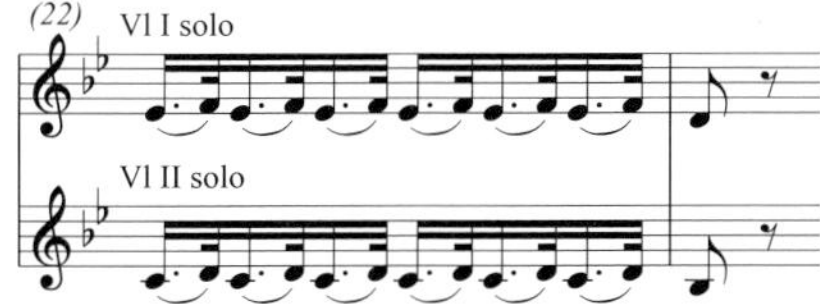

Erst die Textänderungen von 1749 eliminieren den symbolischen Kern der Arie mitsamt einigen konkreten Details dieser Leidensstation. Die Aufforderung »Erwäge« verschwindet ebenso wie die »Wasserwogen« und der »Regenbogen«. Dafür rettet sich der unbekannte Verfasser, dessen poetisch-theologisches Repertoire schmal gewesen zu sein scheint, ein weiteres Mal in den Reim »Leiden« – »Freuden«, der ihm schon bei der Revision der Nachfolge-Arie hilfreich gewesen war: »Ich folge dir gleichfalls, mein Heiland, mit Freuden, [...] bis dass du mich lehrest, geduldig zu leiden« (Nr. 9). Doch fehlt zu dem theologisch richtigen Gedanken jeweils die Begründung. Außerdem bleibt der Gegensatz der Worte ohne musikalische Entsprechung, und dies ist das poetisch-theologische Defizit dieser Fassung im Skopus. Wie viel stimmiger erklingt derselbe Gegensatz doch in Fassung II bei der Arie »Himmel reiße, Welt erbebe« mit unterflochtenem Choral »Jesu, deine Passion ist mir lauter Freude« durch Bachs konsequent antithetisch-musikalische Gestaltung (siehe S. 227 ff.).

Es drängt sich der Eindruck auf, dass Bach die Umtextierung zwar eigenhändig, aber schematisch und lustlos, jedenfalls ohne einen Ansatz zur Angleichung musikalischer Details an die neue Textwelt vorgenommen hat oder vornehmen musste. Insbesondere am Beginn des B-Teils will man den »Schrecken« nicht glauben, wenn er in Gestalt einer großen melodischen Linie und begleitet von wiegenden Terzparallelen daherkommt. Auch der Sensus mancher Einzelworte bleibt ohne musikalische Entsprechung. Der größte Unterschied beider Fassungen ist jedoch der Gestus. Der Wortlaut von »Erwäge« ist Aufforderung zum Gebet, ja wird selbst zum komponierten Gebet, wohingegen die Textrevision »Mein Jesu« auf der Ebene von Aussagen stehen bleibt.

Verurteilung und Kreuzigung

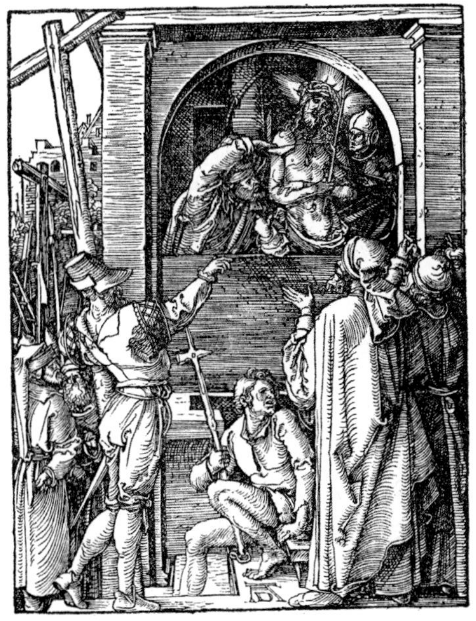

Ecce homo aus der Kleinen Holzschnitt-Passion von Albrecht Dürer, 1509/11

21 Evangelium

Und die Kriegsknechte flochten eine Krone von Dornen und satzten sie auf sein Haupt und legten ihm ein Purpurkleid an und sprachen: »Sei gegrüßet, lieber Jüdenkönig!«
Und gaben ihm Backenstreiche. Da ging Pilatus wieder heraus und sprach zu ihnen: »Sehet, ich führe ihn heraus zu euch, dass ihr erkennet, dass ich keine Schuld an ihm finde.« Also ging Jesus heraus und trug eine Dornenkrone und Purpurkleid. Und er sprach zu ihnen: »Sehet, welch ein Mensch!« Da ihn die Hohenpriester und die Diener sahen, schrieen sie und sprachen: »Kreuzige, kreuzige!«
Pilatus sprach zu ihnen: »Nehmet ihr ihn hin und kreuziget ihn; denn ich finde keine Schuld an ihm!« Die Jüden antworteten ihm: »Wir haben ein Gesetz, und nach dem Gesetz soll er sterben; denn er hat sich selbst zu Gottes Sohn gemacht.«
Da Pilatus das Wort hörete, fürchtet' er sich noch mehr und ging wieder hinein in das Richthaus und spricht zu Jesu: »Von wannen bist du?« Aber Jesus gab ihm keine Antwort. Da sprach Pilatus zu ihm: »Redest du nicht mit mir? Weißest du nicht, dass ich Macht habe, dich zu kreuzigen, und Macht habe, dich loszugeben?« Jesus antwortete: »Du hättest keine Macht über mich, wenn sie dir nicht wäre von oben herab gegeben; darum, der mich dir überantwortet hat, der hat's größ're Sünde.« Von dem an trachtete Pilatus, wie er ihn losließe.

22 Choral

Durch dein Gefängnis, Gottes Sohn,
Muss uns die Freiheit kommen;
Dein Kerker ist der Gnadenthron,
Die Freistatt aller Frommen;
Denn gingst du nicht die Knechtschaft ein,
Müsst unsre Knechtschaft ewig sein.

23 Evangelium

Die Jüden aber schrieen und sprachen: »Lässest du diesen los, so bist du des Kaisers Freund nicht; denn wer sich zum Könige machet, der ist wider den Kaiser.«
Da Pilatus das Wort hörete, führete er Jesum heraus und satzte sich auf den Richtstuhl an der Stätte, die da heißet: Hochpflaster, auf Ebräisch aber: Gabbatha. Es war aber der Rüsttag in Ostern um die sechste Stunde, und er spricht zu den Jüden: »Sehet, das ist euer König!« Sie schrieen aber: »Weg, weg mit dem, kreuzige ihn!«

Spricht Pilatus zu ihnen: »Soll ich euren König kreuzigen?« Die Hohenpriester antworteten: »Wir haben keinen König denn den Kaiser.«
Da überantwortete er ihn, dass er gekreuziget würde. Sie nahmen aber Jesum und führeten ihn hin. Und er trug sein Kreuz und ging hinaus zur Stätte, die da heißet Schädelstätt; welche heißet auf Ebräisch: Golgatha.

24 Arie (Bass, Streicher und Basso Continuo, mit *Chor*)

Eilt, ihr angefochtnen Seelen,
Geht aus euren Marterhöhlen,
Eilt – *Wohin?* – nach Golgatha!
  Nehmet an des Glaubens Flügel,
  Flieht – *Wohin?* – zum Kreuzeshügel,
  Eure Wohlfahrt blüht allda!

25 Evangelium

Allda kreuzigten sie ihn, und mit ihm zween andere zu beiden Seiten, Jesum aber mitten inne. Pilatus aber schrieb eine Überschrift und satzte sie auf das Kreuz, und war geschrieben: »Jesus von Nazareth, der Jüden König«. Diese Überschrift lasen viele Jüden, denn die Stätte war nahe bei der Stadt, da Jesus gekreuziget ist. Und es war geschrieben auf ebräische, griechische und lateinische Sprache. Da sprachen die Hohenpriester der Jüden zu Pilato: »Schreibe nicht: der Jüden König, sondern dass er gesaget habe: Ich bin der Jüden König.« Pilatus antwortet: »Was ich geschrieben habe, das habe ich geschrieben.«

26 Choral

In meines Herzens Grunde,
Dein Nam und Kreuz allein
Funkelt all Zeit und Stunde,
Drauf kann ich fröhlich sein.
Erschein mir in dem Bilde
Zu Trost in meiner Not,
Wie du, Herr Christ, so milde
Dich hast geblut' zu Tod!

»Ecce homo«

Auf die Geißelung folgt die Verspottung Jesu durch die Kriegsknechte als weitere Variation der Königs-Thematik. In Lumpen und mit einer Dornenkrone auf dem Haupt wird er vorgeführt. Der erste Akkord des Rezitativs reißt die Hörer aus ihrer Betrachtung, denn auf den c-Moll-Schluss der »Erwäge«-Arie erklingt ein D-Dur-Sextakkord mit *fis* im Bass, das zu *c* in Tritonus-Spannung steht.

Die Antwort der Gegner Jesu ist der Chor »Sei gegrüßet, lieber Judenkönig«. Er beginnt mit einem Fugato »Sei gegrüßet«, das in einen homophonen Abschnitt übergeht. Pilatus stellt zum dritten Mal Jesu Unschuld fest, wird aber zugleich als »Mittel zum Zweck«[14] immer tiefer in den Hass verstrickt. Höchst expressiv ist Bachs melodische Gestaltung des Evangelistenrezitativs, etwa bei »Dornenkrone und Purpurkleid«, den Insignien des Spott-Königs (NB 37).

Das »Ecce homo«-Wort des Pilatus beschreibt die Situation: Jesus ist Mensch »in der größten Niedrigkeit« (Eingangschor). Vielleicht steht hier sogar der Prolog des Johannesevangeliums im Hintergrund, weil dessen hochtheologischer Grundsatz von der Menschwerdung Gottes, dass nämlich das »Wort Fleisch geworden ist« (Joh 1,14), erst hier »in seiner extremsten Konsequenz sichtbar« wird.[15] Gott wird Mensch – doch »sehet, welch ein Mensch« (»Ecce homo«).

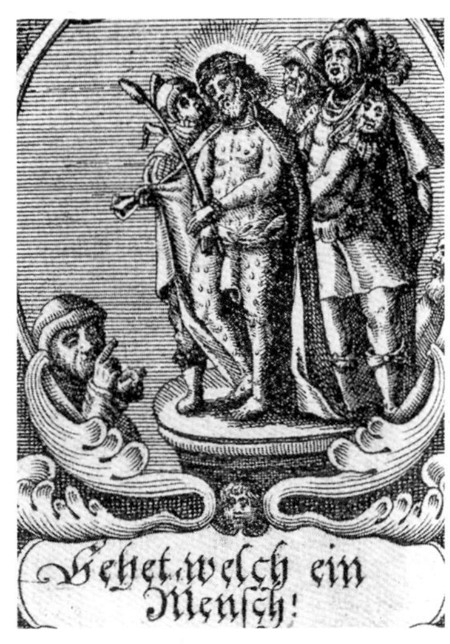

»Sehet, welch ein Mensch!« Abbildung aus dem *Neuen Vollständigen Eisenachischen Gesangbuch,* 1673

Dieses »Ecce homo« des Pilatus gestaltet Bach als melodisch-diatonisch absteigende Linie, wobei vermutlich der theologische Gedanke der Erniedrigung (Kenosis) im Hintergrund steht, den er in seinem Kantatenwerk vielfach musikalisiert, am deutlichsten im *Weihnachtsoratorium.* Das berühmte Wort des Pilatus wirkt harmonisch wie eine ›Insel‹, weil die Ankündigung des Evangelisten F-Dur erwarten lässt, nun aber nach einem verminderten Akkord (»Sehet«) fast unvermittelt f-Moll erklingt.

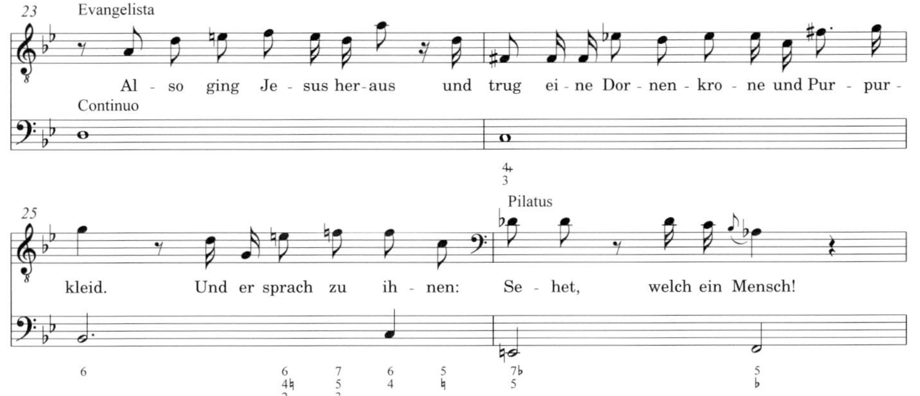

NB 37

Die beiden »Kreuzige«-Chöre

Jesu Gegner sehen in ihm nur noch ihr Feindbild: den, der sich das Königtum angemaßt hat, nicht aber den wehrlos-geschundenen Menschen. Der »Kreuzige«-Chor steht in g-Moll, der Tonart des Eingangschores der Johannespassion. Zudem nimmt er in den beiden Oboen die musikalischen Leidensvokabeln des Exordiums auf. In den Vokalstimmen kommt zu dieser Chromatik mit langen Notenwerten (Bläser) noch ein rhythmisch akzentuierter, gleichbleibend daktylischer »Kreuzige«-Ruf in steigernder Wiederholung, dessen Gestus die Streicher beständig unterstützen.

NB 38

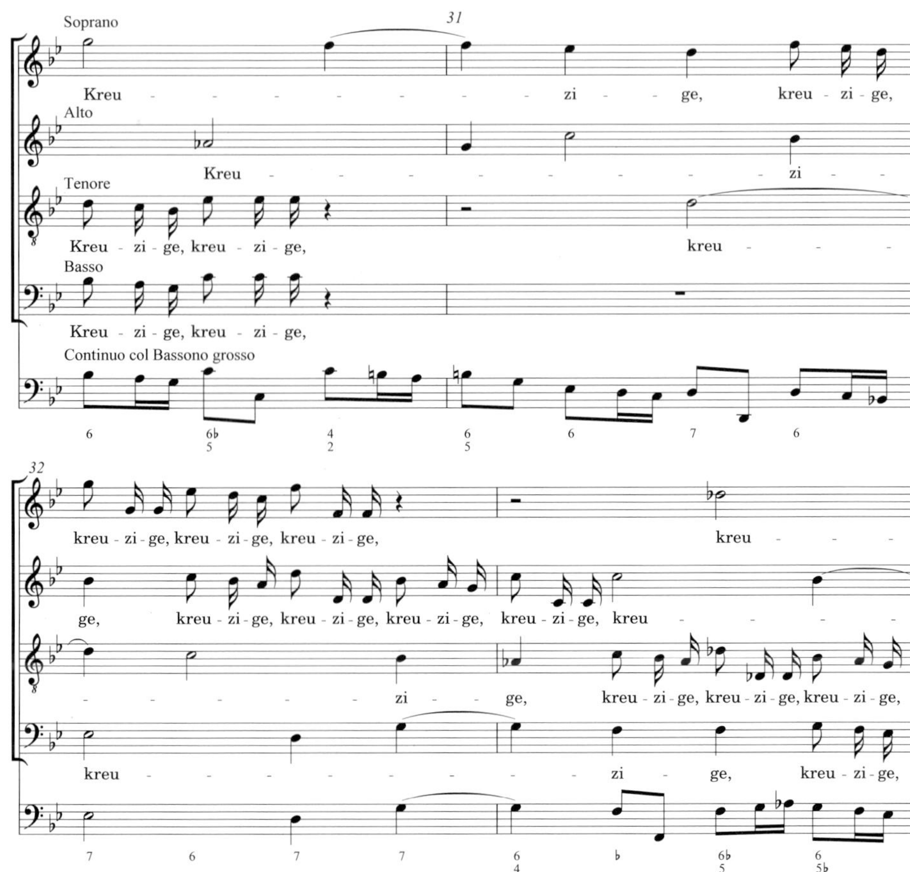

Interpretation ist hier in doppelter Weise gefragt. Zunächst im Blick auf die Beschreibung der Musik. Allzu oft vermischte sich die Deutung dessen, was Bach komponiert hat, mit einem heute höchst problematischen antijüdischen Zungenschlag. Sogar von »heulendem Höllengesang« und jüdischem »Gesetzesstolz«[16] war die Rede. In Bachs Musik steht davon nichts, wenngleich er alles daransetzt, die Dramatik dieser »Kreuzige«-Rufe musikalisch zur Geltung zu bringen. Aufführungspraktisch verlangen solche Stücke eine Gratwanderung, bei der ihre doppelte Qualität deutlich werden kann: zum einen sind sie *Handlung* im aggressiv-konzertierenden Gegeneinander zwischen Jesus und seinen Gegnern; zum anderen aber bleiben sie liturgisch-musikalische *Lesung*, die weniger agiert, sondern vielmehr berichtet, wie es gewesen ist. Auch der Evangelist nimmt an diesem spannungsreichen Spiel teil. Seine Gratwanderung ist die zwischen Parlando und Expressivo. Er ist weder unbeteiligter Lektor noch agiert er im Sinne eines Aufwiegelns. Er vergegenwärtigt die Passion in jedem einzelnen Moment, wobei gerade in der Johannespassion die Gesamtperspektive der österlichen Vollendung niemals verloren gehen darf.

Chor »Wir haben ein Gesetz« – »Lässest du diesen los«

Die beiden inneren Glieder der Turba-Symmetrie flankieren gleichsam das Zentrum des Chorals »Durch dein Gefängnis, Gottes Sohn«. Den Fugen-Charakter stärkt Bach in beiden Chören schon im zweiten Takt durch den Einsatz einer Engführung im Generalbass. Die nach besonders klaren kompositorischen Regeln zu gestaltende Fuge galt ihm wohl auch als das Sinnbild des »Gesetzes«. Rhetorische Hervorhebungen sind die demonstrative Betonung auf »dem«, weil ein ganz bestimmtes Gesetz aus dem alttestamentlichen Buch Levitikus (3. Mose) hier gemeint ist: »Wer den Namen Gottes lästert, der soll mit dem Tod bestraft werden« (Lev 24,16). Jesu Anspruch, der Sohn Gottes zu sein, ist in den Augen seiner Feinde – das ist ein gewisser Teil der jüdischen Führungsschicht der Sadduzäer – die größte Blasphemie.

Vermutlich hat Bach die hochdramatische Musik dieses doppelten Turba-Chores auf den ersten erklingenden Text hin erfunden: »Wir haben ein Gesetz«. Der zweite Chor »Lässest du diesen los« steht einen Halbton tiefer, wobei der Einsatzton des Basses, höchst ungewöhnlich, die Sept zum Schlusston des Evangelisten ist. Wie sehr Bach an diesen ›doppelten‹ Chören im Einzelnen gefeilt hat, wird am Vergleich der Themen deutlich. Eine nur schematische Unterlegung des zweiten Textes unter die Noten des ersten klänge zwar holprig, wäre aber nicht unmöglich. Für Bach kommt sie nicht in Frage, weil er die Worte »du« und »diesen« besonders betonen will: Beide erhalten eine synkopische, gegen den Takt gerichtete Akzentuierung; »diesen« mitsamt einer kleinen Verzierung.

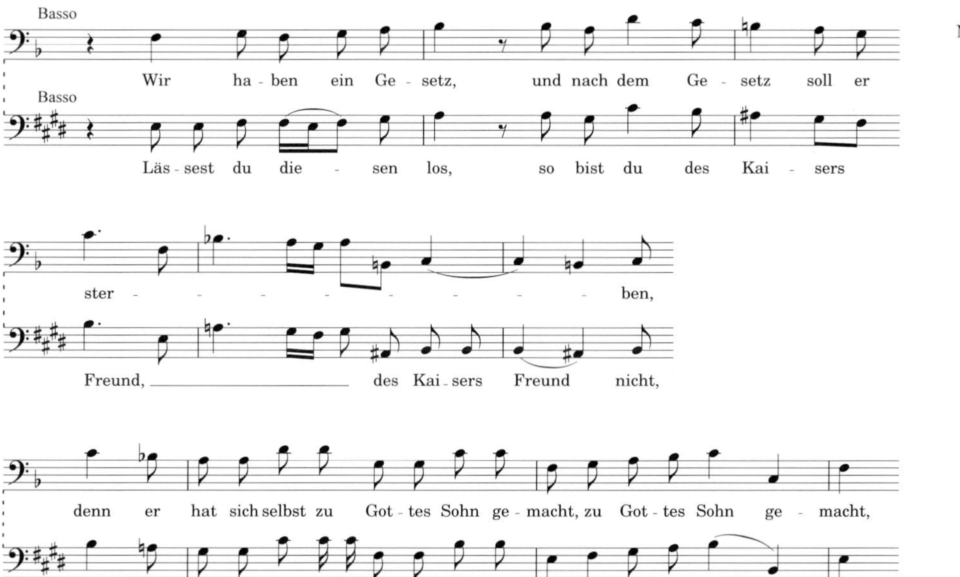

NB 39

Der zentrale Choral »Durch dein Gefängnis, Gottes Sohn«

> Keine Verkündigung des Wortes ohne persönliche Aneignung, die notwendig zu selbständiger Ausprägung führt; keine subjektive Frömmigkeit ohne Rückbeziehung auf den gemeinsamen Glauben an das geprägte Wort – wenn das Protestantismus ist, so ist Bach einer seiner gewaltigsten Verkünder.[17]
>
> *Martin Dibelius*

Im Zentrum der Turba-Symmetrie steht der Arientext »Durch dein Gefängnis, Gottes Sohn« von Christian Heinrich Postel, den Bach jedoch als Choral mit der Melodie »Mach's mit mir Gott, nach deiner Güt« bzw. »Mir nach, spricht Christus, unser Held« vertont. Wollte er dieses Zentrum seiner Johannespassion nicht dem betrachtenden ›Ich‹, sondern dem gemeindlichen ›Wir‹ anvertrauen? Wieder ist die Aussage nur als paradoxe möglich: »dein Kerker ist der Gnadenthron«. Ebenso ungewöhnlich wie gelungen ist der spachliche Umgang mit dem Wort »Knechtschaft«. Auch im barocken Verständnis kann wohl niemand eine Knechtschaft »eingehen«, sondern nur in Knechtschaft geraten. Postel verwendet das Wort Knechtschaft aber so, wie man von Freundschaft redet. Und das ist letztlich gemeint: ›Denn gingst du nicht die Freundschaft ein‹. Dass der Kerker der »Gnadenthron« ist, wird in Worten gesagt. Dass Jesus diese Knechtschaft um seiner Freundschaft zu den Menschen willen eingeht, ist poetisch angedeutet.

Der Choral-Anschluss an das Rezitativ des Evangelisten ist eine Art melodischer Verklammerung in der gleichen Tonart. Der Bass beginnt mit dem Grundton *e*, der bereits erreicht war; der Tenor setzt mit der Tonfolge *gis–a–h* ein, die

NB 40

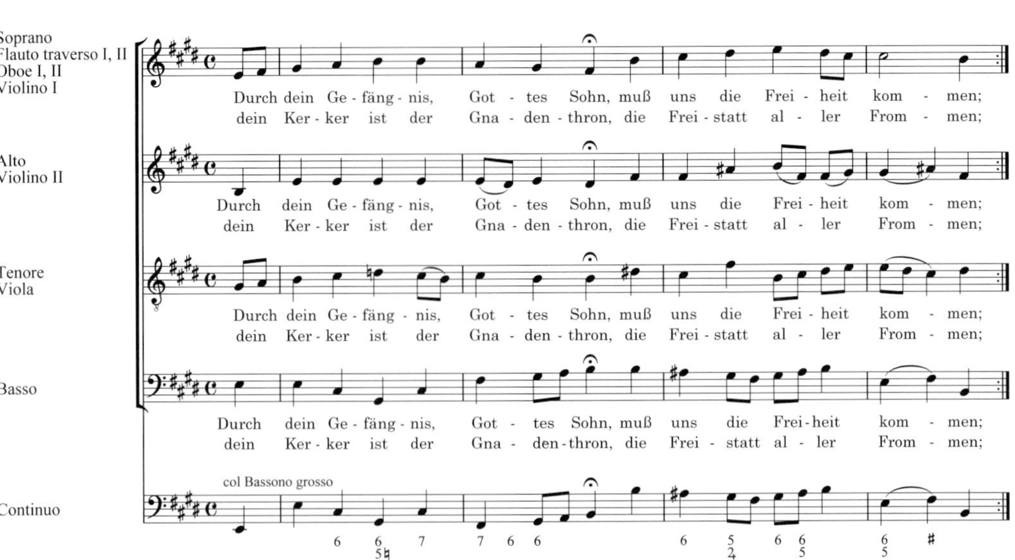

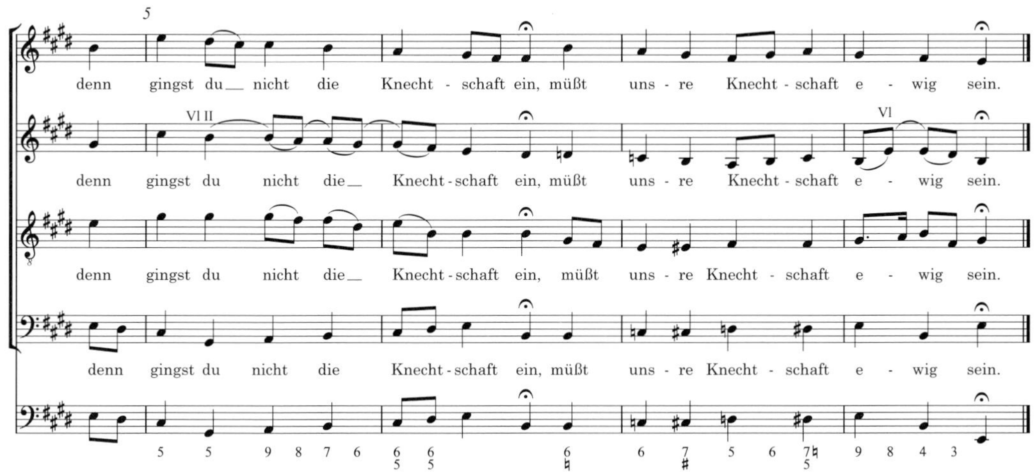

den Generalbass des vorigen Taktes zitiert; der Alt wählt mit der aufsteigenden Quart *h–e* die Umkehrung des letzten fallenden Generalbass-Intervalls *h–e;* und im Sopran schließlich erklingen die drei letzten Noten des Evangelisten *gis–fis(Vorhalt)–e* im Krebsgang *e–fis–gis.* So schafft Bach eine große musikalische Einheit zwischen Rezitativ und Choralstrophe. Die Worte hingegen sind eine Art Kontrapunkt, weil sie den Vorsatz des Pilatus, Jesus loszulassen, gar nicht aufgreifen, sondern direkt die Heilsbedeutung der Gefangennahme entfalten.

Arie mit Chor »Eilt, ihr angefochtnen Seelen«

»Die unmäßig schwierige Arie ›Eilt ihr angefochtenen Seelen‹ trug A.v. Kapff bewunderungswürdig vor. Der immer einfallende Chor war seiner unüberwindlichen Schwierigkeit halber nur einzelnen sichern Stimmen anvertraut; ganz genau gerieth er dennoch nicht, das ›wohin‹ kam nicht mit der nothwendigen Praecision heraus.«[18]

Auf die Besonderheit dieser Arie mit den fragend-chorischen Einwürfen »Wohin, wohin?« kommt bereits die eingangs zitierte Rezension der Bremer Erstaufführung am Karfreitag 1832 zu sprechen. In einer späteren Notiz über die Wiederaufführung am 24. März 1837 heißt es: »Die Choräle wurden alle gesungen, von den Arien blieben mehrere weg, namentlich die Baß-Arie: ›Eilt, ihr angefochtenen Seelen‹, welche eine sehr tiefe Stimmlage erfordert, und für den einfallenden Chor recht schwierig ist.«[19] Bach hätte diese Schwierigkeit vielleicht als »intricat« (vertrackt) bezeichnet. Zu zeigen ist, warum er sie ausgerechnet hier so konsequent einsetzt.

Zum Wortlaut

Brockes
TOCHTER ZION:
Eilt, ihr angefochtnen Seelen!
Geht aus Asaphs Mörderhöhlen!
Kommt! CHOR: Wohin?
TOCHTER ZION: Nach Golgatha,
Nehmt des Glaubens Taubenflügel!
Fliegt! CHOR: Wohin?
TOCHTER ZION: Zum Schädelhügel,
Eure Wohlfahrt blühet da.
Kommt! CHOR: Wohin?
TOCHTER ZION: nach Golgatha.

Bach
(keine allegorische Person)
Eilt, ihr angefochtnen Seelen,
Geht aus euren Marterhöhlen,
Eilt – Wohin? –
Nach Golgatha!
Nehmet an des Glaubens Flügel,
Flieht – Wohin? –
Zum Kreuzeshügel,
Eure Wohlfahrt blüht allda!

Die Kreuzigung steht klanglich schon im Raum durch die dissonante Melodik des Evangelisten, die bei »gekreuziget« zudem als Augenmusik – dazu muss man die erste mit der dritten und die zweite mit der vierten Note verbinden – ein Kreuz zeichnet, und zwar in äußerster harmonischer Dissonanz, ausgehend von einem Septakkord über Fis.

NB 41

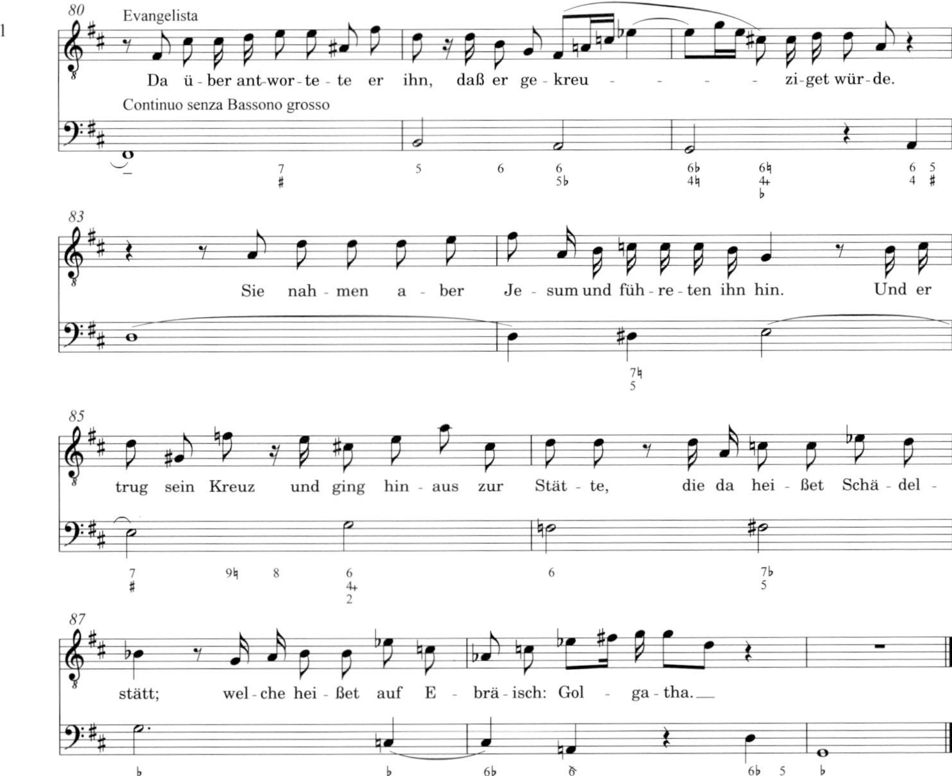

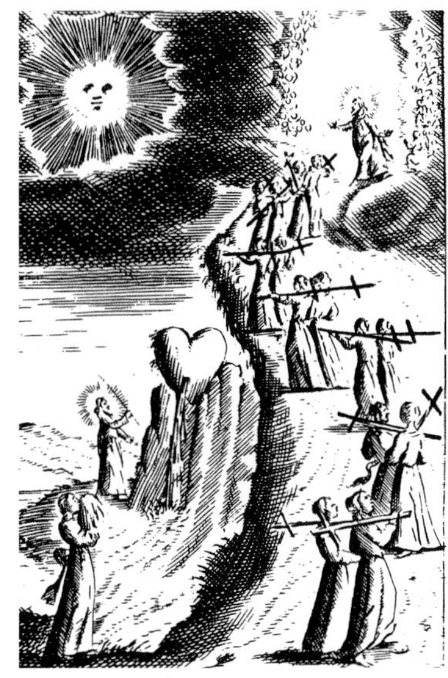

Die Kreuzträger auf dem Weg der Nachfolge. Kupferstich in Heinrich Müllers Postille *Himmlischer Liebes=Kuss Oder Übung des wahren Christentums, fließend aus der Erfahrung der Göttlichen Liebe*, Leipzig 1669, neben S. 514

Die betonte Sept *es* des Solisten (T. 81) wird nicht aufgelöst, sondern zur Terz von c-Moll umgedeutet, bevor ein Septnonakkord über A (mit tiefalterierter Quint *es*) sich endlich nach D-Dur löst. Der Evangelist beschreibt hierzu unmittelbar hintereinander zwei dissonierende Dreiklänge, zuerst vermindert aufwärts *(a–c–es)*, dann mit zusätzlicher Erniedrigung des *e* zu *es* abwärts *(g–es–cis)*. Ebenso hart sind die Dissonanzen bei »und er trug sein Kreuz«, nun aber mit den höchst unsanglichen Intervallen *d–gis–f* auf den Grundton *E* bezogen: Sept, Terz, Non. Zu erinnern ist auch daran, dass Jesus im Johannesevangelium bis zuletzt der Handelnde bleibt, denn er trägt selbst sein Kreuz ohne jegliche Hilfe des Simon von Kyrene. Der Ort »Golgatha« erklingt in hoch-gespannter Lage mit dem übermäßigen Sekundschritt *es–fis*, was um so eklatanter wirkt, als Bach die erste Version des Namens »Schädelstätt« noch anders behandelt hat: *es–d–b* abwärts (harmonisch vom verminderten Septakkord zu seiner regulären Auflösung). Nun aber aufwärts *es–fis–g* (also der Sprung von der Sept des verminderten Akkords zum Leitton).

Die Ortsangabe »Golgatha« gibt zugleich das Stichwort für den Anschluss. Golgatha meint zugleich den Weg des Glaubens dorthin. Bereits der Brockes-Text ist ein überaus musikables Gebilde in planmäßiger Steigerung:

Geschwindigkeit (Eilt!) – Affekt (Anfechtung)
Bild (Mörderhöhlen)
Dialog zwischen Tochter Zion und Chor (Dramatik)
neues Bewegungsbild (Flug der Taube)
positives Ziel (Wohlfahrt)

Der Textredaktor der Bach'schen Johannespassion mildert die poetische Vorlage ab, ohne ihr die Spitze zu nehmen. Auch bei diesem Satz baut er das Passionsoratorium zu einer Oratorischen Passion gleichsam zurück, indem er zunächst die Personifizierungen streicht. Der Verzicht auf allegorische Personen erleichtert die persönliche Identifikation, denn immer sind die Hörer angesprochen. Der Dialog schließt sich nicht – wie bei einem Schauspiel – zwischen zwei Protagonisten auf einer imaginären Bühne, sondern er schlägt die Brücke vom biblischen Geschehen zu den Betrachtern hier und heute, die sich wie in einem Spiegel selbst erkennen sollen. Diese neue Geste wird unterstützt durch die direkte Ansprache »eure Marterhöhlen« statt »Asaphs Mörderhöhlen«. Asaph war ein Stammvater jüdischer Tempelmusiker. Er ist in diesem Arientext ebenso entbehrlich wie die »Tauben« und der »Schädelhügel«. Dass »Mörderhöhle« zu »Marterhöhle« wird, könnte sogar ein beabsichtigter Rückbezug zur »Marterstraße« des ersten Chorals »O große Lieb« sein. Das ist auch deshalb wichtig, weil so der latent antijüdische Vorwurf – Mörderhöhle klingt an Gottesmörder an – eliminiert ist und der Blick auf das eigene Mitleiden gelenkt wird, nicht auf fremde Schuld. Die Änderung von Fliegen zu Fliehen könnte durchaus von einem Komponisten stammen, weil sie eine andere musikalische Inspiration einführt. Bei Brockes legt das musikable Stichwort – ähnlich wie in der Tenor-Arie »Auf meinen Flügeln sollst du schweben« (BWV 213,7) der Herkules-Kantate *Lasst uns sorgen, lasst uns wachen* aus der Feder Picanders – eine den Tonraum in weiten Schwüngen durchmessende Bewegung nahe. In der Johannespassion hingegen öffnen sich durch das Wort Flucht (fuga) Bedeutungsbereiche wie Fuge (affirmativ) oder – man denke an die fliehenden Jünger – das ungeordnete, vielleicht in mehrere Himmelsrichtungen laufende Sich-Zerstreuen (negativ).

Bachs Vertonung

Bachs Musik ist ein Kabinettstück für Solobass und Oberchor (S–A–T), begleitet von den Streichern und Generalbass. In keinem anderen Satz der Johannespassion hat der Chor so wenige Noten zu singen, doch man will kaum glauben, wie schwierig diese »Wohin?«-Akkorde sind. Bach spielt den notierten Rhythmus nämlich gegen das natürliche Takt-Empfinden aus. Sein Ziel ist die Darstellung der nicht nur aufgewühlten, sondern orientierungslosen Atmosphäre: äußere Ziellosigkeit (»Wohin?«) und innere Anfechtung, orientierungsloses Fragen und beruhigende Bass-Antwort. Dieses im Text vorgegebene Dialogisieren rückt Bach jedoch aus der denkbaren zeitlich-geordneten Frage-Antwort-Struktur in eine atemlose Gleichzeitigkeit von Aufruf (»Eilt!«) und Frage (»Wohin?«), wobei zunächst einmal jede Antwort ausbleibt. Die Protagonisten laufen (und singen) nicht miteinander, sondern nebeneinander her. Anstatt auf die »Wohin?«-Fragen zu antworten, intensiviert der Bass sein »Eilt!« geradezu einpeitschend und vorantreibend (NB 42). Erst am Ende des A-Teils kommt es zu einer ersten Verständigung: Fragen und Eilt-Impuls (auf einer Achtelnote statt Sechzehntelketten) nähern sich einander an. Die erste wirkliche Antwort des Basses erfolgt auf einer übermäßigen Quart *g–cis,* bevor auf die letzte »Eilt«-Koloratur die schier ungläubige Nachfrage des Chores mit Nachdruck (Fermate!) die definitive Anwort des Basses provoziert. Doch auf deren Schlusssilbe setzt der B-Teil ebenso rastlos wie der Rahmenteil ein, nun auf der Dominante, die bereits die Bass-Antwort erreicht hatte.

Zentral sind in dieser Arie die zahlreichen Momente metrischer Verunklärung. Das ganze Stück ist in der Tat »aus dem tact gerathen«[20]. Es beginnt damit, dass das Ritornell in seiner tiefen Anfangslage nur schwer in den Takt findet. Unseren Ohren widerstrebt es, die Anfangsfigur metrisch so zu hören, wie Bach

NB 42

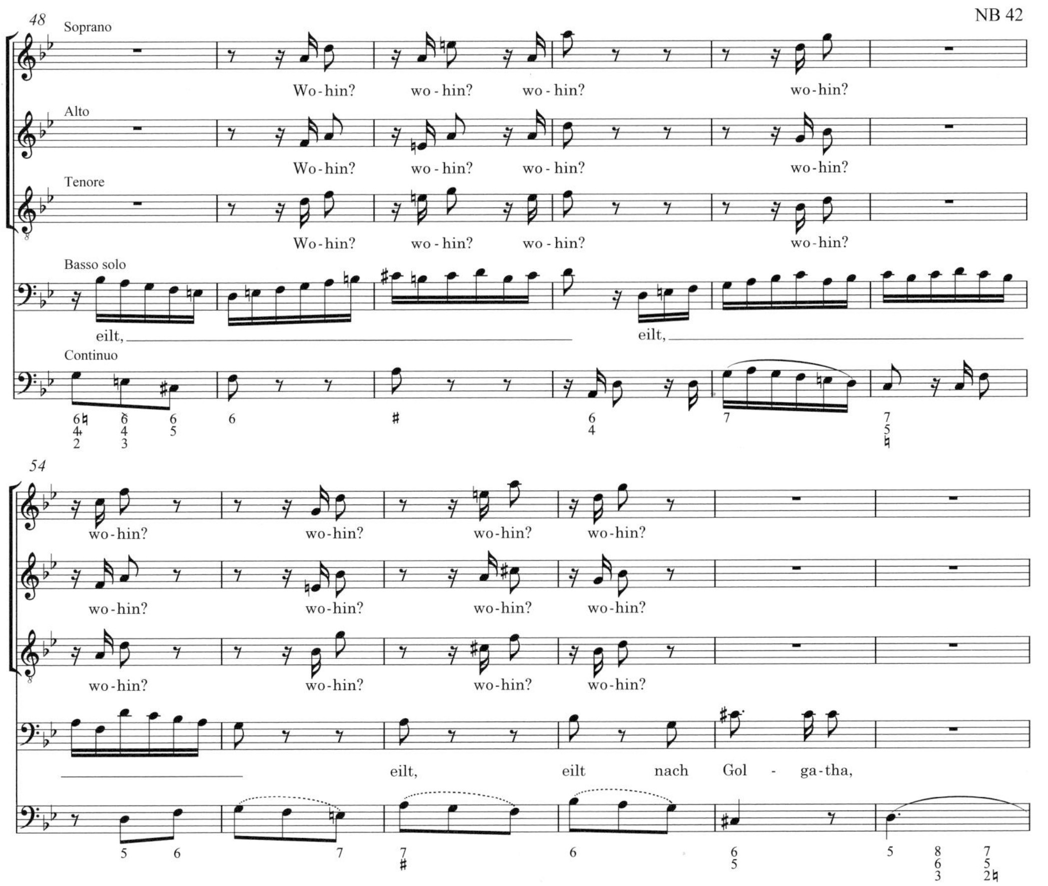

sie notiert hat, nämlich in einem 3/8-Takt. Insbesondere der Leitton *fis* auf der ersten Zählzeit des zweiten Taktes sträubt sich förmlich dagegen. Plausibler wäre eine Gliederung mit jeweils zwei Achteln, die dann auch durch die instrumentalen Rufe nahegelegt wird. Erst ab dem neunten Takt stabilisiert sich das Metrum durch den sequenzierten Rhythmus des Generalbasses.

Die Partie des Basses ist eine Mischung aus Koloraturen und Synkopen, wobei die rhythmischen und die vom Takt vorgegebenen Betonungsverhältnisse auseinanderklaffen. Besonders raffiniert ist Bachs Entscheidung, den vom Grundton beginnenden und eilenden Aufstieg wechselweise volltaktig und quasi-auftaktig beginnen zu lassen. Das eigentliche Kunststück jedoch sind die vokalen Einwürfe. Für sich genommen sind sie von klarer rhythmischer Regelmäßigkeit, was einen 2/8-Takt nahelegt. Erst ihr ›Einbau‹ in den Dreiertakt erzeugt die Überlagerung zweier Zeiten und somit eine rhythmisch-metrische Verwirrung, weil die Wortakzente auf jede Zählzeit treffen können: auf 3, 2, 1, 3; in der zweiten Phase dann auf 2, 3, 3, 2. Die letzte Version bringt eine weitere Neuerung, nämlich die Fermate auf »Wo-hin?«. Hier nun ist es kaum möglich, den Dreiachteltakt anders zu hören als in einer Gliederung mit jeweils zwei Achteln, beginnend mit Takt 61.

Kreuzigung und Choral »In meines Herzens Grunde«

Cum me jubes emigrare, Jesu care, tunc appare, tuere et libera.	Liebster Jesu, wenn du willst, dass ich aus der Welt soll gehen, So erscheine mir zur Stunde, schütze mich und mach mich frey.
O salvator amplectende, temet mihi tunc ostende in cruce salutifera.	O mein Heiland, laß alsdenn mich mit Glaubens-Augen sehen, Dass dein Leiden, Creuz und Sterben meine Freud und Leben sey.
Arnulf von Löwen	*Gabriel Wimmers Übersetzung*[21]

Kreuzigung

Die Kreuzigung beschreibt Bach mit dem leiden-machenden (pathopoietischen) Halbtonschritt *f–ges,* der nach einer g-Moll-Arie hart und befremdlich wirken muss, zudem über den Tritonus nach *c* weitergeführt wird. Nochmals klingt das Königsthema an, und zwar in der Überschrift am Kreuz, die der vierte Evangelist »Titulus« nennt. Und noch weitere Akzente setzt das Johannesevangelium: Pilatus selbst schreibt die Worte, und zwar in der aramäischen Volkssprache, der lateinischen Amtssprache und der griechischen Handelssprache. So wird »das Königtum Jesu aller Welt bekannt gemacht«, ja »der gesamte Erdkreis soll wissen, dass Jesus wirklich der König der Juden und der Retter der Welt ist«[22].

Bach hebt sogleich das Wort »Überschrift« deutlich hervor, indem er mit dem Ausruf *g–e* (exclamatio) die Tonart Es-Dur abrupt verlässt, was nach dem *Es* des Generalbasses besonders fremd und querständig wirkt. Auf das Stichwort »Überschrift« folgt auch musikalisch deren Ort, hoch oben am Kreuz mit dem hohen *as* des Evangelisten, und dann erst der Inhalt »Jesus von Nazareth, der Jüden König«, den Bach zum Arioso verbreitert. Das »gekreuziget« in Takt 13, mit dem die Handlung als abgeschlossen beschrieben ist, erklingt wie der Beginn des Rezitativs »Allda kreuzigten sie ihn« mit dem hohen *ges* auf der Hauptsilbe, nun aber harmonisiert als es-Moll – ein Akkord, der bereits im ersten Choral »O große Lieb« zum Wort »Marterstraße« erklungen war. Das Ziel der Marterstraße ist am Kreuz erreicht. Ähnlich fremd wie der Tritonus *ges–c* im ersten Takt zu »kreu-zigen« wirkt nun die vom gleichen Ton ausgehende verminderte Sept *ges–a,* zumal sie keinerlei harmonische Logik oder gar Abstützung von der Es-Moll-Harmonie erhält.

Die Erwähnung der drei Sprachen des Titulus crucis versieht Bach mit Pausen, die wie Ausrufungszeichen wirken. Selbst die Weiterführung des Gedankens, dass die Botschaft mit diesen Sprachen gleichsam um die Welt gehen wird, könnte musikalisch zumindest angedeutet sein, weil in diesen drei Takten auch harmonisch ein weiter Weg von b-Moll und B-Dur über G-Dur nach c-Moll zurückgelegt wird. Allein der Generalbass mit seinem absteigenden Quintzug von *b* nach *es* hält die Regionen gleichsam zusammen.

Chor »Schreibe nicht«

Mit dem Einwurf »Schreibe nicht: der Jüden König« misslingt den Gegnern Jesu der Versuch, eine Zurücknahme dieser Botschaft zu erzwingen. Auf der vordergründigen Ebene bleibt die Inschrift stehen, weil Pilatus sich nicht korrigieren will: »Was ich geschrieben habe, das habe ich geschrieben«. Den bestätigenden Wiederholungsgestus dieser Worte übernimmt Luthers Übersetzung vom griechischen Text »ho gegrapha gegrapha«, den auch die lateinische Übersetzung beibehalten hat: »quod scripsi scripsi«. Als musikalische Unterstützung dieser poetischen Struktur wählt Bach eine Bogenform, deren erste und letzte Worte »krebsförmig«[23] übereinstimmen: *f–b–b* und *b–b–f.* Wichtiger aber ist die geistliche Ebene der Geltung dieser Worte. Sie *müssen* stehen bleiben, weil sie der Wahrheit entsprechen. Pilatus, der sich von der Wahrheit durch seine skeptische Frage »Was ist Wahrheit?« distanziert hatte, wird so zum Verkündiger wider Willen.

Choral »In meines Herzens Grunde«

Was Verkündigung in Bachs Johannespassion meint, lässt sich an der Strophe »In meines Herzens Grunde« aus dem Lied »Valet will ich dir geben« von Valerius Herberger (EG 523,3) ablesen. Der Stichwortanschluss läuft über den »Namen Jesu«, welcher im Übrigen das Thema der ersten Predigt Herbergers als Pastor gewesen sein soll. Auf der Kreuzesinschrift steht der Name mit den Worten »Jesus von Nazareth«. Das Evangelium legt Wert darauf, wie Name und Botschaft sich durch die Sprachen nach außen verbreiten, in die Welt hinein. Die Liedstrophe wendet dies nach innen, wo im Betrachter der Name Jesu »allzeit und Stunde« funkelt. Wieder ergeben sich poetische Bezüge: »zu aller Zeit« hieß es im Eingangschor, und das Wort von der »Stunde« meint nicht nur einen bestimmten Zeitpunkt (chronos), sondern ist johanneisch zu hören als die letzte Stunde Jesu im Sinne der Erfüllung (kairos). In der barocken Ars moriendi wird sie gerne mit der eigenen Sterbestunde verbunden, so dass sich im Sterbelied selbst der Weg vom eigenen Sterben zu Jesu Tod am Kreuz ergibt, in Bachs Johannespassion jedoch mit der dritten Strophe des Liedes der Weg von der Passionsbetrachtung zum Gedanken an das eigene Sterben gegangen wird.

Bekanntestes Beispiel für diese Richtung des Weges ist Bachs *Matthäuspassion* mit dem ebenso überzeugenden Anschluss von der Richtung nach vorn zu der nach innen: »... und verschied« (Evangelium) – »Wenn ich einmal soll scheiden, so scheide nicht von mir« (Choral). Auch ist anzunehmen, dass Paul Gerhardt das Lied von Herberger gekannt hat, als er seinem Passionschoral »O Haupt voll Blut und Wunden« die mystisch-lateinische Dichtung »Salve caput cruentatum« (Sei gegrüßt, gekreuzigtes Haupt) zugrunde gelegt hat, die wohl bereits die literarische Vorlage auch des Liedes von Herberger war.

In der Johannespassion darf ein konkordantes Hören auch die fünfte und letzte Strophe des Liedes von Valerius Herberger mithören, weil dort ein neues Subjekt des Schreibens eingeführt wird. Biblisch schreibt Pilatus den Jesus-Namen auf die Tafel des Kreuzes (Passion), worauf der Choral die Aneignung dieses Namens nennt und ihn in das Innerste des Herzens versetzt (Betrachtung). Der Affekt ist die Freude – »drum kann ich fröhlich sein«, was an die Nachfolge-Arie des ersten Passionsteils erinnert und überdies die innere Einheit von contemplatio und actio zur Geltung bringt. Die fünfte Strophe verbindet zum Stichwort des »Namens« die beiden Gedanken der Taufe (auf Jesu Namen) und des Gerichts, sozusagen als Alpha und Omega, wobei nun Jesus selbst zum Schreiber wird: »Schreib meinen Nam'n aufs beste ins Buch des Lebens ein«.

Zum Verständnis des Abgesangs ist ein bildhafter Aspekt noch eigens zu nennen. »Erschein mir in dem Bilde« lässt die ikonographische Tradition der »Vera Icon« anklingen (siehe Farbtafel 7). Doch um keinen äußeren Kult geht es hier, sondern um die innere Aneignung der Botschaft Jesu (Name) mitsamt dem Kreuz (Symbol) und seiner Gestalt (Bild). Auch der eingangs zitierte Leipziger Theologe Gabriel Wimmer (1671–1745) weist in seiner Lied-Erläuterung alle äußerlich-spektakulären Erscheinungen ab und will die Worte nicht als »sichtbare, äußerliche und enthusiastische Erscheinung verstehen«, sondern als »solche, die durch einen kräfftigen innerlichen Eindruck ins Herz, vermittelst fleißiger Betrachtung des heiligen Evangelii geschiehet«.[24]

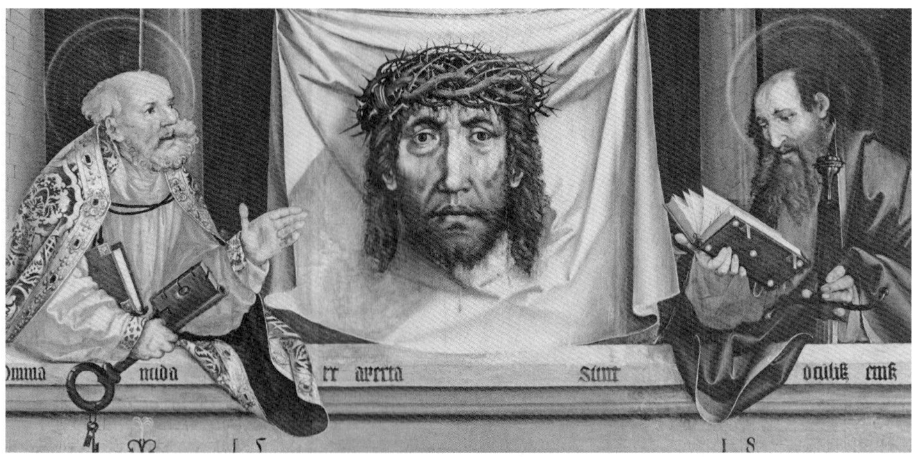

Heiliger Petrus und Heiliger Paulus mit dem Schweißtuch der Veronika *(Vera Icon)* von Martin Schaffner. Mischtechnik auf Nadelholz, 1518. Staatliche Kunsthalle Karlsruhe

Tod und Grablegung

27 Evangelium

Die Kriegsknechte aber, da sie Jesum gekreuziget hatten, nahmen seine Kleider und machten vier Teile, einem jeglichen Kriegesknechte sein Teil, dazu auch den Rock. Der Rock aber war ungenähet, von oben an gewürket durch und durch. Da sprachen sie untereinander: »Lasset uns den nicht zerteilen, sondern darum losen, wes er sein soll.«
Auf dass erfüllet würde die Schrift, die da saget: »Sie haben meine Kleider unter sich geteilet und haben über meinen Rock das Los geworfen«. Solches taten die Kriegesknechte. Es stund aber bei dem Kreuze Jesu seine Mutter und seiner Mutter Schwester, Maria, Kleophas Weib, und Maria Magdalena. Da nun Jesus seine Mutter sahe und den Jünger dabei stehen, den er lieb hatte, spricht er zu seiner Mutter: »Weib, siehe, das ist dein Sohn!« Darnach spricht er zu dem Jünger: »Siehe, das ist deine Mutter!«

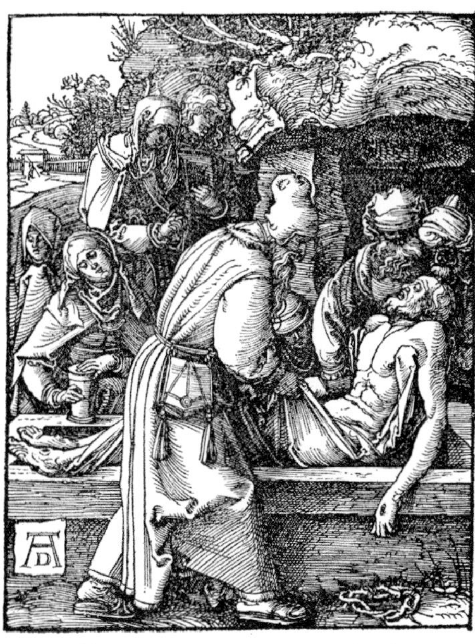

Grablegung aus der Kleinen Holzschnitt-Passion von Albrecht Dürer, 1509/11

28 Choral

Er nahm alles wohl in acht
In der letzten Stunde,
Seine Mutter noch bedacht,
Setzt ihr ein' Vormunde.
O Mensch, mache Richtigkeit,
Gott und Menschen liebe,
Stirb darauf ohn alles Leid,
Und dich nicht betrübe!

29 Evangelium

Und von Stund an nahm sie der Jünger zu sich. Darnach, als Jesus wusste, dass schon alles vollbracht war, dass die Schrift erfüllet würde, spricht er: »Mich dürstet!« Da stund ein Gefäße voll Essigs. Sie fülleten aber einen Schwamm mit Essig und legten ihn um einen Isopen, und hielten es ihm dar zum Munde. Da nun Jesus den Essig genommen hatte, sprach er: »Es ist vollbracht!«

30 Arie (Alt, Viola da gamba, Streicher und Basso Continuo)

Es ist vollbracht!
O Trost vor die gekränkten Seelen!
Die Trauernacht
Lässt nun die letzte Stunde zählen.
  Der Held aus Juda siegt mit Macht
  Und schließt den Kampf.
Es ist vollbracht!

31 Evangelium

Und neiget das Haupt und verschied.

32 Arie (Bass und Basso Continuo) mit *Choral*

Mein teurer Heiland, lass dich fragen,
Jesu, der du warest tot,
Da du nunmehr ans Kreuz geschlagen
Und selbst gesagt: Es ist vollbracht,
Lebest nun ohn Ende,
Bin ich vom Sterben frei gemacht?
In der letzten Todesnot,
Nirgend mich hinwende
Kann ich durch deine Pein und Sterben
Das Himmelreich ererben?
Ist aller Welt Erlösung da?
Als zu dir, der mich versühnt,
O du lieber Herre!
Du kannst vor Schmerzen zwar nichts sagen;
Gib mir nur, was du verdient,
Doch neigest du das Haupt
Und sprichst stillschweigend: ja.
Mehr ich nicht begehre.

33 Evangelium

Und siehe da, der Vorhang im Tempel zerriss in zwei Stück von oben an bis unten aus. Und die Erde erbebete, und die Felsen zerrissen, und die Gräber täten sich auf, und stunden auf viel Leiber der Heiligen.

34 Arioso (Tenor, Flöte I, II, Oboe d'amore I, II, Streicher und Basso Continuo)

Mein Herz, in dem die ganze Welt
Bei Jesu Leiden gleichfalls leidet,
Die Sonne sich in Trauer kleidet,
Der Vorhang reißt, der Fels zerfällt,
Die Erde bebt, die Gräber spalten,
Weil sie den Schöpfer sehn erkalten,
Was willst du deines Ortes tun?

35 Arie (Sopran, Flöte und Violine solo, Oboe da caccia solo und Basso Continuo)

Zerfließe, mein Herze, in Fluten der Zähren
Dem Höchsten zu Ehren!
Erzähle der Welt und dem Himmel die Not:
Dein Jesus ist tot!

36 Evangelium

Die Jüden aber, dieweil es der Rüsttag war, dass nicht die Leichname am Kreuze blieben den Sabbath über (denn desselbigen Sabbaths Tag war sehr groß), baten sie Pilatum, dass ihre Beine gebrochen und sie abgenommen würden. Da kamen die Kriegsknechte und brachen dem ersten die Beine und dem andern, der mit ihm gekreuziget war. Als sie aber zu Jesu kamen, da sie sahen, dass er schon gestorben war, brachen sie ihm die Beine nicht; sondern der Kriegsknechte einer eröffnete seine Seite mit einem Speer, und alsobald ging Blut und Wasser heraus. Und der das gesehen hat, der hat es bezeuget, und sein Zeugnis ist wahr, und derselbige weiß, dass er die Wahrheit saget, auf dass ihr gläubet. Denn solches ist geschehen, auf dass die Schrift erfüllet würde: »Ihr sollet ihm kein Bein zerbrechen.« Und abermal spricht eine andere Schrift: »Sie werden sehen, in welchen sie gestochen haben.«

37 Choral

O hilf, Christe, Gottes Sohn,
Durch dein bitter Leiden,
Dass wir dir stets untertan
All Untugend meiden,
Deinen Tod und sein Ursach
Fruchtbarlich bedenken,
Dafür, wiewohl arm und schwach,
Dir Dankopfer schenken!

38 Evangelium

Darnach bat Pilatum Joseph von Arimathia, der ein Jünger Jesu war (doch heimlich, aus Furcht vor den Jüden), dass er möchte abnehmen den Leichnam Jesu. Und Pilatus erlaubete es. Derowegen kam er und nahm den Leichnam Jesu herab. Es kam aber auch Nikodemus, der vormals bei der Nacht zu Jesu kommen war, und brachte Myrrhen und Aloen untereinander bei hundert Pfunden. Da nahmen sie den Leichnam Jesu, und bunden ihn in leinen Tücher mit Spezereien, wie die Jüden pflegen zu begraben. Es war aber an der Stätte, da er gekreuziget ward, ein Garte, und im Garten ein neu Grab, in welches niemand je geleget war. Daselbst hin legten sie Jesum, um des Rüsttags willen der Jüden, dieweil das Grab nahe war.

Überblick über die Szene

Es naht die »Stunde« des Todes und der Verherrlichung Jesu. Im Unverständnis beendet wurden die Gespräche mit Pilatus. Drei kostbare letzte Worte werden noch folgen. Von Jesu Gegnern ist nichts mehr zu hören. Der letzte Turba-Chor gehört den Kriegsknechten, die um sein Gewand das Los werfen. Auf der Ebene der Betrachtung erklingen zur Todesstunde Jesu drei Arien, die näherhin musikalisch-theologisch zu bedenken sind. Jede von ihnen hat quasi-symmetrisch eine Entsprechung im Ensemble der ersten drei Arien des Werkes. Außerdem repräsentiert jede Arie in besonderer Weise einen Aspekt von Barockmusik, die ihre Hörer belehren (»docere«), bewegen (»movere«) und erfreuen (»delectare«) will.

Teil I der Johannespassion	*Teil II der Johannespassion*
»Von den Stricken« Alt – Belehren (docere) Erlösung	»Es ist vollbracht« Alt – Belehren (docere) Passion und Ostern
»Ich folge dir gleichfalls« Sopran – Erfreuen (delectare) Nachfolge und Freude	»Mein teurer Heiland« Bass – Erfreuen (delectare) Erlösung und Versöhnung
»Ach, mein Sinn« Tenor – Bewegen (movere) Verleugnung und Weinen	»Zerfließe, mein Herze« Sopran – Bewegen (movere) Compassio und Weinen

Chor »Lasset uns den nicht zerteilen« und die beiden ersten Worte Jesu am Kreuz

Die Kriegsknechte verteilen Jesu Kleider unter sich, wollen aber seinen Leibrock nicht zerschneiden, sondern ihn ganz belassen und darum losen. Ihren Vorsatz kleidet Bach in eine überaus wirkungsvolle Chorfuge, die mit 55 Takten der längste Turbachor des gesamten Werkes ist. In ihrer Charakteristik sind sich die Interpreten einig: Von schematischer Gestaltung und »klappernder Mechanik«[25] ist die Rede, zudem davon, dass Bach »das Schütteln der Würfel und die Würfe in überaus drastischer Weise«[26] musikalisch vergegenwärtigt. Bereits Hans Joachim Moser[27] hat das Thema mit seinen Einzelmotiven einleuchtend beschrieben und interpretiert:

NB 43

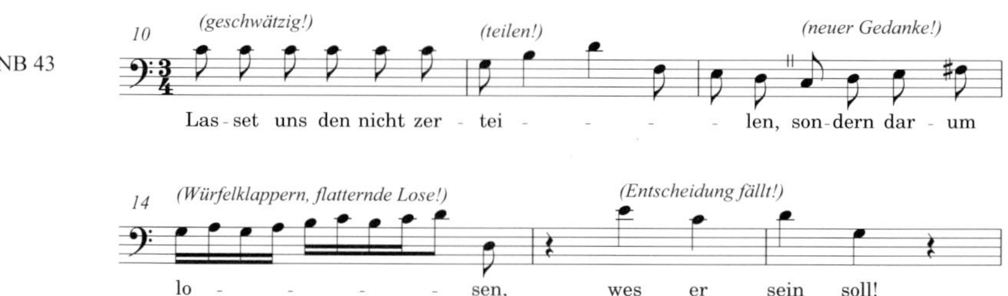

Mit den einfachen Mitteln Repetition (sprechen, flüstern, zischeln), Synkopierung (Durchschneiden des Metrums), Skalenaufstieg (einen Vorsatz fassen), Sechzehntel-Koloratur (Klappern der Würfel oder Fliegen der Lose) und abschließender Viertel-Beruhigung (Bestätigung der Entscheidung) baut Bach einen kunstvoll fugierten Satz. Auf der Basis einer figurierten Begleitung mit äußerst rastlos-virtuosen Dreiklangsbrechungen im Generalbass sind die skizzierten Elemente simultan präsent, da sie untereinander kombinierbar sind (Permutationsfuge). Erst in den letzten Takten mündet das polyphone Gebilde in eine homophone Deklamation der Oberstimmen, zu der die Bässe – Generalbass und vokale Bassstimme nun ohne Koloraturen vereint – zunächst den C-Dur-Dreiklang, dann eine fragende Ausweichung über *gis* nach *a* und schließlich die letztendliche Kadenz-Bestätigung beitragen.

In weiter harmonischer Entfernung, nämlich die Terzverwandtschaft zwischen C-Dur und E-Dur (Dominante zu a-Moll) nutzend, fährt der Evangelist fort. Die angeführte Schriftdeutung »Sie teilen meine Kleider unter sich und werfen das Los um mein Gewand« aus Psalm 22,19 hebt Bach als Adagio-Passage hervor. Dies wirkt zugleich als Überleitung von der aufgeregten Sphäre der Kriegsknechte zu den letzten hoheitsvollen Worten Jesu, die sein Vermächtnis an die Jünger sind.

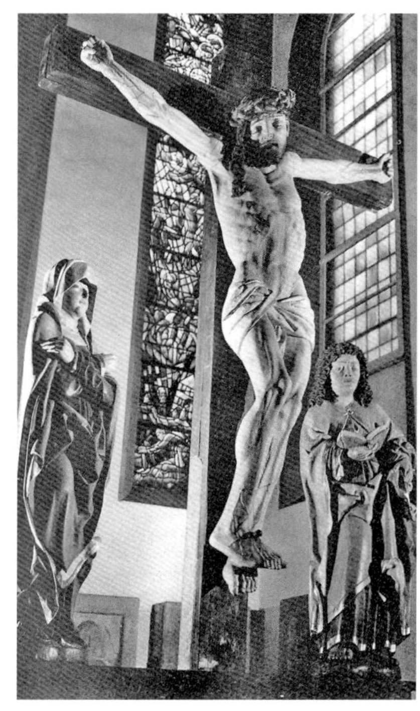

Kreuzigungsgruppe im Altarraum der Georgenkirche Eisenach, in der Bach 1685 getauft wurde und als Kind das Abendmahl empfing, ebenso wie Generationen vor ihm Martin Luther

Die Liedstrophe »Er nahm alles wohl in acht« unterscheidet sich vom erstmaligen Erklingen derselben Choralmelodie zu den Worten »Petrus, der nicht denkt zurück« (Nr. 14). War dort, in der Conclusio des ersten Passionsteils, der gesamte Satz mit Chromatik angereichert und an den Zeilenschlüssen eher instabil, so hören wir nun eine diatonisch-bestätigende Variante zur gleichen Melodie mit ausschließlich konsonierenden Akkorden auf jeder Fermate. Der Cantus firmus ist jetzt eindeutig in A-Dur harmonisiert, wobei sich auf den Zeilenschlüssen A-Dur (2,4,5,8) und E-Dur (1,6,7) abwechseln und nur auf »bedacht« (Zeile 3) eine fast zärtlich zu nennende Ausweichung nach *Cis* erfolgt. Zwei Worte sind mit musikalischen Leidens-Akzenten besonders hervorgehoben. Zunächst »stirb«, das als überraschende harmonische Eintrübung (g-Moll nach E-Dur) zur Geltung kommt. Wie ein Echo der fast überwundenen Betrübnis erklingt die chromatische Wendung des Basses am Beginn des letzten Taktes, der harmonisch die Doppeldominante H-Dur erreicht. Mit dieser harmonischen Wendung Doppeldominante, Dominante, Tonika zum Wort »betrübe« ist der letzte Takt in allen vier Stimmen sogar melodisch identisch mit dem Schluss des ersten Chorals »O große Lieb«, dort zum Wort »leiden« mit Mollterz (Fassung I–IV) bzw. Durterz (Partitur 1739) im Tenor.

Arie »Es ist vollbracht«

> Bach war aber nicht nur ein poetischer Musiker, sondern auch ein Denker, der in den Geist der Schrift tief eingedrungen war. Seine musikalische Darstellung der Schriftworte ist oft zugleich eine Auslegung derselben. So hat er in der Arie »Es ist vollbracht« das letzte Wort Jesu ins Sieghafte gedeutet.[28]
>
> *Albert Schweitzer*

Drei der sieben letzten Worte des Erlösers am Kreuz stehen im vierten Evangelium und erklingen deshalb in Bachs Passionsmusik nach Johannes. Es sind »hoheitsvolle Worte Jesu vom Kreuz, die eigentlich den Lesern des Buches gelten«[29]. Zunächst die Rede an Mutter und Lieblingsjünger: »Weib, siehe, das ist dein Sohn!« – »Siehe, das ist deine Mutter!«, die der Choral »Er nahm alles wohl in acht in der letzten Stunde« beantwortet, indem er mit dem für Johannes wichtigen Stichwort der »Stunde« zugleich eine Brücke schlägt zur Betrachtung des allerletzten Wortes »Es ist vollbracht«, denn dort wird es in der Arie heißen: »... lässt mich die letzte Stunde zählen«.

NB 44

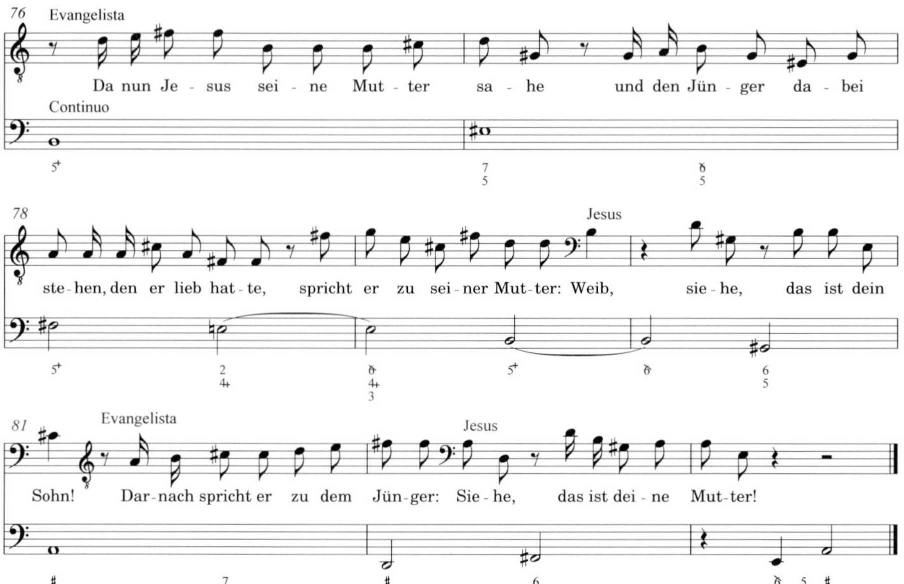

Wieder legt der vierte Evangelist Wert darauf, dass Jesus der Handelnde ist. Deshalb lässt er ihn die Initiative zur Essigtränkung ergreifen. So ergibt sich ein Rückbezug von der letzten Passionsszene zur ersten, weil auch dort Jesus der souverän Handelnde war, der nicht einfach verraten und gefangen genommen wird, sondern durch seine Frage »Wen suchet ihr?« die Gegner zum Handeln geradezu zwingt. Das letzte Wort »Mich dürstet« erklingt syllabisch in größter Schlichtheit und ohne betrachtende Weiterführung. Zugleich erinnert es an Johannes 18,11, ein Vers, den Bach rhetorisch-kunstvoll hervorgehoben hatte: »Soll ich den Kelch nicht trinken, den mir mein Vater gegeben hat, den Kelch, den mir mein Vater gegeben hat?« Bis zum Letzten erfüllt Jesus den Willen des Vaters, denn es ist seine »Speise«, diesen Willen zu tun, um so das Werk des Vaters zu vollenden (Joh 4,34).

Organisch folgt das letzte der sieben Worte Jesu, das Bach doppelt auszeichnet: durch eine verhalten melismatische Gestaltung des Rezitativs und mit der folgenden Arien-Betrachtung, welche – ähnlich wie bei »Ich folge dir gleichfalls« (Nr. 9) im ersten Passionsteil – die rezitativische Kontur zitierend aufgreift, nun aber nicht im Sinne der identificatio, sondern wie ein meditatives Echo, das breit entfaltet wird. Zudem gibt es eine eher verborgene Beziehung zwischen »Es ist vollbracht« und den Banden Jesu, denen die erste Alt-Arie gewidmet war. Der Theologe und Kirchenlieddichter Johann Jacob Rambach (1683–1735), von dessen Werken Bach vermutlich einige kannte, kommentiert diesen Zusammenhang mit den Worten: »Dies ›Es ist vollbracht‹ zerreißt alle seine Fesseln und Bande, wenn sie auch noch so verwirrt und verwickelt wären.«[30] Im Mittelteil von Bachs Arie wird davon noch mehr zu hören sein.

Johannespassion	**Christian Heinrich Postel**
1 Es ist vollbracht!	O großes Werk,
2 O Trost vor die gekränkten Seelen!	Im Paradies schon angefangen!
3 Die Trauernacht	O Riesenstärk!
4 Lässt nun die letzte Stunde zählen.	Die Christus lässt den Sieg erlangen!
5 Der Held aus Juda siegt mit Macht	Dass nach dem Streit in Siegespracht
6 Und schließt den Kampf.	Er sprechen kann:
7 Es ist vollbracht!	Es ist vollbracht!

Wortlaut der Arie

Ausgehend von Postels (1658–1705) Vorlage deutet der namentlich unbekannte Librettist das letzte Wort Jesu im Sinne der johanneischen Theologie ins Sieghafte: »Der Held aus Juda siegt mit Macht ...«; und Bachs musikalische Interpretation integriert die beiden Momente Tod und Sieg in einen dreiteiligen Satz, dessen innere Spannung gegensätzlicher kaum sein könnte – und der dennoch eine Einheit bildet gemäß 1 Kor 15,54: »Der Tod ist verschlungen in den Sieg.«

Johanneische Motive sind – nach dem einleitenden Zitat des letzten Wortes Jesu – der Trost (Jesu Abschiedsreden Joh 15 mit der Verheißung des »Trösters«), die »Stunde« und der Sieg am Kreuz. Die »letzte Stunde« ist zum einen der Ernstfall dessen, was im Eingangschor besungen worden war: »... zu aller Zeit, auch in der größten Niedrigkeit«. Jesu Sieg entfaltet sich so in mehrere Aspekte der Verherrlichung, denn er ist die Rettung des Sohnes durch den Vater und zugleich die Erfüllung des Gebetes Jesu: »Vater, die Stunde ist hie, dass du deinen Sohn verklärest, auf dass dich dein Sohn auch verkläre« (Joh 17,1). Auch das im Leiden gesprochene Gebet »Dein Will gescheh, Herr Gott, zugleich auf Erden wie im Himmelreich« (Nr. 5), das im ersten Passionsteil als Choral erklungen war, findet nun seine Bestätigung »in der größten Niedrigkeit«.

So ergibt sich eine theologisch schlüssige Argumentation in der Abfolge der Arienzeilen: Jesu letztes Wort am Kreuz »Es ist vollbracht« (1) ist für die »gekränkten Seelen« (pro nobis) der im Heiligen Geist als dem Tröster erschlossene Trost (2) in jeder eigenen »Trauernacht« (3), deren »letzte Stunde« (4) ebenso gewiss kommen wird wie Jesu Vollendung am Kreuz. All dies hängt aber davon ab, dass die Betrachter das letzte Jesuswort im Sinne des Mittelteils der Arie als Jesu Sieg (5) erkennen und die Identität des Helden mit dem Lamm (siehe Farbtafel 10) anerkennen, dessen Sieg aller Siege den Kampf endlich und endgültig schließt (6), nämlich den Kampf auf Leben und Tod, den Paulus in 1 Kor 15 nennt. Im Hintergrund steht zugleich der »Löwe aus Juda« (Offb 5,5). Am Schluss der Arie (7) erklingt die Wiederholung des letzten kostbaren Wortes, die nun bereits dessen dritte Wiederholung ist. Eine Steigerung wird erkennbar, denn das erste Aufgreifen des biblisch-rezitativischen »Es ist vollbracht« führt mittels rhythmisch komplexer Varianten (Technik der Diminution) von der Darstellung in die Deutung der Arie. Die zweite, am Übergang vom Mittelteil zum Schluss, beleuchtet das Wort neu, denn jetzt bezieht es sich nicht nur auf Jesu Tod, sondern auf den darin eingeschlossenen Sieg. Zu hören ist: »und schließt den Kampf« – mit den Worten – »Es ist vollbracht«. Mit der dritten Wiederholung nun mündet die Auslegung (explicatio) in die alles entscheidende Aneignung (applicatio). Insgesamt ergibt sich die hermeneutische Dynamik in ein immer tieferes Verstehen des einen letzten Wortes hinein.

Bachs Vertonung

Im elegischen Anfangsteil h-Moll mit der Vorschrift »Molt' adagio« – allerdings nur in der Gambenstimme, um vor einem zu raschen Tempo zu warnen – beginnt die Solo-Gambe mit dem Echo des letzten Wortes Jesu im »Rhythmus der erhabenen Feierlichkeit«[31]. Die Arie versenkt sich gleichsam in ihr Thema »Es ist vollbracht«, will es umkreisend vertiefen, wozu Bach die musikalische Entsprechung der rhythmischen Differenzierung und der Versetzung des verzierten Themas auf verschiedene Tonstufen wählt: Nachdem die Vox Christi das Thema in fis-Moll und mit d^1 beginnend vorgestellt hat, erklingt es in der Gambe in h-Moll, beginnend mit fis^1, und in der Altstimme dann vom Grundton h^1 aus.

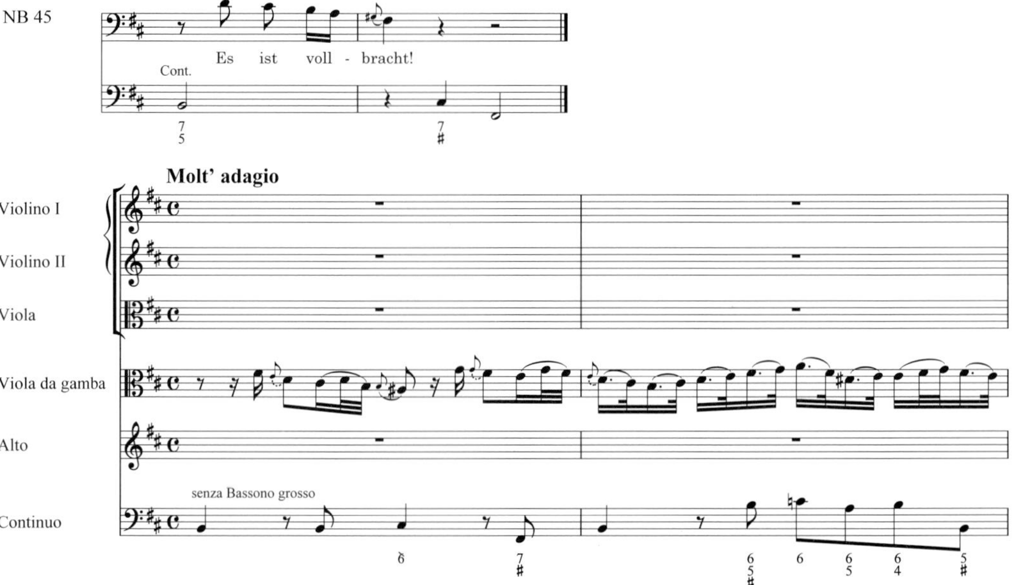

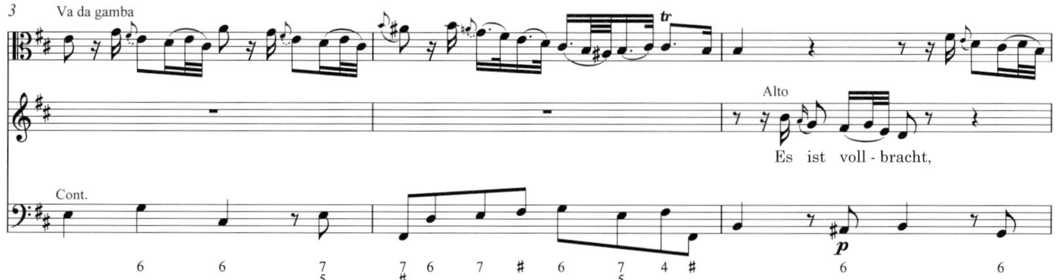

Als Ergänzung der zunächst abwärts fließenden Melodik hören wir in T. 6 erstmals die emphatische kleine Sext aufwärts, die das Wort »ist« mit Gewissheit betont. Später wiederholt Bach dieses Intervall sehr exponiert, um den Ausruf »o Trost« hervorzuheben. Insgesamt erklingt eine ergreifende musikalische Totenklage (Tombeau) in der düsteren Tonart h-Moll mit einer Dominanz des instrumentalen Parts, die vom Nachspiel bekräftigt wird. Es scheint, als sollten nur wenige Worte erklingen, um möglichst viel Klang-Raum für deren Meditation zu schaffen.

Doch der *Vivace-Mittelteil* wendet alles in den musikalischen Gegensatz. Nun setzt unvermittelt die Alt-Stimme ein, in fanfarenhaftem Gestus und in der festlich-majestätischen Tonart D-Dur, was die Streicher mit trompetenhaften Dreiklangskaskaden intensivieren. Ging es in der ersten Alt-Arie der Passion – die Alt-Stimmlage wurde im Barock als Vereinigung von Gegensätzen gedeutet, weil »altus« sowohl hoch als auch tief bedeuten kann – um die Einheit von »Binden« und »Entbinden« (»Von den Stricken meiner Sünden mich zu entbinden, wird mein Heil gebunden«), so ist das Thema des musikalischen Belehrens

NB 46

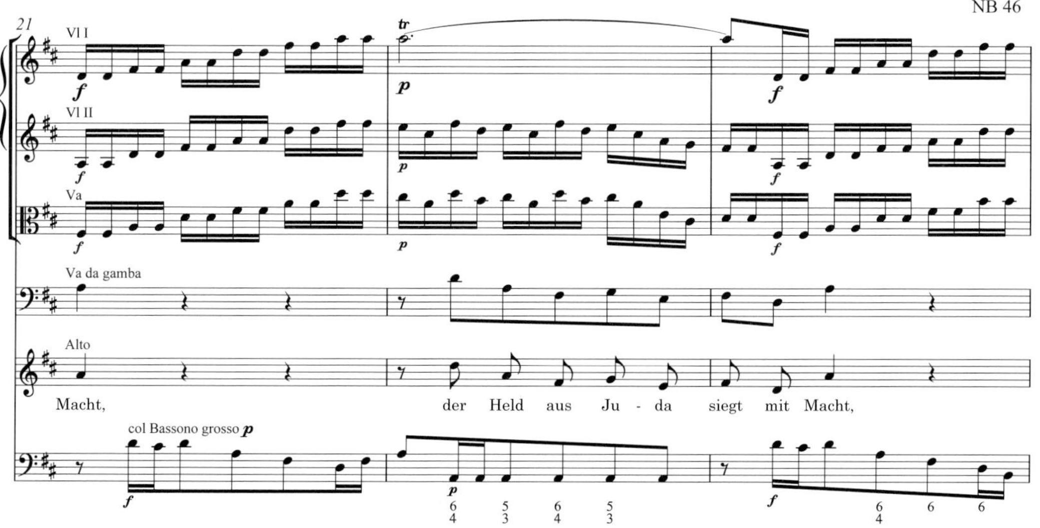

(barock: »docere«) nun die Einheit von Ende und Vollendung. Bereits mitten in der »Trauernacht« schlägt, ganz im Sinne des Johannesevangeliums und der lutherischen Kreuzestheologie, die Stunde der Auferstehung.

Auch musikalisch bricht dieser neue Gedanke unvermittelt herein, um sich am Ende des Mittelteils dann rhetorisch mit dem ersten zu verschränken: »Und schließt den Kampf« (mit den Worten:) »Es ist vollbracht!«. Den Gegensatz bezieht Bach auf alle musikalischen Aspekte[32]:

Rahmenteile »Es ist vollbracht«	*Mittelteil »Der Held aus Juda siegt mit Macht«*
h-Moll	D-Dur
(molt') adagio	vivace
elegischer Gestus, introvertiert	deklamierend, extrovertiert
Gambe beginnt	Altstimme beginnt unvermittelt
solistisch	Ensemble
vokal geprägte Motivik	instrumental-fanfarenhafte Motivik
Tombeau	Battaglia-Anklänge
melismatische Textbehandlung	syllabische Textbehandlung
rhythmisch hochdifferenziert	rhythmisch einförmig

Bachs Kunst besteht darin, die Gegensätze auszureizen und dabei zum einen ein musikalisches Gesprengtwerden des Satzes zu vermeiden, zum anderen aber auch ein ›Kippen‹ der Passionsmusik in eine Osterkantate zu verhindern. So gelingt ihm in dieser Arie die Vereinigung zweier »in Takt, Tempo und Tonart völlig unterschiedlicher musikalischer Szenen«[33] zu einem wahrlich »neuen Lied« (vgl. Offb 5,9–11). Diesem antithetischen Gesamtsinn untergeordnet ist die musikalische Hervorhebung einzelner Worte wie etwa »Kampf« im Mittelteil, wobei die Alt-Arie »Kreuz und Kronen sind verbunden, Kampf und Kleinod sind vereint« aus der Weimarer Kantate *Weinen, Klagen, Sorgen, Zagen* aus dem Jahr 1714 zu vergleichen wäre (BWV 12,4). Dass Bach hier in der Johannespassion mit dem Ostergedanken spielt, darauf deutet die Tonart D-Dur ebenso wie der Fanfarengestus der Streicher. »Die Zeit steht still. Die filigranen und höchst differenzierten Bewegungen wirken wie ein Mosaik, wie die erstarrte, aus kleinsten Teilen bestehende Abbildung eines Geschehens, das den Hörer (Betrachter) zutiefst angeht. Wie kann es sein, dass mit so wenig ›Material‹ eine solche Tiefe des Ausdrucks und eine solch *sprechende* Musik zu erlangen ist?«[34]

Robert Schumanns Einrichtung

Dass in der Musikgeschichte »der alte Meister auf den jungen« treffen kann, bemerkt Robert Schumann in seiner Rezension des Leipziger Orgelkonzertes von Felix Mendelssohn Bartholdy (1840) mit Werken von Johann Sebastian Bach und einer großen Improvisation. Im Hintergrund stand damals freilich auch Mendels-

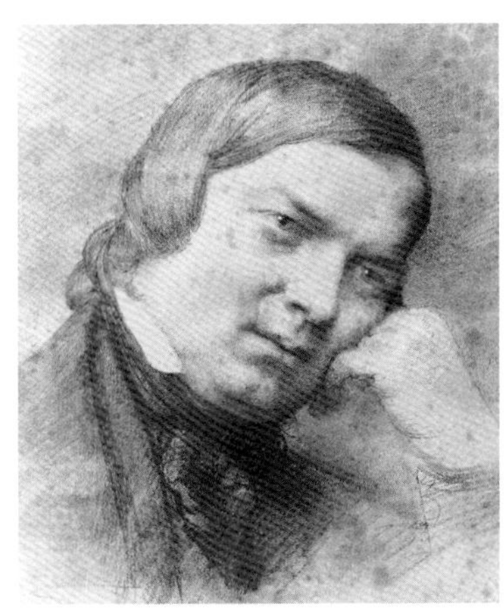

Robert Schumann. Porträt von Eduard Bendemann, Kohlezeichnung nach einer Daguerreotypie von Johann Anton Völlner, Hamburg (1850). Robert-Schumann-Haus Zwickau

sohns Wiederaufführung der Bach'schen *Matthäuspassion*, die im Jahr 1829 die Bach-Renaissance des 19. Jahrhunderts spektakulär eingeläutet hat. Zu einer musikgeschichtlich nicht ganz so bedeutsamen und längst nicht so detailliert dokumentierten Begegnung des alten mit einem jungen Meister kam es aber auch bei Bachs Johannespassion. Und hier ist Robert Schumann selbst der romantische Protagonist, weil er sich im Jahr 1850, kurz nach Übernahme seines Düsseldorfer Amtes als städtischer Musikdirektor, dieser Passionsmusik zuwandte, die er übrigens ihrer Ausgereiftheit wegen irrtümlich für die spätere der beiden hielt, und sie am Palmsonntag zur Aufführung brachte. Im Jahr 2000 hat der Düsseldorfer Komponist und Kirchenmusiker Oskar Gottlieb Blarr diese Schumann-Fassung der Bach'schen Johannespassion rekonstruiert und erneut aufgeführt. Inzwischen liegt sie auch in einer CD-Einspielung unter der Leitung von Hermann Max[35] vor.

In etlichen Details der Schumann-Aufführung spiegeln sich Faszination und Unsicherheit jener frühen Epoche der Bach-Interpretation gleichermaßen. Im Mittelpunkt steht die Dramatik der Passion, zu deren Gunsten auf etliche Arien und Choräle verzichtet wird. Im brieflichen Kontakt vor allem mit dem damaligen Thomaskantor Moritz Hauptmann werden neue Instrumentierungen diskutiert, weil manche Instrumente wie die Viola d'amore oder die Viola da gamba nicht mehr zur Verfügung standen. Gelegentlich greifen Interpreten auch in die Werke ein, um etwa eine Überleitung zu komponieren, die den tonartlichen Kontrast überbrückt, der jedoch erst durch die Streichung einer Nummer entstanden war. Kaum vorstellbar scheinen Bachs romantischen Nachfahren vor allem jene Passagen des Werkes, deren solistischer oder chorischer Gesang nur durch den Generalbass gestützt wird. Deshalb füllte Schumann den instrumentalen Part der Sopran-Arie »Ich folge dir gleichfalls« (siehe S. 120f.) mit zusätzlichen Stimmen zweier Klarinetten auf.

Besonders hörbar wird eine Bearbeitung Schumanns in der Arie »Es ist vollbracht«, denn hier konnte er offenbar der Versuchung nicht widerstehen, einen musico-theologischen Aspekt, den Bach nur andeutet, laut auszusprechen. Zum Mittelteil dieser Arie – wenn die Streicher ihre D-Dur-Kaskaden so fanfarenhaft wie möglich zu spielen haben – komponiert Schumann zwei Trompetenstimmen neu hinzu. Deren Klang ist bereits im Original durch die Tonart D-Dur mitsamt den Dreiklangsbrechungen intendiert. Bach aber hatte es – wohl aus Gründen der liturgischen Ordnung, die ein Schweigen der Trompeten und Pauken am Karfreitag vorsah – bei einer Andeutung belassen. In Schumanns konzertanter

Fassung dieser Passionsmusik erklingen nun tatsächlich siegesgewisse Trompeten mitten in Bachs Passion! Sie verdoppeln nicht die Streicherstimmen, sondern intensivieren und ergänzen deren Gestus durch majestätisch-fanfarenhafte Tonrepetitionen mit pauken-imitierender Rhythmik. Ist das noch die Johannespassion des Thomaskantors? Ja und Nein. Es ist Bachs Passion aus Robert Schumanns Perspektive, der ja nicht beliebig in die Partitur eingreift, sondern eine österliche Passionsskizze Bachs gleichsam nachträglich koloriert. Hätte Albert Schweitzer diese Bearbeitung gekannt, hätte er sich wohl in seiner Ansicht bestätigt gesehen, dass in dieser Arie »Es ist vollbracht« Jesu Leiden »ins Sieghafte gedeutet« wird.

NB 47

Molto Adagio
Vivace
tacet [19]
Der Held aus Ju - da siegt mit
2 Trompeten in D
Adagio

Hans Blumenbergs philosophische Auseinandersetzung

Der Alt-Arie »Es ist vollbracht« widmet Hans Blumenberg einen Abschnitt in seinem vielschichtigen Essay *Matthäuspassion*[36] (1988), der insgesamt das doppelchörige Schwesterwerk zum Thema hat. Hans Blumenberg ist ein Interpret der Bach'schen Musik, der die theologischen Grundlagen des Komponisten weder fraglos teilt noch religionskritisch einfach ablehnt. Mit Ulrich Ruh deuten wir sein Werk als »ein Dokument des Nichtvergessenkönnens des christlichen Heilsmysteriums in nachchristlich-ungläubiger Zeit«[37]. Sein Buch schreibt er für »Spätzeithörer«, denen er – deshalb soll er hier zu Wort kommen – zur »Verfeinerung der Aufmerksamkeit« rät. Besonders sensibel ist er für die mit der Säkularisierung einhergehenden Verluste. An Bach schätzt er neben dem »Realismus« das »hermeneutische Mehr« der Musik und die »theologische Großzügigkeit« seiner Passionswerke. Beides spielt er geradezu virtuos gegen die gängige historisch-kritische Bibelauslegung aus, deren Aporien und Widersprüche er freilegt. Blumenbergs Sicht der Passion basiert nicht auf einer ausschließlichen

Sicht des leidenden Menschen Jesus (Christologie von unten), sondern steht in der Tradition der theologischen Betonung auch der Gottheit Jesu (Christologie von oben). Das verbindet ihn durchaus mit dem trinitarisch angelegten Eingangschor der Johannespassion. Jedoch deutet er Jesu Passion nicht als eine Geschichte der Verherrlichung, sondern als Drama des Scheiterns. Gott steht im Mittelpunkt als »empfindlicher« Gott, der beleidigt werden kann. Die Grundthese heißt: »In der Passion des ›Menschensohns‹ scheiterte das Weltabenteuer der Allmacht endgültig.«[38] Deshalb scheitert in dieser Passion nicht nur der Gottessohn, sondern Gott selbst.

Die Verschiedenheit der letzten Worte Jesu bei den Synoptikern und bei Johannes arbeitet Blumenberg scharf heraus, wenn er bemerkt, dass der Gekreuzigte bei Johannes »nicht wie bei Matthäus mit einem letzten Aufschrei des Schmerzes und der Verzweiflung stirbt. Bei Johannes erklärt er sein Werk in einem Akt des ungetrübten Bewusstseins für abgeschlossen.«[39] Sprachlich gibt es feine Nuancen zwischen den Übersetzungen: das hoheitsvolle »Es ist vollbracht« der Luther-Bibel, »consummatum est« (es ist ausgeschöpft) in der lateinischen Bibel, die griechische Formulierung »tetelestai« (es ist ans Ende gekommen), wenngleich ein aramäisches Urwort – dafür interessiert sich Blumenberg immer – nicht mehr auszumachen ist. Das Neigen des Hauptes schließlich deutet der Philosoph im Sinne von »Es ist ausgestanden«. Im eher verschwiegenen Rückgriff auf Anselm von Canterbury entscheidet sich Blumenberg für eine besondere Bedeutungsnuance von »tetelestai«: »Es ist bezahlt«. Wer bezahlt? Hier greift wieder der streng trinitarische Deutungshorizont, vor dem Jesu letztes Wort bei Johannes nur heißen kann: »dieser allerhöchste Preis sei nun entrichtet. [...] Es ist keine Machttat, sondern ein Rechtshandel, bei dem der einstmals unterlegene Paradiesesherr den Höchstpreis drauflegen musste«.

Und Johann Sebastian Bach? Im Exkurs zu »Es ist vollbracht« lesen wir eine der wenigen musikalischen Andeutungen des Philosophen Hans Blumenberg. Er hört aus Bachs Musik eine »Schwierigkeit« der komponierten Deutung dieses Wortes. Mit »unentschiedener Innigkeit der Zurückhaltung« leitet die Orgel vom Rezitativ zur Arie über, die dann »zuerst auf das Seelenheil blickt«, um erst an zweiter Stelle in den Jubel über den Triumph auszubrechen: »Man sieht, dass die Schwierigkeit, den rechten Ton des frommen Heilsbegünstigten für dieses Schlusswort zu finden, nichts mehr zu tun hat mit dem längst vergessenen Hintergrundmythos vom *Es ist bezahlt!*«

Was aber, wenn dieser Hintergrundmythos eine Konstruktion des Philosophen wäre und wiederum mit Jesu Passion nur wenig zu tun hätte? Dann bräche auch die »Verlegenheit« angesichts der Aufgabe, den Kommentar Jesu zu seinem eigenen Leiden zu kommentieren, in sich zusammen, die Blumenberg den Exegeten, Predigern und »Passionstonsetzern« attestiert. In unserer Interpretation der Alt-Arie »Es ist vollbracht« sollte gezeigt werden, dass Bachs Lust am vertiefenden Kommentieren im Mittelpunkt steht. Es geht weniger darum, »den rechten Ton zu finden«, sondern von vornherein um Bachs Erkenntnis, dass gerade dieses Wort – im johanneischen Sinne – zweier Töne bedarf: berichtend vom Leid der Passion und hoffend auf deren Vollendung in Herrlichkeit. Das musikalische Nebeneinander meint ein Ineinander! Mit Hans Blumenberg sind wir aber wieder einig, dass Dramatik hier eine große Rolle spielt: »Die Dramatik der Johannesszene liegt beim Komponisten, und das zwingt ihn zu den Steigerungen, die uns an dieser Stelle betroffen machen.«

Arie »Mein teurer Heiland« mit Choral »Jesu, der du warest tot«

> Wenn man Bach oder eine gregorianische Melodie hört, verstummen alle Fähigkeiten der Seele und spannen sich an, um diese vollkommen schöne Sache zu begreifen, jede auf ihre Weise. Der Verstand unter anderen; er findet hier nichts zu bejahen oder zu verneinen, doch er findet darin seine Nahrung. Muss der Glaube nicht eine Zustimmung dieser Art sein? Man erniedrigt die Mysterien des Glaubens, wenn man aus ihnen einen Gegenstand der Bejahung oder der Verneinung macht, wo sie doch ein Gegenstand der Betrachtung sein müssen.[40]
>
> *Simone Weil*

Rezitativ vom Tod Jesu

Auf das letzte Wort Jesu am Kreuz folgt das im Rezitativ des Evangelisten bereits melodisch abgebildete Niedersinken des Hauptes als seine letzte Geste. Im Hintergrund steht Psalm 31,6: »In deine Hände befehl ich meinen Geist. Du hast mich erlöst, Herr, du treuer Gott« – ein Bibelwort, das Bach bereits als 22-Jähriger in seinem frühen *Actus tragicus* im Sinne der musikalischen Sterbekunst (Ars moriendi) vertont hat. Mit dieser letzten Geste gibt Jesus den Geist auf, indem er zugleich den Geist gibt und so die Verheißung seiner Abschiedsreden erfüllt, dass der Vater »einen anderen Beistand sendet«, nämlich »den Tröster (Paraklet), der in alle Wahrheit leiten wird« (Joh 14–16). Bachs Musik ist in diesem überaus kurzen Rezitativ von eindringlicher Schlichtheit. Hans Darmstadt hat auf die symmetrische Gestalt hingewiesen: Insbesondere die rhythmischen Werte sind exakt symmetrisch um das zentrale Wort »Haupt« angeordnet, das Bach mit einer exclamatio hervorhebt. Der letzte Ton führt den Evangelisten in eine tieffahle Klangregion.

Die bereits in der Alt-Arie »Es ist vollbracht« eingeführte Dialektik von Passion und Vollendung setzt sich in der Bass-Arie »Mein teurer Heiland« fort. Eine besondere Steigerung besteht darin, dass das sukzessive Nacheinander nun zu einem präzise konstruierten simultanen Ineinander von Arie und Choralstrophe wird, wobei die Arie den Aspekt Passion (»ans Kreuz geschlagen«) ausführt und die Liedstrophe den der Verherrlichung (»lebest nun ohn Ende«):

Mein teurer Heiland, lass dich fragen,
Jesu, der du warest tot,
Da du nunmehr ans Kreuz geschlagen
Und selbst gesagt: Es ist vollbracht,
Lebest nun ohn Ende,
Bin ich vom Sterben frei gemacht?
In der letzten Todesnot
Nirgend mich hinwende

Kann ich durch deine Pein und Sterben
Das Himmelreich ererben?
Ist aller Welt Erlösung da?
Als zu dir, der mich versühnt,
O du lieber Herre!
Du kannst vor Schmerzen zwar nichts sagen;
Gib mir nur, was du verdient,
Doch neigest du das Haupt
Und sprichst stillschweigend: ja.
Mehr ich nicht begehre!

Ähnlich wie zu den Sieben letzten Worten gibt es auch eine Frömmigkeitstradition, welche die Sieben Gliedmaßen des Gekreuzigten (Füße, Knie, Hände, Seite, Brust, Herz und Angesicht) betrachtet. Und ganz ähnlich wie bei den Sieben Worten kennt auch diese Tradition musikalische Ausprägungen, als deren bedeutendstes Werk Dieterich Buxtehudes Kantatenzyklus *Membra Jesu Nostri* (1680) gelten darf, aus dessen mittelalterlich-mystischer Textvorlage (Arnulf von Löwen) sich wiederum das für Bachs *Matthäuspassion* so wichtige Passionslied »O Haupt voll Blut und Wunden« von Paul Gerhardt speist.

Diese Bass-Arie kann mit der Sopran-Arie »Ich folge dir gleichfalls« verglichen werden, denn wiederum sucht Bach gemeinsam mit seinem Librettisten den tieferen Sinn des äußerlich Berichteten. Ging es im ersten Passionsteil bei der Nachfolge um das Transzendieren des Hinterhergehens zur Nachfolge Christi (Imitatio Christi)[41], so ist es nun die Deutung des Neigens seines Hauptes als »Ja«-Antwort auf die Fragen des Betrachters: »Ist aller Welt Erlösung da?« (kosmisch) und »Bin ich vom Sterben frei gemacht?« (persönlich). Die Aspekte Kreuz und Auferstehung werden auch hier strukturell bedeutsam, nun aber nicht mehr sukzessiv wie bei den in diesem Arientext zitierten Worten der Alt-Arie zum letzten Wort »Es ist vollbracht«, sondern gesteigert zur Simultaneität auf der Grundlage des tänzerischen Generalbasses und im 12/8-Takt, den Bach oftmals für Sätze erfüllter Glaubensgewissheit verwendet. Die »Adagio«-Vorschrift steht nur in der Continuo-Stimme, um vor einem allzu raschen Tempo à la Gigue zu warnen.

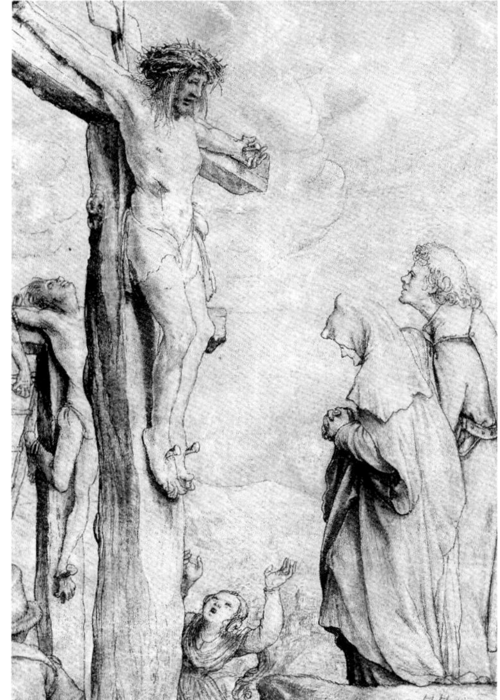

Christus am Kreuz von Hans Holbein d. J. Silberstift, mit Feder oder Pinsel überarbeitet, um 1516. Kunstsammlungen und Museen Augsburg, Grafische Sammlung

Ostern, die Gewissheit der Auferstehung, ist – anders als im Credo der Messe – dem Bericht vom Sterben und Begräbnis Jesu nicht angefügt, sondern Tod und Leben erscheinen hier auf wunderbar paradoxe Weise ineinander verschränkt. Paradox insofern, als Sprache und Musik ganz Verschiedenes sagen und gerade dadurch zu komplementärer Einheit finden: Während im Wortlaut der Arie die »gläubige Seele« die Sterbensgeste Jesu, das Neigen des Hauptes, zaghaft als »Ja« auf die Frage nach ihrer eigenen Erlösung zu deuten sucht, spricht der Choral klar von der Glaubensgewissheit ewigen Lebens durch Jesu Tod: »Jesu, der du warest tot, lebest nun ohn Ende«. Diesen verschiedenen Haltungen ordnet Bach zwei verschiedene, nicht anzugleichende[42] Zeit-Maße zu. Verbleibt der Chor im stabilen 4/4-Takt der Choräle, so singt der Solist, begleitet vom Continuo, in der tänzerischen, weit labileren Bewegung eines 12/8-Taktes. Diese Bewegung aber, wo sie aus den großräumigen Kreuzfiguren des Themenkopfes sich befreit, schwingt sich immer mehr auf und wird zu einem wahren Freudentanz, der schließlich weit mehr zum Sinnbild der Erlösungsgewissheit wird als der Choral des Chores, der in tiefer Lage, sempre piano sich vorantastend, gleichsam im Diesseits verklingt. Andererseits schafft die Liedstrophe aus der Diesseitigkeit heraus eine Brücke über die Zäsur des Todes hinweg: Bach verwendet hier die Melodie jenes Chorals, der mit den Worten »Er nahm alles wohl in acht« (Nr. 28) als letzter vor Jesu Tod erklungen war.

Schließlich gibt zu denken, dass Bachs Anordnung der beiden Texte so gestaltet ist, dass die zu seiner Zeit theologisch konkurrierenden Modelle der Deutung des Todes Jesu[43], nämlich »Erlösung« (Jesus erlöst die Menschen) und »Versöhnung« (Jesus erlöst die Menschen, indem er sie mit dem Vater versöhnt, wozu er ihre Schuld auf sich nimmt), exakt simultan erklingen. Genau zur Frage des Solisten »Ist aller Welt *Erlösung* da?« singt der Chor die Liedzeile »als zu dir, der mich *versühnt*«.

NB 47

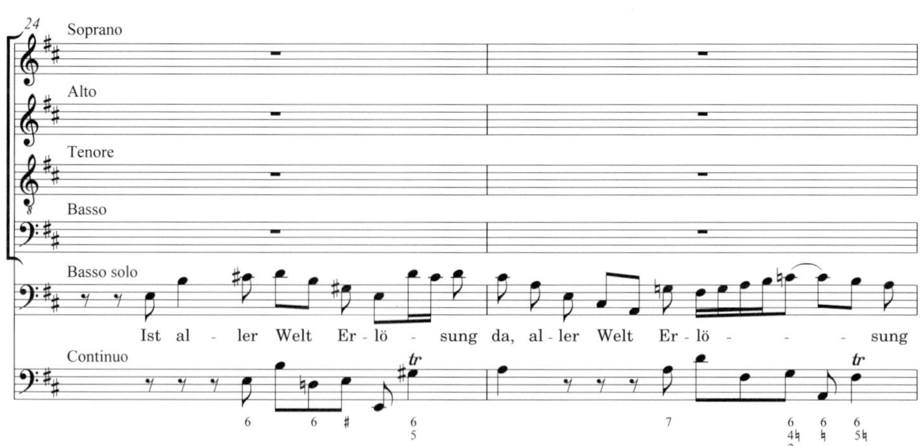

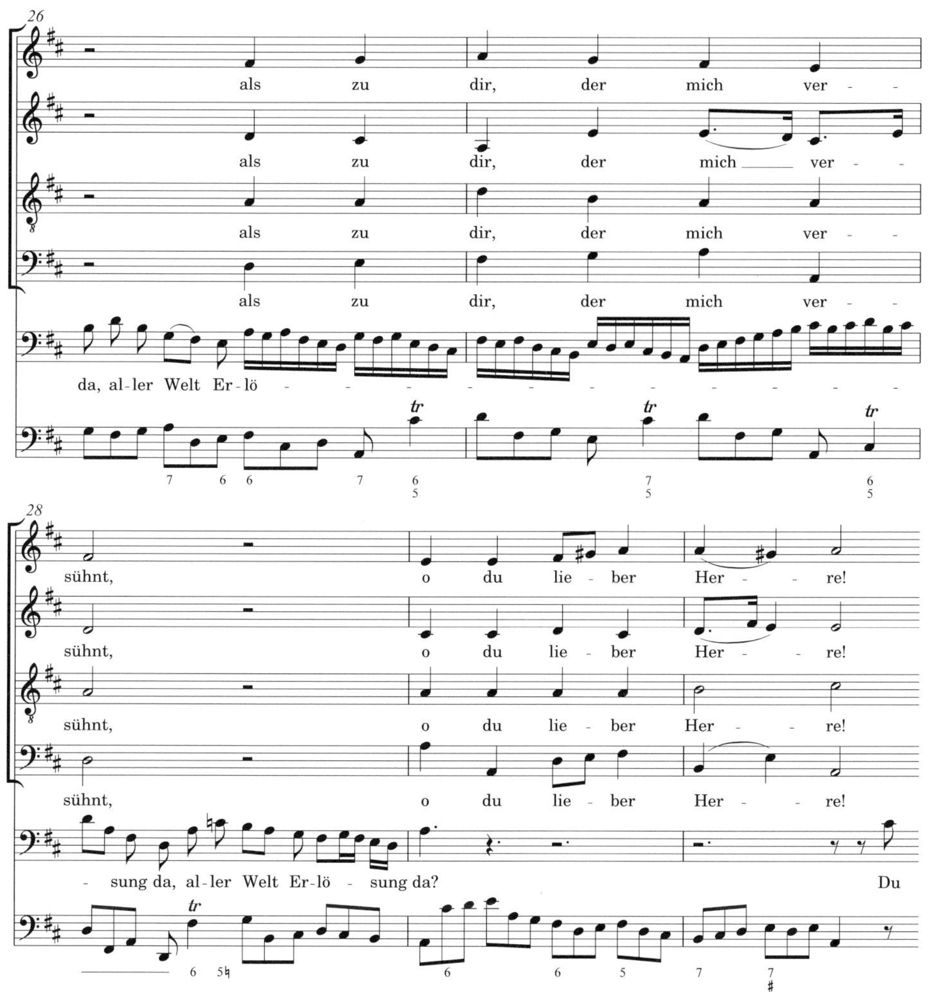

Den Schluss des Zwiegesprächs der gläubigen Seele mit dem Gekreuzigten gestaltet Bach mit einer kalkulierten Hervorhebung der nicht nur letzten, sondern letztgültigen »Ja«-Antwort, bei der als biblischer Hintergrund auch der zweite Korintherbrief des Apostels Paulus zu vergleichen ist: Gott spricht nicht nur von Anbeginn der Schöpfung sein »Ja« zu Welt und Menschen, sondern er *ist* in Christus dieses »Ja« als Person (2 Kor 1,19). Bach spielt nun musikalisch mit der »Ja«-Antwort vom Kreuz. Zunächst verzögert er das entscheidende Wort durch die Wiederholung der Passage »doch neigest du das Haupt und sprichst« (T. 36). Sodann erklingt zwei Mal das »Ja«, und zwar jeweils als Ausruf mit einer punktierten Viertelnote, allerdings auf den schwachen Zählzeiten vier und zwei, zudem gleichsam im klanglichen Schatten des Chorals, dessen letzte Worte »mehr ich nicht begehre« (T. 37 f.) der direkte Kommentar zum erstmals vernommenen

»Ja« sind. Die beiden nächsten »Ja« bindet Bach stärker in die Melodik des Vokalsolisten ein, zunächst mit dem Intervall der Prim (T. 40) und dann der Oktav (T. 41), wobei dazwischen sozusagen ein »Ja« fehlt, indem die Pause das »Stillschweigen« ausführt. Erst das letzte »Ja« erklingt als Höhepunkt auf dem Grundton *d* und auf der betonten Zählzeit am Beginn des drittletzen Taktes.

Rezitativ »Und siehe da, der Vorhang im Tempel«

Kosmischen Aufruhr komponiert Bach in diesem Rezitativ. Bereits der Einsatz wirkt als kalkulierte Störung, weil im fast beschaulichen D-Dur-Nachklang der Bass-Arie mit Choral nun H-Dur mit kurzen Ausrufen des Evangelisten erklingt: der erste auf der Quint schließend (»Und siehe da«), der zweite mit den Worten »der Vorhang im Tempel zerriss in zwei Stück« jedoch auf der None zum Grundton.

NB 48

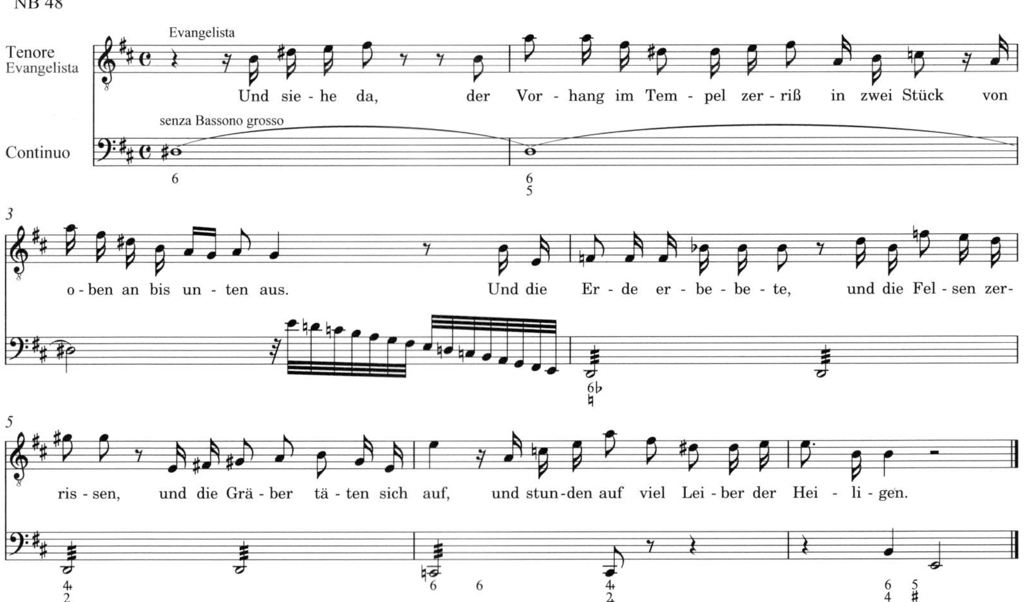

Die vokale Abwärtsbewegung »von oben an bis unten aus« in Sechzehnteln und im Gesamtintervall der Non wird nicht den Regeln gemäß instrumental bestätigt, sondern überbietend fortgesetzt von den Zweiunddreißigsteln der instrumentalen Abwärtsfahrt, die in den Ton *D* mündet, der vier Halbenoten, also ganze zwei Takte lang, bebend repetiert wird: »Die Bässe folgen einem Sog in die Tiefe, während der Sänger ständig nach oben getrieben wird.«[44] Das Erdbeben markiert Bach mit einem Neapolitanischen Sextakkord, die zerreißenden Felsen mit den übermäßigen Intervallen des Evangelisten *d–f–gis* (»zerrissen«), wobei dieses und das nächste, eine Oktav tiefere *gis* des Tenors auf betonter Taktzeit sich gegen das *D* des Generalbasses stellt. Die letzten beiden Takte bringen zunächst eine Öffnung des Klangs nach a-Moll mit einer doppelten exclamatio des Evangelisten: zunächst zum e^1 (»täten sich auf«), dann aber, nur scheinbar konsonant, mit dem gebrochenen a-Moll-Dreiklang auf das hohe *a*, bei dem sich jedoch im Moment des Erreichens die Harmonie zum Septakkord über *H* mit gleichbleibendem *C* (Non) im Bass geradezu erschreckend verändert hat. Über dieses H-Dur führt der Weg zum Schlussklang e-Moll. Hans Darmstadt hebt in seiner Analyse hervor, dass das entscheidende tiefe *C* der Bässe als deren tiefstmöglicher Ton zum einen auf der leeren Saite »von unheimlicher Wirkung«[45] ist, zum anderen jedoch die erwartete Auflösung zum Grundton *H* weder auf den Saiten noch mit der Orgel realisierbar wird. Bach geht in diesem Rezitativ bis an die Grenzen der musikalischen Möglichkeiten – und er gibt sogar Andeutungen, wie es noch weiter gehen könnte, um selbst dieses Scheitern noch in einer erzwungenen Pause des Basso Continuo auszukosten.

Arioso »Mein Herz, in dem die ganze Welt«

Das Arioso erinnert an den Eingangschor: Orgelpunkt auf *G* im Bass, bebende Klänge in den Streichern, Akkorde der Bläser. Dass das »ganz erschrockne Herze bebt« (BWV 60,1 – mit dem Kirchenlied »O Ewigkeit, du Donnerwort« von Johann Rist), ist bereits im ersten Takt deutlich musikalisiert, weil die beiden Worte »Mein Herz« vom tiefen Unisono-Tremolo der Streicher umgeben sind. Die »ganze Welt« übersetzt Bach in die Totalität der Oktave, ähnlich wie im Eingangschor die Worte »zu aller Zeit«. Die Besonderheit des Orgelpunktes *G* liegt in seiner Beharrlichkeit bei gleichzeitigen Veränderungen der Harmonie in den Bläsern, was an den komplexen Generalbass-Bezifferungen abzulesen ist. Indem er das Rezitativ des Evangelisten mit ähnlich extremen Mitteln fortsetzt, findet Bach Klänge für die höchst anschaulichen Worte dieses Arioso, welche als kosmische Ereignisse berichtet werden, um sich im betrachtenden »Herz« gleichsam zu spiegeln. Dadurch ergibt sich ein Zusammenklang von Kosmos und Mikrokosmos: »Mein Herz, in dem die ganze Welt bei Jesu Leiden gleichfalls leidet«:

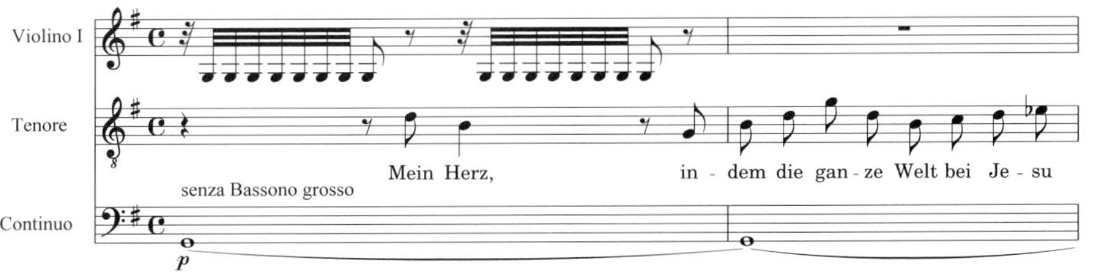

NB 49

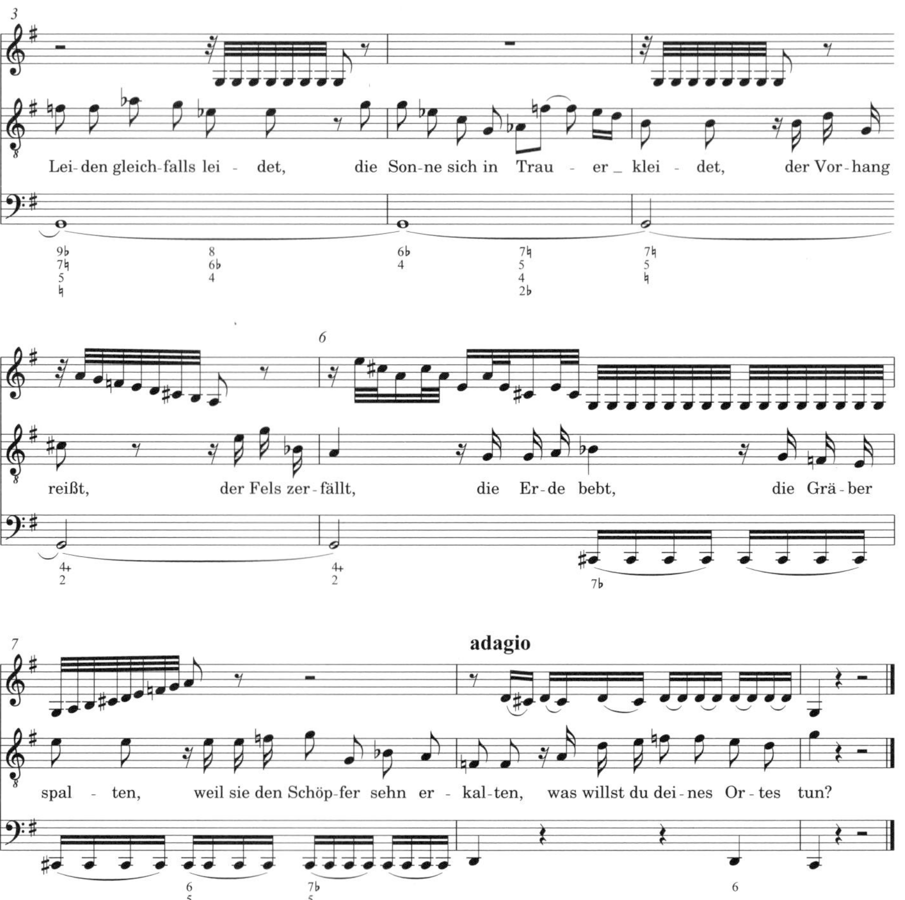

»Trauer«: Kreuzfigur als Augenmusik, weil die Verbindung des ersten und dritten sowie des zweiten und vierten Tones ein liegendes Kreuz ergibt (vgl. das Continuo-Motiv am Beginn der Arie »Mein teurer Heiland«); das Kreuz ist Ursache dieser Trauer;

»der Vorhang reißt«: mit musikalischen Mitteln ergänzt zu »von oben an bis unten aus«;

»der Fels zerfällt«: gezackter Rhyhthmus kurz-kurz-lang, zudem wie ein Absturz von oben nach unten;

»die Erde bebt«: Nun setzen nicht nur die Zweiunddreißigstel-Repetitionen der Streicher erneut ein; auch der Generalbass bebt in Sechzehnteln auf *Cis*, denn die Grundfesten sind erschüttert;

die Gräber spalten: Aufwärtsbewegung, vielleicht musikalisch ergänzt mit dem Gedanken »und stunden auf viel Leiber«.

Im neuen Tempo »adagio« kommt erst die letzte Zeile mit den fragenden Worten der Aneignung zur Ruhe: »Was willst du deines Ortes tun?« Die harmonische Öffnung bringt die fragende Geste zur Geltung, während – gleichsam auf die Arie präludierend – die Streicher in Zweierbindungen seufzen und alle Bläser nach einer Pause mit einem ebenso seufzenden Vorhalt den Schlussklang erreichen.

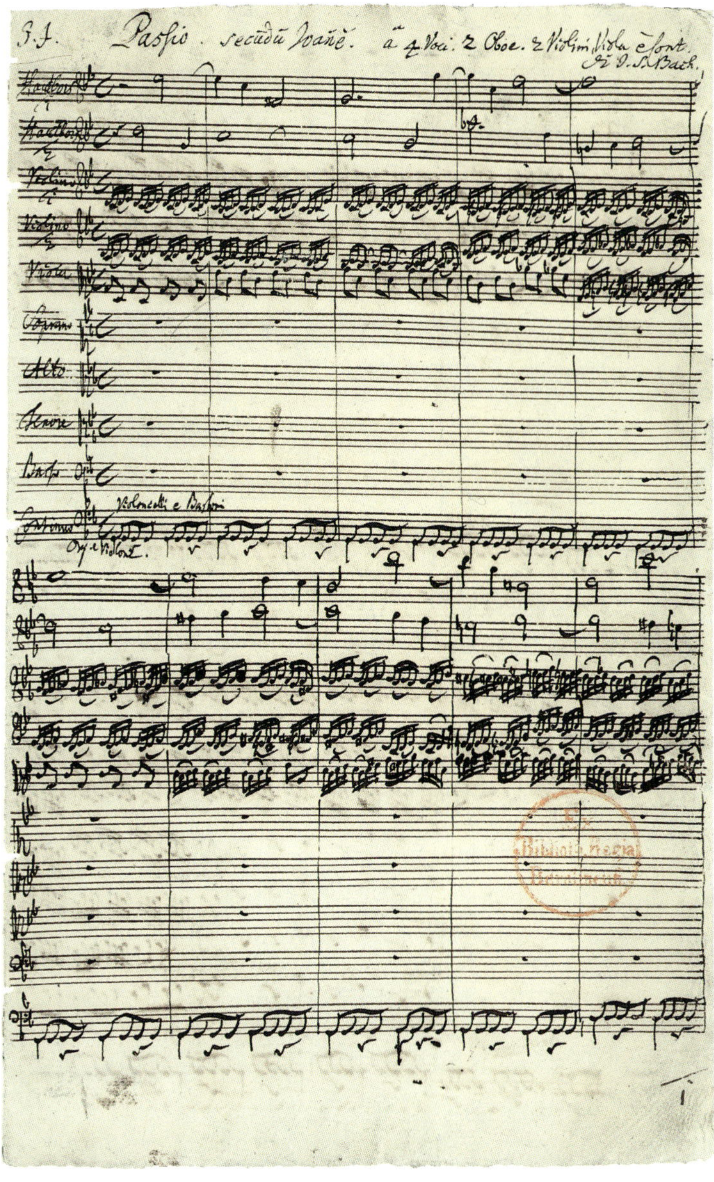

1
Erste Seite der teilautographen Originalpartitur zur Johannespassion *(Passio secundum Joannem)* von Johann Sebastian Bach (um 1739) mit dem Beginn des Eingangschores »Herr, unser Herrscher« Staatsbibliothek Berlin – Preußischer Kulturbesitz, Musikabteilung mit Mendelssohn-Archiv, *Mus. ms. Bach P 28.* Originalgröße 34 x 20,5 cm

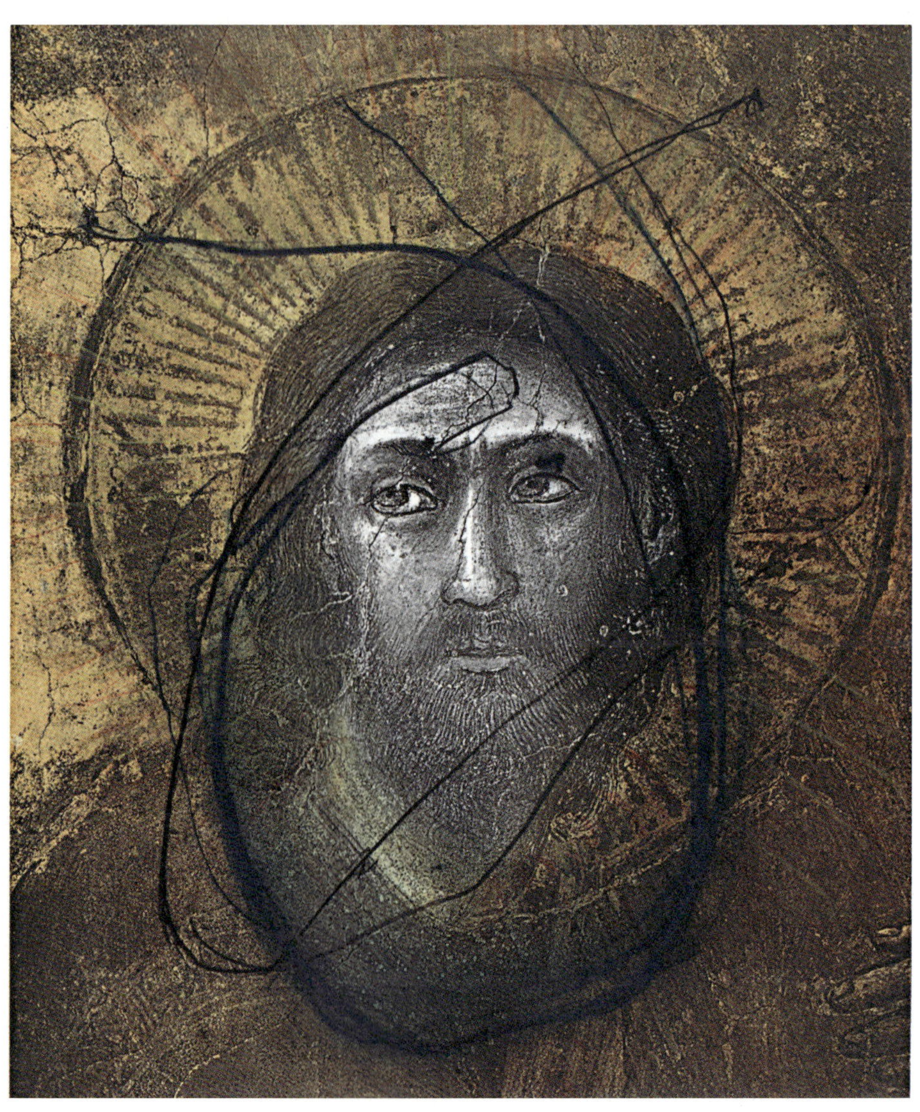

2

Jesus vor den Hohen Priestern Hannas und Kaiphas
Fresko von Giotto in der Capella degli Scrovegni, Padua, 1303–1305 (Ausschnitt)
übermalt von Arnulf Rainer (geb. 1929)
Aquarellkreide und Graphit auf bedrucktem Papier, 49,5 x 41,4 cm
Museum Frieder Burda, Baden-Baden
(siehe dazu S. 9)
© Arnulf Rainer, 2010

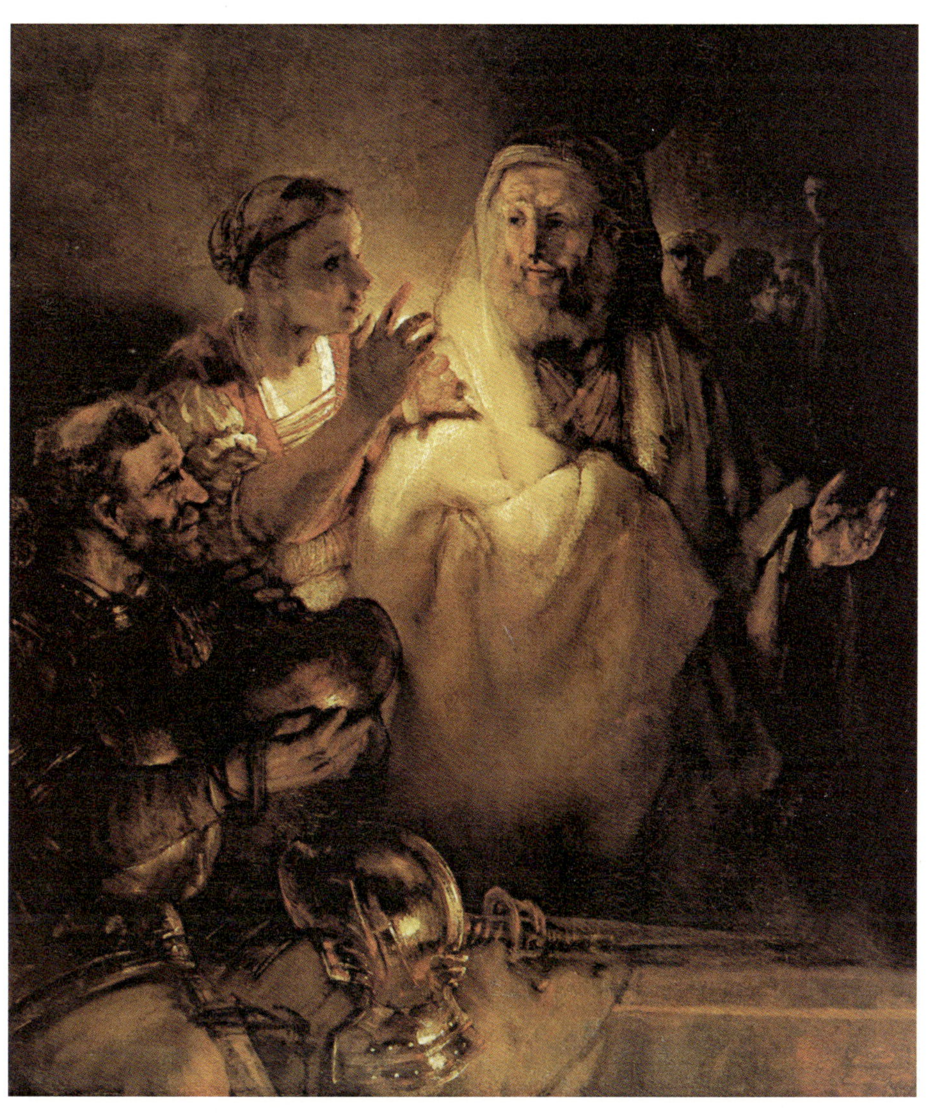

3
Der Apostel Petrus verleugnet Jesus
Rembrandt, 1660. Öl auf Leinwand, 154 x 169 cm
Rijksmuseum, Amsterdam

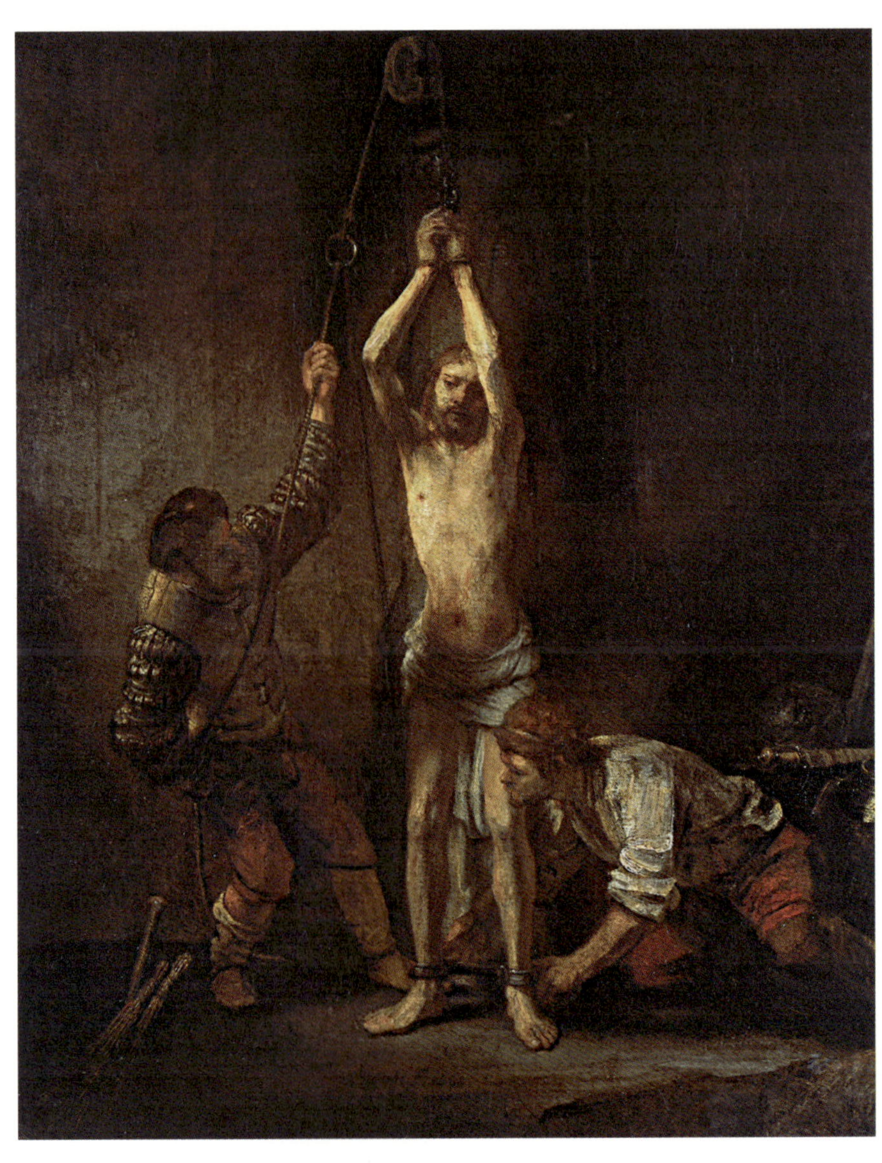

4
Christus an der Geißelsäule
Rembrandt, 1650/55 (Bezeichnung unten Mitte: »Rembrandt f. 1658« nicht eigenhändig). Öl auf Leinwand, 93 x 72 cm
Hessisches Landesmuseum, Darmstadt, Inv. Nr. *GK 251*

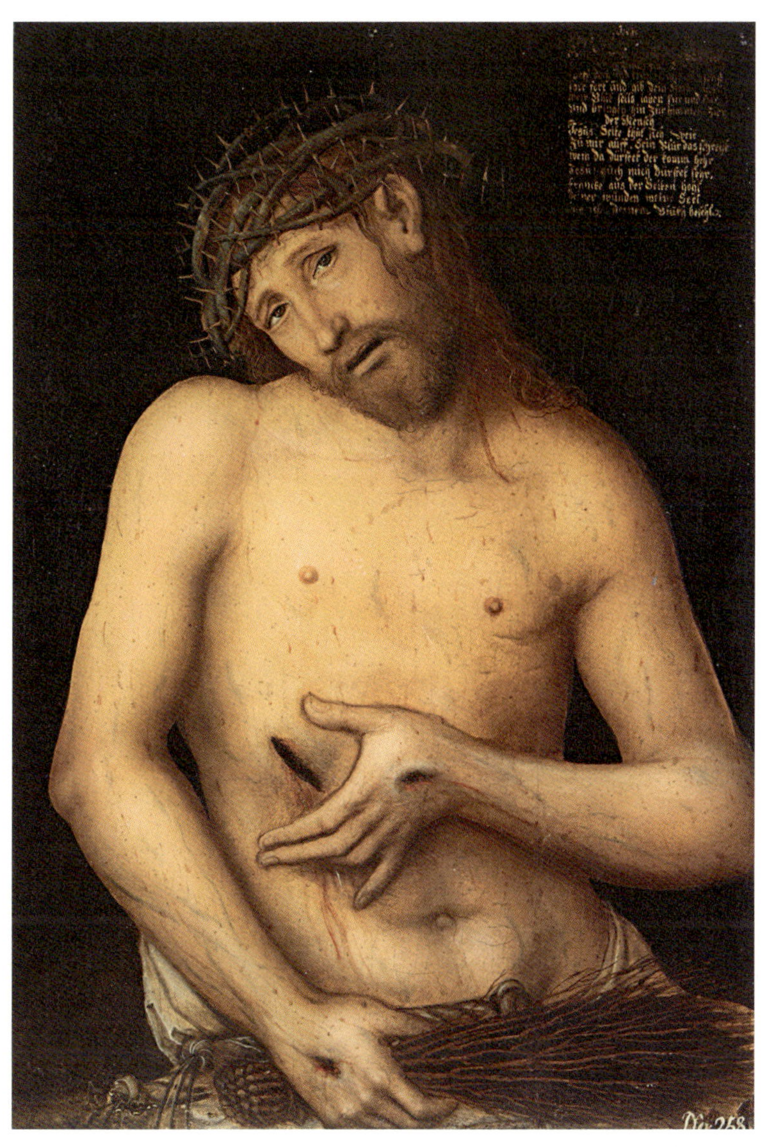

5

Christus als Schmerzensmann

Lucas Cranach d. J. (?), Wittenberg, um 1537

Mischtechnik auf Rotbuchenholz, 51,2 x 34,5 cm

Erworben 1928 bei Arthur Hauth; 1919 bei Flechtheim, beide Düsseldorf

Museum im Roselius-Haus, Bremen, Inv. Nr. *B 56*

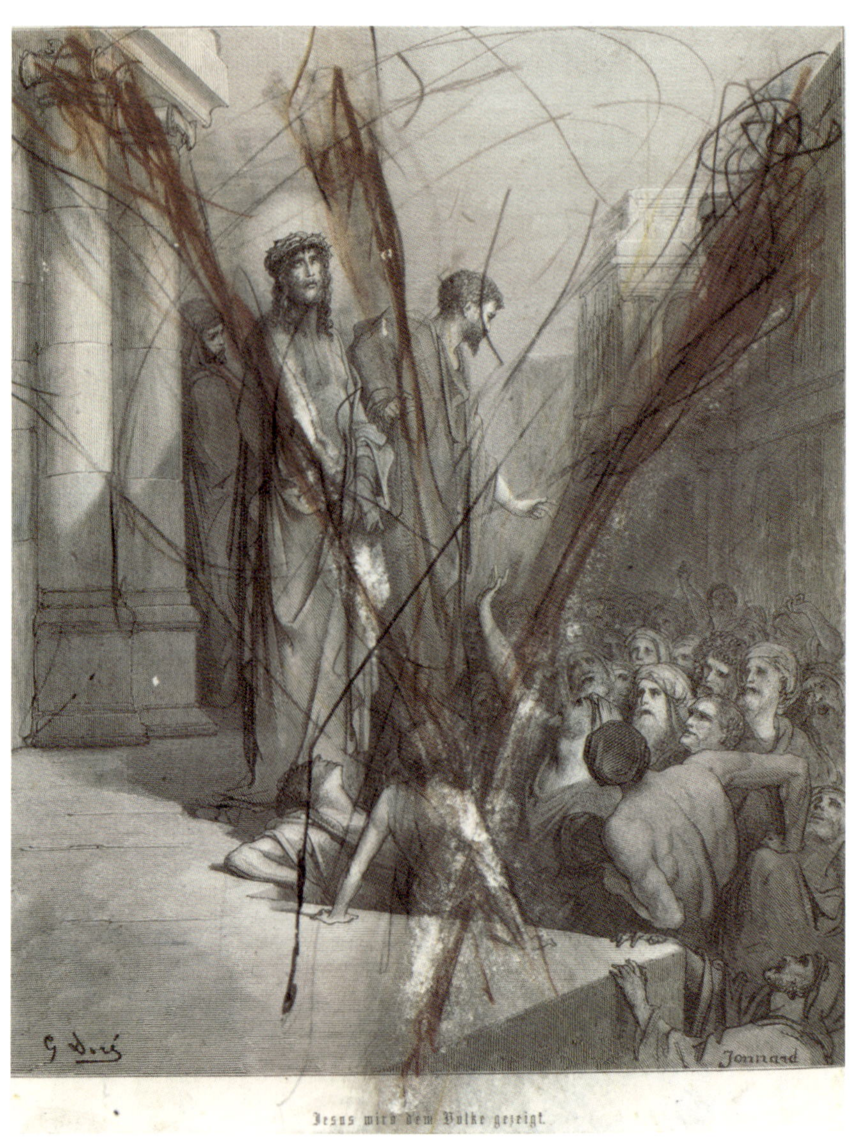

6

Jesus wird dem Volke gezeigt

Gustave Doré (1832–1882), übermalt von Arnulf Rainer (geb. 1929)

Aquarellkreide und Graphit auf bedrucktem Papier, 26,1 x 19,8 cm

Museum Frieder Burda, Baden-Baden

(siehe dazu S. 9)

© Arnulf Rainer, 2010

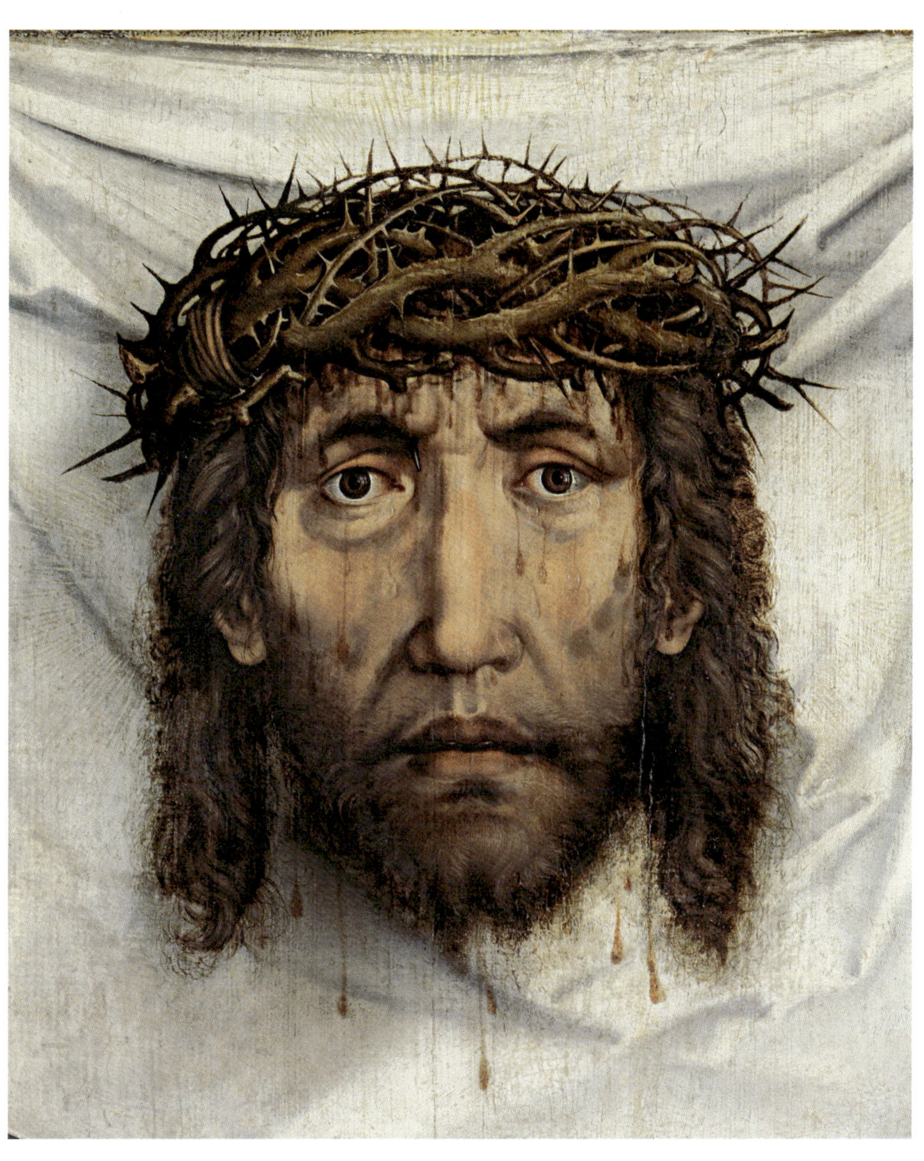

7
Schweißtuch der Veronika (Vera Icon)
aus der Predella eines ehemaligen
Retabels von Martin Schaffner (um 1478/79 – 1547?)
Mischtechnik auf Nadelholz, 1518
Staatliche Kunsthalle Karlsruhe (vgl. Gesamtbild S. 174)

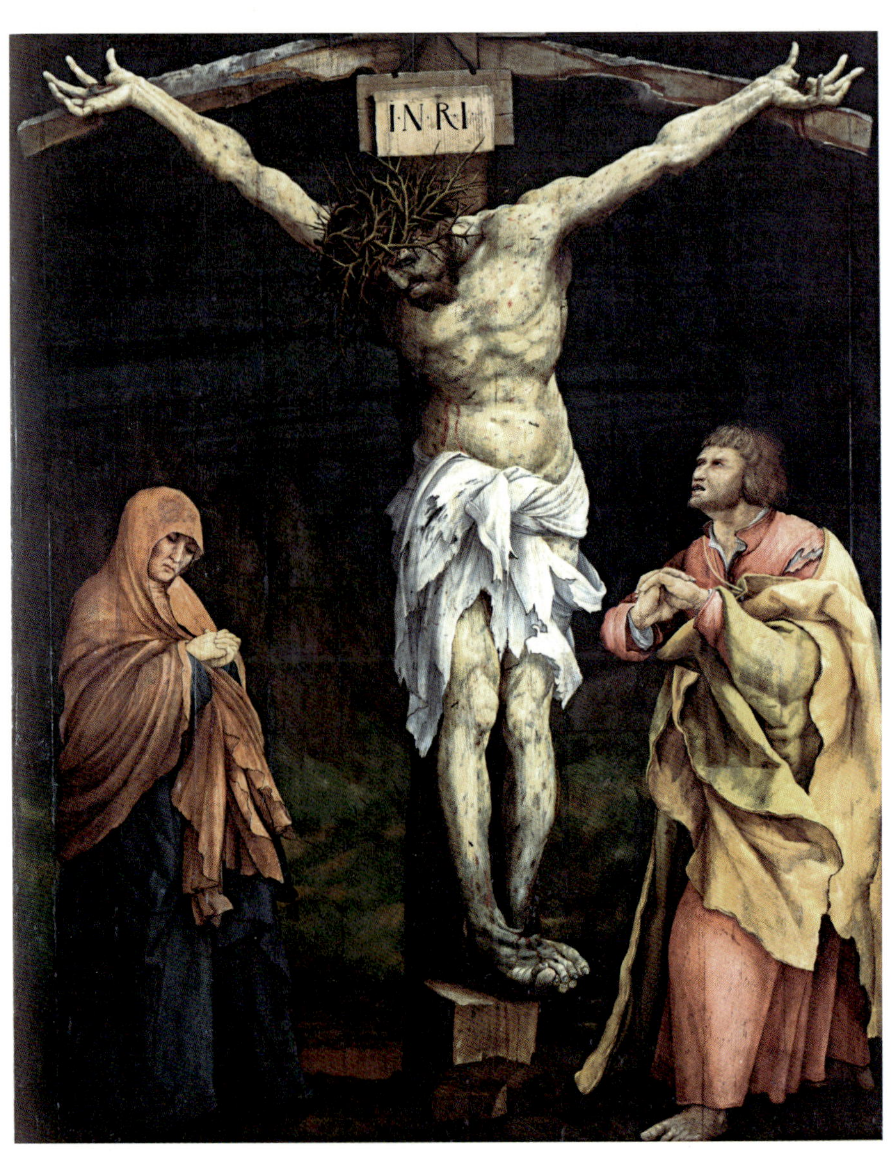

8

Kreuzigung Christi

aus dem Tauberbischofsheimer Altar

von Matthias Grünewald, um 1523/1525

Öl auf Tannenholz, 193 x 152,5 cm

Staatliche Kunsthalle Karlsruhe

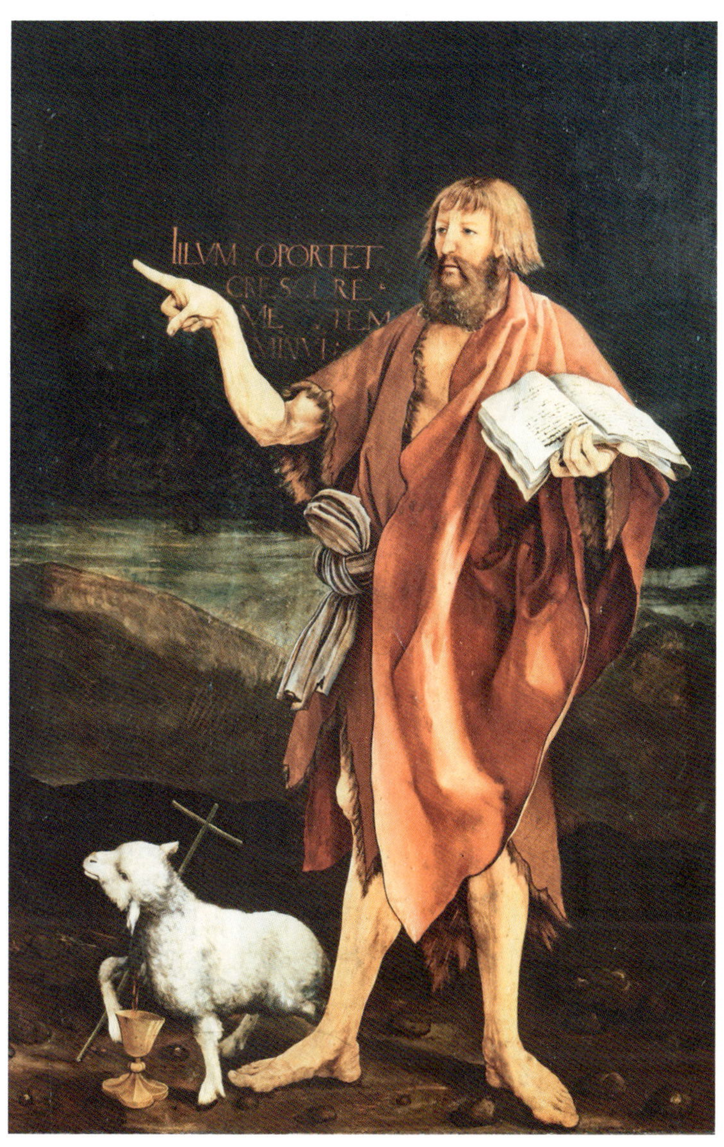

9

Johannes der Täufer

aus der Mitteltafel des Isenheimer Altars

von Matthias Grünewald, 1512–15

Beischrift Joh 3,30: »Illum oportet crescere, me autem minui«

(Er muss wachsen, ich aber muss abnehmen)

Öl auf Lindenholz

Musée d'Unterlinden, Colmar

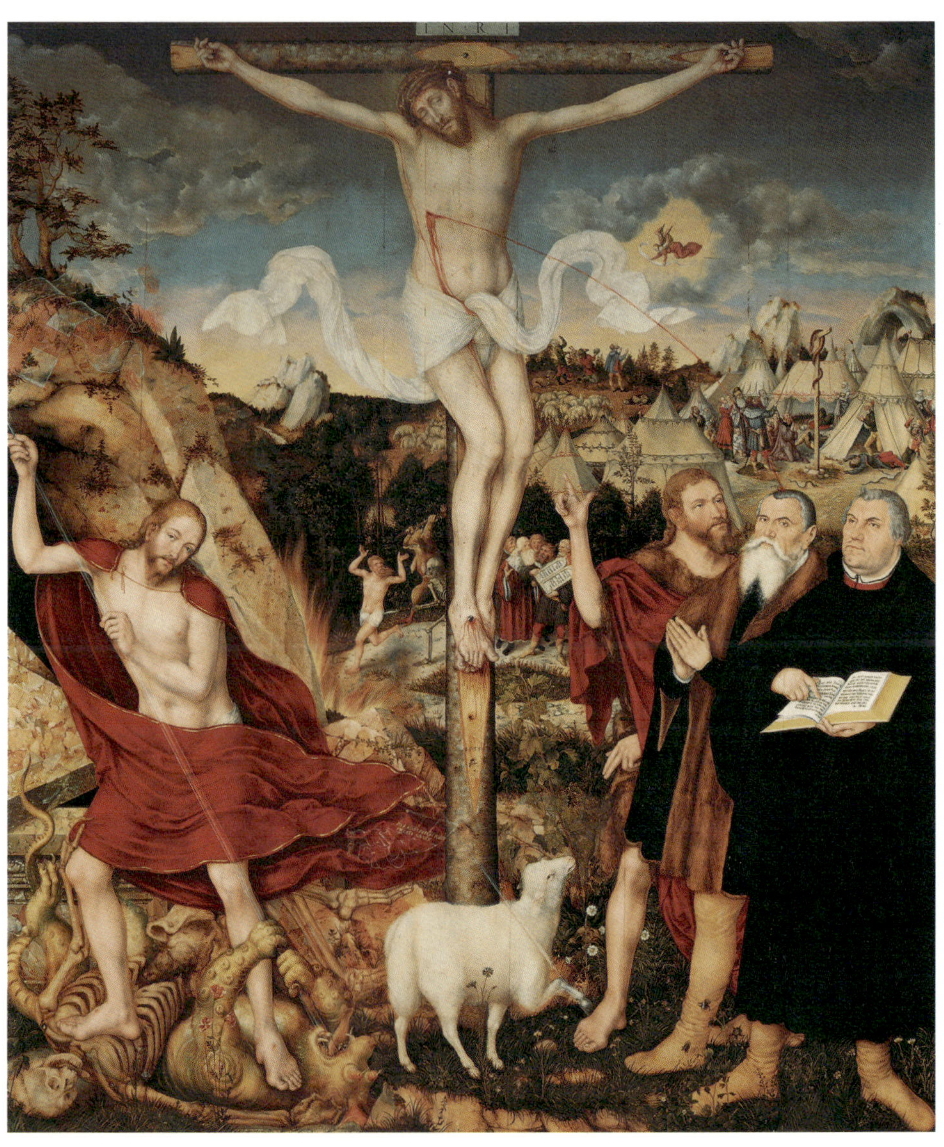

10

Gesetz und Gnade (Sündenfall und Erlösung)

Mitteltafel des von Lucas Cranach d. Ä. begonnenen und
von Lucas Cranach d. J. 1555 vollendeten Flügelaltars in der
Stadtkirche St. Peter und Paul (Herderkirche) zu Weimar

Öl auf Holz, 3,60 x 3,11 m

(siehe dazu S. 32 ff.)

Abdruck mit freundlicher Genehmigung der Kirchgemeinde Weimar
© Jürgen M. Pietsch, Spröda (Foto)

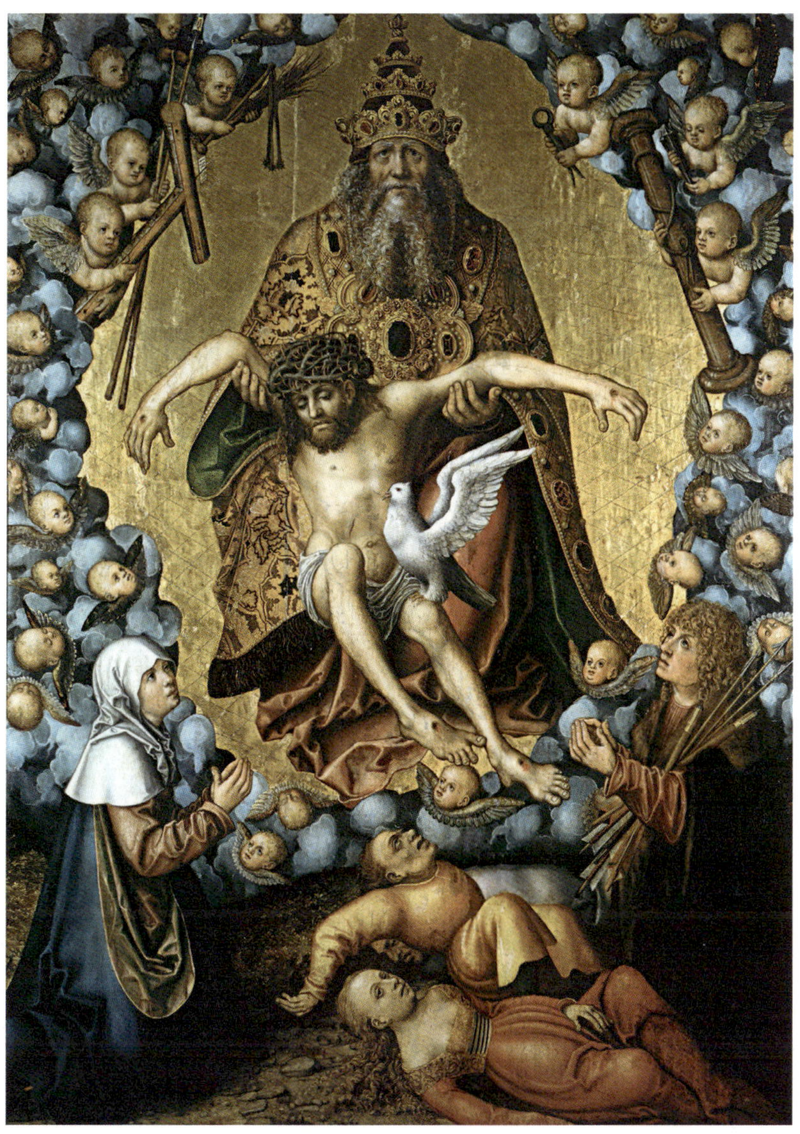

11
Dreifaltigkeit (Gnadenstuhl)
Lucas Cranach d. Ä., um 1515
Öl auf Holz, 138 x 99 cm
Museum der Bildenden Künste, Leipzig
(siehe dazu S. 76f.)
© akg-images

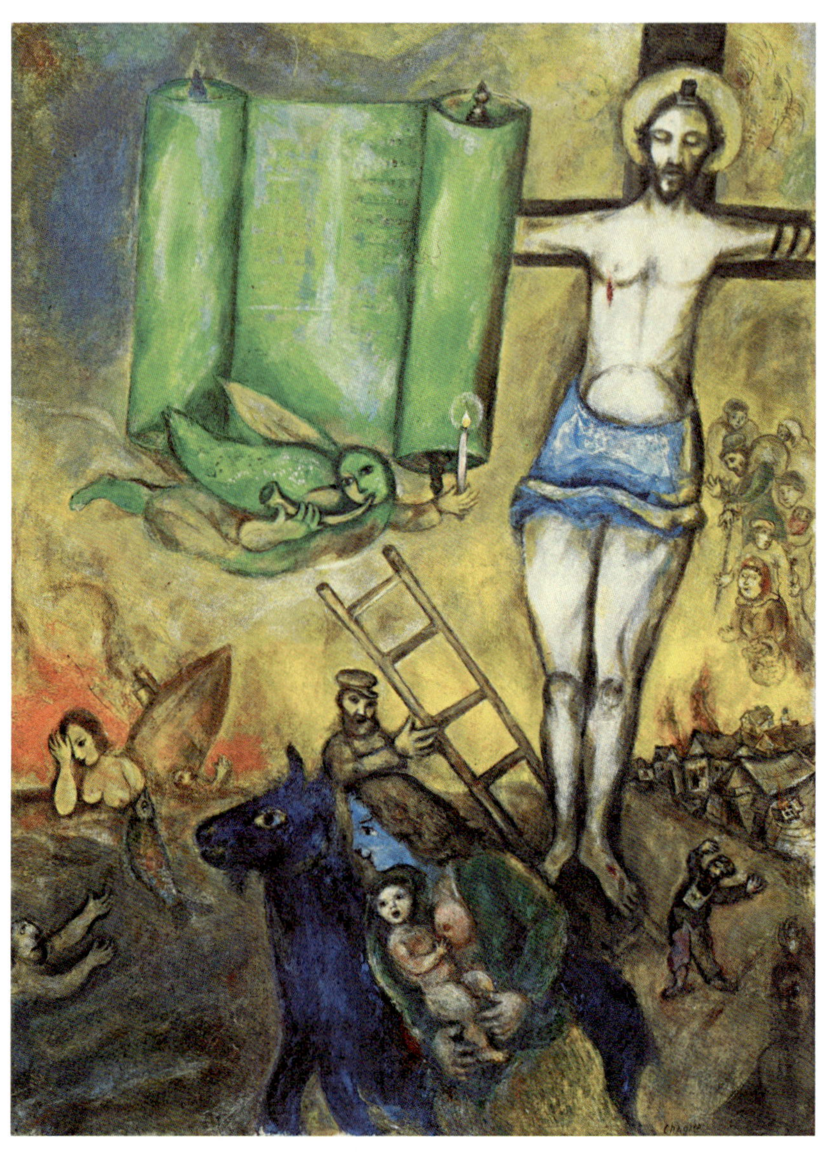

12

Die Kreuzigung in Gelb (La crucifixion en jaune)
Marc Chagall, 1942. Öl auf Leinwand, 140 x 101 cm
sign. u. dat. u. r.: »Marc Chagall 1942«
Musée national Marc Chagall, Nizza (aus dem Nachlass)
(siehe dazu S. 141 f.)
© VG Bild-Kunst, Bonn 2010

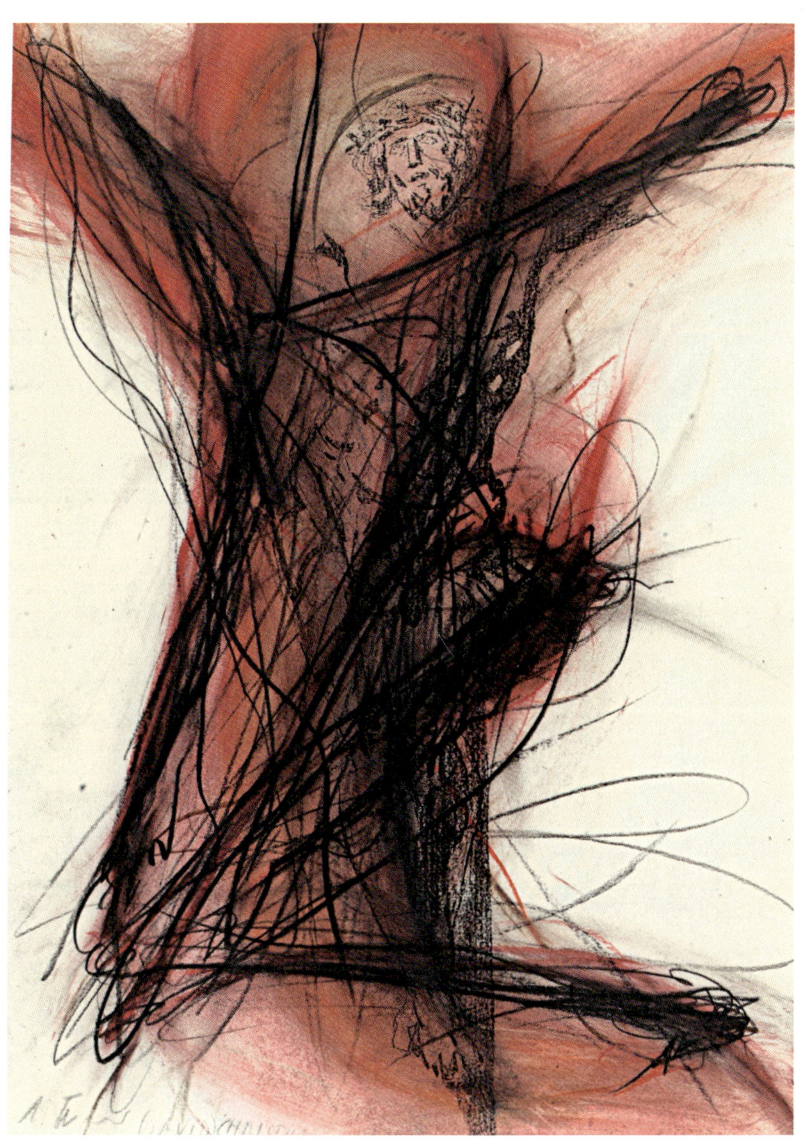

13
Der Gekreuzigte
Jacques-Louis David (1748–1825)
übermalt von Arnulf Rainer (geb. 1929)
Aquarellkreide und Ölkreide auf Photokopie, 41,8 x 29,6 cm
Museum Frieder Burda, Baden-Baden
(siehe dazu S. 9)
© Arnulf Rainer, 2010

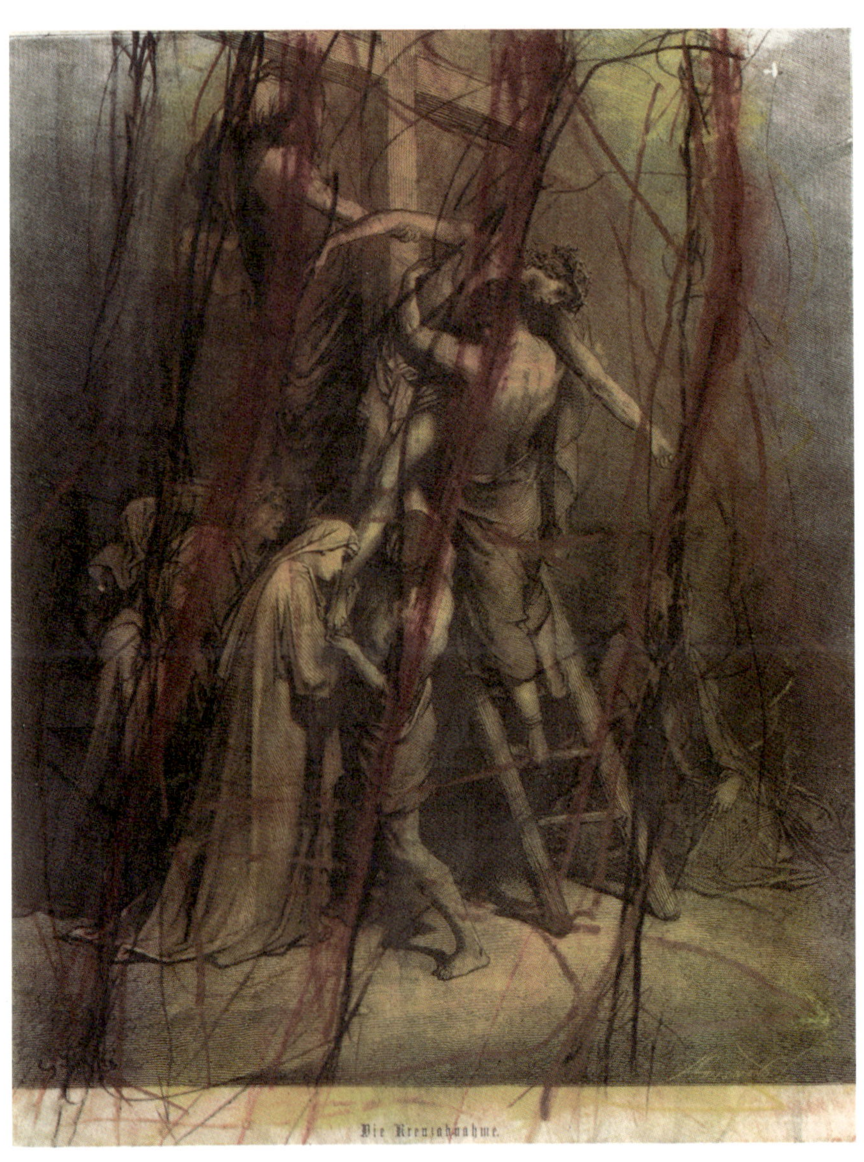

14

Die Kreuzabnahme

Gustave Doré (1832–1882), übermalt von Arnulf Rainer (geb. 1929)

Aquarellkreide und Graphit auf bedrucktem Papier, 22,8 x 18,8 cm

Museum Frieder Burda, Baden-Baden

(siehe dazu S. 9)

© Arnulf Rainer, 2010

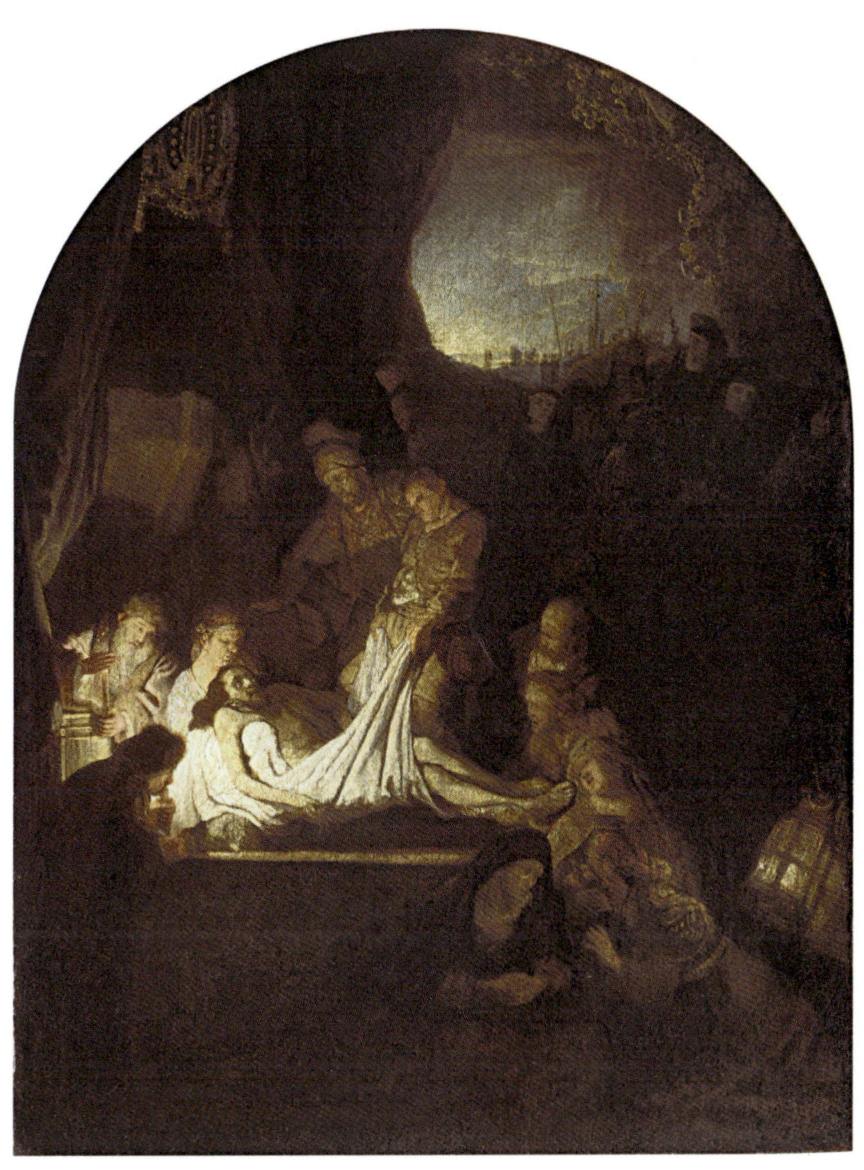

15
Grablegung Christi von Rembrandt, 1639
Leinwand, 90,5 x 70 cm
Alte Pinakothek, München

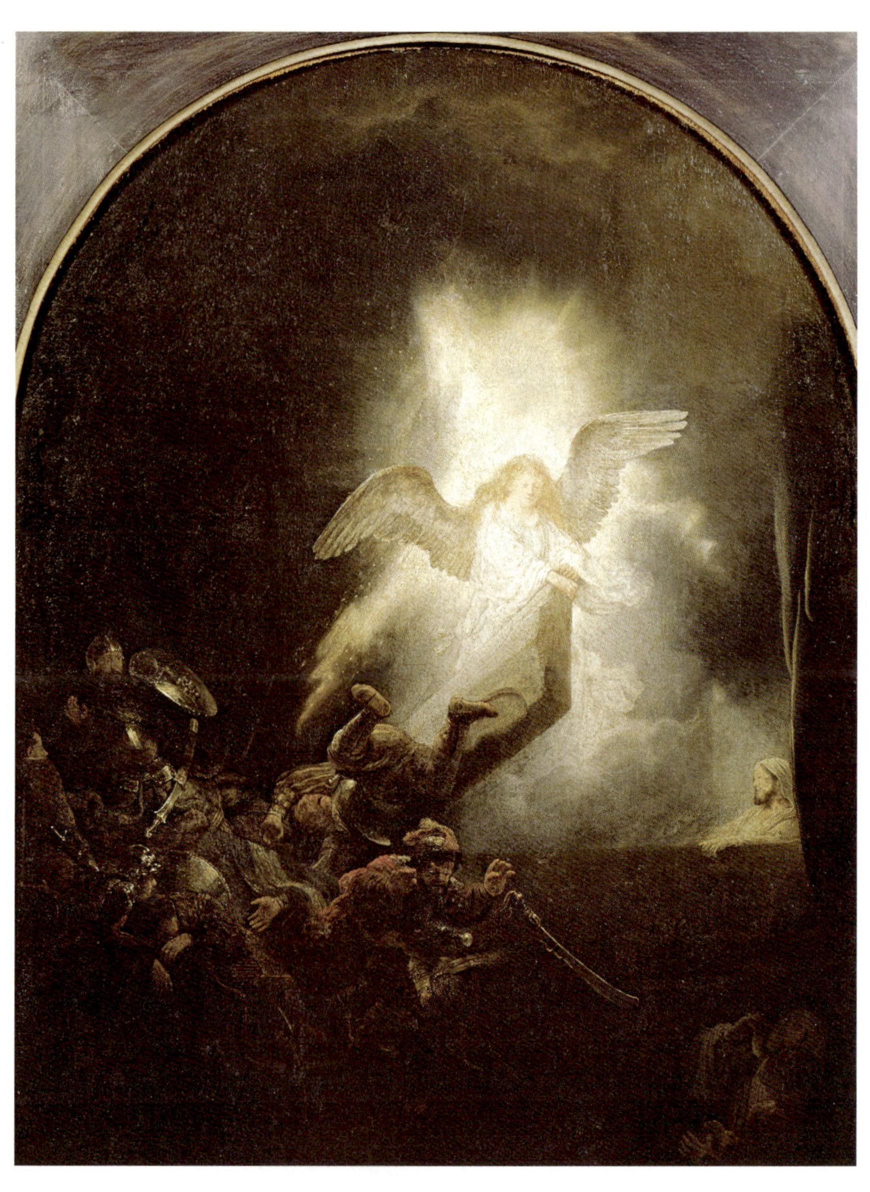

16
Auferstehung Christi
Rembrandt, um 1636–1639
Leinwand (auf Holz befestigt), 91,9 x 67 cm
Alte Pinakothek, München
© akg-images/André Held

Arie »Zerfließe, mein Herze«

> Gönnt nach Jesu Tod die liebevolle Bass-Arie mit Chor »Mein teurer Heiland« etwas Entspannung, so dulden doch die Totenglocken der Violinen bei »Mein Herz, in dem die ganze Welt« und die aufbrausenden Gefühlswogen in »Zerfließe, mein Herze« kein Abebben der inneren Sturmflut. Bis zur letzten Note des Schlusschorals duldet das Werk kein Nachlassen der Empfindung, so dass Robert Schumann sie irrig als die noch spätere ansprach, da sie doch die herrlichere sei.[46]
>
> *Dietrich Fischer-Dieskau*

Weil die betrachtenden Stücke der Johannespassion keineswegs regelmäßig über das Gesamtwerk verteilt sind, erklingt nun die dritte Arie zur Todesstunde Jesu. Biblischer Impuls sind die rezitativisch berichteten und sodann im Accompagnato in das betrachtende Herz gleichsam transponierten Ereignisse, die auf Jesu Tod folgen: das Zerreißen des Vorhangs im Tempel, das Erdbeben und das Sich-Öffnen der Gräber. Dieser biblische Bericht entstammt dem Matthäusevangelium, ebenso wie im ersten Passionsteil das Weinen des Petrus. Vermutlich hat Bach auf die beiden affekt- und effektbetonten Schilderungen nicht verzichten wollen, deren eine vom Weinen (des Petrus) ausgeht und in inneren Aufruhr mündet, wohingegen die zweite vom äußeren Aufruhr (des Kosmos) ihren Ausgang nimmt, um die Betrachter ins Weinen zu führen. Im ersten Teil war es die verzweifelte, extrovertierte Klage um das eigene Selbst (»Ach, mein Sinn, wo willt du endlich hin?«) unter dem Eindruck der Verleugnung; im zweiten ist es ein von dem Wort »Zerfließen« inspirierter und ergreifender Klagegesang unter dem Kreuz, in dessen instrumentaler Motivik sich zerfließende Linien, bebende Repetitionen und Staccato-Dreiklangsbrechungen (ähnlich den »Tropfen meiner Zähren« in der Arie »Buß und Reu« der *Matthäuspassion)* kunstvoll überlagern. So wird das

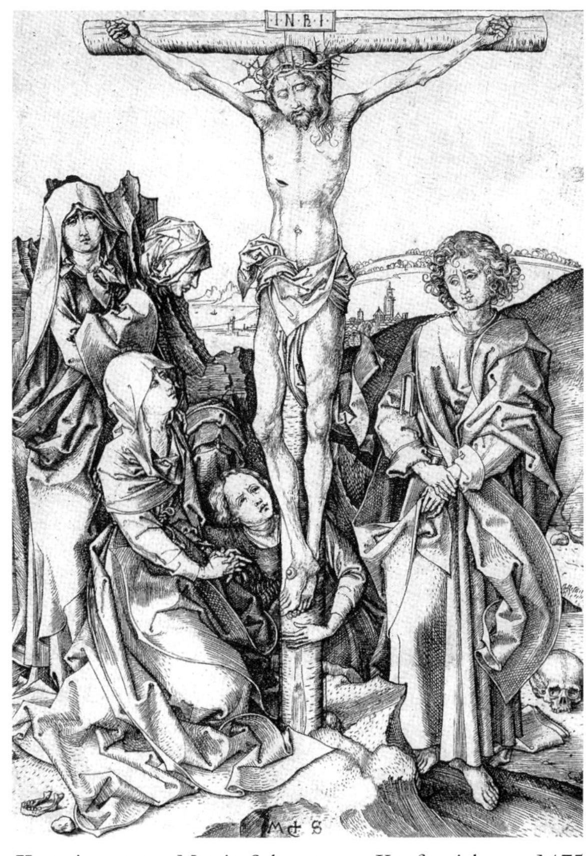

Kreuzigung von Martin Schongauer. Kupferstich, um 1475

äußere Beben ins Innerste gewendet, wobei das an »Welt und Himmel« gerichtete »Erzählen« immer wieder auf Fermaten dissonant und gleichsam tränenerstickt ins Stocken gerät. Auch hat es den Anschein, dass durch diesen Satz die sieghaft-österlichen Momente der beiden vorausgegangenen Arien – nun mit Hilfe des Matthäusevangeliums – wieder etwas zurückgenommen werden: »Dein Jesus ist tot – tot – tot!«, klagt eindringlich die Sopranstimme.

Zerfließe, mein Herze, in Fluten der Zähren
Dem Höchsten zu Ehren!
    Erzähle der Welt und dem Himmel die Not:
    Dein Jesus ist tot!

Wie sehr Bach am Klangbild seiner Johannespassion im Einzelnen gefeilt hat, zeigt ein Vergleich der Fassungen dieser Sopran-Arie. Die instrumentale Besetzung von Fassung I (1724) bleibt ungewiss, weil nicht geklärt werden kann, ob bereits damals Traversflöten mitgewirkt haben. Ein Jahr später (1725) spielen in Fassung II zwei Traversflöten und zwei Oboi da caccia. In Fassung III (1732) entfällt diese Arie, wohingegen Bach sich in der letzten Fassung (1749) für eine besonders aparte Klangkombination entscheidet, nämlich Traversflöte und gedämpfte Violine (Violino solo con sordino) sowie Oboe da caccia.

NB 50

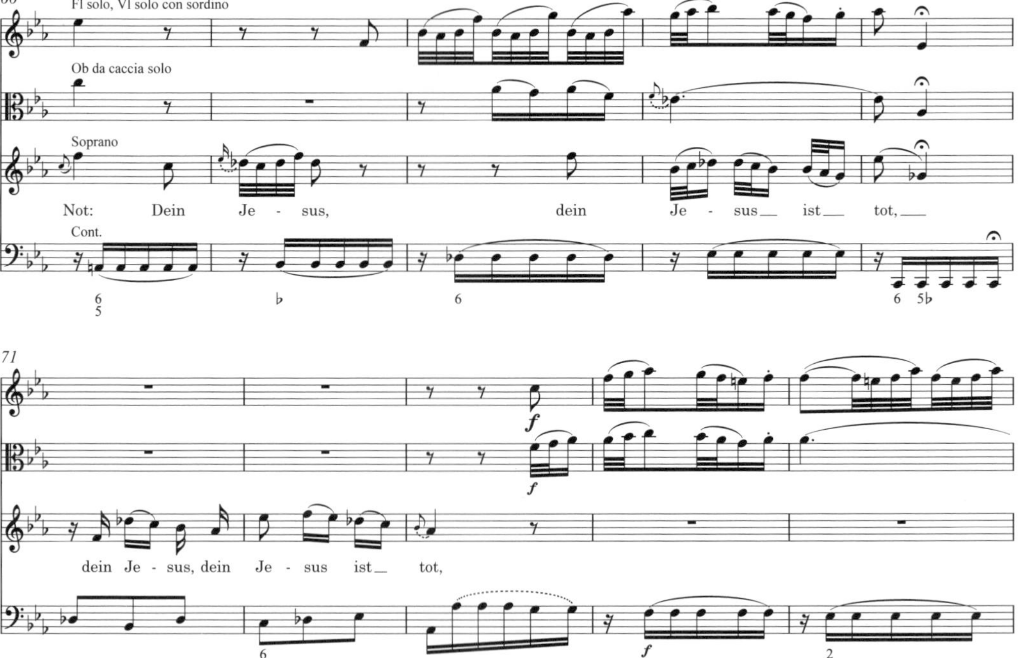

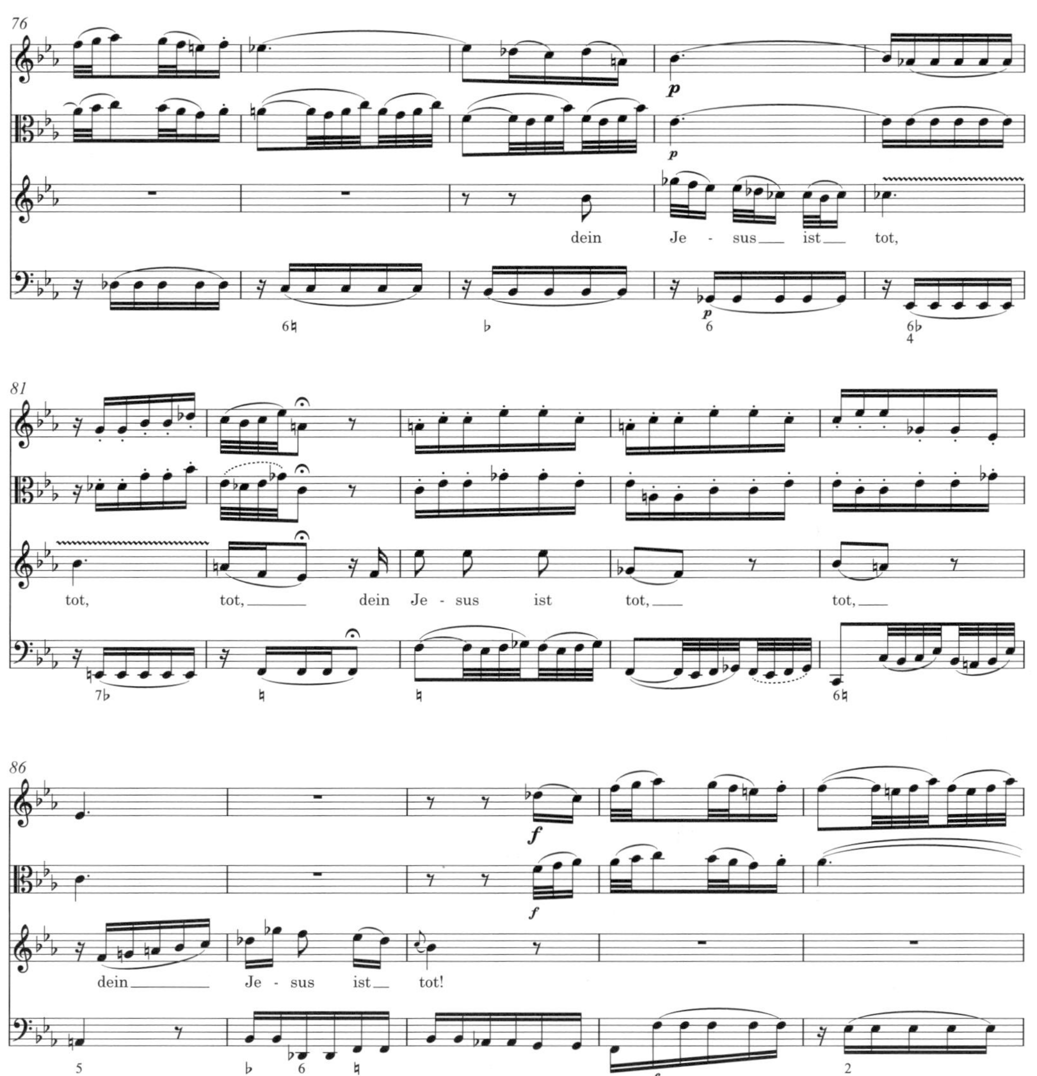

Johann Sebastian Bachs musikalische Darstellung – fast möchte man sagen Inszenierung – der Todesstunde Jesu vereint Darstellung und Deutung, Trauer und Trost, Kreuz und Sieg, Äußerliches und Innerliches, biblisches Wort und persönliche Antwort, lutherische Dogmatik und hochexpressive Musik. Bach entwirft in den Arien zur Todesstunde Jesu drei Möglichkeiten musikalischer ›Trauerarbeit‹, die sich unterscheiden und zugleich beständig ergänzen. Das letzte Wort Jesu, seine letzte Geste und die darauf folgenden kosmischen Ereignisse werden zum Anlass der musikalischen Betrachtung. Diese wiederum fordert den Hörer dreifach heraus: im Hören, im Nachdenken und letztlich im Glauben.

Kreuzabnahme, Choral »O hilf, Christe, Gottes Sohn« und Begräbnis

Um den Eintritt des Todes zu beschleunigen, zerbrechen die Kriegsknechte die Gebeine der drei Gekreuzigten. Ihre Leiber sollen alsbald abgenommen werden, um den bevorstehenden Festtag, der bereits am Vorabend beginnt, nicht zu beeinträchtigen. Bei Jesus machen die Soldaten eine Ausnahme, weil er augenscheinlich bereits tot ist. Um sich dessen zu vergewissern, wird ihm ein Lanzenstich zugefügt, worauf Blut und Wasser austritt. Der vierte Evangelist und mit ihm die theologische Tradition deuten dies auf die beiden Sakramente des Abendmahls (Blut) und der Taufe (Wasser). Ähnlich symbolisch ist das Nicht-Zerbrechen der Gebeine zu verstehen, denn dies war gemäß Exodus 12,46 eine Vorschrift im Blick auf das Passa-Lamm: »... und sollt kein Bein an ihm zerbrechen.« Jesus stirbt als »Lamm Gottes« (Joh 1,29), ohne dass seine Gebeine zerbrochen werden; und er stirbt im Johannesevangelium genau zur Stunde, in der im Tempel die Lämmer geschlachtet werden.

Am Ende der Passion verlässt das Johannesevangelium den berichtenden Duktus, um von einem »Zeugen« zu sprechen. Wer aber ist dieser Zeuge, der alles gesehen hat und dessen Bericht wahr ist? Und mehr noch, der sich zwischen die Ereignisse und die Leser stellt, indem er die Wahrheit sagt, »auf dass ihr gläubet«? Vermutlich ist der Lieblingsjünger Jesu gemeint, der in Bachs Johannespassion drei Mal auftritt: als Nachfolgender, als unter dem Kreuz Ausharrender sowie als Garant der Überlieferung, weil er noch ein Augenzeuge der Geschehnisse war. Vielleicht hat sogar der vierte Evangelist aus den ihm vorliegenden Erinnerungen und Aufzeichnungen dieses Jüngers sein Evangelium gestaltet.

Den umfangreichen Bericht des Evangelisten vom Lanzenstich, der Kreuzabnahme und vom Begräbnis teilt Bach in zwei etwa gleich lange Hälften, in deren Mitte er die Choralstrophe »O hilf, Christe, Gottes Sohn« platziert. Deren Melodie hatte – einen Halbton tiefer auf *E* und mit der ersten Strophe des Liedes »Christus, der uns selig macht« – bereits den zweiten Passionsteil eröffnet. Auf *F* ergeben sich nun entlegene Tonarten wie ges-Moll, was sicherlich eine dunkelherbe Färbung des ganzen Satzes bewirken soll. Bach lehnt sich kompositorisch an den ersten Satz an, modifiziert ihn aber in etlichen Einzelheiten.

Vom Begräbnis Jesu berichtet das letzte Rezitativ. Josef von Arimathia und Nikodemus übernehmen diesen Dienst, der zu den Werken der jüdischen Barmherzigkeit und Frömmigkeit zählt. Johannes legt Wert darauf, dass Jesus in einem Privatgrab in einem Garten bestattet wird, unweit vom Ort der Kreuzigung. »Da war ein Garte« hatte es im ersten Rezitativ der Johannespassion geheißen, denn in einem Garten beginnt die Passionserzählung; und in einem Garten kommt sie zum vorläufigen Abschluss. Weil es sich um eine Königsbestattung handelt, nennt Johannes eine geradezu verschwenderische Menge an Salböl.

Schlusschor »Ruht wohl, ihr heiligen Gebeine«

Ruht wohl, ihr heiligen Gebeine,
Die ich nun weiter nicht beweine,
Ruht wohl, und bringt auch mich zur Ruh.
  Das Grab, so euch bestimmet ist
  Und ferner keine Not umschließt,
  Macht mir den Himmel auf und schließt die Hölle zu.

Im Vergleich mit dem eher strengen und in sich hochkomplexen, zudem mit Bedeutungen bis hin zum höchsten Gedanken der Trinität gerade überbordenden Eingangschor »Herr, unser Herrscher« wirkt der Schlusschor eher gelöst und eingängig, zugleich ein wenig weltlich oder gar »höfisch«[47]. Es dominiert eine eher homophone Gestalt mit polyphoner Auflockerung, wohingegen im durchweg polyphonen Eingangschor einzelne homophone Abschnitte wie die dreifache »Herr«-Anrufung um so größere Wirkung entfaltet hatten. Ähnlich wie beim Eingangschor steht auch beim Schlusschor ein Passionsbild im Hintergrund, genauer gesagt sogar mehrere, nämlich die oft ins Bild gesetzte Grablegung mitsamt der Beweinung, wobei letztere nun, nachdem sie in der »Zerfließe«-Arie ausgekostet wurde, am Ende negiert wird: »... die ich nun weiter nicht beweine«. Das Zuschließen der Hölle lässt überdies an den Abstieg Christi in die Unterwelt denken (»hinabgestiegen in das Reich des Todes«), wobei er die dort wie im Kerker Gefangenen (vgl. Nr. 22 der Johannespassion) befreit und die Pforten der Hölle verschließt.

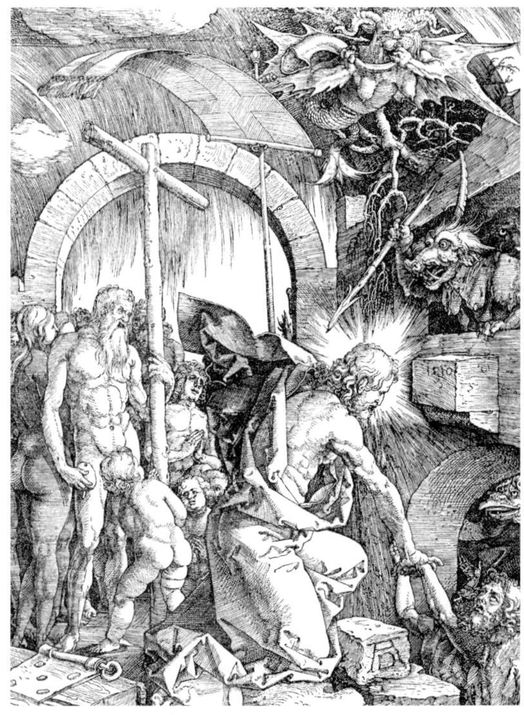

Christus in der Vorhölle aus der Großen Passion von Albrecht Dürer. Holzschnitt, 1510

Dass in jedem Moment der Passion ihr Gesamtsinn aufleuchtet, ist ein Grundsatz der lutherischen Passionspredigt, der auch für die ›Predigt in Tönen‹ gilt. Deshalb kann in jedem Fragment das Ganze der Passion geschaut werden, was hier auf das Motiv des Grabes anzuwenden ist. Zunächst ist es die Ruhestätte Jesu. Die dritte Zeile lässt den göttlichen Willen anklingen im Stichwort der »Bestimmung«. Zu vergleichen ist etwa im ersten Choral »O große Lieb« die Schlusszeile »und du musst leiden«.

In der vorletzten Zeile folgt die nachgetragene Begründung des Nicht-

Weinens: Das Grab ist kein Inbegriff von Scheitern und Unfreiheit, sondern das Ende aller Not. Erst am Schluss folgt die kühnste Allegorisierung, die wohl das Versiegeln des Grabes voraussetzt, um eine letzte Paradoxie der Passion zu nennen: Dieses »Schließen« ist kein Einschließen, sondern das Eröffnen des Himmels – also doch wieder ein Schließen, nämlich das endgültige Zuschließen der Hölle. All dies wird nicht abstrakt gesagt, sondern es wird den Hörern zugesagt. Die musikalische Großform ist die eines Rondos mit folgenden Abschnitten:

A	T. 1–60	c-Moll			
			1–12	Ritornell	12 Takte
			13–48	Einbau des Vokalparts a (D) und a' (T)	35 Takte
			49–60	Ritornell	12 Takte
b	T. 60–72	As-Dur			
					12 Takte
A	T. 72–112	c-Moll			
b'	T. 112–124	Es-Dur			
A	Dacapo des Eingangsteils				

Diese übersichtliche Gesamtarchitektur verhindert nicht die expressive Hervorhebung einzelner musikabler Worte. Das Zur-Ruhe-Kommen erklingt als vielfach variierte und abwärts gerichtete Grundgeste: in einer primären Form in den ersten beiden Takten, dann aber besonders exponiert am Ende des ersten Vokalteils A (T. 45–48) im Abstieg des Soprans von *as*^{2} nach *cis*^{1}, was mit einer rhythmischen Beruhigung einhergeht.

In T. 116 hören wir dasselbe Rahmenintervall in noch deutlicherer Abwärtsbewegung im Generalbass. Diese Passage wirkt ähnlich exponiert wie jene des Soprans, weil sie nach einer dreitaktigen Pause der Bass-Stimmen erklingt und zudem wiederholt wird. Jeweils ergänzen sich der Abstieg im Generalbass (Sinnbild der Grablegung) mit dem Aufstieg der drei hohen Vokalstimmen zu einer Geste mit der Bedeutung: Diese Erniedrigung zeigt sich als Erhöhung. Wieder können wir auf den Eingangschor zurückblicken, nämlich auf die wichtige Passage: »auch in der größten Niedrigkeit« (Katabasis) – »verherrlicht worden bist« (Anabasis). Im Schlusschor wirkt das Pausieren der vokalen Bassstimme hier gegen Ende des Mittelteils b' wie eine Andeutung der bei Bach oftmals sprachkräftigen Technik des Bassetto-Satzes, der ganz auf den Basso continuo verzichtet. Sein Bedeutungsspektrum ist die Befreiung von Erdenschwere, das Erhöhen des Menschlichen in die himmlische Sphäre (im ersten Teil des *Weihnachtsoratoriums* zu den Worten »und seinen lieben Engeln gleich«; Nr. 7). Der wichtigste Bassetto-Satz in Bachs Passionsmusik ist freilich die Sopran-Arie »Aus Liebe will mein Heiland sterben« (Nr. 49) in der *Matthäuspassion*. Hier werden

NB 51

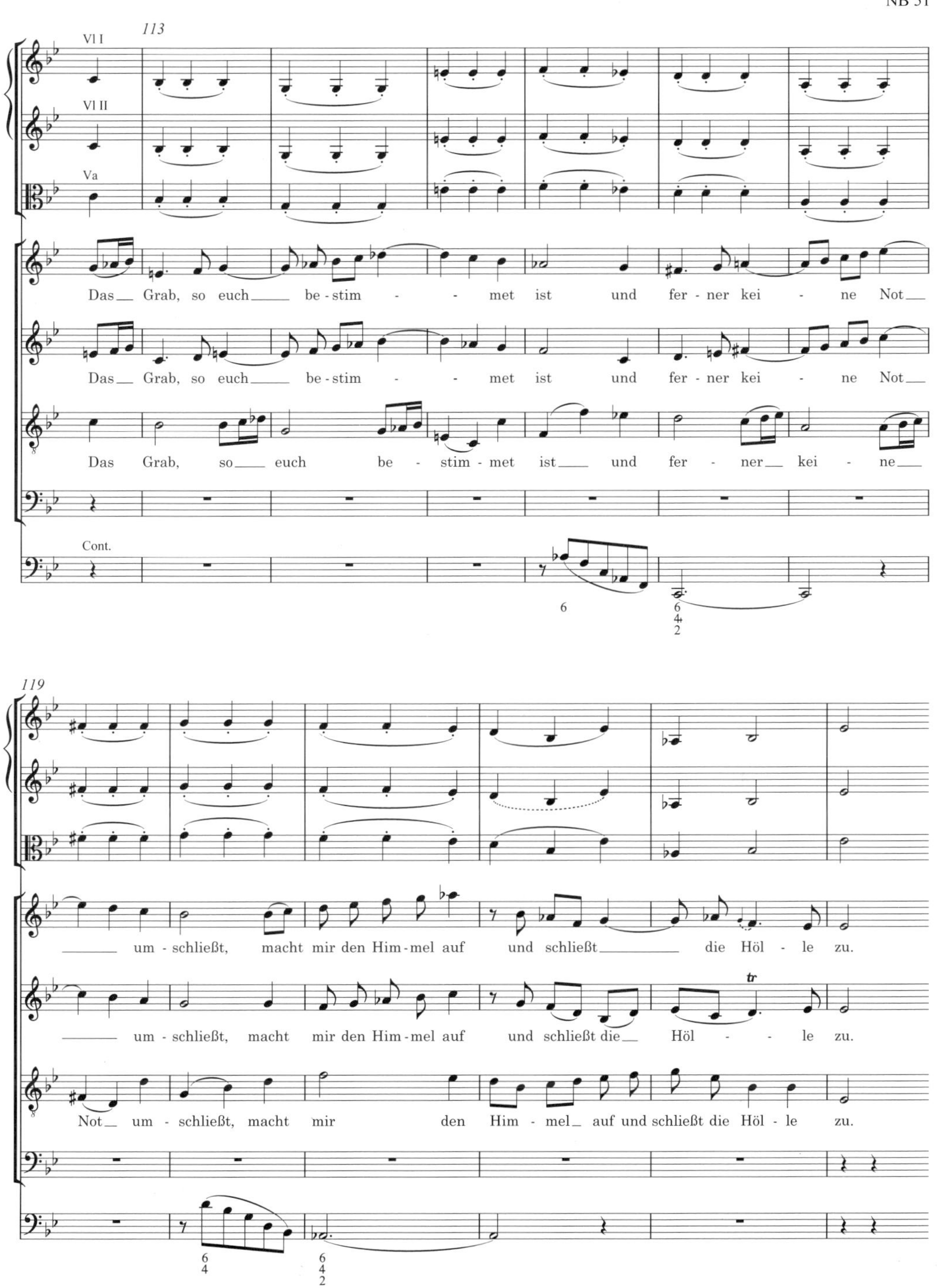
Vl I
Vl II
Va
113
Das Grab, so euch be-stim - - met ist und fer-ner kei - ne Not
Das Grab, so euch be-stim - - met ist und fer-ner kei - ne Not
Das Grab, so euch be - stim-met ist und fer - ner kei - ne
Cont.
119
um-schließt, macht mir den Him-mel auf und schließt die Höl - le zu.
um-schließt, macht mir den Him-mel auf und schließt die Höl - - le zu.
Not um-schließt, macht mir den Him-mel auf und schließt die Höl-le zu.

die Worte »von einer Sünde weiß er nichts« inspirierend für das Nicht-Erklingen des Generalbasses, der in diesem inhaltlichen Zusammenhang (nicht generell!) die Bedeutung der Sünde als Eigenschaft alles Irdischen gewinnt.

Bach setzt im Schlusschoral der Johannespassion die durch die Bassetto-Passage initiierte Reduktion des Klanges noch weiter fort. Zunächst pausieren in dieser fast geheimnisvollen Passage auch die Flöten und Oboen. Die Streicher übernehmen mit getupften Viertelnoten die Bassfunktion, bevor alle noch beteiligten Stimmen sich auf die Silbe »zu« einstimmig im Grundton *es* als Schlusston versammeln. So einmütig und von oben herabsteigend erklingt die Botschaft von der verschlossenen Hölle im Sinnbild des Grabes Christi. Die Bildende Kunst geht bisweilen noch einen Schritt weiter, indem sie den aus dem Credo vertrauten Gedanken des Höllenabstiegs Christi ins Bild setzt. Christus sprengt die Pforten der Hölle und befreit die Seelen, indem er sie nach oben zieht (siehe Abb. S. 199). Auch dieser Gedanke ist dem Johannesevangelium nicht fremd, weil Jesus genau dies verheißt: »Und ich, wenn ich erhöhet werde von der Erde, so will ich sie alle zu mir ziehen« (Joh 12,32). Diese Erhöhung aller wird zum Thema des Schlusschorals, wiederum in einer neuen poetisch-musikalischen Variation, weil es nun der Engel ist, der die gläubige Seele »in Abrahams Schoß« trägt.

Schlusschoral »Ach Herr, lass dein lieb Engelein«

Während es für den Beginn der Johannespassion mit dem Chor »Herr, unser Herrscher« (Fassung I, III, IV, Revision 1739) sowie dem Choralchorsatz »O Mensch, bewein dein Sünde groß« (Fassung II) zwei Varianten gibt, begegnet uns der Schluss des Werkes sogar in drei Möglichkeiten: Fassung III endet mit dem Schlusschor »Ruht wohl, ihr heiligen Gebeine«; in Fassung II schließt sich noch der Choralchorsatz »Christe, du Lamm Gottes« an und in Fassung I und IV der epilogartige vierstimmige Choral »Ach Herr, lass dein lieb Engelein«[48].

Die dritte und letzte Strophe des Liedes »Herzlich lieb hab ich dich, o Herr« bietet den für viele Schlusschoräle von Bach-Kantaten typischen eschatologischen Ausblick. In einer Passion ist zudem der Zusammenhang von Jesu Tod und dem Sterben des betrachtenden »Ich« von Belang. Deutlichstes Beispiel hierfür ist die *Matthäuspassion*: »... und verschied« (Evangelist) – »Wenn ich einmal soll scheiden« (Choralstrophe von Paul Gerhardt).

Sehr schön wird sogleich der Zusammenhang von Exordium und Epilog erkennbar, was freilich nicht heißt, dass – wie in der Arie »Himmel reiße, Welt erbebe« (Fassung II) – der eine Text im Blick auf den anderen geschaffen wurde. Zu denken gibt aber, dass beide Texte stark von der Dialektik irdisch-himmlisch geprägt sind. Allerdings zeigt der Eingangschor diese Dialektik im Blick auf

Christus in einer ›runden‹ Form himmlisch-irdisch-himmlisch, in der die Menschen als Betrachter vorkommen: »Zeig uns durch deine Passion«. Der Schlusschoral wiederum setzt direkt beim Menschen und seiner Bitte um himmlische Vollendung an, um hierbei zu zeigen, wie all dies – Auferstehung, ewige Schau Gottes und endzeitliches Gotteslob – sich Gottes Gnade (sola gratia) verdankt:

Eingangschor	**Schlusschoral**
Herr, unser Herrscher	Ach, Herr
Jesu Passion	mein Tod
zeig uns durch deine Passion	dass meine Augen sehen dich
in der größten Niedrigkeit	am letzten End
akustischer Gnadenstuhl	Genadenthron
in allen Landen herrlich ist	in Abrahams Schoß tragen
verherrlicht worden bist	dich preisen ewiglich

Die Liedstrophe entfaltet die geistliche Dramatik von Sterben, Tod und Vollendung im Angesicht des Erlösers Jesus Christus. Ihren liturgischen Platz hat sie sowohl im Kontext der Ars moriendi als Sterbestrophe wie auch im Kirchenjahr als Lied zum Michaelisfest, wo Bach sie in seinem Kantatenwerk (BWV 19) einsetzt. Anknüpfungspunkt der Ars moriendi ist das »letzte End« mit all seinen Deutungen. Die Frömmigkeit des Michaelisfestes knüpft eher beim Stichwort »dein lieb Engelein« an. Als Verbindungsglied beider Aspekte steht der liturgische Gesang des »In paradisum« (Zum Paradies mögen Engel dich geleiten) aus den Begräbnisriten wohl zusätzlich im Hintergrund, weil die Choralzeile »In Abrahams Schoß tragen« nichts anderes ist als die Umschreibung jener Bitte »Zum Paradies mögen Engel dich geleiten«.

Indem wir die Zeilen des Liedes nacheinander betrachten, eröffnet sich seine reiche Theologie. Alles steht im Horizont des »Herren«, der – wenn und weil er sich uns zeigt von Angesicht zu Angesicht – als »Gottes Sohn« erkannt wird und zugleich als »Heiland« und »Genadenthron«. Das »Liebliche« des Engels wird hörbar in der Harmonisierung. Nach dem Schicksal der Seele »am letzten End« wird im zweiten Stollen auch der Leib in seinem »Schlafkämmerlein« bedacht, wobei die häufig gebrauchte Metapher vom Tod als des »Schlafes Bruder« anklingt. So schließt der zweite Stollen – wieder mit Verbreiterung – gleichsam unmittelbar vor dem »Jüngsten Tag«.

Im langen Abgesang folgt nun als poetische Steigerung ein direkter Dialog Seele – Christus: »Alsdenn vom Tod erwecke mich«. Das Entscheidende kann nur Christus tun. Dies wird weitergeführt in die endzeitliche Freude: »In aller Freud« lässt Paulus durchscheinen (Gott alles in allem), und zugleich ist dies nun die wahre Freude, im Unterschied zu jener des ersten Chorals (Nr. 3). Musikalisch fallen die beiden Oktavsprünge im Bass auf, die Sinnbild der Totalität sind. Was für ein Schauen dieses »Sehen« letztlich ist, wird deutlich an der Überschreitung der Melodie im Sopran (T. 11), die durchaus mit der Unterschreitung im ersten Choral der Johannespassion – dort beim Wort »Marterstraße« – in Verbindung gebracht werden kann. Der »Genadenthron« scheint zweifach interpretierbar: Zum einen erinnert dieses Wort an den Gnadenstuhl (vgl. wiederum Paulus und die Farbtafel 11) und somit an die Passion, in deren Vollendungsbild der Betrachter als Sänger sich gleichsam hineinsingt. Zum anderen ist der Himmelsthron des Richters und Retters Christus gemeint. Sein am Beginn der Strophe schon angeklungener Titel »Herr« ist nun, an seinem himmlischen Thron, vollständig und zu einem Kyrie eleison erweitert zu hören: »Herr Jesu Christ, erhöre mich, erhöre mich«.

Besonders reich verziert Bach die Altstimme, die in T. 16 in eine als Ausrufungszeichen wirkende große Terz mündet – ein Ton (*h*), der in der gesamten Choralstrophe bislang noch in keiner Stimme erklungen ist. Darauf folgt ein Quasi-Gloria (vgl. den Schluss »ewig in dulci jubilo« der dritten Strophe von »Wachet auf, ruft uns die Stimme!«), so dass der Zusammenhang von bittendem Anruf, Erhörung und dankbarem Lobpreis deutlich wird. Wie erlösungsbedürftig der Mensch ist, geht beim ersten Ruf »erhöre mich« aus dem Septsprung *as–H* im Bass hervor, der wiederum den G-Dur-Klang erzeugt, der auf »Christ« eingeführt worden war, als Sextakkord und in völliger Gegensätzlichkeit zum ersten Erklingen, nämlich mit irritierend-trugschlüssiger Wirkung, welche die Wiederholung des Rufes geradezu erzwingt, die sich dann auf der Tonika mit regulärem Quintfall des Basses beruhigt. Letzter Impuls der Strophe ist die Vereinigung der menschlichen und himmlischen Stimmen. Dazu – und als Schlusswirkung freilich – längt Bach das letzte Wort »ewiglich« geradezu hymnisch.

NB 52

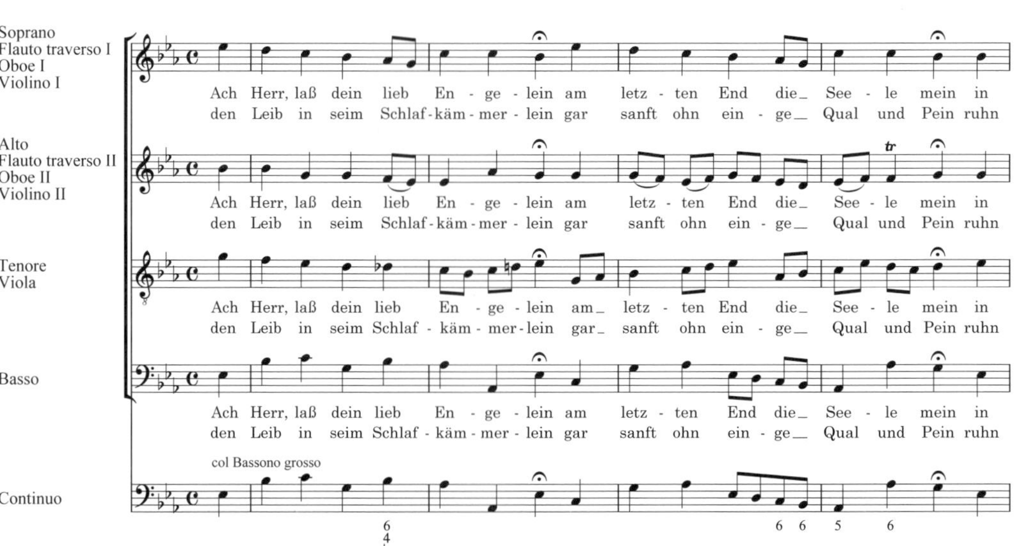

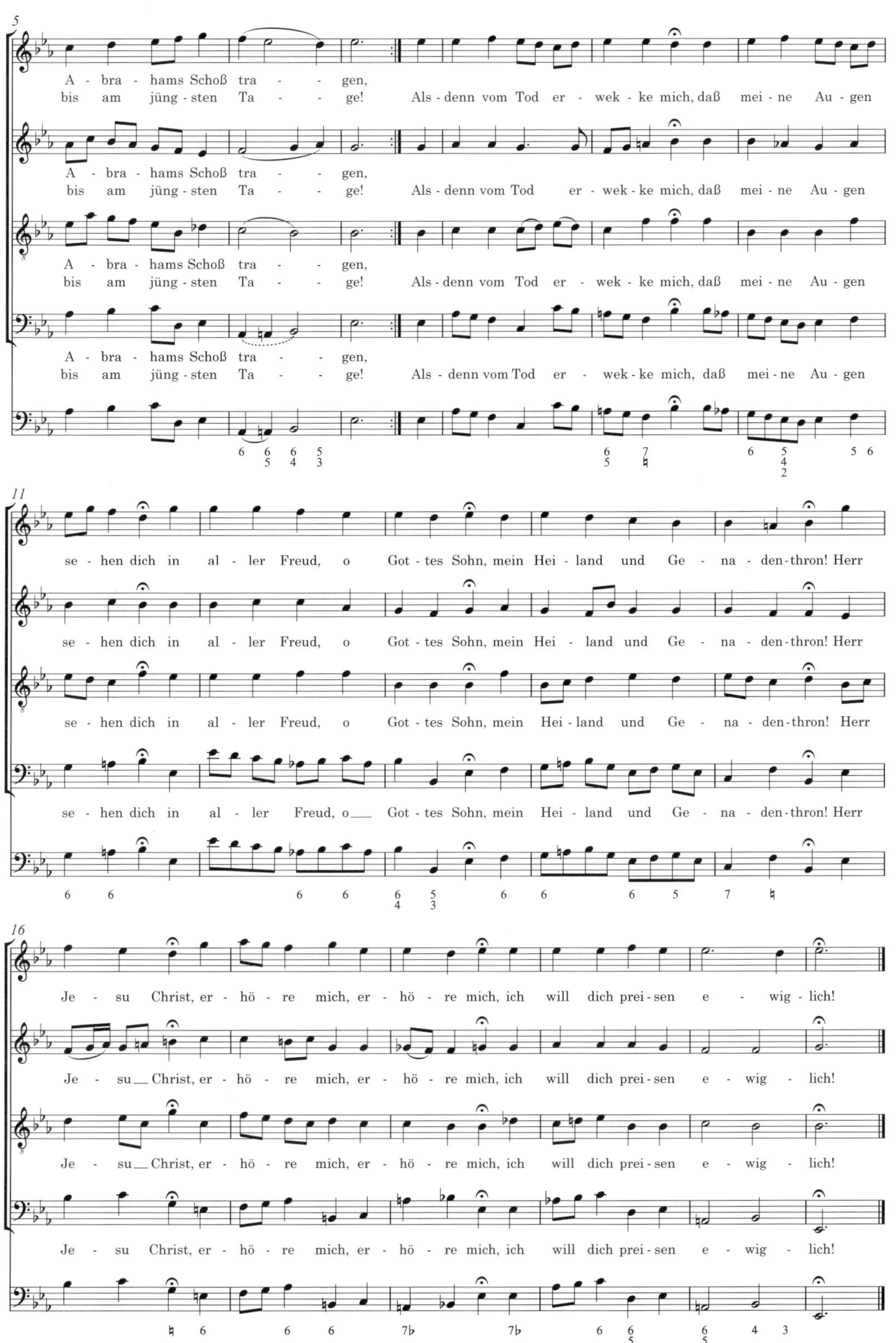
A - bra - hams Schoß tra - gen,
bis am jüng - sten Ta - ge! Als - denn vom Tod er - wek - ke mich, daß mei - ne Au - gen
se - hen dich in al - ler Freud, o Got - tes Sohn, mein Hei - land und Ge - na - den - thron! Herr
Je - su Christ, er - hö - re mich, er - hö - re mich, ich will dich prei - sen e - wig - lich!

Fassung II der Johannespassion
(1725)

Libretto der Fassung II

Parte Prima · Vor der Predigt

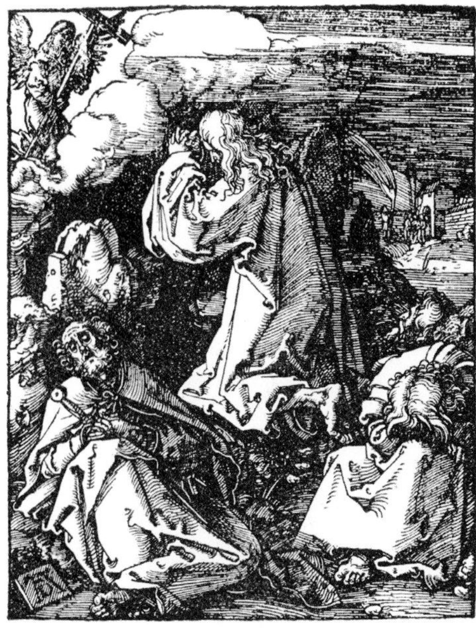
Christus am Ölberg aus der Kleinen Holzschnittpassion von Albrecht Dürer, 1509/11

1^II Choral

O Mensch, bewein dein Sünde groß,
Darum Christus seins Vaters Schoß
Äußert und kam auf Erden;
Von einer Jungfrau rein und zart
Für uns er hie geboren ward,
Er wollt der Mittler werden.
Den Toten er das Leben gab
Und legt dabei all Krankheit ab,
Bis sich die Zeit herdrange,
Dass er für uns geopfert würd,
Trüg unser Sünden schwere Bürd
Wohl an dem Kreuze lange.

2 Evangelium

Jesus ging mit seinen Jüngern über den Bach Kidron, da war ein Garte, darein ging Jesus und seine Jünger. Judas aber, der ihn verriet, wusste den Ort auch, denn Jesus versammlete sich oft daselbst mit seinen Jüngern. Da nun Judas zu sich hatte genommen die Schar und der Hohenpriester und Pharisäer Diener, kommt er dahin mit Fackeln, Lampen und mit Waffen. Als nun Jesus wusste alles, was ihm begegnen sollte, ging er hinaus und sprach zu ihnen: »Wen suchet ihr?« Sie antworteten ihm: »Jesum von Nazareth!«
Jesus spricht zu ihnen: »Ich bin's«. Judas aber, der ihn verriet, stund auch bei ihnen. Als nun Jesus zu ihnen sprach: Ich bin's, wichen sie zurück und fielen zu Boden. Da fragte er sie abermal: »Wen suchet ihr?« Sie aber sprachen: »Jesum von Nazareth.«
Jesus antwortete: »Ich hab's euch gesagt, dass ich's sei, suchet ihr denn mich, so lasset diese gehen!«

3 Choral

O große Lieb, o Lieb ohn alle Maße,
Die dich gebracht auf diese Marterstraße!
Ich lebte mit der Welt in Lust und Freuden,
Und du musst leiden.

4 Evangelium

Auf dass das Wort erfüllet würde, welches er sagte: Ich habe der keinen verloren, die du mir gegeben hast. Da hatte Simon Petrus ein Schwert und zog es aus und schlug nach des Hohenpriesters Knecht und hieb ihm sein recht Ohr ab; und der Knecht hieß Malchus. Da sprach Jesus zu Petro: »Stecke dein Schwert in die Scheide! Soll ich den Kelch nicht trinken, den mir mein Vater gegeben hat, den Kelch, den mir mein Vater gegeben hat?«

5 Choral

Dein Will gescheh, Herr Gott, zugleich
Auf Erden wie im Himmelreich.
Gib uns Geduld in Leidenszeit,
Gehorsam sein in Lieb und Leid;
Wehr und steur allem Fleisch und Blut,
Das wider deinen Willen tut!

6 Evangelium

Die Schar aber und der Oberhauptmann und die Diener der Jüden nahmen Jesum und bunden ihn und führeten ihn aufs erste zu Hannas, der war Kaiphas Schwäher, welcher des Jahres Hoherpriester war. Es war aber Kaiphas, der den Jüden riet, es wäre gut, dass ein Mensch würde umbracht für das Volk.

7 Arie (Alt, Oboe I, II und Basso Continuo)

Von den Stricken meiner Sünden
Mich zu entbinden,
Wird mein Heil gebunden.
Mich von allen Lasterbeulen
Völlig zu heilen,
Lässt er sich verwunden.

8 Evangelium

Simon Petrus aber folgete Jesu nach und ein ander Jünger.

9 Arie (Sopran, Flöten und Basso Continuo)

Ich folge dir gleichfalls
mit freudigen Schritten
Und lasse dich nicht,
Mein Leben, mein Licht.
Befördre den Lauf
Und höre nicht auf,
Selbst an mir zu ziehen,
zu schieben, zu bitten!

10 Evangelium

Derselbige Jünger war dem Hohenpriester bekannt und ging mit Jesu hinein in des Hohenpriesters Palast. Petrus aber stund draußen für der Tür. Da ging der andere Jünger, der dem Hohenpriester bekannt war, hinaus und redete mit der Türhüterin und führete Petrum hinein. Da sprach die Magd, die Türhüterin, zu Petro: »Bist du nicht dieses Menschen Jünger einer?« Er sprach: »Ich bin's nicht.«
Es stunden aber die Knechte und Diener und hatten ein Kohlfeu'r gemacht, denn es war kalt, und wärmeten sich. Petrus aber stund bei ihnen und wärmete sich. Aber der Hohepriester fragte Jesum um seine Jünger und um seine Lehre. Jesus antwortete ihm: »Ich habe frei, öffentlich geredet für der Welt. Ich habe allezeit gelehret in der Schule und in dem Tempel, da alle Juden zusammenkommen, und habe nichts im Verborgnen geredt. Was fragest du mich darum? Frage die darum, die gehöret haben, was ich zu ihnen geredet habe! Siehe, dieselbigen wissen, was ich gesaget habe.«
Als er aber solches redete, gab der Diener einer, die dabeistunden, Jesu einen Backenstreich und sprach: »Solltest du dem Hohenpriester also antworten?« Jesus aber antwortete: »Hab ich übel geredt, so beweise es, dass es böse sei, hab ich aber recht geredt, was schlägest du mich?«

11 Choral

Wer hat dich so geschlagen,
Mein Heil, und dich mit Plagen
So übel zugericht?
Du bist ja nicht ein Sünder
Wie wir und unsre Kinder,
Von Missetaten weißt du nicht.
Ich, ich und meine Sünden,
Die sich wie Körnlein finden
Des Sandes an dem Meer,
Die haben dir erreget
Das Elend, das dich schläget,
Und das betrübte Marterheer.

11⁺ Arie (Bass, Flöte I, II und Basso continuo) mit *Choral*

Himmel reiße, Welt erbebe,
Fallt in meinen Trauerton,
Jesu, deine Passion
Sehet meine Qual und Angst,
Was ich, Jesu, mit dir leide!
Ist mir lauter Freude,
Ja, ich zähle deine Schmerzen,
O zerschlagner Gottessohn,
Deine Wunden, Kron und Hohn
Ich erwähle Golgatha
Vor dies schnöde Weltgebäude.
Meines Herzens Weide.

Werden auf den Kreuzeswegen
Deine Dornen ausgesät,
Meine Seel auf Rosen geht,
Weil ich in Zufriedenheit
Mich in deine Wunden senke,
Wenn ich dran gedenke;
So erblick ich in dem Sterben,
Wenn ein stürmend Wetter weht,
In dem Himmel eine Stätt
Diesen Ort, dahin ich mich
Täglich durch den Glauben lenke.
Mir deswegen schenke!

12 Evangelium

Und Hannas sandte ihn gebunden zu dem Hohenpriester Kaiphas. Simon Petrus stund und wärmete sich, da sprachen sie zu ihm: »Bist du nicht seiner Jünger einer?« Er leugnete aber und sprach: »Ich bin's nicht.« Spricht des Hohenpriesters Knecht' einer, ein Gefreundter des, dem Petrus das Ohr abgehauen hatte: »Sahe ich dich nicht im Garten bei ihm?« Da verleugnete Petrus abermal, und alsobald krähete der Hahn. Da gedachte Petrus an die Worte Jesu und ging hinaus und weinete bitterlich.

13^II Arie (Tenor, Streicher und Basso Continuo)

Zerschmettert mich, ihr Felsen und ihr Hügel,
Wirf, Himmel, deinen Strahl auf mich!
Wie freventlich, wie sündlich, wie vermessen
Hab ich, o Jesu, dein vergessen!

Ja, nähm ich gleich der Morgenröte Flügel,
So holte mich mein strenger Richter wieder;
Ach! fallt vor ihm in bittern Tränen nieder!

14 Choral

Petrus, der nicht denkt zurück,
Seinen Gott verneinet,
Der doch auf ein' ernsten Blick
Bitterlichen weinet.

Jesu, blicke mich auch an,
Wenn ich nicht will büßen;
Wenn ich Böses hab getan,
Rühre mein Gewissen!

Parte seconda · Nach der Predigt

15 Choral

Christus, der uns selig macht,
Kein Bös' hat begangen,
Der ward für uns in der Nacht
Als ein Dieb gefangen,

Geführt für gottlose Leut
Und fälschlich verklaget,
Verlacht, verhöhnt und verspeit,
Wie denn die Schrift saget.

16 Evangelium

Da führeten sie Jesum von Kaipha vor das Richthaus, und es war frühe. Und sie gingen nicht in das Richthaus, auf dass sie nicht unrein würden, sondern Ostern essen möchten. Da ging Pilatus zu ihnen heraus und sprach: »Was bringet ihr für Klage wider diesen Menschen?« Sie antworteten und sprachen zu ihm: »Wäre dieser nicht ein Übeltäter, wir hätten dir ihn nicht überantwortet.«

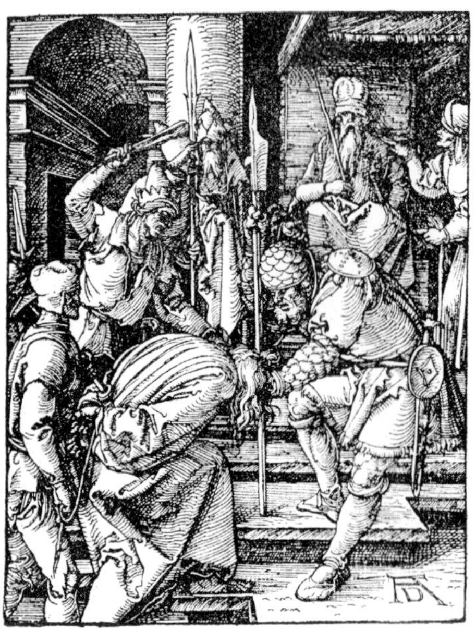

Christus vor Kaiphas aus der Kleinen Holzschnittpassion von Albrecht Dürer, 1509/11

Da sprach Pilatus zu ihnen: »So nehmet ihr ihn hin und richtet ihn nach eurem Gesetze!« Da sprachen die Jüden zu ihm: »Wir dürfen niemand töten.« Auf dass erfüllet würde das Wort Jesu, welches er sagte, da er deutete, welches Todes er sterben würde. Da ging Pilatus wieder hinein in das Richthaus und rief Jesu und sprach zu ihm: »Bist du der Jüden König?« Jesus antwortete: »Redest du das von dir selbst, oder haben's dir andere von mir gesagt?« Pilatus antwortete: »Bin ich ein Jüde? Dein Volk und die Hohenpriester haben dich mir überantwortet; was hast du getan?« Jesus antwortete: »Mein Reich ist nicht von dieser Welt; wäre mein Reich von dieser Welt, meine Diener würden darob kämpfen, dass ich den Jüden nicht überantwortet würde; aber nun ist mein Reich nicht von dannen.«

17 Choral

Ach großer König, groß zu allen Zeiten,
Wie kann ich gnugsam diese Treu ausbreiten?
Keins Menschen Herze mag indes ausdenken,
Was dir zu schenken.

Ich kann's mit meinen Sinnen nicht erreichen,
Womit doch dein Erbarmen zu vergleichen.
Wie kann ich dir denn deine Liebestaten
Im Werk erstatten?

18 Evangelium

Da sprach Pilatus zu ihm: »So bist du dennoch ein König?« Jesus antwortete: »Du sagst's, ich bin ein König. Ich bin dazu geboren und in die Welt kommen, dass ich die Wahrheit zeugen soll. Wer aus der Wahrheit ist, der höret meine Stimme. Spricht Pilatus zu ihm: »Was ist Wahrheit?« Und da er das gesaget, ging er wieder hinaus zu den Jüden und spricht zu ihnen: »Ich finde keine Schuld an ihm. Ihr habt aber eine Gewohnheit, dass ich euch einen losgebe; wollt ihr nun, dass ich euch der Jüden König losgebe?« Da schrieen sie wieder allesamt und sprachen: »Nicht diesen, sondern Barrabam!«
Barrabas aber war ein Mörder. Da nahm Pilatus Jesum und geißelte ihn.

19^{II} Arie (Tenor, Oboe I, II und Basso Continuo)

Ach windet euch nicht so, geplagte Seelen,
Bei eurer Kreuzesangst und Qual!
Könnt ihr die unermessne Zahl
Der harten Geißelschläge zählen,
So zählet auch die Menge eurer Sünden,
Ihr werdet diese größer finden!

21 Evangelium

Und die Kriegsknechte flochten eine Krone von Dornen und satzten sie auf sein Haupt und legten ihm ein Purpurkleid an und sprachen: »Sei gegrüßet, lieber Jüdenkönig!«
Und gaben ihm Backenstreiche. Da ging Pilatus wieder heraus und sprach zu ihnen: »Sehet, ich führe ihn heraus zu euch, dass ihr erkennet, dass ich keine Schuld an ihm finde.« Also ging Jesus heraus und trug eine Dornenkrone und Purpurkleid. Und er sprach zu ihnen:

»Sehet, welch ein Mensch!« Da ihn die Hohenpriester und die Diener sahen, schrieen sie und sprachen: »Kreuzige, kreuzige!«
Pilatus sprach zu ihnen: »Nehmet ihr ihn hin und kreuziget ihn; denn ich finde keine Schuld an ihm!« Die Jüden antworteten ihm: »Wir haben ein Gesetz, und nach dem Gesetz soll er sterben; denn er hat sich selbst zu Gottes Sohn gemacht.«
Da Pilatus das Wort hörete, fürchtet' er sich noch mehr und ging wieder hinein in das Richthaus und spricht zu Jesu: »Von wannen bist du?« Aber Jesus gab ihm keine Antwort. Da sprach Pilatus zu ihm: »Redest du nicht mit mir? Weißest du nicht, dass ich Macht habe, dich zu kreuzigen, und Macht habe, dich loszugeben?« Jesus antwortete: »Du hättest keine Macht über mich, wenn sie dir nicht wäre von oben herab gegeben; darum, der mich dir überantwortet hat, der hat's größ're Sünde.« Von dem an trachtete Pilatus, wie er ihn losließe.

22 Choral

Durch dein Gefängnis, Gottes Sohn,
Muss uns die Freiheit kommen;
Dein Kerker ist der Gnadenthron,
Die Freistatt aller Frommen;
Denn gingst du nicht die Knechtschaft ein,
Müsst unsre Knechtschaft ewig sein.

23 Evangelium

Die Jüden aber schrieen und sprachen: »Lässest du diesen los, so bist du des Kaisers Freund nicht; denn wer sich zum Könige machet, der ist wider den Kaiser.«
Da Pilatus das Wort hörete, führete er Jesum heraus, und satzte sich auf den Richtstuhl an der Stätte, die da heißet: Hochpflaster, auf Ebräisch aber: Gabbatha. Es war aber der Rüsttag in Ostern um die sechste Stunde, und er spricht zu den Jüden: »Sehet, das ist euer König!« Sie schrieen aber: »Weg, weg mit dem, kreuzige ihn!« Spricht Pilatus zu ihnen: »Soll ich euren König kreuzigen?« Die Hohenpriester antworteten: »Wir haben keinen König denn den Kaiser.« Da überantwortete er ihn, dass er gekreuziget würde. Sie nahmen aber Jesum und führeten ihn hin. Und er trug sein Kreuz und ging hinaus zur Stätte, die da heißet Schädelstätt; welche heißet auf Ebräisch: Golgatha.

24 Arie (Bass, Streicher und Basso Continuo) mit *Chor*

Eilt, ihr angefochtnen Seelen,
Geht aus euren Marterhöhlen,
Eilt – *Wohin?* – nach Golgatha!
Nehmet an des Glaubens Flügel,
Flieht – *Wohin?* – zum Kreuzeshügel,
Eure Wohlfahrt blüht allda!

25 Evangelium

Allda kreuzigten sie ihn, und mit ihm zween andere zu beiden Seiten, Jesum aber mitten inne. Pilatus aber schrieb eine Überschrift und satzte sie

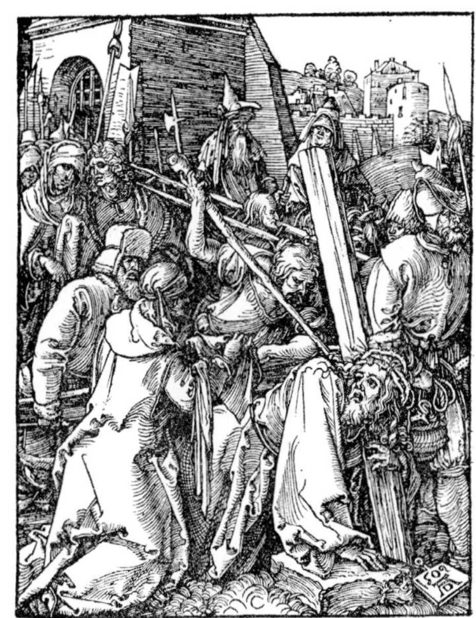

Kreuztragung aus der Kleinen Holzschnittpassion von Albrecht Dürer, 1509/11

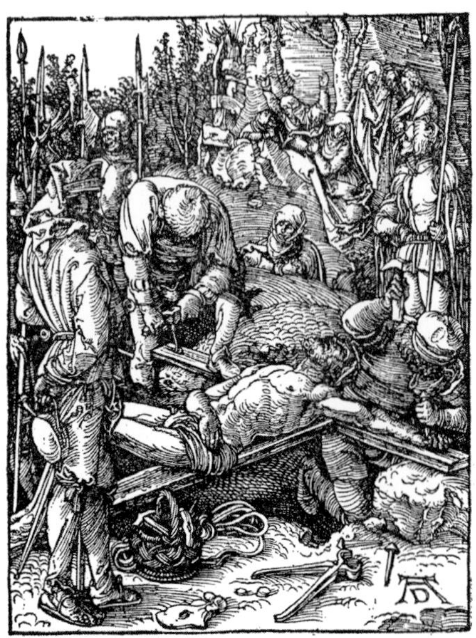

Kreuzannagelung aus der Kleinen Holzschnittpassion von Albrecht Dürer, 1509/11

auf das Kreuz, und war geschrieben: »Jesus von Nazareth, der Jüden König«. Diese Überschrift lasen viel Jüden, denn die Stätte war nahe bei der Stadt, da Jesus gekreuziget ist. Und es war geschrieben auf ebräische, griechische und lateinische Sprache. Da sprachen die Hohenpriester der Jüden zu Pilato: »Schreibe nicht: der Jüden König, sondern dass er gesaget habe: Ich bin der Jüden König.« Pilatus antwortet: »Was ich geschrieben habe, das habe ich geschrieben.«

26 Choral

In meines Herzens Grunde
Dein Nam und Kreuz allein
Funkelt all Zeit und Stunde,
Drauf kann ich fröhlich sein.
Erschein mir in dem Bilde
Zu Trost in meiner Not,
Wie du, Herr Christ, so milde
Dich hast geblut' zu Tod!

27 Evangelium

Die Kriegsknechte aber, da sie Jesum gekreuziget hatten, nahmen seine Kleider und machten vier Teile, einem jeglichen Kriegesknechte sein Teil, dazu auch den Rock. Der Rock aber war ungenähet, von oben an gewürket durch und durch. Da sprachen sie untereinander: »Lasset uns den nicht zerteilen, sondern darum losen, wes er sein soll.«
Auf dass erfüllet würde die Schrift, die da saget: »Sie haben meine Kleider unter sich geteilet und haben über meinen Rock das Los geworfen«. Solches taten die Kriegesknechte. Es stund aber bei dem Kreuze Jesu seine Mutter und seiner Mutter Schwester, Maria, Kleophas Weib, und Maria Magdalena. Da nun Jesus seine Mutter sahe und den Jünger dabei stehen, den er lieb hatte, spricht er zu seiner Mutter: »Weib, siehe, das ist dein Sohn!« Darnach spricht er zu dem Jünger: »Siehe, das ist deine Mutter!«

28 Choral

Er nahm alles wohl in acht
In der letzten Stunde,
Seine Mutter noch bedacht,
Setzt ihr ein' Vormunde.

O Mensch, mache Richtigkeit,
Gott und Menschen liebe,
Stirb darauf ohn alles Leid,
Und dich nicht betrübe!

29 Evangelium

Und von Stund an nahm sie der Jünger zu sich. Darnach, als Jesus wusste, dass schon alles vollbracht war, dass die Schrift erfüllet würde, spricht er: »Mich dürstet!« Da stund ein Gefäße voll Essigs. Sie fülleten aber einen Schwamm mit Essig und legten ihn um einen Isopen, und hielten es ihm dar zum Munde. Da nun Jesus den Essig genommen hatte, sprach er: »Es ist vollbracht!«

30 Arie (Alt, Viola da gamba, Streicher und Basso Continuo)

Es ist vollbracht!
O Trost vor die gekränkten Seelen!
Die Trauernacht
Lässt nun die letzte Stunde zählen.
    Der Held aus Juda siegt mit Macht
    Und schließt den Kampf.
Es ist vollbracht!

31 Evangelium

Und neiget das Haupt und verschied.

32 Arie (Bass und Basso continuo) mit *Choral*

Mein teurer Heiland, lass dich fragen,
    Jesu, der du warest tot,
Da du nunmehr ans Kreuz geschlagen
Und selbst gesagt: Es ist vollbracht,
    Lebest nun ohn Ende,
Bin ich vom Sterben frei gemacht?
    In der letzten Todesnot,
    Nirgend mich hinwende

Kann ich durch deine Pein und Sterben
Das Himmelreich ererben?
Ist aller Welt Erlösung da?
    Als zu dir, der mich versühnt,
    O du lieber Herre!
Du kannst vor Schmerzen zwar nichts sagen;
    Gib mir nur, was du verdient,
Doch neigest du das Haupt
Und sprichst stillschweigend: ja.
    Mehr ich nicht begehre.

33 Evangelium

Und siehe da, der Vorhang im Tempel zerriss in zwei Stück von oben an bis unten aus. Und die Erde erbebete, und die Felsen zerrissen, und die Gräber täten sich auf, und stunden auf viel Leiber der Heiligen.

34 Arioso (Tenor, Flöte I, II, Oboe da caccia I, II, Streicher und Basso Continuo)

Mein Herz, in dem die ganze Welt
Bei Jesu Leiden gleichfalls leidet,
Die Sonne sich in Trauer kleidet,
Der Vorhang reißt, der Fels zerfällt,
Die Erde bebt, die Gräber spalten,
Weil sie den Schöpfer sehn erkalten,
Was willst du deines Ortes tun?

35 Arie (Sopran, Flöte solo, Oboe da caccia solo und Basso Continuo)

Zerfließe, mein Herze, in Fluten der Zähren
Dem Höchsten zu Ehren!
Erzähle der Welt und dem Himmel die Not:
Dein Jesus ist tot!

36 Evangelium

Die Jüden aber, dieweil es der Rüsttag war, dass nicht die Leichname am Kreuze blieben den Sabbath über (denn desselbigen Sabbaths Tag war sehr groß), baten sie Pilatum, dass ihre Beine gebrochen und sie abgenommen würden. Da kamen die Kriegsknechte und brachen dem ersten die Beine und dem andern, der mit ihm gekreuziget war. Als sie aber zu Jesu

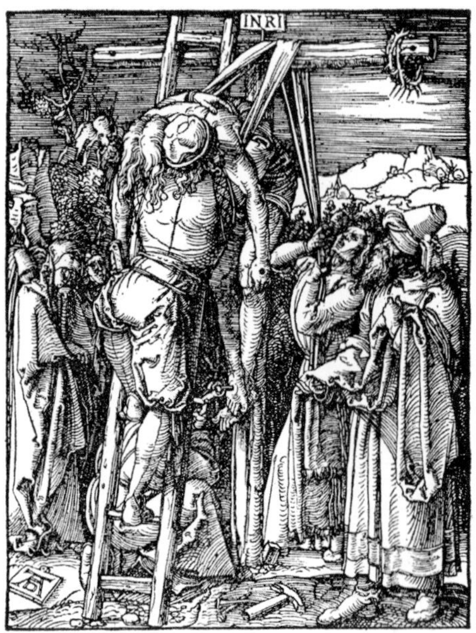

Kreuzabnahme aus der Kleinen Holzschnittpassion von Albrecht Dürer, 1509/11

kamen, da sie sahen, dass er schon gestorben war, brachen sie ihm die Beine nicht; sondern der Kriegsknechte einer eröffnete seine Seite mit einem Speer, und alsobald ging Blut und Wasser heraus. Und der das gesehen hat, der hat es bezeuget, und sein Zeugnis ist wahr, und derselbige weiß, dass er die Wahrheit saget, auf dass ihr gläubet. Denn solches ist geschehen, auf dass die Schrift erfüllet würde: »Ihr sollet ihm kein Bein zerbrechen.« Und abermal spricht eine andere Schrift: »Sie werden sehen, in welchen sie gestochen haben.«

37 Choral

O hilf, Christe, Gottes Sohn,
Durch dein bitter Leiden,
Dass wir dir stets untertan
All Untugend meiden,
Deinen Tod und sein Ursach
Fruchtbarlich bedenken,
Dafür, wiewohl arm und schwach,
Dir Dankopfer schenken!

38^{II} Evangelium

Darnach bat Pilatum Joseph von Arimathia, der ein Jünger Jesu war (doch heimlich aus Furcht vor den Jüden), dass er möchte abnehmen den Leichnam Jesu, und Pilatus erlaubet es. Es kam aber auch Nikodemus, der vormals bei der Nacht zu Jesu kommen war, und brachte Myrrhen und Aloen untereinander bei hundert Pfunden. Da nahmen sie den Leichnam Jesu und bunden ihn in leinen Tücher mit Spezereien, wie die Jüden pflegen zu begraben. Es war aber an der Stätte, da er gekreuziget ward, ein Garte, und im Garten ein neu Grab, in welches niemand je geleget war. Daselbst hin legten sie Jesum, um des Rüsttags willen der Jüden, dieweil das Grab nahe war.

39 Chor

Ruht wohl, ihr heiligen Gebeine,
Die ich nun weiter nicht beweine,
Ruht wohl und bringt auch mich zur Ruh!
Das Grab, so euch bestimmet ist,
Und ferner keine Not umschließt,
Macht mir den Himmel auf und schließt die Hölle zu.

40^{II} Choral

Christe, du Lamm Gottes,
Der du trägst die Sünd' der Welt,
Erbarm dich unser!

Christe, du Lamm Gottes,
Der du trägst die Sünd' der Welt,
Erbarm dich unser!

Christe, du Lamm Gottes,
Der du trägst die Sünd' der Welt,
Gib uns dein' Frieden!
Amen.

Besonderheiten

Nach ihrem ersten Erklingen am Karfreitag des Jahres 1724 hat Bach die Johannespassion bereits im darauf folgenden Jahr erneut aufgeführt, und zwar wiederum im nachmittäglichen Vespergottesdienst des Karfreitags, der im Jahr 1725 auf den 30. März fiel. Im liturgischen Rhythmus dieser in Leipzig kirchenmusikalisch besonders gestalteten Vesper war nun die Thomaskirche an der Reihe, in der Bach bereits im Vorjahr seine Passion hatte aufführen wollen. Im Unterschied zur ersten und dritten Fassung ist die zweite in hinlänglicher Vollständigkeit überliefert, so dass sie heute aufführbar ist. Die erste vollständige und quellenkritische Edition hat Peter Wollny im Carus-Verlag vorgelegt; greifbar sind auch CD-Einspielungen (siehe S. 281). Allein in der Aufführungspraxis hat sich diese Fassung noch kaum etabliert. Für ihre Würdigung wäre es jedoch entscheidend, nicht nur die einzelnen ›neuen‹ Sätze in den Blick zu nehmen, sondern auch die Erfahrung ihrer gesamten ästhetisch-theologischen Stimmigkeit häufiger als bislang machen zu können. Dabei fallen im Vergeich zur NBA-Fassung (ed. Arthur Mendel) sowie zur Fassung 1749 (ed. Peter Wollny) vor allem in den Rezitativen des Evangelisten sowie in einigen Arien etliche Detail-Unterschiede auf. Sie rühren daher, dass Fassung II (1725) zeitlich vor den beiden späteren Überarbeitungen angesiedelt ist, nämlich vor dem Partiturfragment 1739 und vor Bachs Revision 1749 anlässlich der vermutlich letzten Aufführung des Werkes. Dass die späteren Änderungen in Fassung II nicht erklingen, könnte als Nachteil angesehen werden. Er wird jedoch aufgewogen durch die Einheitlichkeit dieser Fassung, die dem Stand des Werkes im Jahr 1725 entspricht.

Was könnte Bach veranlasst haben, seiner Johannespassion bereits nach einem Jahr eine zweite Gestalt zu verleihen? Zu dieser Frage liegen in der Bachforschung bislang verschiedene Überlegungen vor, die sich mitunter ergänzen, zum Teil aber auch gegenseitig ausschließen. Wichtig ist zunächst die Nähe der Choral-Rahmung zum Jahrgang der Choralkantaten 1724/25. Dass diese Übereinstimmung kaum etwas zu bedeuten habe, wie Alfred Dürr[1] annimmt, scheint schwerlich nachvollziehbar. Denkbar ist vielmehr, dass Bach 1725 versucht hat, auch die Passion in jenen Choral-Schwerpunkt einzugliedern. Dem steht allerdings die Überlegung entgegen, dass der Choralkantatenjahrgang – insgesamt Bachs umfangreichster in sich geschlossener Werkzyklus überhaupt – unvollendet geblieben ist und ausgerechnet um Ostern 1725 aus nicht durchschaubaren Gründen abbricht, so dass Fassung II der Johannespassion und die Wiederaufführung von Bachs früher Osterkantate über Luthers Lied »Christ lag in Todesbanden« (BWV 4) aus seiner Mühlhausener Zeit (1707/08) quasi den Epilog dieses ambitionierten, aber torsohaft gebliebenen Großprojekts bilden.

Im Rückgriff auf verschiedene Überlegungen zum Jahrgang der Choralkantaten hat Ulrich Leisinger die plausible These formuliert, dass nicht nur das Konzept dieses Kantatenjahrgangs in einem Zusammenhang mit der zweiten

Fassung der Johannespassion stehen könnte, sondern auch dessen vorzeitiger Abbruch. Ausgangspunkt ist die bereits von Hans-Joachim Schulze vorgetragene Überlegung, dass Andreas Stübel (1653–1725) der Textdichter des Choralkantatenjahrgangs gewesen sein könnte, dessen kurze Krankheit und Tod 1725 zum vorzeitigen Ende des Projekts geführt haben. Leisinger erwägt nun Stübel auch als Librettisten einer Choralpassion, die das Lied »O Mensch, bewein dein Sünde groß« zur Grundlage hätte haben sollen. Gegen diese Überlegung spricht jedoch, dass Stübel wegen seiner Nähe zum Pietismus und seiner extremen theologisch-apokalyptischen Thesen bereits um 1700 keinen Unterricht an der Universität mehr halten durfte und überdies seines Schulamtes enthoben war. Denkbar ist auch, dass Bach mit seinem Textdichter – wie auch immer sein Name war – bereits mehrere Lieder in den Blick genommen hatte. Dazu zählte dann in jedem Fall auch der Choral »Jesu Leiden, Pein und Tod«[2], von Paul Stockmann (1633), aus dem in dieser Fassung der Johannespassion in jedem Passionsteil zwei, insgesamt also vier Strophen zu hören sind:

Strophe		**Satz**	**Charakter**
33	Jesu, deine Passion ist mir lauter Freude – A-Dur	11⁺	freudig
10	Petrus, der nicht denkt zurück – A-Dur (III: G-Dur)	14	Petrus-Reue
20	Er nahm alles wohl in acht – A-Dur	28	Jesuswort
34	Jesu, der du warest tot – D-Dur	32	österlich

Diese Gliederung mit Strophen aus ein und demselben Lied wirkt sehr stringent, wenngleich die Choralmelodie verschieden ausgearbeitet ist: Zwei vierstimmige Sätze erklingen in den mittleren Nummern, außerdem eine Arie mit einstimmigem und eine mit vierstimmigem Choral. Dabei kontrastiert die ambitionierte Satzweise der letztgenannten Strophe mit der ungewöhnlich tiefen Lage des Chorals, allerdings in der Tonart D-Dur, in der bereits die österliche Botschaft »Der Held aus Juda siegt mit Macht« erklungen war. Inhaltlich akzentuieren die vier Sätze paarweise den Aspekt des Mitleidens (1) und die Person des Petrus (2) im ersten Passionsteil; im zweiten dann eines der letzten Worte Jesu (3) sowie seine letzte Geste des Kopfneigens (4). Erwähnenswert ist zudem der besonders freudig-österliche Charakter der ersten und vierten Strophe, die im 34-strophigen Lied von Stockmann als österlicher Epilog (Strophen 33 und 34) fungieren.

Warum aber hat Bach zwei Jahre hintereinander die Johannespassion aufgeführt? Auf diese Frage lässt sich nur mit Vermutungen antworten. Vielleicht hatte er 1725 zunächst eine ganz neue Passionsmusik als integralen Teil seines Jahrgangs der Choralkantaten geplant. Dieser Zyklus bricht bekanntlich um Ostern 1725 vorzeitig ab, so dass Bach auch den ursprünglichen Plan zur Passionsmusik geändert haben könnte oder gar aufgeben musste. War womöglich der plötzliche Tod des vorgesehenen Textdichters dafür verantwortlich, dass ein geplantes

Libretto nicht mehr zustande kam? Und ging vielleicht der junge Theologiestudent und Bach-Schüler Christoph Birkmann (1703–1771), den Christine Blanken als Textdichter etlicher Bachkantaten identifizieren konnte (Bach-Jahrbuch 2015), dem Thomaskantor im Frühjahr 1725 auch bei der Einrichtung dieses Passionslibrettos zur Hand, das er ja später in Nürnberg unter der Überschrift »Das schmählich- und schmertzliche / Leiden / Unsers Herrn und Heilandes / Jesu Christi / in einem / Actu Oratorio / besungen« veröffentlicht hat?

Wer war dieser Christoph Birkmann? Bekannt ist, dass er in den Jahren 1724 bis 1725 in Leipzig Theologie studiert hat, wobei er selbst ergänzt: »Dabey ließ ich doch die Musik nicht ganz liegen, sondern hielte mich fleißig zu dem grossen Meister, Herrn Director Bach und seinem Chor, besuchte auch im Winter die Collegia musica, ...«[3] Birkmann hat also sowohl komponiert als auch Libretti verfasst.

Die eindeutige Zuordnung der Johannespassion II zu Birkmann wird leider dadurch erschwert, dass der musikalisch versierte Theologe und spätere Nürnberger Pastor keineswegs die Autorschaft für alle Texte seines 1728 im Druck erschienenen Kantatenzyklus' beansprucht. Er schreibt ausdrücklich, er habe nicht nur Texte »am Tage des Herrn« bei seiner »Privat-Andacht verfertiget«, sondern auch Texte von anderen Autoren »entlehnet« und »abgeborgt«, weil sie seine »Gedanken offt auf das natürlichste ausgedrücket hatten«. Dass er hierbei im Blick auf die Passionsdichtung »O Mensch bewein« (Fassung II der Johannespassion) ausdrücklich Brockes und Rambach nennt, wirkt plausibel, wenngleich die Eingliederung der Brockes-Texte in Bachs Johannespassion ja bereits die Leistung des Redaktors der Fassung I im Jahr 1724 gewesen war, der mit größter Wahrscheinlichkeit nicht Birkmann hieß. Andererseits zeigt diese Bemerkung, dass Birkmann die Fassung II doch insgesamt als sein Werk betrachtet hat, was wiederum kaum einleuchtend wäre, wenn sie nicht auch Texte aus seiner Feder – wie vermutlich die drei »neuen« Arien »Himmel, reiße«, »Zerschmettert mich« und »Ach, windet euch nicht so« – enthalten würde.

Das Ergebnis jedenfalls sind zwei Passionsmusiken Bachs aus den Jahren 1724 und 1725, die sich ganz erheblich unterscheiden. Charakteristisch für die Passion 1725 ist die Rahmung mit zwei großen Choralbearbeitungen: »O Mensch, bewein dein Sünde groß« als Exordium und »Christe, du Lamm Gottes« als Conclusio. Durch diese neue Rahmung bemerkt der Hörer erst spät, dass es sich im Kern um die modifizierte Wiederholung der Passion des Vorjahres handelt. Denn für den – nur teilweise eingelösten – Charakter des Neuen sind Rahmung und Arien wesentlich wichtiger als etwa die stärker normierten Partien des Evangelisten, der Choräle oder der Turbae. Auch mag der Wechsel des Aufführungsortes eine Rolle gespielt haben, so dass die Hörer in der Thomaskirche 1725 das Werk »wie eine Neukomposition wahrgenommen haben«[4].

Zudem gliedert Bach mehrere Arien neu in das Werk ein. Keine letzte Gewissheit gibt es derzeit in der Frage, ob diese aus einer älteren Passionsmusik aus seiner Feder – komponiert womöglich 1717 für eine Aufführung auf Schloss Friedenstein bei Gotha – stammen oder ob Bach sie 1725 auf Texte, die von Christoph Birkmann oder von einem unbekannten Librettisten stammen mögen, neu komponiert hat. Während also einige Bachforscher möglichst viele der neu eingefügten Stücke, außer den Rahmensätzen freilich, als in Weimar komponiert betrachten, halten andere eine Komposition in Leipzig für wahrscheinlicher. So hat neuerdings Markus Rathey[5] gewichtige Argumente vorgetragen, die für eine Leipziger Entstehung der Arie mit Choral »Himmel reiße, Welt erbebe« (Nr. 11⁺) sprechen. Diese Überlegung ergänzt stimmig Leisingers These von einer ursprünglich geplanten Choralpassion. Doch wollen die melodischen Varianten und vor allem die merkwürdige Platzierung der Arie mit ihren Anspielungen an den Actus Crux bereits im ersten Passionsteil selbst auf der Basis von Ratheys Überlegungen nicht recht befriedigen. Weder formal (Arie nach einem zweistrophigen Choralsatz) noch inhaltlich (»Golgatha« und Erdbeben im Arientext, die eschatologische »Freude« im Choral) fügt sich dieses Stück organisch in die anfängliche Szene der Passion.

Überdies ist diese Arie mit Choral in Fassung II der einzige neu eingefügte Satz, dem nicht zugleich eine Streichung entspricht. Hat Bach womöglich eine geplante Streichung – etwa im zweiten Passionsteil nach Jesu Tod – gar nicht ausgeführt? Konrad Küster[6] vertritt diese einleuchtende These mit dem Hinweis, dass die Arie »Mein teurer Heiland« in den Stimmen 1725 zunächst nicht eingetragen war. Warum diese zunächst geplante Ersetzung dann doch nicht zustande kam und der Bass nun in Fassung II als einziger drei Arien zu singen hat, lässt sich nicht mehr rekonstruieren. Doch selbst wenn man »Himmel, reiße« als Ersatz für »Mein teurer Heiland« betrachtet, wäre diese Musik immer noch vor den Ereignissen des Erdbebens erklungen, so dass deren Erwähnung im Arientext eine äußerst unübliche Vorwegnahme darstellt.

Versetzen wir uns für einen Moment in die Lage des Komponisten, um seiner Sicht der Fassung II etwas näher zu kommen. Gescheitert war wohl der Plan zu einer Choralpassion auf der Grundlage eines oder mehrerer Lieder. Gewonnen aber war immerhin eine Art Abglanz davon durch relativ viel Choralbestand, der jedoch aus mehreren Liedern stammt. Der Überblick über die gestrichenen und die neu komponierten Sätze zeigt, dass Bach zwei Akzente besonders gestärkt hat: zunächst die Choralsubstanz durch Eingangs- und Schlusschoral mitsamt dem Liedzitat in der Arie »Himmel, reiße«, dann aber zugleich das dramatische Potenzial durch höchst extrovertierte Arien und nicht zuletzt durch die Streichung des kontemplativen Satzpaares »Betrachte« – »Erwäge«. Sogar die Erweiterung des Rezitativs »Und der Vorhang im Tempel« fügt sich stimmig in diese Deutung, weil sie mit einer größeren Dramatik einhergeht.[7]

Fassung I – 1724 *gestrichen sind*	**Fassung II – 1725** *neu eingefügt wurden*
Satz 1: »Herr unser Herrscher« (keine Streichung für 11^{+})	Satz 1^{II}: »O Mensch, bewein dein Sünde groß« Satz 11^{+}: »Himmel, reiße, Welt erbebe« (nach: »Wer hat dich so geschlagen?«)
Satz 13: »Ach, mein Sinn«	Satz 13^{II}: »Zerschmettert mich«
Satz 19: »Betrachte, meine Seel« und Satz 20: »Erwäge«	Satz 19^{II}: »Ach, windet euch nicht so«
Satz 33^{I}: dreitaktige Kurzfassung (nach Markus 15,38)	Satz 33: »Und siehe da, der Vorhang« (7 Takte, nach Matthäus 27,51f.)
Satz 40: »Ach Herr, lass dein lieb Engelein«	Satz 40^{II}: »Christe, du Lamm Gottes« (in drei Strophen)

Im Blick auf die neu eingefügten Sätze ist wohl Alfred Dürr zuzustimmen, der diese Stücke als Abwechslung versteht, nicht jedoch als Steigerung der Qualität. Zur musikalischen Abwechslung kommt eine theologische Veränderung, weil die trinitarisch-christologischen Akzente der ersten Fassung nun zurückgedrängt sind zugunsten einer stärkeren Profilierung der Soteriologie mit Stichworten wie »Sünde«, »Opfer« (Eingangschoral) sowie »Schuld« und »Erbarmen« (Schlusschoral). Aber das ist ja nicht wenig: eine zweite, mit der ersten nur teilweise identische Johannespassion aus Bachs Feder ohne Qualitätsverlust! Dazu passt die Feststellung, dass kein in Fassung II neu eingefügter Satz endgültig im Werk geblieben ist. Bach hat all diese Sätze in Fassung III wieder entfernt.

Ein weiterer markanter Unterschied zwischen der Rahmung der ersten und der zweiten Fassung ist noch festzuhalten: In der zweiten Fassung entfaltet die doppelte Conclusio ein stärkeres Gewicht als in der ersten, weil der vierstimmige Choral-Epilog »Ach Herr, lass dein lieb Engelein« durch die große Choralbearbeitung »Christe, du Lamm Gottes« ersetzt wird, die gemeinsam mit dem Chor »Ruht wohl, ihr heiligen Gebeine« eine Art doppelten Schluss ergibt. Erst in der dritten Fassung vermeidet Bach dies durch die Eliminierung sowohl der Choralbearbeitung »Christe, du Lamm Gottes« als auch des Choral-Epilogs »Ach Herr, lass dein lieb Engelein«. Einzig in dieser dritten Fassung schließt die Johannespassion ›nur‹ mit dem Schlusschor »Ruht wohl, ihr heiligen Gebeine«.

Fassung	**Exordium**	**Conclusio**
I	Herr, unser Herrscher	Ruht wohl – Ach Herr
II	O Mensch, bewein	Ruht wohl – Christe, du Lamm Gottes
III	Herr, unser Herrscher	Ruht wohl
IV	Herr, unser Herrscher	Ruht wohl – Ach Herr

Eingangschoral »O Mensch, bewein dein Sünde groß«

Die zweite Fassung der Johannespassion setzt mit einer großen vokal-instrumentalen Choralfantasie zur Eingangsstrophe des umfangreichen Passionschorals »O Mensch, bewein dein Sünde groß« von Sebald Heyden (1499–1561) ein. Dies ist der wohl bekannteste Satz dieser Fassung, weil Bach ihn elf Jahre später trotz seiner nur einchörigen Anlage in die *Matthäuspassion* (1736) als Abschluss des ersten Teils übernommen hat. Aber auch bereits ein Jahrzehnt vor der Johannespassion hat dieser Choral ihn beschäftigt, als er ihm im Weimarer *Orgelbüchlein* eine elegische Betrachtung gewidmet hat (BWV 622). Albert Schweitzer kommentiert jenen colorierten Orgelchoral mit den Worten: »Der Cantus firmus wird von Tonranken umsponnen, wie die Idee der Erlösung sich in der Kontemplation des Gläubigen in die mannigfachsten, ineinanderspielenden Gedanken auflöst.«[8]

Nun steht am Beginn von Fassung II der Johannespassion ein zwar nicht kontemplativer, jedoch ähnlich dichter Satz wie das ursprüngliche Exordium »Herr, unser Herrscher«. Allerdings ist die neue Musik bereits im Wortlaut einer deutlich anderen Passions-Perspektive verpflichtet als jene des Vorjahres. Denn was könnte einen größeren Gegensatz darstellen als die beiden Eingangszeilen »Herr, unser Herrscher, dessen Ruhm in allen Landen herrlich ist« (Fassung I) und »O Mensch, bewein dein Sünde groß« (Fassung II)? Und doch wird der textliche Gegensatz durch das Tongeschlecht gleichsam kontrapunktiert: »Herr, unser Herrscher« steht in düster-erhabenem g-Moll, »O Mensch, bewein dein Sünde groß« hingegen in hellem Es-Dur, später in der *Matthäuspassion* dann in der für ein barockes Verständnis von Tonartencharakteristik fast schon grellen Tonart E-Dur, die Bach auch beim zentralen Choral der Johannespassion »Durch dein Gefängnis, Gottes Sohn« gewählt hat.

Theologie der Liedstrophe

Der musikalisch-theologische Spannungsbogen führt im Eingangschor der ersten Fassung der Johannespassion von Christus – mitsamt der musikalisch eigens ausgeleuchteten Trinität – zu den Menschen, die sich von Jesus selbst die Passion zeigen lassen. In der zweiten Fassung reicht er vom reuevollen Menschen bis zur Erkenntnis, das Christus ›für uns‹ im Akt seiner Selbstentäußerung (vgl. den Hymnus des Philipperbriefes; S. 19) Mensch geworden ist und gelitten hat. Das ursprünglich christologische Exordium ist also durch ein soteriologisches ersetzt, dessen wichtigste Stichworte »Sünde«, »Opfer« und »Kreuz« heißen, von denen im Eingangssatz des Vorjahres kein Wort zu hören war. Allein der Aspekt der Zeit scheint eine fast verborgene Brücke zwischen den beiden Eröffnungssätzen zu schlagen: »zu aller Zeit« (1724) und »bis sich die Zeit herdrange« (1725).

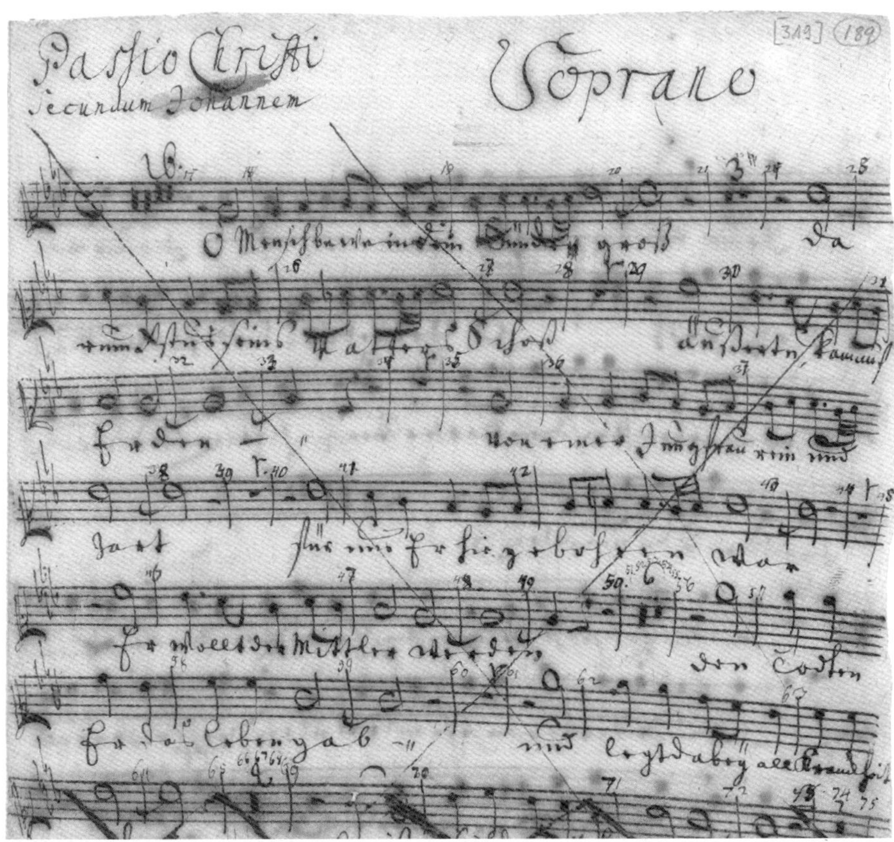

»O Mensch, bewein dein Sünde groß« in der Stimme Soprano concertante, Beginn. Staatsbibliothek Berlin – Preußischer Kulturbesitz, Musikabteilung mit Mendelssohn-Archiv, *Mus. ms Bach St 111*

Charakteristisch für das Lied »O Mensch, bewein dein Sünde groß« ist die nacherzählende Deutung der gesamten Passion. Textlicher Hintergrund ist der biblische Bericht nach allen vier Evangelien in Gestalt von Johann Bugenhagens Passionsharmonie. Die Überschrift heißt: »Der passion oder das leyden jhesu Christi in gesangs weyß gestellet«. Einige biblische Anhaltspunkte und theologische Grundbegriffe mögen die innere Stringenz erhellen:

Zeile		**biblisch**	**thematisch**
1	O Mensch, bewein dein Sünde groß,	Mk 14,72	weinender Petrus
2	Darum Christus seins Vaters Schoß	Johannes-Prolog	Trinität
3	Äußert und kam auf Erden;	Phil 2,7	Inkarnation
4	Von einer Jungfrau rein und zart	Credo	Maria
5	Für uns er hie geboren ward,	1 Kor 15	Geburt pro nobis
6	Er wollt der Mittler werden.	Hebr 9,15	Passion

7	Den Toten er das Leben gab	Erweckungen	Wunder
8	Und legt dabei all Krankheit ab,	Heilungen	Salvator
9	Bis sich die Zeit herdrange,	Johannes	Kairos und Stunde
10	Dass er für uns geopfert würd,	Hebr 9,26b	Opfer-
11	Trüg unsrer Sünden schwere Bürd	Joh 1,29	Lamm
12	Wohl an dem Kreuze lange.	Paulus u. a.	Crux

Das im Original 23-strophige Lied[9] entstand in der Frühzeit der Reformation, vermutlich in Nürnberg 1530, dem Jahr der Augsburger Konfession (Confessio Augustana). Die erste Strophe ruft die Menschen zur Passion, indem sie bei der affektiven Betrachtung des Leidens Christi einsetzt, um bereits ab der zweiten Zeile die zentralen Glaubensinhalte in den Blick zu nehmen. Heyden ergänzt die engere Passionsthematik zunächst mittels eines »kleinen Credo-Summariums«[10] in Richtung Trinität (2) und Inkarnation (3–5), wobei das typische Passionsmotiv ›pro nobis‹ subtil und theologisch sinnvoll bereits der Inkarnation zugeordnet ist. Die Menschwerdung ist von Anfang an ein Weg in die Niedrigkeit, was in Liedern und geistlicher Musik (Bach, Olivier Messiaen), aber auch auf Bildern (Grünewald, Dürer) oftmals in die Einheit von Krippe und Kreuz gefasst wird.[11] Zusammenfassend wird Christus in der Strophenmitte der »Mittler« genannt, was er nur als vere Deus und vere homo sein kann (6) und was sich für die ältere Auslegung im Ort seines Kreuzes noch konkretisiert: zwischen den beiden Schächern »mitten inne« (Joh 19,18).

Die zweite thematische Ausweitung betrifft Jesu Leben und Leiden, denn angedeutet sind aus seinem Wirken sowohl Auferweckungen (Zeile 7) als auch Wunderheilungen (Zeile 8). Vielleicht darf man hier eine verborgene österliche Anspielung heraushören: Die Auferweckungen durch Jesus mitsamt den Heilungen sind wie ein Präludium zu seiner eigenen Auferweckung zum Heil aller Menschen. Die eigentliche Passionsdramatik führt dann von der Zeit (die »Stunde« im Johannesevangelium) über das Opfer (10) und eine Andeutung des ›propter me‹ (11) zum Zielpunkt des Kreuzes (12). Eine Eröffnung der Passionsbetrachtung ist diese Strophe nun in einem doppelten Sinne, denn sie wird vom Exordium des vielstrophigen Liedes zum Eingangsportal von Bachs großer oratorischer Passionsmusik. Bewundernswert bleibt, wie die theologische Aussagedichte dieser Zeilen sich mit poetischer und musikalischer Gestaltungskraft verbindet.

Bachs Choralphantasie

Die Musik zu dieser Liedstrophe deutet Friedhelm Krummacher als »reifste Ausformung jener Art der Choralbearbeitung, der Bachs Arbeit« im Zyklus der Choralkantaten »von Anfang an gegolten hatte«[12]. Hier nämlich ist die Integration verschiedener Momente exemplarisch geglückt: die Choralmelodie in gedehnten Notenwerten im Sopran (Viertelbewegung), durchgängige Polyphonie im Imitationsgeflecht der vokalen Unterstimmen (Achtelbewegung) und selbstständige instrumentale Motivik (Sechzehntelbewegung), die bereits im Eingangsritornell exponiert und zugleich aus dem Cantus firmus abgeleitet ist.

Auf das ausgedehnte Anfangsritornell (T. 1–16) mit den charakteristisch »geschuppten«[13] und an Seufzerfiguren erinnernden Zweiergruppen folgt die abschnittweise Durchführung des Chorals (Zeilen 1–3, 4–6, 7–11, 12). Die Unterstimmen gewinnen dabei nicht selten figürliche Kontur. Dies geschieht zunächst im Sinne der musikalisch-sinnbildlichen Abbildung (Hypotyposis), etwa bei »äußert und kam auf Erden« als besonders exponierter Abstieg der Bass-Stimme (Katabasis) mit anschließender Chromatik:

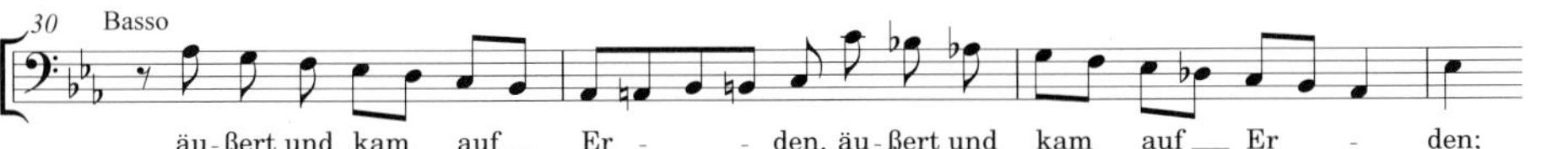

NB 53

Doch auch emphatische Gesten sind zu hören: etwa beim Stichwort »bewein« eine von Pausen durchbrochene, mithin seufzende Achtelkette (suspiratio), die wiederum chromatisch eingefärbt ist:

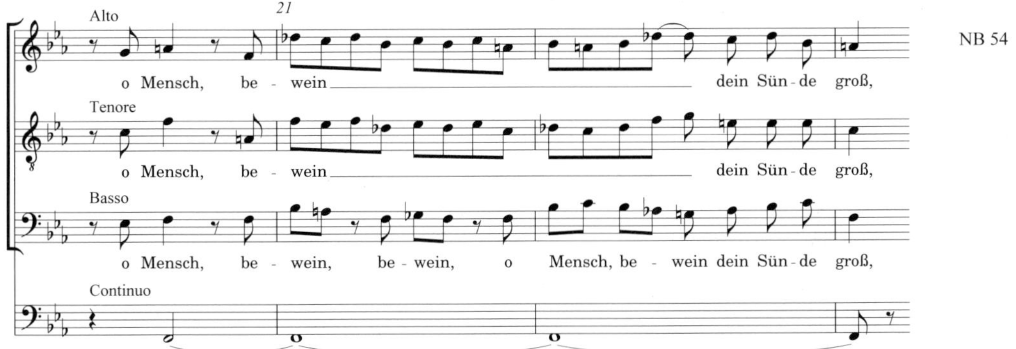

NB 54

Der Choral steht in der häufig vorkommenden Barform mit drei Abschnitten: Stollen (Zeile 1–3), Stollen (Zeile 4–6) und Abgesang (Zeile 7–12). Ein längeres Zwischenspiel trennt den zweiten Stollen, der den ersten melodisch wiederholt, vom Abgesang, den Bach musikalisch-architektonisch unkonventionell behandelt. Er nivelliert nämlich die Zäsur zwischen der neunten und zehnten Choralzeile, indem er das Nachspiel zu den bedeutsamen Worten »dass er« und »für uns« (pro nobis) emphatisch gestaltet und mit wiederholten Oktavsprüngen (Exclamationes) verlängert. Als Einleitung der Schlusszeile »wohl an dem Kreuze lange« erklingt ein letztes Zwischenspiel, bevor dieses Wort vom Kreuz betont zur Geltung kommt.

Klanglich dominieren »Klage- und Beweinungsfiguren«[14] aller Instrumentalstimmen in Sechzehntelketten, die sich melodisch auf den Beginn des Cantus firmus beziehen. Doch sind auch Motive zu hören, deren Sinn sich nicht sogleich offenbart, weil sie nicht den Sensus von Einzelworten zur Geltung bringen, sondern vielmehr dem Skopus verpflichtet sind, bisweilen in einem fast hintergründigen Sinn. In der vierten Zeile, die melodisch mit der ersten identisch ist, schweigen die Seufzermotive, weil nun nicht das Mitleiden der Menschen (compassio) mit Jesus, sondern die Menschwerdung Gottes (incarnatio) in Jesus im Mittelpunkt steht. Auch die bereits genannte Katabasis (NB 53) des Basses erklingt nun zu den Worten »von einer Jungfrau rein und zart« anders. In der letzten Zeile schließlich beginnen die chorischen Unterstimmen und nicht, wie bislang immer, der Sopran (Choralmelodie). Die instrumentalen Oberstimmen zeichnen dazu als Augenmusik die Form des Kreuzes nach. Wichtiger aber ist der Bass mit einem dreifachen Oktavsprung, der an solch exponierten Stellen – gerade hier verlässt Bach auch die cantus-firmus-Bindung der Unterstimmen-Motivik – die Totalität anzielt, man denke nur an die Oktavketten am Beginn des Sanctus der *h-Moll-Messe* (komponiert 1724). Hier ist die »allumfassende Bedeutung des Kreuzes«[15] gemeint, also der letzte Grund, warum diese Passionsmusik erklingt (vgl. NB 55).

NB 55

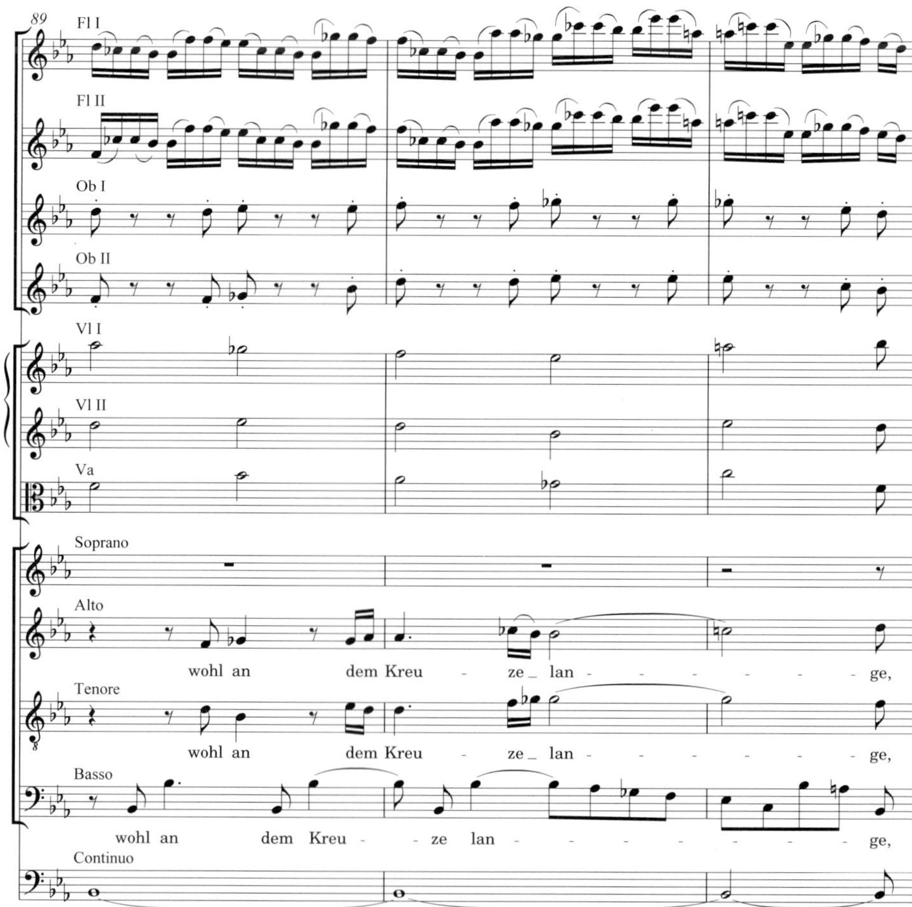

Arie »Himmel reiße, Welt erbebe« mit Choral »Jesu, deine Passion«

Aria (Bass)
Himmel reiße, Welt erbebe,
Fallt in meinen *Trauerton,*
Sehet meine Qual und Angst,
Was ich, Jesu, mit dir *leide!*
Ja, ich zähle deine Schmerzen,
O zerschlagner *Gottessohn,*
Ich erwähle Golgatha
Vor dies schnöde *Weltgebäude.*
Werden auf den Kreuzeswegen
Deine Dornen *ausgesät,*
Weil ich in Zufriedenheit
Mich in deine Wunden *senke,*
So erblick ich in dem Sterben,
Wenn ein stürmend Wetter *weht,*
Diesen Ort, dahin ich mich
Täglich durch den Glauben *lenke.*

Choral (Sopran)
Jesu, deine *Passion*
Ist mir lauter *Freude.*
Deine Wunden, Kron und *Hohn*
Meines *Herzens Weide.*
Meine Seel auf *Rosen geht,*
Wenn ich dein *gedenke;*
In dem Himmel eine *Stätt*
Mir deswegen *schenke.*

Zum Wortlaut: Himmel, Erde, Golgatha

Typisch barock, mag man denken, denn Bilder und Affekte überschlagen sich schier. Die compassio als das Mitleiden der gläubigen Seele mit Jesus steht im Mittelpunkt: »Sehet meine Qual und Angst, was ich, Jesu, mit dir leide«. Die Nähe des Betrachters zu Jesus spiegelt sich sogar in der benachbarten Stellung der beiden Worte im Satz: »Ich, Jesu«. Drei Orte werden genannt und poetisch aufeinander bezogen: Himmel und Welt (Erde) akzentuieren als Sinnbild der Gesamtheit (oben und unten) die zentrale Bedeutung des Ortes Golgatha als Mittelpunkt der Erlösung. Das in die Erde gerammte und nach oben ragende Kreuz verbindet nicht nur Himmel und Erde. Es gilt auch die Überlegung: »Stat crux dum volvitur orbis« – weil das Kreuz steht, dreht sich der Erdkreis. Erst in der vorletzten Zeile wird die Angabe zur Formulierung »diesen Ort« fast wieder nivelliert, allerdings nicht grundlos. »Mein Ort« soll in der Aneignung zunächst zu Golgatha werden, und dann – so sagt es simultan die Liedstrophe – zum Himmel, womit zugleich die poetische Verklammerung des Schlusses »in dem Himmel« mit der Anfangszeile »Himmel reiße« in umgekehrter Richtung erreicht ist.

Um Jesus und das Ich geht es, und zwar in einem fast mystischen Sinne. Das Ich versenkt sich in Jesu Leiden und ruft zugleich den Kosmos zum Mitleiden auf – ein Thema, bei dem Bach mit Vorliebe Aufruhr komponiert, man denke nur an die *Matthäuspassion* mit der Szene »So ist mein Jesus nun gefangen« (Nr. 27[a]), in der »Blitze« und «Donner« höchst effektvoll und auf der bereits in der Einleitung (siehe S. 34 ff.) beschriebenen Grenze zwischen Oratorischer Passion und Passionsoratorium geradezu beschworen werden.

Weltverachtung (contemptus mundi), Wundenflucht (scrutari tua vulnera[16] – wörtlich: deine Wunden durchforschen) und Sterbekunst (ars moriendi) heißen die weiteren Aspekte, die wiederum traditionell, weil theologisch-philosophisch sowie spirituell-musikalisch fundiert sind. Sterbekunst wird zur Lebenskunst, wenn das tägliche Bedenken des Leidens und Sterbens Jesu gelingt. Der Kreuzweg des Gottessohnes ist singulär in seiner Heilsbedeutung – und wird zugleich entscheidend für die vielen »Kreuzeswege« der Menschen. Zu hören ist jedoch nicht nur *ein* Text, sondern deren zwei in kunstvoller poetisch-musikalischer Verschränkung. Nicht nur im Skopus – die leidvolle Passion ist letzter Grund unserer Freude – ergänzen sich die beiden Texte, sondern auch durchweg im Sensus.

	Aria	*Choral*
Subjekt:	mein Mit-Leiden	Jesu Passion als Sohn Gottes
Affekt:	Trauer(ton)	lauter (=helle) Freude, eschatologisch
Bild:	Dornen	Rosen
Ort:	Golgatha (irdisch)	Himmel (eschatologisch)
Handlung:	lenken (aktiv)	beschenkt werden (sola gratia)

Wie könnte die Dichtung zu dieser Arie entstanden sein? Die konsequente – S. 227 kursiv angedeutete – gegenseitige Bezugnahme des Reims weist darauf hin, dass der Arientext von vornherein als Ergänzung zu ebendieser Choralstrophe verfasst wurde. Zugleich wurde wohl die dreifach akzentuierte *Antithese* geplant: Leid und Freude (Affekt), Rosen und Dornen (Bild), Golgatha und Himmel (Ort). Dass sich am Ende noch die Ergänzung von »lenke« und »schenke« ergibt, erhöht die theologisch-dichterische Qualität dieser Zeilen im Sinne der lutherischen Auffassung von der ›sola gratia‹. Allerdings hat der Text mit dieser Reim-Gemeinschaft seiner beiden Komponenten eine poetische Struktur, die musikalisch nur sehr bedingt hörbar wird. Bach hat die musikalische Überlagerung beider Texte nämlich so konstruiert, dass das zeitliche Zusammenfallen beider Stimmen auf das sich reimende Schlusswort eher die Ausnahme bildet.

Mit zu bedenken ist schließlich eine Eigenheit der protestantisch-geistlichen Poetik: Ein Text legt den anderen aus, gemäß Luthers Dictum von der Heiligen Schrift als ihrer eigenen Auslegerin – »Sacra scriptura sui ipsius interpres« –, so dass die eine Stelle die andere erhellt. Ziel ist es, dass sich mehrere Sinn-Einheiten eröffnen. Jeder Text wird zunächst in sich verständlich. Dann aber kommt zusätzlich ein dialogisches Zusammenspiel in Gang, das neue Bedeutungsnuancen erschließt. So etwa bildet bisweilen das Ende des einen Textes eine Überleitung zum anderen. »Fallt in meinen Trauerton« wirkt in diesem Sinne geradezu als Aufforderung zum Einsatz der Liedstrophe »Jesu, deine Passion« im Trauerton des Passionsliedes mitsamt der beiden klagenden Traversflöten, die an den Gestus der Bläserstimmen im Eingangschor (Fassung I) erinnern.

Exakt auf der Silbe (Trauer-)»Ton« setzt die erste Choralzeile ein. Doch erst beim zweiten Einsatz des Soprans enthüllt sich die gemeinte Paradoxie: Passion meint – letztendlich – Freude. Bach vergegenwärtigt nicht nur, was Christi Leiden *war*, sondern er lotet musikalisch aus, was es hier und heute *ist*. Freude ist nicht einfach da, sondern Freude ereignet sich als tiefste Passionserfahrung, die das Durchleben und -denken der vorherigen Schritte voraussetzt. Das ist die »Passions-Arbeit«, von der Heinrich Müller predigt. In der zweiten Fassung von Bachs Johannespassion ergänzen sich so im ersten Teil die beiden Freuden-Stücke »Himmel, reiße« (Trauer und Freude) und »Ich folge dir gleichfalls« (Freude in der Nachfolge).

Die Frage nach der biblischen Inspiration dieses Arientextes führt nicht zum Johannes-, sondern zum Matthäusevangelium, allerdings zu einer hier noch keineswegs zu erwartenden Szene: »Und siehe da, der Vorhang im Tempel zerriss in zwei Stück, von oben an bis unten aus. Und die Erde erbebete, und die Felsen zerrissen, und die Gräber täten sich auf, und stunden auf viel Leiber der Heiligen, die da schliefen. Und gingen aus den Gräbern nach seiner Auferstehung, und kamen in die heilige Stadt und erschienen vielen« (Mt 27,51–53). Vom »Reißen« ist in doppelter Weise die Rede, nämlich im Blick auf den Vorhang und auf die Felsen, nicht aber im Blick auf den Himmel! Allein der »Vorhang« hätte an einer so frühen Stelle des Passionsgeschehens noch keine Erwähnung verdient. Insofern scheint sogar eine nachträgliche Korrektur des ersten Wortes dieser Arie nicht ausgeschlossen. Vielleicht begann die Arie ursprünglich mit den Worten »Vorhang reiße, Welt erbebe«? Dann wäre es durchaus denkbar, dass dieser hochemotional-aufgewühlte Satz zunächst für eine spätere ›Station‹ der Passionsmusik geplant war oder gar in Bachs früher Gothaer Passion bereits dort gestanden hatte, und dass Bach erst 1725 ihr einen neuen Ort zugewiesen hat. Dafür spricht auch die von den übrigen Fassungen dieses Cantus firmus abweichende melodische Gestalt:

Die vier Versionen des Cantus firmus »Jesu Leiden, Pein und Tod« (nach Markus Rathey) NB 56

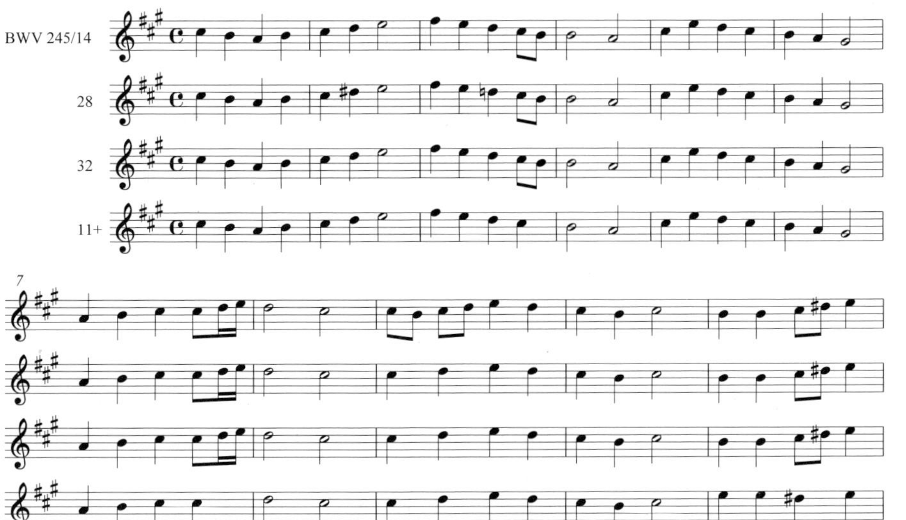

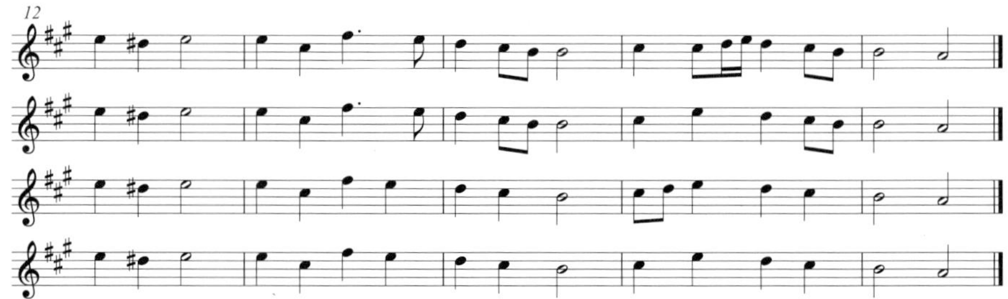

Dafür sprechen aber auch einige Stichworte, die den Actus Crux wie selbstverständlich vorauszusetzen scheinen: »Dornen«(-krone) und (Seiten-)»Wunde« ebenso wie das »stürmend Wetter«, das an die parallele Szene in der *Matthäuspassion* mit »Blitzen« und »Donner« denken lässt. Insgesamt lassen sich bei dieser Arie also einige Momente der Inkongruenz nicht leugnen:

formaler Duktus	Choral (Abschluss!) – Arie (?)
inhaltlicher Sensus	Erdbeben, Golgatha, *zer*schlagen
Skopus	pro nobis – dann compassio?

Integration und Stichwortanschluss

Eine weitere Frage stellt sich im Blick auf die Integration dieser Arie in der zweiten Fassung der Johannespassion. Diese Eingliederung scheint eher labil und indirekt, und zwar aus verschiedenen Gründen. Obwohl die Szene durch den zweistrophigen Choral »Wer hat dich so geschlagen« – »Ich, ich und meine Sünden« bereits stimmig abgeschlossen war, erklingt nochmals eine Arie, die inhaltlich gleichsam hinter den Choral zurückgreift und eine Art von Zusatz-Betrachtung neu eröffnet. Dieser musikalischen Besonderheit entspricht eine theologische Problematik: Das Mitleiden (compassio) hätte sich eher in die Erkenntnis des *propter me* zu lösen, als dass diese bereits getroffene Erkenntnis nochmals in das Mitleiden – wenn auch mit eschatologischer Zuspitzung – mündet.

Bisweilen wurde vermutet, dass die früheste, vermutlich in Weimar komponierte Passionsmusik Bachs keine Oratorische Passion war, sondern ein Passionsoratorium. Hierfür gibt es zwar keine direkten Belege. Diese These könnte aber erklären, warum Bach jenes Werk in Leipzig nicht in seiner Originalgestalt zur Aufführung gebracht hat. Unsere Betrachtung der Arie »Himmel reiße« stützt die These insofern, als hier ein bevorzugtes Thema des Passionsoratoriums anklingt: die kosmischen Ereignisse nach Jesu Tod, die in höchst dramatische Musik übersetzbar sind. Nochmals sei an Bachs »Sind Blitze, sind Donner in Wolken verschwunden« in der *Matthäuspassion* erinnert. Dort ist dieses Thema sogar mit dem Motiv der Verhinderung der Passion verknüpft: »Lasst ihn, haltet, bindet nicht!« Im dramatischen Gestus ähneln sich beide Sätze durchaus, wobei die Liedstrophe des frühen Passionsoratoriums einen wirkungsvollen musikalisch-theologischen Kontrapunkt zur überbordenden Dramatik bildet. Gerne wüsste man, welche Rolle der Choral »Jesu Leiden, Pein und Tod« in diesem Passionsoratorium Bachs für Gotha insgesamt gespielt hat. Aber mit dieser Frage verlassen wir den Bereich der Indizien und noch begründbaren Vermutungen.

Bachs Musik

Bereits der Beginn lässt aufhorchen. Ein Continuo-Motiv reißt nach oben auf, setzt sich bebend fort, um dann, nach einer Wiederholung, in einen rasch pochenden Rhythmus überzugehen. Mitten in der Kadenz setzt abrupt die Singstimme ein, mit den die Musik erläuternden, zugleich von ihr inspirierten und auffordernden Worten: »Himmel reiße, Welt erbebe«. Wie so oft hat Bach die bildhaften Verben des Textes besonders berücksichtigt und in Musik übersetzt:

NB 57

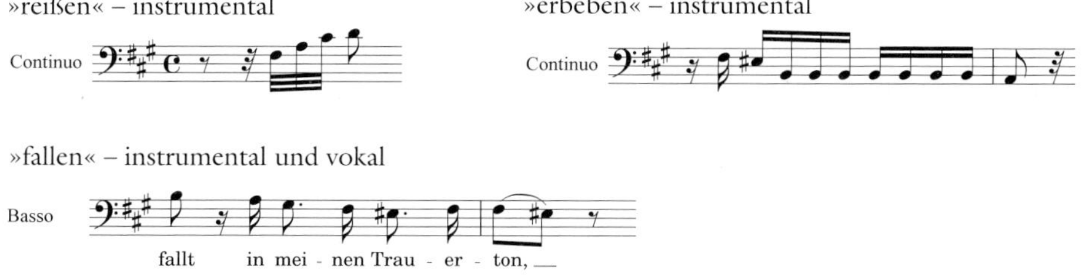

Ebenso widmet er sich den affektvollen Verben im Sinne der Emphasis:

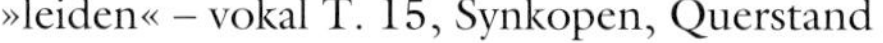
»leiden« – vokal T. 15, Synkopen, Querstand

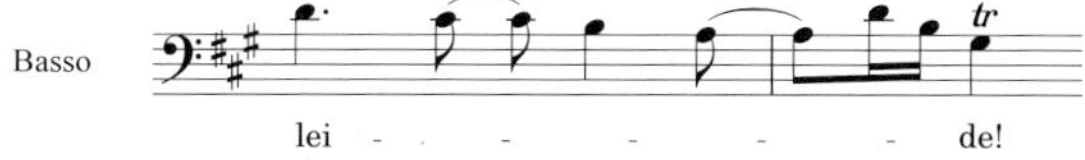

»Schmerzen« – vokal T. 17 f.

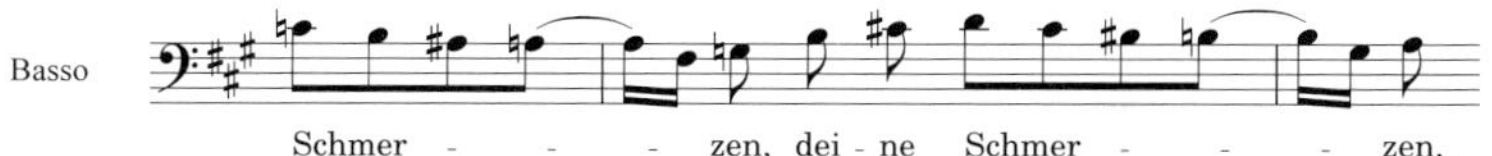

»wehen« – vgl. das Anfangsritornell

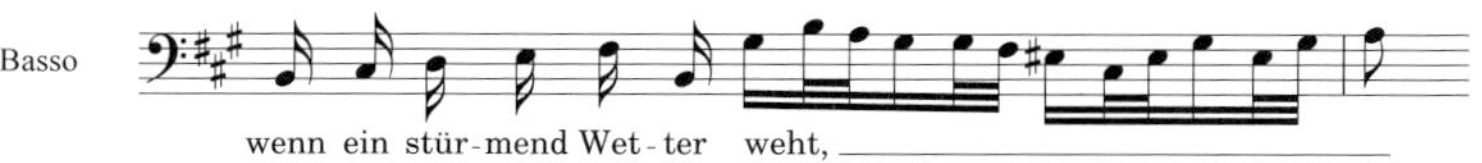

»lenken« – diatonisch (vgl. leiden: chromatisch)
mitsamt einer harmonischen Verirrung in T. 54 als verminderter Akkord über *his*

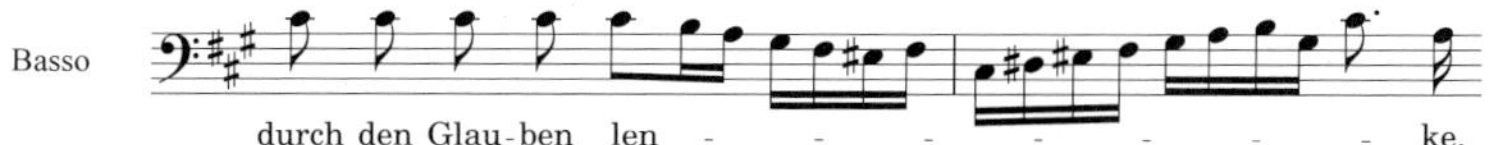

Die beiden Traversflöten spielen dissonierende und rhythmisch komplexe Klagemotive. Ob sie bereits in der vermutlichen Frühfassung 1717 mit dabei waren, scheint zumindest fraglich. Insgesamt entsteht ein Quintettsatz mit einer optischen Symmetrie, fast einer Augenmusik. Im Mittelpunkt steht die Strophe aus dem Choral »Jesu Leiden, Pein und Tod«, der ja in der Johannespassion eine besonders große Rolle spielt.

NB 58

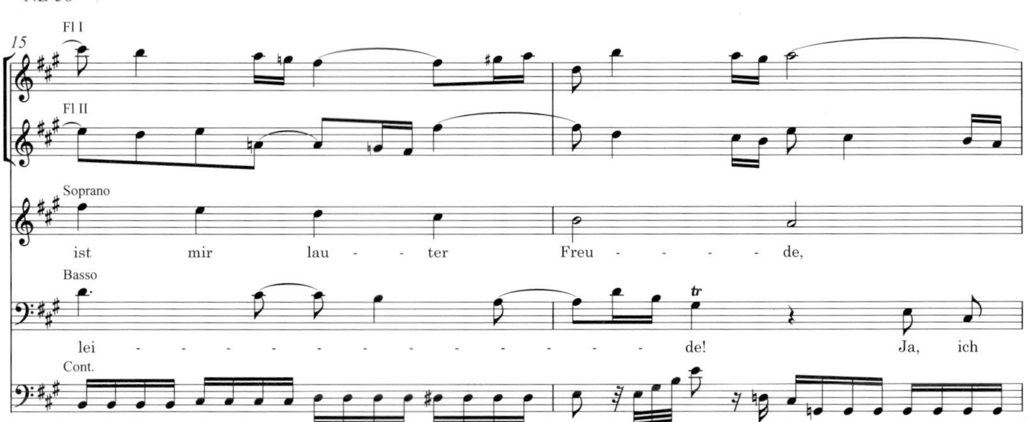

›Über‹ dem Choral und beim ersten Mal mit ihm einsetzend entfaltet sich als Kontinuum der »Trauerton« der Traversflöten, ganz der Compassio (theologisch) mit emphatischen Figuren (musikalisch) verpflichtet. ›Unter‹ dem Choral wiederum stehen, motivisch ebenso einheitlich trotz der vokal-instrumentalen Spannung, Bass und Generalbass als Träger der Sinnbildlichkeit. Da diese pointiert instrumental erfunden ist, wird dem Sänger eine extrem instrumentale Motivik zugemutet, was für Bach charakteristisch ist. Als Gesamtaufbau ergibt sich folgende Struktur: Im Mittelpunkt steht der Choral als typische Vokalmusik (nur gesungen, nicht gespielt); oben erklingt die vom Choraltext inspirierte affektvolle Instrumentalmusik (nur gespielt, nicht gesungen); unten hingegen die Verschränkung von vokal und instrumental, indem die primär gespielte Motivik auch als gesungene erklingt. Dieses planmäßige Ausschöpfen der vokal-instrumentalen Möglichkeiten ist typisch für Bach – und wichtiger als die musikalische Deutung einzelner Worte.

Etwas freier und zugleich auf die theologische Bedeutung hin interpretiert, lässt sich sagen, dass die Botschaft von der Freude der Passion (vgl. die österlichen Aspekte und die Nachfolge-Arie) im Zentrum steht, flankiert gleichsam von der Bildlichkeit der äußeren Ereignisse (Bass) und vom Affektgehalt des Schmerzes (Flöten). Das Innovative liegt darin, dass Bach drei voneinander unabhängige Motiv-Welten in einem Satz zusammenbringt: Choral (als Klangsymbol für die Stimme der Gemeinde), Flöten (Affekt des Schmerzes) und die beiden Bässe (musikalische Sinnbildlichkeit).

Arie »Zerschmettert mich«

Arie (Tenor)
Zerschmettert mich, ihr Felsen und ihr Hügel,
Wirf, Himmel, deinen Strahl auf mich.
Wie freventlich, wie sündlich, wie vermessen,
Hab ich, o Jesu, dein vergessen!
Ja nähm ich gleich der Morgenröte Flügel,
So holte mich mein strenger Richter wieder;
Ach! fallt vor ihm in bittern Tränen nieder!

Als Ersatz für »Ach, mein Sinn« schließt diese Arie in Wort und Ton an das reuevolle Weinen des Petrus an. Zwei Bibelworte stehen im Hintergrund: aus dem Lukasevangelium das Jesuswort »Dann werden sie anfangen zu sagen zu den Bergen: Fallet über uns, und zu den Hügeln: Bedecket uns« (Lk 23,30). und vor allem Psalm 139: »Nähme ich Flügel der Morgenröte und bliebe am äußersten Meer, so würde mich doch deine Hand daselbst führen und deine Rechte mich halten« (Verse 9f.). Selbst wenn die Menschen Gott vergessen und Jesus verraten (Judas) oder verleugnen (Petrus), vergisst doch Gott die Menschen nicht. Selbst mit den Flügeln der Morgenröte könnte keiner ihm entfliehen. Geglückt ist die Verbindung von kosmischer Weite (Himmel) und innerer Emotion (Tränen). Einzig der »strenge Richter« tritt etwas unvermittelt auf. Dass es nicht nur um eine Betrachtung des Petrus geht, sondern um das »Ich« im Spiegel des Petrus, will die letzte Zeile verdeutlichen, mit welcher der unbekannte Dichter die Petrus-Perspektive verlässt und die Hörer direkt anspricht: »Ach! fallt vor ihm in bittern Tränen nieder!«

Das einleitende Ritornell entwirft die wichtigsten Gesten: »zerschmettern« als geradezu klirrende Repetitionen mitsamt Dreiklangsbrechungen; dazwischen zwei Mal die emporschnellende Figura tirata als Sinnbild des Strahles. Bach berücksichtigt wiederum Außen und Innen, ähnlich wie in »Ach, mein Sinn«,

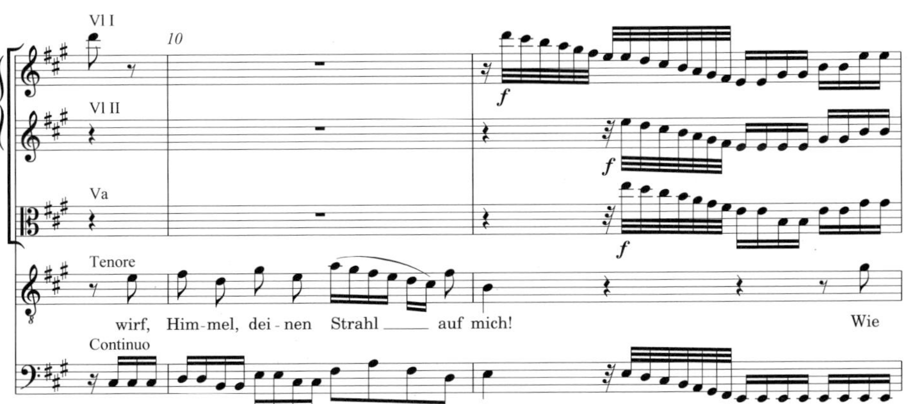

NB 59

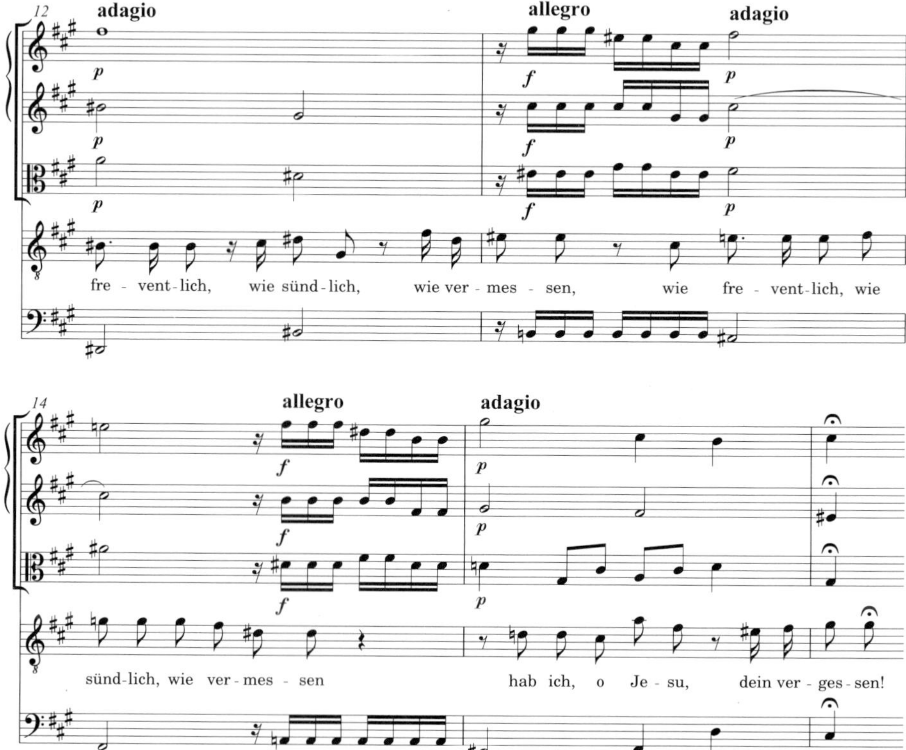

wo es geheißen hatte: »... außen find ich keinen Rat, und im Herzen stehn die Schmerzen ...« (Christian Weise). Stupende Virtuosität kennzeichnet den äußeren Aspekt: extreme Lagenwechsel als Ausdruck des Entfliehen-Wollens, überdies in Takt 47 mit der Tredezim *cis–a*[1] (Oktav plus kleine Sext) den weitesten Sprung, den Bach in seinem gesamten Vokalwerk jemals einem Sänger zugemutet hat.[17] Der innere Aspekt kommt mehrmals in der unvorbereiteten Rückung des Tempos ins Adagio, quasi recitativo, zur Geltung. Diese Übergänge wirken wie ein plötzlich vom Gewissen erzwungenes Innehalten. Dabei gewinnen die Worte »freventlich«, »sündlich« und »vermessen« großes Gewicht. Dazwischen fährt jedoch immer wieder die schnelle Repetitionsfigur, so dass sich insgesamt ein verwirrendes Spiel der beiden Perspektiven von Außen und Innen ergibt. Am Ende unterstützt Bach die Aussage der Worte, indem er das Ausrufungszeichen musikalisch in ein Fragezeichen verwandelt (T. 27). Damit will er nicht die Aussage in Frage stellen, sondern die hilflose Unsicherheit zum Ausdruck bringen, mit der sie gestisch verbunden ist.

Der Mittelteil (T. 34 ff.) setzt das Entweichen-Wollen unnachahmlich in Musik. Vom Ausgangspunkt *c*[1] schwingt sich der Tenor in mehreren Anläufen immer höher hinauf, wobei die Tirata der ersten Violine nun die Bedeutung wechselt. Sie wird zum Versuch des raschen Hinwegfliegens, der sogleich mit seufzenden Achteln in Gegenrichtung resignativ beantwortet wird. Die selbstbewusste Geste aufwärts wird so musikalisch-theologisch korrigiert. Nicht das eigenmächtige Sich-Aufschwingen (Hochmut) ist richtig, sondern das zunächst seufzende, dann weinende Niederfallen (Demut) vor die Füße des Richters. Die »Tränen« zitieren das Weinen des Petrus aus dem biblischen Arioso.

Im Blick auf die Entstehungsgeschichte dieser Arie erschwert der Bezug zum Weinen des Petrus die oft vertretene Annahme einer Komposition schon vor Bachs Leipziger Zeit; es sei denn, Bach hätte die Arie mitsamt dem Rezitativ vom Weinen des Petrus aus einem früheren Werk übernommen. Höchst eindrucksvoll gelingt das musikalische In-sich-Hineinschauen bei den Adagio-Passagen. Die Arie will an die Verleugnung erinnern – und dann eine Alternative formulieren, um beide Aspekte mit dem Impuls zur Aneignung zu verbinden. Aus der Fluchtbewegung in die Ferne und nach oben »Ja, nähm ich gleich der Morgenröte Flügel« wird der Weg ins eigene Innere mitsamt einem reumütigen Kniefall »Ach! fallt vor ihm in bittren Tränen nieder«. Ebenso wie »Ach, mein Sinn« schließt die Arie – obwohl im Unterschied zu jener in der Dacapo-Form – offen und fragend.

Arie »Ach, windet euch nicht so«

Arie (Tenor)
Ach, windet euch nicht so, geplagte Seelen,
Bei eurer Kreuzesangst und Qual,
Könnt ihr die unermessne Zahl
Der harten Geißelschläge zählen,
So zählet auch die Menge eurer Sünden,
Ihr werdet diese größer finden.

Mit dieser Arie ersetzt Bach in Fassung II das Satzpaar »Erwäge«–»Betrachte«. Somit erklingt sie unmittelbar nach der hochdramatischen Schilderung der Geißelung, bei der Bach den Evangelistenpart in eine fast exzentrische virtuos-melismatische Gestaltung führt, die als das extrovertiere Pendant zum ebenso expressiven, aber introvertierten Weinen des Petrus wirkt. Beide Stellen zeigen, mit welch extremen Mitteln Bach in seiner Johannespassion den berichtenden Sprechgesang zu höchst ausdrucksstarker Gestik bringt.

Der assoziative Anschluss ist gewährleistet, weil die Geißelung in den »Geißelschlägen« des Arientextes mitsamt deren biblisch nicht belegter »unermessner Zahl« nachklingt. Das poetische Spiel mit der Zahl scheint jedoch weniger schlüssig als etwa in der Arie »Es ist vollbracht« beim gleichen Stichwort »lässt nun die letzte Stunde zählen«. Theo-poetische Basis ist der Gedanke einer Parallelisierung: den Geißelschlägen entsprechen »eure Sünden«. In klassischer Weise hat ein Choral im ersten Teil diesen Grundsatz des ›propter me‹ bereits zum Ausdruck gebracht: »Wer hat dich so geschlagen?« – »Ich, ich und meine Sünden« (Nr. 11). Hier jedoch sind von den zentralen inhaltlichen Passionsgedanken des *pro me* und des *propter me* nur noch Relikte aufzuspüren, und ähnlich ist es bei der überaus wichtigen Haltung des Sich-in-die-Passion-Versenkens mit dem Ziel der Aneignung, die ja im Mittelpunkt des gestrichenen Satzpaares »Erwäge«–»Betrachte« gestanden hatte.

Unklar bleibt, wer hier eigentlich spricht. Typisch für die Oratorische Passion wäre, dass sich diese Frage gar nicht stellt. Vielleicht aber stammt ja auch diese Arie aus dem frühen Passionsoratorium Bachs und war dort einer allegorischen Person wie der »Tochter Zion« oder der »Gläubigen Seele« in den Mund gelegt? Weil klar durchgeführte theologische Gedanken kaum erkennbar werden, bleibt letztlich fast alles im Halbdunkel des Ungeklärten, logisch wie theologisch. Warum winden sich die Seelen (im Fegefeuer?) eigentlich, und warum sollen sie damit aufhören? Irgendwie ist die Choralzeile »... die haben dir erreget das Elend, das dich schläget« vorausgesetzt. Aber theologisch-poetisch durchgeführt wird auch dieser Gedanke nicht.

Um die musikalische Inspiration steht es besser als um die biblisch-theologische. Das Sich-Winden motiviert Bach, obwohl es textlich negiert ist, zu kurvenreichen melodischen Windungen. Ergänzt werden sie durch Seufzerfiguren (suspirationes) und eine oftmals gegen den Takt gerichtete Rhythmik (syncopationes), insbesondere bei dem nach oben (!) strebenden chromatischen Quartgang (passus duriusculus), den Bach mittels Engführung (T. 42) und Umkehrung (T. 65) besonders intensiviert. Als eine Art Ausruf (exclamatio) wirkt die Fortsetzung des Sich-Windens in der höheren Oktave mit Spitzentönen *b*[2] etwa in Takt 19.

NB 60

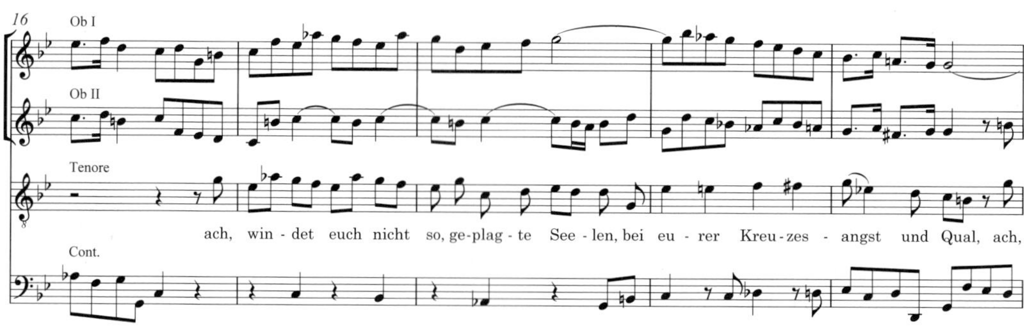

Insgesamt erweckt diese Arie den Eindruck des Disparaten, etwa in den unvermittelt einsetzenden Koloraturen gegen Ende des Mittelteils, die das Wort »größer« nicht wirklich zur Geltung bringen können. Das eigentliche Defizit ist jedoch die problematische Integration in den Ablauf des Geschehens. Das unvermittelt einsetzende, zudem verbal negierte Thema des »Sich-Windens« ist für eine Betrachtung der unmittelbar davor geschilderten Geißelung inhaltlich nicht wirklich tragfähig. Hier leistet das Satzpaar »Betrachte«–»Erwäge« der Fassung I wesentlich mehr, zumal sich dort dramatische Aktion (Geißelung) und innerliche Kontemplation (»Betrachte«) gerade in ihrer Gegensätzlichkeit überaus schlüssig ergänzen.

Schlusschoral »Christe, du Lamm Gottes«

> Und sonderlich dienet das Agnus Dei über allen Gesängen aus der Messe wohl zum Sakrament. Denn es klärlich daher singet und lobet Christum, dass er unsere Sünde getragen habe, und mit schönen kurzen Worten das Gedächtnis Christi gewaltiglich und lieblich treibet.[18]
>
> *Martin Luther*

Auf den Schlusschor »Ruht wohl, ihr heiligen Gebeine« mit seinem ebenso modernen wie gelösten Gestus folgt in Fassung II der Johannespassion als Pendant zum Eingangschoral »O Mensch, bewein dein Sünde groß« eine zweite Choralbearbeitung, nun auf das Lied »Christe, du Lamm Gottes« (1528), mit dem Martin Luther den liturgischen Messgesang des »Agnus Dei« in die deutsche Sprache übertragen hat. Im Unterschied zu »O Mensch, bewein dein Sünde groß« hat Bach diesen Satz nicht neu für die zweite Fassung der Passionsmusik komponiert. Er übernimmt ihn aus der Kantate *Du wahrer Gott und Davids Sohn* (BWV 23), die er am 7. Februar 1723 im Rahmen seiner Bewerbung um das Leipziger Kantorat an den Hauptkirchen in der dortigen Thomaskirche aufgeführt hat.[19]

In diesem Choralchorsatz fließen bereits textlich verschiedene Epochen zusammen. Die Christus-Symbolik des Lammes, die durch die Liedstrophe »O Lamm Gottes unschuldig« auch den Eingangschor der *Matthäuspassion* mitprägt, stammt aus dem Alten Testament (Ex 12; Jes 52 und 53); im Neuen wird sie insbesondere von Johannes fortgesetzt: »Siehe, das ist Gottes Lamm, welches der Welt Sünde trägt« (Joh 1,29). Aber auch Paulus und insbesondere die Johannes-Apokalypse kennen das Symbol des Lammes für Christus. Liturgisch wichtig ist das Agnus Dei als traditioneller Gesang zur Brotbrechung und als Passions-Moment in jeder Mess- bzw. Abendmahlsfeier. Bildhafte Akzente setzt Lucas Cranach etwa bei dem Weimarer Altar in der dortigen Stadtkirche, den Bach kannte (siehe Farbtafel 10).

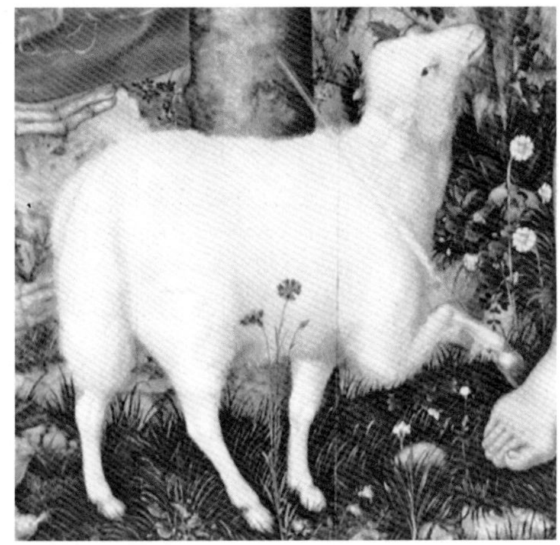

Lamm Gottes am Fuß des Kreuzes auf Lucas Cranachs Weimarer Altar (s. Farbtafel 10)

Die gesamte Rahmung der zweiten Fassung ist logisch wie theologisch geglückt, vielleicht besser sogar als die Integration der neuen Arien. Beide Rahmenstrophen stimmen in zentralen Gedanken überein: »trug unsrer Sünden schwere Bürd« (Nr. 1) – »der du trägst die Sünd der Welt« (Nr. 40^{II}). Während jedoch die Eingangsstrophe affektvoll beim Menschen und seinem Weinen ansetzt, um auf diesem Hintergrund die Heilsgeschichte zu entfalten, setzt der Schlusschoral bei der Lehre von der Erlösung (»... der du trägst die Sünd der Welt«) an, um am Ende des dritten Verses das pro me in Hinsicht des Friedens zu erreichen, was nicht weniger den Affekt meint, nämlich die Freude über diesen österlichen Frieden, der nicht von der Passion getrennt werden darf.

Die Schluss-Sätze von Fassung I (=IV) und von Fassung II geben einen zwar verschiedenen, aber jeweils stimmigen Ausblick auf die Vollendung. In Fassung I steht mit dem Choral-Epilog »Ach Herr, lass dein lieb Engelein« die endzeitlich-ewige Schau (»dass meine Augen sehen dich in aller Freud«) dezidiert österlich am Schluss, was das emphatische Gotteslob »Ich will dich preisen ewiglich« als letzte erklingende Zeile hervorruft. Fassung II schließt mit dem Christussymbol des unschuldigen Lammes (deutsches Agnus Dei); es folgt die Erbarmens- und Friedensbitte, die in einem polyphonen »Amen« ausklingt, das ebenso wie die Schlusszeile »Ich will dich preisen ewiglich« im Sinne der Vollendung zu deuten ist, weil »Amen« und »Halleluja« in der Offenbarung des Johannes dem Lamm auf dem Thron vielstimmig zugerufen werden.

Wie bei einer Choralpartita für Orgel – zu vergleichen wäre vor allem der Orgelchoral in drei Versen »O Lamm Gottes unschuldig« aus den *Leipziger Chorälen* (BWV 565) – setzt Bach jede Strophe des Luther-Chorals in ein neues Licht. Der Orchestersatz erinnert an den Gestus der Französischen Ouvertüre. Der motivisch selbstständige Instrumentalsatz deutet die zahlreichen Suspirationes ins Erhabene, fast Verklärte, was durch die regelmäßig schreitende Bewegung des Continuo noch verstärkt wird. Typisch für Bachs Choralsatz ist die Polyphonisierung der vokalen Unterstimmen mit gleichzeitiger figürlicher Wortdeutung etwa bei Themen wie »Sünde« mittels Seufzern und Synkopen.

Bereits der zweite Vers hat eine neue Tempovorschrift: Andante statt Adagio (Strophe 1). Zudem ist nun der Vokalsatz polyphoner in den Unterstimmen, und zwar im Sinne typischer Vorausimitationen der melodischen Gestalt in kürzeren Notenwerten, am intensivsten zur letzten Zeile. Vor allem aber erklingt der Cantus firmus nun in allen Choralzeilen als dreistimmiger Kanon zwischen Sopran und Flöte/Oboe 1 sowie Flöte/Oboe 2.

Die dritte Strophe intensiviert die Polyphonie der Unterstimmen, welche zudem über die Zeilenenden hinausreichen. Bei der Kantoratsprobe 1723 ließ Bach die Vokalstimmen mit Zink und drei Posaunen verdoppeln, was in der Johannespassion entfällt, bei der Bewerbungssituation jedoch den Vokalisten eine wichtige Stütze bot und wohl auch zum Erfolg mit beigetragen hat. Zu diesem Satz ist nämlich eine der wenigen Reaktionen auf Bachs Leipziger Kir-

NB 61

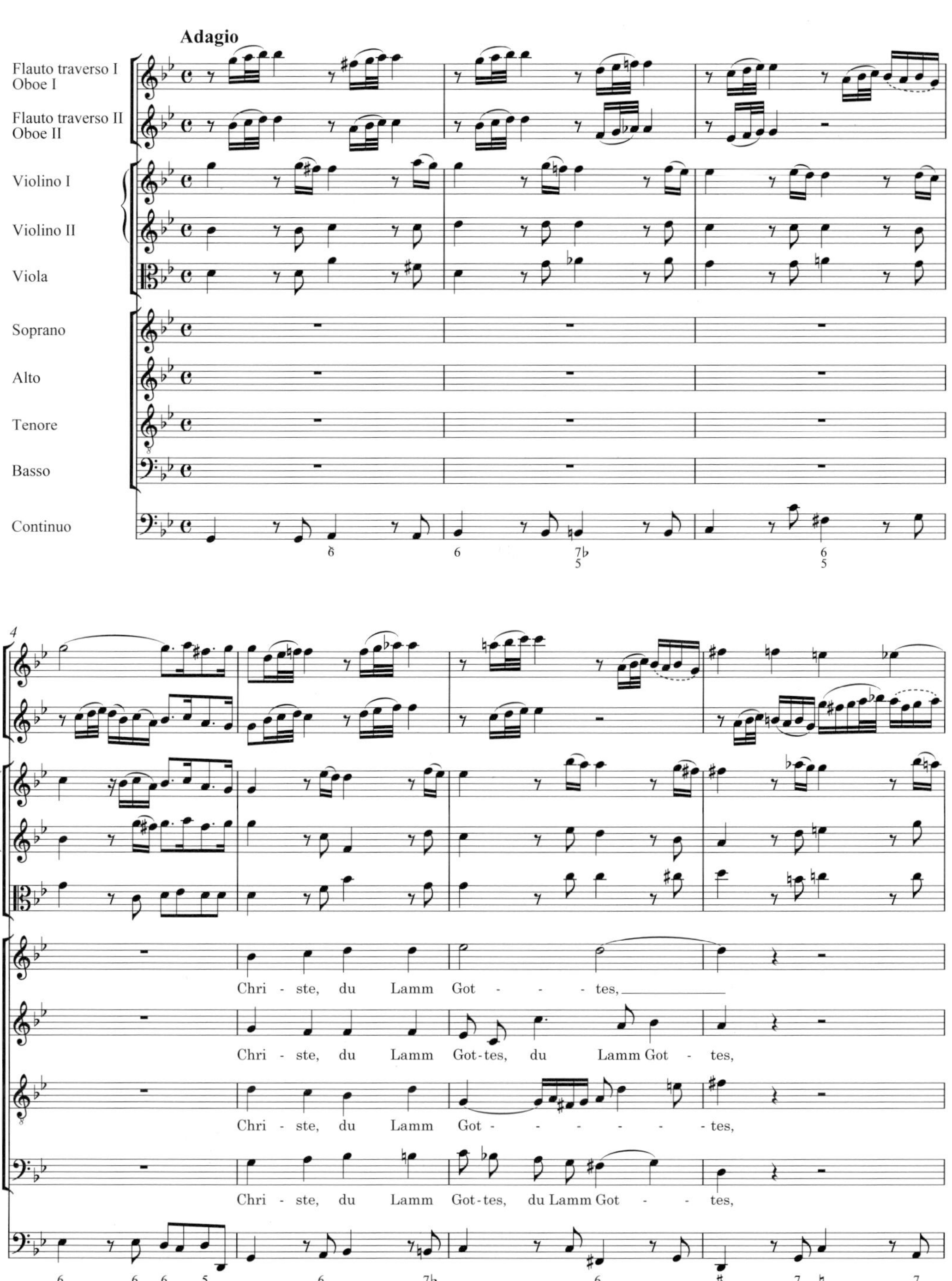
Adagio
Flauto traverso I
Oboe I
Flauto traverso II
Oboe II
Violino I
Violino II
Viola
Soprano
Alto
Tenore
Basso
Continuo
Chri - ste, du Lamm Got - - tes,
Chri - ste, du Lamm Got-tes, du Lamm Got - tes,
Chri - ste, du Lamm Got - - - - - - tes,
Chri - ste, du Lamm Got-tes, du Lamm Got - - tes,

chenmusik überliefert. In einer Zeitungsnotiz ist am 9. Februar 1723 zu lesen, dass die Musik Bachs »von allen, welche dergleichen ästimieren [wertschätzen], sehr gelobet worden«[20]. Auch für die Fassung II der Johannespassion mag das in Leipzig 1725 erneut gegolten haben.

Gesamtschau

Was ändert sich nun generell bei der zweiten Fassung der Johannespassion? Das ist nicht einfach zu beantworten, weil die Einzelaspekte divergierend sind und keineswegs nur in eine Richtung weisen. Die Choral-Rahmung rückt diese Passionsmusik stärker an die Liturgie und somit zugleich an die theologisch-lutherische Tradition. Indirekt wird dadurch der Aspekt der Innovation schwächer, wie er etwa durch den ursprünglichen, in jeder Hinsicht kühnen Eingangschor repräsentiert war. Vom Aspekt der Gattungsgeschichte könnte man sagen, dass die neue Rahmung ein Schritt zurück ist in Richtung der Passionshistorie. Entscheidend hierfür ist der Verzicht auf Barockdichtung zugunsten von Choralstrophen, was wir bereits im Kontext des Choralkantatenjahrgangs betrachtet hatten.

Die neu integrierten Arien hingegen machen gleichsam einen Schritt in die gegensätzliche Richtung. Allesamt repräsentieren sie eher den Typus des modernen Passionsoratoriums oder stammen vielleicht sogar aus einem solchen Werk. Charakteristisch hierfür ist ein gewisses Ausweichen vor der Theologie zugunsten der Verselbstständigung anderer Aspekte: die äußerlich-spektakulären Ereignisse (»Himmel reiße, Welt erbebe«), die psychologisierende Innenschau einer Person (»Zerschmettert mich, ihr Felsen und ihr Hügel«) oder die eher vage persönliche Betrachtung »Ach, windet euch nicht so«. Auffallend ist die hohe, quasi opernhafte Affekt-Präsenz, der jedoch eine theologische Fundierung bisweilen fehlt.

Als Gesamtbild der zweiten Fassung ergibt sich somit ein Experimentieren Bachs mit gegenläufigen Aspekten. Die Einheitlichkeit der ersten Fassung als Oratorischer Passion ist modifiziert zugunsten der Extreme: einerseits die alte Historia mit traditionellen Chorälen mitsamt der Satisfaktionstheologie (Erlösung *und* Versöhnung), andererseits das neue Passionsoratorium mit seiner Affekt-Dominanz und einer abgeschwächten Theologie (Erlösung *ohne* Versöhnung). Insgesamt führt dies zu einem weniger einheitlichen Charakter als bei der ersten Fassung. Dazu trägt auch bei, dass der Cantus firmus des mehrfach eingesetzten Chorals »Jesu Leiden, Pein und Tod« melodisch in verschiedenen Fassungen erklingt. Ein ästhetisch-theologisches Urteil ist jedoch schwer zu fällen. Ob die divergierenden Aspekte sich zu einem stimmigen Gesamtbild ergänzen oder im Widerstreit stehen, hängt nicht zuletzt von den musikalischen Interpreten und auch von den Hörern ab.

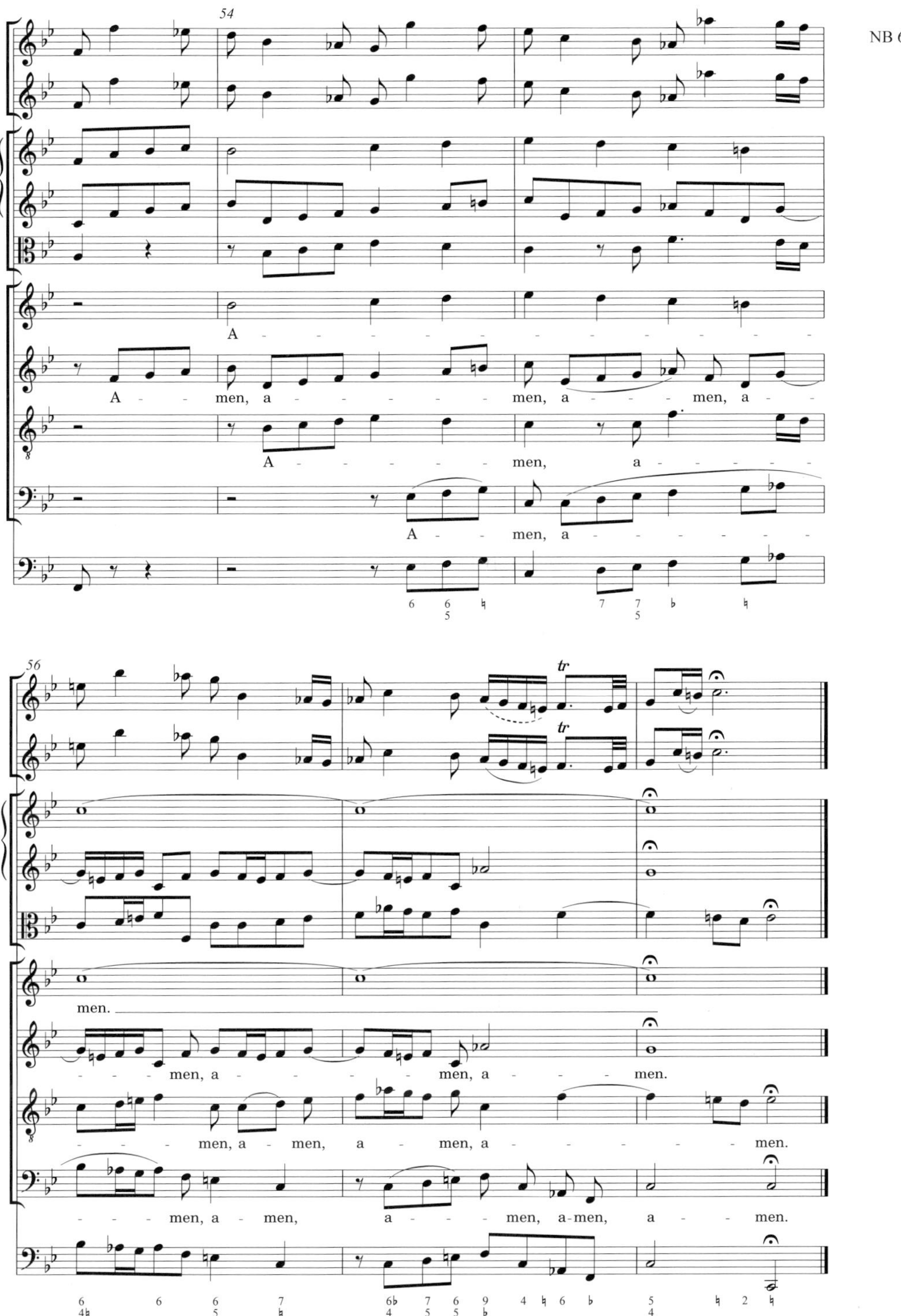
NB 62
54
A - - - - - - - - - - - - - - - - -
A - - men, a - - - - - - - men, a - - - - men, a - -
A - - - - - - - - men, a - - - - - -
A - - men, a - - - - - - -
56
tr
men.
- - - men, a - - - - - - men, a - - - men.
- - - men, a - men, a - men, a - - - - - - - men.
- - - men, a - men, a - - - men, a-men, a - - men.

Epilog
Johann Sebastian Bach und das Kreuz

Das christliche Symbol des Kreuzes hat Johann Sebastian Bach sein Leben lang begleitet, musikalisch und vielleicht auch existenziell. Er müsse sein »Creütz in Gedult tragen«[1], heißt es in einem Brief; und bereits 1714 nennt er die Christen Kreuz-Träger, indem er in der Weimarer Kantate *Weinen, Klagen, Sorgen, Zagen* (BWV 12) das Wort Christen als »X-sten« schreibt. Sein wohl letzter Beitrag zur komponierten Theologia crucis ist eine Miniatur, niedergeschrieben im Jahr 1747 als Stammbucheintragung für einen Theologen namens Johann Gottfried Fulde (1718–1796), zwei Jahre vor dem letzten Erklingen der Johannespassion. In jener Spätzeit befasste Bach sich vor allem mit der Komplettierung der *h-Moll-Messe.* Auf dem Tisch seiner Komponierstube lag deshalb wohl auch die schon erwähnte Weimarer Kantate *Weinen, Zagen, Sorgen, Klagen,* deren gleichnamiger Chorsatz zum Crucifixus der »großen catholischen Messe« werden sollte.

Die Alt-Arie mit obligater Oboe »Kreuz und Kronen sind verbunden« aus diesem Werk könnte inspirierend gewesen sein für den Doppelkanon[2], des-

Kanon BWV 1077

NB 63

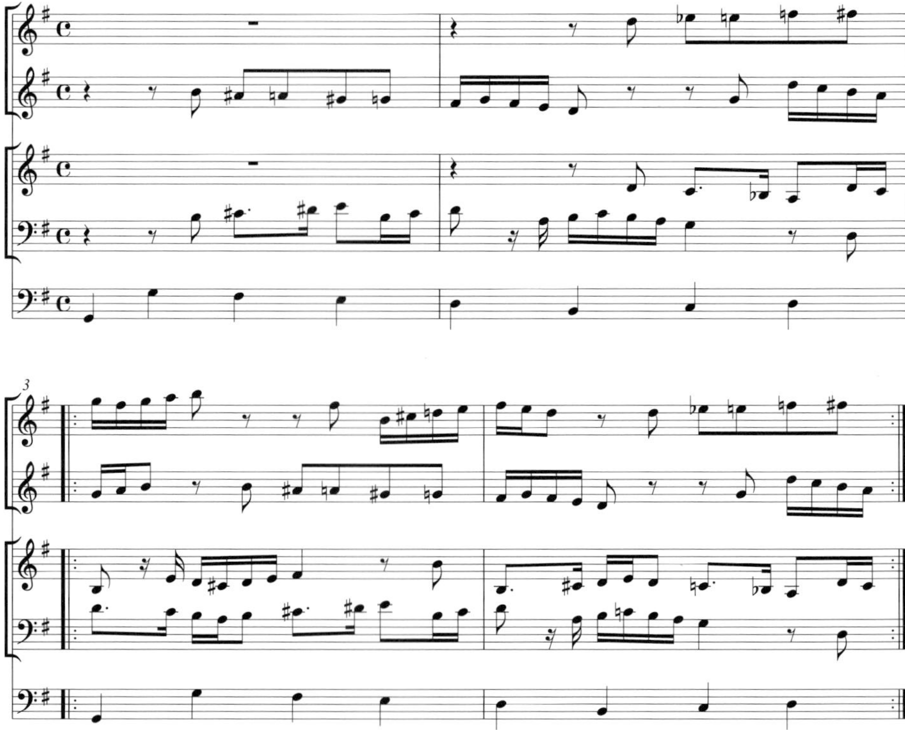

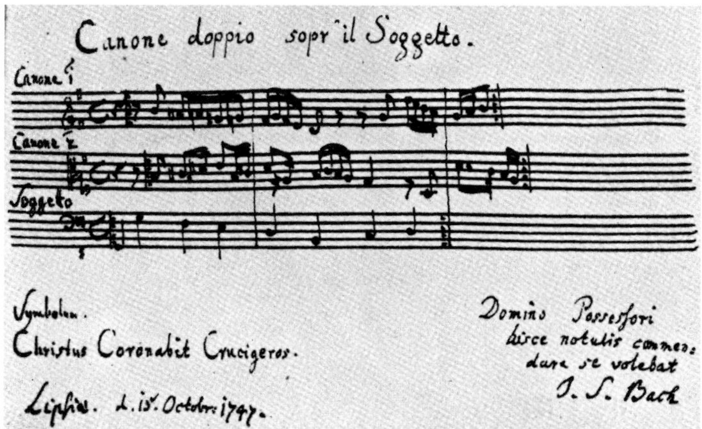

Kanon BWV 1077. Autographes Stammbuchblatt. Privatbesitz

sen »Soggetto« zugleich das Bass-Fundament der *Goldberg-Variationen* bildet. Es ist ein »intricates« Stück: Musik *als* Theologie. Das »Symbolum« meint, dass Christus die Kreuzträger krönen wird. Klar unterscheidbar und theologisch bedeutsam sind zwei klangliche Sphären: absteigende Chromatik als musikalisches Sinnbild des *Kreuzes*, aufsteigende Diatonik als Sinnbild der *Krone*. Beide Male stehen die entscheidenden Worte (Kreuz und Krone) bereits da und sind der jeweiligen Musik zuzuordnen. Doch dies sind erst zwei der insgesamt vier ›Komponenten‹ dieses Kanons. Die dritte steckt im Wort »Canone« und meint – ins Theologische übersetzt – *Imitatio Christi*, ähnlich wie in der Sopran-Arie des ersten Teils der Bach'schen Johannespassion: »Ich folge dir gleichfalls mit freudigen Schritten« (Nr. 9), die ganz von der Figuralkanonik lebt. Rätselhaft ist nun das vierte Wort, denn es fehlt im Wortlaut gänzlich, ist jedoch notwendig, um den Kanon musico-theologisch aufzulösen. Gemeint ist der Begriff *conversio*. Das Rätsel löst sich nämlich nur, wenn die Kanonstimme jeweils nicht in der Bewegungsrichtung der ersten Stimme einsetzt, sondern in Umkehrung. Insofern präzisiert die gelungene musikalische Auflösung denn auch theologisch das »Symbolum«: Christus wird die Kreuztragenden (crux) – wenn sie denn umkehren (conversio) und ihm nachfolgen (imitatio) – sola gratia krönen (corona) – durch sein Opfer des Kreuzes.

Johann Sebastian Bachs geistliche Musik – geistlich: in Musik übersetzte Theologie – ist Musik zum Hören (emotional), zum Denken (rational) und zum Glauben (spirituell). Steht bei der Johannespassion der verkündigende Aspekt (Musik zum Glauben) im Mittelpunkt, gleichsam flankiert von dem ästhetischen Bereich (Musik zum Hören) sowie der geistigen Durchdringung (Musik zum Denken), so intensiviert Bach im Rätselkanon *Christus coronabit cruzigeros* den Aspekt des Rationalen in geradezu extreme Bereiche hinein, nämlich in Richtung einer musikalischen Theologie.

Das Mitgehen mit der Musik Bachs im Sinne eines hörenden Meditierens ist ein Spiel, das eine dreifache Resonanz des Verstehens ermöglicht. Im Zentrum steht das ästhetische Wahrnehmen als inneres Mitspielen mit der Musik. Hinzu kommt das historische Erkennen als Wissen von Wort und Ton. Schließlich aber ermöglicht Bach auch ein geistliches Auf-sich-selbst-Beziehen im Sinne des Sich-Aneignens dessen, was die Musik als Rede und Klangrede von der Passion sagt. In diesem dreifachen Sinne ist Bachs Musik ein überaus differenziertes Angebot des Wahrnehmens (ästhetisch-emotional). Sie ist zugleich vielfältiger Anreiz für das Erkennen (rational). Schließlich ist sie eine immer noch vernehmbare und verstehbare Verkündigung (religiös). Auf das integrative Zusammenspiel dieser drei Dimensionen des verstehenden Hörens und hörenden Verstehens, die sich nicht gegenseitig in Frage stellen, sondern einander bereichern, kommt alles an.

Anhang

Anmerkungen

Vorwort

1 Robert Schumann: Brief an Georg Dietrich Otten vom 2. April 1849, zit. nach *Bach-Dokumente,* hg. vom Bach-Archiv Leipzig, Bd. VI: *Ausgewählte Dokumente zum Nachwirken Johann Sebastian Bachs 1801–1850.* Hg. und erl. von Andreas Glöckner, Anselm Hartinger und Karen Lehmann. Verlag Bärenreiter, Kassel u. a. 2007, S. 290.

Einstimmung – Musik von Leid und Leidenschaft

1 Kurt Marti: *Von der Weltleidenschaft Gottes. Denkskizzen.* Radius-Verlag, Stuttgart 1998, S. 79.
2 Vgl. die von Alex Stock in insgesamt elf Bänden vorgelegte »Poetische Dogmatik«, insbesondere die Christologie, Bd. 2: *Schrift und Gesicht.* Verlag Ferdinand Schöningh, Paderborn 1996.
3 Meinrad Walter: *Musik-Sprache des Glaubens. Zum geistlichen Vokalwerk Johann Sebastian Bachs.* Verlag Josef Knecht, Frankfurt a. M. 1994.
4 Vgl. Christine Blanken: »Christoph Birkmanns Kantatenzyklus ›GOtt-geheiligte Sabbaths-Zehnden‹ von 1728 und die Leipziger Kirchenmusik unter J. S. Bach in den Jahren 1724–1727«. In: *Bach-Jahrbuch* 101 (2015), S. 13–74.
5 J. S. Bach: *Johannespassion. Neue Bach-Ausgabe.* Serie II, Bd. 4. Hg. von Arthur Mendel. Leipzig und Kassel 1973. Mit Kritischem Bericht, ebd. 1974.
6 Ulrich Leisinger: »Die zweite Fassung der Johannes-Passion von 1725. Nur ein Notbehelf?« In: Ders. (Hg.): *Bach in Leipzig – Bach und Leipzig. Konferenzbericht Leipzig 2000* (= Leipziger Beiträge zur Bach-Forschung, Bd. 5). Verlag Olms, Hildesheim u. a. 2002, S. 29–44.
7 J. S. Bach: *Johannespassion.* Edition im Carus-Verlag in zwei Bänden: Fassung II (1725) und Fassung IV (1749) mit der unvollendeten Revision (1739) im Anhang. Hg. von Peter Wollny, jeweils mit Vorwort, Fassungskonkordanz und Kritischem Bericht. Stuttgart 2001 (Fassung IV, Carus 31.245) und 2004 (Fassung II, Carus 31.245/50). – Inzwischen ist eine neue zweibändige Edition von Manuel Bärwald im Rahmen der NBA angekündigt (NBA^{rev} als Revision einzelner Werke).

Bachs Johannespassion. Geschichte – Gattung – Gestalt

1 Günther Massenkeil: *Oratorium und Passion.* 2 Bände (= Handbuch der musikalischen Gattungen, Bd. 10,1 und 10,2). Laaber-Verlag, Laaber 1998 und 1999. Zitat in Bd. 1, S. 5.
2 Vgl. Joachim Gnilka: *Der Philipperbrief* (= Herders theologischer Kommentar zum Neuen Testament, Bd. X, Faszikel 3). Verlag Herder, Freiburg ^{3}1980, S. 111–117.
3 Katholisches Gebet- und Gesangbuch *Gotteslob* (2013), Nr. 629,6.
4 Augustinus: *Sermo 218.* »Durch Christi Blut sind unsere Sünden vergeben; deshalb soll die Passion würdig und feierlich gelesen und gefeiert werden (solemniter legitur passio, solemniter celebratur)«. Zit. nach Kurt von Fischer: *Die Passion. Musik zwischen Kunst und Kirche.* Verlage Bärenreiter und Metzler, Kassel u. a. und Stuttgart/Weimar 1997, S. 14.
5 Augustinus: *Confessiones – Bekenntnisse.* Lateinisch und deutsch. Eingeleitet, übersetzt und erläutert von Joseph Bernhart. Insel Verlag (TB), Frankfurt a. M. 1987, S. 565 (Conf. X, 33, 50).
6 Martin Luther, zit. nach Klaus Röhring: *Vernunft und alle Sinne. Eine theologisch-ästhetische Betrachtung der fünf Sinne.* Allitera Verlag, München 2008, S. 226 (Tischreden, 4441).

7 Egeria: *Itinerarium, Reisebericht.* Lateinisch und deutsch. Übers. und eingel. von Georg Röwekamp. 2., verb. Auflage (= Fontes Christiani, Bd. 20). Verlag Herder, Freiburg i. Br. 2000, Zitat S. 277.
8 Kurt von Fischer: *Die Passion. Musik zwischen Kunst und Kirche* (Anm. 4).
9 Günther Massenkeil: *Oratorium und Passion* (Anm. 1).
10 Reinhard Meßner: *Einführung in die Liturgiewissenschaft.* Verlag Schöningh, Paderborn 2001, S. 313.
11 Kurt von Fischer: *Die Passion* (Anm. 4), S. 16.
12 Vgl. Günther Massenkeil: *Oratorium und Passion* (Anm. 1), Bd. 1, S. 16.
13 Ebd. S. 177. Weitere Werke bei Hans-Joachim Schulze: »Johann Sebastian Bachs Passionsvertonungen«. In: Ulrich Prinz (Hg.): *Johann Sebastian Bach. Matthäus-Passion. Vorträge der Sommerakademie J. S. Bach 1985* (= Schriftenreihe der Internationalen Bachakademie Stuttgart, Bd. 2). Verlag Bärenreiter, Kassel u. a. 1990, S. 25–29 (auch auf CD-ROM, Stuttgart 2007, greifbar).
14 Hans Blumenberg: *Matthäuspassion.* Suhrkamp Verlag, Frankfurt a. M. 1988, S. 45.
15 *D. Martin Luthers Evangelien=Auslegung.* Hg. von Erwin Mülhaupt. Bd. 5: *Die Passions- und Ostergeschichten aus allen vier Evangelien.* Verlag Vandenhoeck & Ruprecht, Göttingen [4]1969, S. 27.
16 Barthold Hinrich Brockes: *Der für die Sünde der Welt gemarterte und sterbende JESUS/ aus den IV. Evangelisten in gebundener Rede vorgestellet/ und in der stillen Woche in des Herrn Verfassers Behausung musicalisch aufgeführet. Im Jahr 1712.* Zit. nach dem digitalisierten Druck der Herzog August Bibliothek Wolfenbüttel: http://diglib.hab.de/drucke/lk-557/start.htm – zu Brockes vgl. Eckart Kleßmann: *Barthold Hinrich Brockes. Mit einem Vorwort von Helmut Schmidt.* Ellert & Richter Verlag (Reihe Hamburger Köpfe), Hamburg 2003.
17 Telemanns autobiografische Aufzeichnungen finden sich in Johann Matthesons *Grundlage einer Ehren=Pforte*, Hamburg 1740 (Zitat S. 365); hier zit. nach dem Faksimile: Eitelfriedrich Thom (Hg.): »Georg Philipp Telemanns Autobiographien 1718, 1729, 1740«. In: Ders. (Hg.): *Studien zur Aufführungspraxis und Interpretation von Instrumentalmusik des 18. Jahrhunderts. Heft 3*, Blankenburg/Harz 1977, S. 47.
18 Hans-Joachim Schulze: »Johann Sebastian Bachs Passionsvertonungen« (Anm. 13), S. 31 f.
19 Vgl. Martin Petzoldt (Hg.): *Texthefte zur Kirchenmusik aus Bachs Leipziger Zeit. Die sieben erhaltenen Drucke der Jahre 1724–1749 in faksimilierter Wiedergabe.* Carus-Verlag, Stuttgart 2000.
20 Vgl. Alfred Dürr: »Die Entstehungsgeschichte der Matthäus-Passion«. In: *Johann Sebastian Bach. Matthäus-Passion* (Anm. 13), S. 78.
21 Vgl. Elke Axmacher: *»Aus Liebe will mein Heyland sterben«. Untersuchungen zum Wandel des Passionsverständnisses im frühen 18. Jahrhundert* (= Beiträge zur theologischen Bachforschung, Bd. 2). Neuhausen-Stuttgart 1984, 2. Aufl. 2005 im Carus-Verlag, S. 11 (Zitat bei Mülhaupt, S. 75). Im Folgenden orientiere ich mich an Elke Axmachers Darstellung.
22 Zit. nach Günther Massenkeil, *Oratorium und Passion* (Anm. 1), Bd. 1, S. 57.
23 Elke Axmacher: *»Aus Liebe will mein Heyland sterben«* (Anm. 21), S. 18.
24 Martin Luther, Ausgabe Mülhaupt (Anm. 15), S. 6.
25 Elke Axmacher: *»Aus Liebe will mein Heyland sterben«* (Anm. 21), S. 13.
26 Ebd., S. 21.
27 Martin Luther, Ausgabe Mülhaupt (Anm. 15), S. 27.
28 Ebd., S. 9.
29 Heinrich Müller: *Der leidende Jesus. Oder Das Leiden unsers Herrn und Heylandes Jesu Christi (acht Predigten).* Zit. nach ders.: *Evangelischer Hertzens=Spiegel. Das ist: Erklärung aller Sonn- und Festtags=Evangelien nebst beigefügten Passions=Predigten über das gantze Leiden Christi* … Hof 1752, S. 946.
30 Ebd., S. 1023.

31 Friedrich Ohly: *Gesetz und Evangelium. Zur Typologie bei Luther und Cranach. Zum Blutstrahl der Gnade in der Kunst.* (=Schriftenreihe der Westfälischen Wilhelms-Universität Münster, Neue Folge, Heft 1). Aschendorffsche Verlagsbuchhandlung, Münster 1985, S. 27. Meine Interpretation orientiert sich an dieser Darstellung.

32 Christoph Markschies: »›Hie ist das recht Osterlamm‹. Christuslamm und Lammsymbolik bei Martin Luther und Lucas Cranach«. In: *Zeitschrift für Kirchengeschichte* 102 (1991), S. 210–230 (Zitat S. 226).

33 Friedrich Ohly: *Gesetz und Evangelium* (Anm. 31), S. 32.

34 Vgl. Christoph Wolff: »Die Johannes-Passion von Johann Sebastian Bach zwischen Passionshistorie und Passionsoratorium». In: *Programmheft der Berliner Philharmoniker* Nr. 57 (März 2006).

35 Zit. nach Günther Stiller: *Johann Sebastian Bach und das Leipziger gottesdienstliche Leben seiner Zeit.* Verlag Bärenreiter, Kassel u. a. 1970, S. 247.

36 Vgl. Meinrad Walter: »Oratorische Passion und Passions-Oratorium aus theologischer Sicht«. In: Hans-Joachim Schulze u. a. (Hgg.): *Passionsmusiken im Umfeld Johann Sebastian Bachs. Bach unter den Diktaturen 1933–1945 und 1945–1989* (= Leipziger Beiträge zur Bachforschung, Bd. 1). Verlag Olms, Hildesheim 1995, S. 13–31 (die Zitate S. 20).

37 *Evangelisches Gesangbuch,* Nr. 88.

38 Picander: *Erbauliche Gedancken auf den Grünen Donnerstag und Charfreytag* (Leipzig 1725). Abgedruckt bei Philipp Spitta (Anm. 44), S. 873–881; das Zitat S. 878. Vgl. Elke Axmacher: »Die Deutung der Passion Jesu im Text der Matthäus-Passion von J. S. Bach«. In: *Luther. Zeitschrift der Luther-Gesellschaft* 56 (1985), S. 49–69.

39 Zit. nach Meinrad Walter: »Oratorische Passion und Passions-Oratorium aus theologischer Sicht« (Anm. 36), S. 23.

40 Zit. nach ebd., S. 22.

41 Martin Luther, Ausgabe Mülhaupt (Anm. 15), S. 13.

42 Vgl. zum Stand der Diskussion etwa Volker Hampel und Rudolf Weth (Hgg.): *Für uns gestorben. Sühne – Opfer – Stellvertretung.* Neukirchener Verlag, Neukirchen-Vluyn 2010.

42 *J. S. Bach and Scripture. Glosses from the Calov Bible Commentary. Introduction, Annotations, and Editing* by Robin A. Leaver. Concordia Publishing House, St. Louis 1985, S. 97.

44 Philipp Spitta: *Johann Sebastian Bach.* Bd. 2. Verlag Breitkopf & Härtel, Leipzig 1880, S. 356.

45 Friedrich Smend: »Die Johannes-Passion von Bach. Auf ihren Bau untersucht«. In: Ders.: *Bach-Studien. Gesammelte Reden und Aufsätze.* Herausgegeben von Christoph Wolff. Verlag Bärenreiter, Kassel u. a. 1969, S. 11–23.

46 Werner Breig: »Zu den Turba-Chören von Bachs Johannes-Passion«. In: Peter Petersen (Hg.): *Geistliche Musik. Studien zu ihrer Geschichte und Funktion im 18. und 19. Jahrhundert* (= Hamburger Jahrbuch für Musikwissenschaft, Bd. 8). Laaber-Verlag, Laaber 1985, S. 65–95.

47 Alfred Dürr: *Johann Sebastian Bach. Die Johannes-Passion. Entstehung, Überlieferung, Werkeinführung.* Verlag Bärenreiter, Kassel u. a. [5]2006, S. 146–149.

48 Werner Breig: »Zu den Turba-Chören von Bachs Johannes-Passion« (Anm. 46), S. 88.

49 Klaus Hofmann: »Zur Tonartenordnung der Johannes-Passion«. In: Reinmar Emans und Sven Hiemke (Hgg.): *Bachs Passionen, Oratorien und Motetten* (= *Bach-Handbuch,* Bd. 3). Laaber-Verlag, Laaber 2009, S. 179–191 (Zitat und Schaubild S. 183).

50 Friedhelm Krummacher: »Bachs frühe Kantaten im Kontext der Tradition«. In: Reinhard Szeskus (Hg.): *Johann Sebastian Bachs historischer Ort* (= Bach-Studien, Bd. 10). Wiesbaden und Leipzig 1991, S. 174.

51 Zit. nach Meinrad Walter: *»Erschallet, ihr Lieder, erklinget, ihr Saiten!« Johann Sebastian Bachs Musik im Jahreskreis.* Benziger Verlag, Zürich und Düsseldorf 1999, S. 23.

52 Ebd. S. 25.

53 Werner Breig: »Grundzüge einer Geschichte von Bachs vierstimmigem Choralsatz«. In: *Archiv für Musikwissenschaft* 45 (1988), S. 311.

54 Hermann Kurzke u. a. (Hgg.): *Geistliches Wunderhorn. Große deutsche Kirchenlieder.* Verlag C.H. Beck, München [2]2003, S. 12 (Vorwort).

55 Martin Rössler, zit. nach Meinrad Walter (Hg.): *Singen mit Herz und Mund. Ein Lesebuch.* Carus-Verlag und Schwabenverlag, Ostfildern [2]2007, S. 24f.

56 Mauricio Kagel: »An Gott zweifeln, an Bach glauben. Johann Sebastian Bach zum 300. Geburtstag«. In: Ders.: *Worte über Musik. Gespräche, Aufsätze, Reden, Hörspiele.* Verlage Piper und Schott, München und Mainz 1991, S. 188.

57 Martin Petzoldt: »Passionspredigt und Passionsmusik der Bachzeit«: In: Ulrich Prinz (Hg.): *Johann Sebastian Bach. Matthäus-Passion* (Anm. 13), S. 17.

58 Carl Philipp Emanuel Bach: *Vorrede zur Birnstiel-Ausgabe von Johann Sebastian Bachs Chorälen* (Berlin, 1765), zit. nach *Bach-Dokumente,* hg. vom Bach-Archiv Leipzig, Bd. III: *Dokumente zum Nachwirken Johann Sebastian Bachs 1750–1800.* Hg. und erl. von Hans-Joachim Schulze. Verlag Bärenreiter, Kassel u. a. 1972, S. 180.

59 Zit. nach Arnold Schering: *Musikgeschichte Leipzigs.* Bd. 2: *Von 1650–1723.* Verlage Fr. Kistner & C. F. W. Siegel, Leipzig 1926, S. 24.

60 Vgl. Daniel R. Melamed und Reginald L. Sanders: »Zum Text und Kontext der ›Keiser‹-Markuspassion«. In: *Bach-Jahrbuch* 85 (1999), S. 35–50.

61 *Bach-Dokumente,* Bd. I: *Schriftstücke von der Hand Johann Sebastian Bachs.* Hg. und erl. von Werner Neumann. Verlag Bärenreiter, Kassel u. a. 1963, S. 177.

62 *Bach-Dokumente,* Bd. II, *Fremdschriftliche und gedruckte Dokumente zur Lebensgeschichte Johann Sebastian Bachs 1685–1750.* Hg. und erl. von Werner Neumann. Verlag Bärenreiter, Kassel u. a. 1969, S. 139 f.

63 Hans-Joachim Schulze: »Johann Sebastian Bachs Passionsvertonungen« (Anm. 13), S. 32.

64 *Bach-Dokumente,* Bd. I (Anm. 61), S. 250.

65 Vgl. Meinrad Walter: *Johann Sebastian Bach. Weihnachtsoratorium.* Verlag Bärenreiter, Kassel u. a. 2006.

66 Vgl. Meinrad Walter: »Jesu Leiden ›ins Sieghafte gedeutet‹. Ostern in Johann Sebastian Bachs Johannespassion«. In: Michael Becht und Peter Walter (Hgg.): *ZusammenKlang. Festschrift für Albert Raffelt.* Verlag Herder, Freiburg i. Br. 2009, S. 179–188.

67 Elke Axmacher: »Die Texte zu Johann Sebastian Bachs Choralkantaten«. In: Wolfgang Rehm (Hg.): *Bachiana et alia musicologica. Festschrift Alfred Dürr zum 65. Geburtstag am 3. März 1983.* Verlag Bärenreiter, Kassel u. a. 1983, S. 3–16.

68 Vgl. im Literaturverzeichnis die Publikationen von Arthur Mendel (NBA Kr. Ber.), Alfred Dürr (Programmbuch Würzburg), Peter Wollny (Carus-Edition), Ulrich Prinz (Sammelband Johannes-Passion) und Annette Oppermann (= *Bach-Handbuch,* Bd. 3).

69 Vgl. Andreas Glöckner: »Neue Spuren zu Bachs ›Weimarer‹ Passion«. In: Hans-Joachim Schulze u. a. (Hgg.): *Passionsmusiken im Umfeld Johann Sebastian Bachs* (Anm. 36), S. 33–46.

70 Vgl. die im März 2004 als CD-Einspielung aufgenommene Rekonstruktion mit *The Netherlands Bach Society* unter Leitung von Jos van Veldhoven (Channel Classics) sowie den dort im Booklet abgedruckten Beitrag von Pieter Dirksen: »Die früheste Fassung der Johannes-Passion«, S. 44–51.

71 Vgl. Alfred Dürr *Die Johannes-Passion,* (Anm. 47), S. 134–138.

72 Vgl. Christoph Wolff: »Bachs Leipziger Kantoratsprobe und die Kantate BWV 23«. In: *Bach-Jahrbuch* 64 (1978), S. 79–87.

73 Entnommen aus der Edition von Peter Wollny, S. IV und V.

74 Annette Oppermann: »Zur Quellenlage«. In: Reinmar Emans und Sven Hiemke (Hgg.): *Bachs Passionen, Oratorien und Motetten* (Anm. 49), S. 90.

75 Peter Wollny: Edition der Johannespassion (S. 246, Anm. 7), S. VII (Vorwort).

76 Vgl. Ulrich Prinz: *Johann Sebastian Bachs Instrumentarium. Originalquellen, Besetzung, Verwendung* (= Schriftenreihe der Internationalen Bachakademie Stuttgart, Bd. 10). Verlag Bärenreiter, Kassel u. a. 2005, S. 399.

77 Bach-Dokumente, Bd. II (Anm. 62), S. 338 f.
78 Annette Oppermann: »Zur Quellenlage«. In: Reinmar Emans und Sven Hiemke (Hgg.): *Bachs Passionen, Oratorien und Motetten* (Anm. 49), S. 93.
79 Vgl. Hans-Joachim Schulze: »J. S. Bachs Johannes-Passion. Die Spätfassung von 1749«. In: Ulrich Prinz (Hg.): *Johann Sebastian Bach. Johannes-Passion BWV 245. Vorträge des Meisterkurses 1986 und der Sommerakademie J. S. Bach 1990* (= Schriftenreihe der Internationalen Bachakademie, Bd. 5). Verlag Bärenreiter, Kassel u. a. 1993, S. 113 (auch auf CD-ROM, Stuttgart 2007, greifbar).

Erster Teil der Passionsmusik

1 Alfred Dürr: *Die Johannes-Passion* (S. 248, Anm. 47), S. 90.
2 Martin Geck: *Johann Sebastian Bach. Johannespassion.* BWV 245. Wilhelm Fink Verlag, München 1991, S. 52.
3 Martin Luther, Ausgabe Mülhaupt (S. 247, Anm. 15), S. 20.
4 Christoph Wolff: »Die musikalischen Formen der Johannes-Passion«. In: Ulrich Prinz (Hg.): *Johann Sebastian Bach. Johannes-Passion* (S. 250 oben, Anm. 79), S. 131.
5 Michael Theobald: *Das Evangelium nach Johannes. Kapitel 1–12* (= Regensburger Neues Testament). Verlag Friedrich Pustet, Regensburg 2009, S. 48.
6 Hans Heinrich Eggebrecht: »Matthäus-Passion«. In: Ders.: *Texte zur Musik. Bach, Beethoven, Schubert, Mahler.* Verlag Die blaue Eule, Essen 1997, S. 20.
7 Elke Axmacher: *»Aus Liebe will mein Heyland sterben«* (S. 247, Anm. 21), S. 163–165.
8 Rudolf Schnackenburg: *Das Johannesevangelium.* Bd. 3 (= Herders Theologischer Kommentar zum NT, Bd. IV,3). Verlag Herder, Freiburg i. Br. 1975 (TB 2001), S. 246.
9 Petra Morsbach: *Der Cembalospieler. Roman.* Piper Verlag, München/Zürich 2008, S. 112.
10 Hanns Eisler: *Gespräche mit Hans Bunge. Fragen Sie mehr über Brecht* (Werke, Serie III, Bd. 7). VEB Deutscher Verlag für Musik, Leipzig 1975, S. 67.
11 Michael Theobald: *Das Evangelium nach Johannes. Kapitel 1–12* (Anm. 5), S. 44.
12 Hartwig Thyen: *Das Johannesevangelium. Handbuch zum Neuen Testament,* Bd. 6. Verlag Mohr Siebeck, Tübingen 2005, S. 706.
13 Clemens von Alexandrien, zit. nach Michael Theobald (Anm. 5), S. 13.
14 Martin Luther, Ausgabe Mülhaupt (S. 247, Anm. 15), S. 27.
15 Rudolf Bultmann: *Das Evangelium des Johannes.* Verlag Vandenhoeck & Ruprecht, Göttingen [21]1986, S. 510.
16 Martin Luther, Ausgabe Mülhaupt (S. 247, Anm. 15), S. 32.
17 Hartwig Thyen: *Das Johannesevangelium* (Anm. 12), S. 709.
18 Martin Luther, Ausgabe Mülhaupt (S. 247, Anm. 15), S. 34.
19 Ludger Schenke: *Johannes-Kommentar.* Patmos Verlag, Düsseldorf 1998, S. 336.
20 Aus der zahlreichen Literatur zur Gestalt des Judas vgl. den Exkurs zu Person und Wirkungsgeschichte im Matthäus-Kommentar, Bd. 4, von Ulrich Luz (EKK).
21 Werner Breig: »Zu den Turba-Chören von Bachs Johannes-Passion« (S. 248, Anm. 46), S. 70f.
22 Ebd. S. 69.
23 Arnold Schönberg: *Harmonielehre* (1911). Verlag Universal Edition, Wien 2005, S. 413.
24 Klaus Berger: *Im Anfang war Johannes. Datierung und Theologie des vierten Evangeliums.* Chr. Kaiser Verlag, Gütersloh [2]2004, S. 236.
25 Udo Schnelle: *Das Evangelium nach Johannes* (Theologischer Handkommentar zum Neuen Testament, Bd. 4). Evangelische Verlagsanstalt, Leipzig [4]2009, S. 289.
26 Martin Geck: *Johannespassion* (Anm. 2), S. 62.
27 Ebd. S. 63.

28 Klaus Wengst: *Das Johannesevangelium*, 2. Teilband: *Kapitel 11–21*. Verlag W. Kohlhammer, Stuttgart [2]2007, S. 224.
29 So Ludger Schenke: *Johannes-Kommentar* (Anm. 19), S. 345.
30 Michael Theobald: *Das Evangelium nach Johannes* (Anm. 11), S. 90.
31 Julien Green: *Tagebücher 1926–1942*. Mit einem Vorwort von Alain Claude Sulzer und einer Einleitung von Giovanni Lucera. Aus dem Französischen von Brigitta Restorff, Alain Claude Sulzer und Christine Viragh Mäder. List Verlag, München-Leipzig 1991, S. 2.
32 Wilhelm Dilthey: *Von deutscher Dichtung und Musik. Aus den Studien zur Geschichte des deutschen Geistes.* Verlag B. G. Teubner und Vandenhoeck & Ruprecht, Stuttgart und Göttingen 1957, S. 228.
33 Ebd. S. 225.
34 Ebd. S. 226.
35 Johann Gottfried Walther: *Musicalisches Lexicon oder Musicalische Bibliothec.* Leipzig 1732, S. 451 (Artikel »Oratorio«). Studienausgabe im Neusatz des Textes und der Noten, hg. von Friederike Ramm. Verlag Bärenreiter, Kassel u. a. 2001.
36 *Luthers Geistliche Lieder und Kirchengesänge*. Bearbeitet von Markus Jenny. Archiv zur Weimarer Ausgabe der Werke Martin Luthers, Bd. 4. Verlag Böhlau, Köln-Wien 1985, Lied Nr. 28.
37 Elke Axmacher: *»Aus Liebe will mein Heyland sterben«* (S. 247, Anm. 21), S. 13.
38 Ernst Bloch: *Zur Philosophie der Musik*. Ausgewählt und herausgegeben von Karola Bloch. Suhrkamp Verlag, Frankfurt a. M. [4]1998, S. 28.
39 Wolf Biermann: *Ich hatte viel Bekümmernis. Meditation zur Kantate Nr. 21 von J. S. Bach.* Theologischer Verlag, Zürich 1991, S. 18 (TV-Sendung des Schweizer Fernsehens DRS vom 5. Mai 1991).
40 Johann Mattheson, zit. nach *Bach-Dokumente* II (S. 249, Anm. 62), S. 153
41 Martin Luther: WA 27,107 (= Mülhaupt, S. 151).
42 Dietrich Bonhoeffer: *Nachfolge*. Chr. Kaiser Verlag, München [16]1987 (=Kaiser-Traktate), S. 15f.
43 Hans-Joachim Schulze: »Texte und Textdichter«. In: Christoph Wolff (Hg.): *Die Welt der Bach-Kantaten.* Bd. III: *Johann Sebastian Bachs Leipziger Kirchenkantaten.* Verlage Bärenreiter und Metzler, Stuttgart/Kassel u. a. 1999, S. 109.
44 Johann Mattheson zit. nach: Wolfgang Auhagen: Studien zur Tonartencharakteristik in theoretischen Schriften und Kompositionen vom späten 17. bis zum Beginn des 20. Jahrhunderts. Verlag Peter Lang, Frankfurt a. M. 1983, S. 233.
45 Gerhart Darmstadt: »Zur Aufführungspraxis der Johannes-Passion Johann Sebastian Bachs«. In: *Musik und Kirche* 53 (1983), S. 205.
46 Friedrich Rochlitz: *Sebastian Bachs große Passionsmusik nach dem Evangelisten Johannes.* Zit. nach *Bach-Dokumente*, Bd. VI (S. 246 oben, Anm. 1) S. 338.
47 Arnold Schmitz: *Die Bildlichkeit der wortgebundenen Musik Johann Sebastian Bachs.* ND im Laaber-Verlag, Laaber 1980, S. 41f.
48 Augustinus: *De sancta virginitate 27* (CSEL Bd. 41, S. 264).
49 Renate Steiger: *Gnadengegenwart. Johann Sebastian Bach im Kontext lutherischer Orthodoxie und Frömmigkeit.* Verlag frommann-holzboog, Stuttgart-Bad Cannstatt 2002 (= Doctrina et pietas, Abt. 2, Bd. 2), S. 9.
50 Martin Geck: *Johann Sebastian Bach. Johannespassion* (S. 250, Anm. 2), S. 69.
51 Hans Darmstadt: *Johann Sebastian Bach. Johannes-Passion BWV 245. Analysen und Anmerkungen zur Kompositionstechnik mit aufführungspraktischen und theologischen Notizen* (= Dortmunder Bach-Forschungen, Bd. 10). Klangfarben Musikverlag, Dortmund 2010, S. 63.
52 John L. Austin: *Zur Theorie der Sprechakte (How to do things with words).* Deutsche Bearbeitung von Eike von Savigny. Verlag Philipp Reclam jun., Stuttgart 1972.
53 Winfried Kurzschenkel: *Die theologische Bestimmung der Musik. Neuere Beiträge zur Deutung und Wertung des Musizierens im christlichen Leben.* Paulinus-Verlag, Trier 1971.
54 Alfred Dürr: »Die vier Fassungen der Johannespassion«. In: *57. Bachfest der Neuen Bachgesellschaft (Würzburg 1982). Bach und die Barockkunst.* Würzburg 1982, S. 97.

55 Martin Geck: *»Denn alles findet bei Bach statt«. Erforschtes und Erfahrenes.* Verlag J. B. Metzler, Stuttgart/Weimar 2000, S. 150.

56 Vgl. Matthias Wendt: »Fanfaren für Bach und andere Besetzungsprobleme – Schumanns Düsseldorfer Erstaufführung der Johannes-Passion«. In: Ulrich Bartels und Uwe Wolf (Hgg.): *Vom Klang der Zeit. Besetzung, Bearbeitung und Aufführungspraxis bei Johann Sebastian Bach. FS für Klaus Hofmann.* Verlag Breitkopf & Härtel, Wiesbaden 2004, S. 156–179.

57 Ebd. S. 176.

58 Vgl. Friedrich Schleiermachers Gedanke vom Gebet als einer »Unterbrechung des übrigen Lebens«, etwa in seinen Vorlesungen: *Die praktische Theologie nach den Grundsätzen der evangelischen Kirche im Zusammenhange dargestellt.* Berlin 1850, S. 70.

59 Leonhard Hütter: *Compendium Locorum Theologicorum ex Scripturis sacris et libro concordiae.* Lateinisch – deutsch – englisch. Kritisch hg. [...] von Johann Anselm Steiger. Verlag frommann-holzboog, Stuttgart-Bad Cannstatt (= Doctrina et pietas, Abt. II, Bd. 3), S. 525f.

60 Hans Heinrich Eggebrecht: »Sinnbildlichkeit in Text und Musik bei Johann Sebastian Bach«. In: *Musik und Kirche* 58 (1988), S. 184.

61 Elke Axmacher: *Praxis Evangeliorum. Theologie und Frömmigkeit bei Martin Moller (1547–1606).* Verlag Vandenhoeck & Ruprecht, Göttingen 1989, S. 184.

62 Elke Axmacher: »O Welt, sieh hier dein Leben«. In: Gerhard Hahn und Jürgen Henkys (Hgg.): *Liederkunde zum Evangelischen Gesangbuch.* Heft 4. Verlag Vandenhoeck & Ruprecht. Göttingen 2002, S. 53–56 (Zitat S. 55).

63 Dorothee Sölle: »Wer hat dich so geschlagen?«. In: *Wer hat dich so geschlagen? Widerborstige Meditationen.* Schweizer Verlagshaus, Zürich 1989, S. 7–23 (Zitat S. 13f.).

64 Udo Schnelle: *Das Evangelium nach Johannes* (Anm. 25), S. 294.

65 Helmuth Rilling: »Gesprächskonzert. J. S. Bachs Passionen nach Johannes und Matthäus im Vergleich (April 1999)«. In: CD-ROM: J. S. Bach. Passionen. Hg. von der Internationalen Bachakademie Stuttgart, 2007.

66 Hans Heinrich Eggebrecht: »Über das Weinen in der Musik« In: ders.: *Die Musik und das Schöne.* Piper Verlag, München 1997, S. 101–118 (Zitat 116f.)

67 Martin Geck: *»Denn alles findet bei Bach statt«* (Anm. 55), S. 10.

68 Christian Weise: »Der weinende Petrus«, zit. nach ders.: *Sämtliche Werke.* Bd. 21: Gedichte. Hg. von John D. Lindberg. Verlag de Gruyter, Berlin u. a. 1978, S. 336 (mit dem Notenbeispiel der Intrade von Sebastian Knüpfer).

69 Martin Luther, Ausgabe Mülhaupt (S. 247, Anm. 15), S. 1.

70 Hans Michael Beuerle: »Wider das Angleichen. Anmerkungen zum Verhältnis von Aufführungspraxis und Interpretation«. In: *Spuren suchen, Spuren legen. Festschrift für Nicolas Schalz.* H. M. Hauschild Verlag, Bremen 2006, S. 250–288.

71 Lothar und Renate Steiger: »Die Passionstheologie der Bachzeit, ihr Predigttypus und der Text der Johannes-Passion«. In: Ulrich Prinz (Hg.): *Johann Sebastian Bach. Johannes-Passion.* (S. 250, Anm. 79), S. 13.

72 Werner Breig: »Grundzüge einer Geschichte von Bachs vierstimmigem Choralsatz«. In: *Archiv für Musikwissenschaft* 45 (1988), S. 311.

73 Vgl. Annette Oppermann: »Zur Quellenlage«. In: Reinmar Emans und Sven Hiemke (Hgg.): *Bachs Passionen, Oratorien und Motetten* (= *Bach-Handbuch*, Bd. 3). Laaber-Verlag, Laaber 2009, S. 90–92.

74 Martin Petzoldt: »Bachs Passionen als Musik im Gottesdienst«. In: Ulrich Prinz (Hg.): *Johann Sebastian Bach. Johannes-Passion.* (S. 250, Anm. 79), S. 60.

75 *Katholisches Gebet- und Gesangbuch Gotteslob* (1975), Nr. 187.

76 Vgl. Meinrad Walter: *Johann Sebastian Bach. Weihnachtsoratorium.* Verlag Bärenreiter Kassel u. a. 2006, S. 30f.

77 Günter Stiller: *Johann Sebastian Bach und das Leipziger gottesdienstliche Leben seiner Zeit.* (S. 248, Anm. 35), S. 51.

78 Vgl. Meinrad Walter: »Antijudaismus in der geistlichen Musik? Am Beispiel der Passionskompositionen von J. S. Bach«. In: Hubert Frankemölle (Hg.): *Christen und Juden*

gemeinsam ins dritte Jahrtausend. Bonifatius Verlag, Paderborn 2001, S. 131–150 (dort auch Lit.)

79 Vgl. Kurt von Fischer: *Die Passion.* (S. 246 unten, Anm. 4), S. 25.

80 Vgl. Robin A. Leaver: *Johann Sebastian Bachs theologische Bibliothek. Eine kritische Bibliographie.* Mit einem Beitrag von Christoph Trautmann. Hänssler-Verlag, Neuhausen-Stuttgart 1983 (Beiträge zur theologischen Bachforschung, Bd. 1), S. 116.

81 Vgl. Michael Theobald: Das Evangelium nach Johannes, Kapitel 1–12 (Anm. 5), S. 152–159.

82 Pater Immanuel Jacobs OSB. Zit. nach dem Programmheft dieser Aufführung im Rahmen des Israel Festival Jerusalem in der Dormition Abbey. Jerusalem 1988.

Zweiter Teil der Passionsmusik

1 Vgl. *Evangelisches Gesangbuch,* Nr. 77.

2 Vgl. die Interpretationen von Hans Darmstadt: *Johannes-Passion* (S. 251, Anm. 51), S. 79–83 und Thomas Daniel: *Der Choralsatz bei Bach und seinen Zeitgenossen. Eine historische Satzlehre.* Verlag Dohr, Köln-Rheinkassel 2000, S. 361–365.

3 Udo Schnelle, *Das Evangelium nach Johannes* (S. 250, Anm. 25), S. 295.

4 Ludger Schenke, *Johannes-Kommentar* (S. 250, Anm. 19), S. 349.

5 Ebd. S. 351.

6 Eduard Krüger: Besprechung der Johannespassion in der von Robert Schumann hg. *Neuen Zeitschrift für Musik,* Bd. 18, Nr. 16 (23. Februar 1843, S. 62). Der umfangreiche Artikel »Die beiden Bach'schen Passionen« erstreckt sich über mehrere Nummern.

7 Hans Darmstadt: *Johannes-Passion* (S. 251, Anm. 51), S. 89.

8 Martin Geck: *Johannes-Passion* (S. 250, Anm. 2), S. 79.

9 Hans Darmstadt: *Johannes-Passion* (S. 251, Anm. 51), S. 96.

10 Albert Schweitzer: *Johann Sebastian Bach* (1908). Verlag Breitkopf & Härtel, Wiesbaden 1976, S. 530.

11 Martin Geck: *Johannes-Passion* (S. 250, Anm. 2), S. 79.

12 Philipp Spitta: *Johann Sebastian Bach,* Bd. 2 (1880). Verlag Breitkopf & Härtel, Wiesbaden 1880 (Zahlreiche NA).

13 Martin Geck, *Johannes-Passion* (S. 250, Anm. 2), S. 81.

14 Carola Diebold-Scheuermann: *Jesus vor Pilatus. Eine exegetische Untersuchung zum Verhör Jesu durch Pilatus (Joh 18,28–19,16a).* Verlag Katholisches Bibelwerk, Stuttgart 1996 (Stuttgarter Biblische Beiträge, Bd. 32), S. 297.

15 Rudolf Bultmann: *Das Evangelium des Johannes* (S. 250, Anm. 15), S. 510.

16 Eduard Krüger: Besprechung in: *Neue Zeitschrift für Musik.* 18. Jg., Nr. 22 vom 16. März 1943, S. 86.

17 Martin Dibelius: »Individualismus und Gemeindebewusstsein in Johann Sebastian Bachs Passionen«. In: Ders.: *Botschaft und Geschichte. Gesammelte Aufsätze,* Bd. 1. Verlag J. C. B. Mohr (Paul Siebeck), Tübingen 1953, S. 359–380 (Zit. S. 380).

18 Zit. nach: *Bach-Dokumente* VI (S. 246 oben, Anm. 1), S. 653.

19 Ebd. S. 657.

20 Peter Böttinger: »aus dem tact gerathen«. In: Heinz-Klaus Metzger und Rainer Riehn (Hgg.): *J. S. Bachs Passionen* (= Musik-Konzepte, Heft 50/51).

21 Die lateinische Passionsdichtung des Arnulf von Löwen wurde früher Bernhard von Clairvaux zugeschrieben. Die Strophe ist hier zitiert nach Gabriel Wimmers Lied-Erläuterung zu »Valet will ich dir geben«, in: Ders.: *Ausführliche Lieder-Erklärung* [...]. Altenburg 1749. Bd. IV, S. 741 (zit. nach dem Digitalisat der Universitätsbibliothek Göttingen).

22 Udo Schnelle: *Das Evangelium nach Johannes* (S. 250, Anm. 25), S. 311.

23 Hans Darmstadt: *Johannes-Passion* (S. 251, Anm. 51), S. 147.

24 Gabriel Wimmer (Anm. 21), Bd. 4, S. 741.

25 Martin Geck: *Johannes-Passion* (S. 250, Anm. 2), S. 88.

26 Albert Schweitzer: »Einführung in die Johannespassion von J. S. Bach« (1902). In: Erwin Reuben Jacobi: *Musikwissenschaftliche Arbeiten.* Hg. von Franz Giegling. Atlantis Musikverlag, Zürich 1984, S. 463–468 (Zitat S. 464).
27 Hans Joachim Moser: *Geschichte der deutschen Musik in drei Bänden.* Verlag Cotta, Stuttgart und Berlin 1930. Bd. 2: *Vom Beginn des Dreißigjährigen Krieges bis zum Tode Joseph Haydns,* S. 219.
28 Albert Schweitzer (Anm. 26), S. 467.
29 Michael Theobald: »Der Tod Jesu im Spiegel seiner ›letzten Worte‹ vom Kreuz«. In: *Theologische Quartalsschrift* 190 (2010), S. 28.
30 Johann Jakob Rambach: *Das Leiden Jesu Christi.* Bd. V: *Die sieben Worte Jesu am Kreuz.* Zit. nach der Ausgabe Lahr-Dinglingen 1987, S. 101.
31 Albert Schweitzer (Anm. 26), S. 467.
32 Vgl. Alfred Dürr: *Johannespassion* (S. 248, Anm. 47), S. 104.
33 Hans Darmstadt: *Johannespassion* (S. 251, Anm. 51), S. 162.
34 Ebd. S. 164.
35 J. S. Bach / Robert Schumann: *Johannespassion.* Label cpo (siehe die CD-Tipps, S. 282).
36 Hans Blumenberg: *Matthäuspassion.* Suhrkamp Verlag, Frankfurt a. M. 1988. Die folgenden Zitate im Einleitungskapitel und S. 225–230.
37 Ulrich Ruh: »Hans Blumenbergs ›Matthäuspassion‹: eine ›Christologie‹ nach dem Tod Gottes«. In: Günter Riße u. a. (Hgg.): *Wege der Theologie: an der Schwelle zum dritten Jahrtausend* (FS Hans Waldenfels). Bonifatius Verlag, Paderborn 1996, S. 178–186 (Zitat S. 184).
38 Hans Blumenberg: *Matthäuspassion* (Anm. 36), S. 13.
39 Ebd. S. 225.
40 Simone Weil, zit. nach Meinrad Walter (Hg.): *Die ganze Welt bewundert Bach. Von Kennern für Liebhaber.* Patmos Verlag, Ostfildern 2010, S. 97.
41 Dass Thomas von Kempens gleichnamiges berühmtes Werk in Bachs theologischer Bibliothek gestanden hat, ist zumindest wahrscheinlich.
42 Vgl. Hans Michael Beuerle: »Wider das Angleichen. Anmerkungen zum Verhältnis von Aufführungspraxis und Interpretation« (S. 252, Anm. 70) – Meine Überlegungen, die in einer ersten Fassung als Programmheftbeitrag für die Aufführung der Johannespassion durch den Freiburger Bachchor im Freiburger Münster (24. März 2007) entstanden sind, verdanken viele Einsichten den intensiven Gesprächen mit Hans Michael Beuerle, dem Leiter des Freiburger Bachchores.
43 Vgl. Elke Axmacher: *»Aus Liebe will mein Heyland sterben«* (S. 247, Anm. 21). Zum größeren Kontext und zur Gegenwartsbedeutung vgl. Karl Lehmann: »Er wurde für uns gekreuzigt. Eine Skizze zur Neubesinnung in der Soteriologie«. In: *Theologische Quartalsschrift* 162 (1982), S. 298–317.
44 Hans Darmstadt: *Johannes-Passion* (S. 251, Anm. 51), S. 189.
45 Ebd.
46 Dietrich Fischer-Dieskau. Zit. nach Meinrad Walter (Hg.): *Die ganze Welt bewundert Bach. Von Kennern für Liebhaber.* Verlag Patmos, Ostfildern 2010, S. 79.
47 Martin Geck: *Johannespassion* (S. 250, Anm. 2), S. 100.
48 Vgl. *Evangelisches Gesangbuch,* Nr. 397.

Fassung II der Johannespassion (1725)

1 Alfred Dürr: *Die Johannes-Passion.* (S. 248, Anm. 47), S. 19.
2 In heutigen Gesangbüchern nicht mehr enthalten; siehe die Quellenangaben zu den Choralstrophen der Johannespassion nach der Edition von Fischer-Tümpel, S. 262 ff.
3 Vgl. Christine Blanken: »Christoph Birkmanns Kantatenzyklus ›GOtt-geheiligte Sabbaths-Zehnden‹ von 1728 und die Leipziger Kirchenmusik unter J. S. Bach in den Jahren

1724–1727«. In: *Bach-Jahrbuch* 101 (2015), S. 13–74.; das Zitat S. 13.

4 Konrad Klek: »Werkbetrachtung zur Johannespassion«. In: Reinmar Emans und Sven Hiemke (Hgg): *Bachs Passionen, Oratorien und Motetten* (= *Bach-Handbuch*, Bd. 3). Laaber-Verlag, Laaber 2009, S. 144.

5 Markus Rathey: »Weimar, Gotha oder Leipzig. Zur Chronologie der Arie ›Himmel, reiße‹ in der zweiten Fassung der Johannes-Passion (BWV 245/11⁺)«. In: *Bach-Jahrbuch* 91 (2005), S. 291–300.

6 Konrad Küster: *Johannespassion BWV 245.* In: Ders.: (Hg.): *Bach-Handbuch.* Verlage Bärenreiter und Metzler, Kassel und Stuttgart/Weimar 1999, S. 451.

7 Vgl. Alfred Dürr: *Die Johannes-Passion* (S. 248, Anm. 47), S. 138–140.

8 Albert Schweitzer: *Die Orgelwerke Johann Sebastian Bachs. Vorworte zu den »Sämtlichen Orgelwerken«.* Mit einer Einleitung von Harald Schützeichel. Georg Olms Verlag, Hildesheim u. a., S. 218.

9 Zu den Fassungen des Liedes in heutigen Gesangbüchern sowie zur vollständigen Edition von Wackernagel siehe S. 262.

10 Alexander Völker: »O Mensch, bewein dein Sünde groß«. In: *Ökumenischer Liederkommentar zum Katholischen, Reformierten und Christkatholischen Gesangbuch der Schweiz.* Paulusverlag u. a., Freiburg (CH) u. a. Loseblattsammlung, 3. Lieferung (2004).

11 Vgl. Meinrad Walter: »Von Bethlehem nach Golgotha. Musik zur Menschwerdung Gottes bei Messiaen und Bach«. In: *Musik und Kirche,* 78 (2008), S. 260–265.

12 Christoph Krummacher: »Johann Sebastian Bach. Matthäus-Passion«. In: Hans-Joachim Hinrichsen und Laurenz Lütteken (Hgg): *Meisterwerke neu gehört. Ein kleiner Kanon der Musik. 14 Werkporträts.* Verlag Bärenreiter, Kassel u. a. 2004, S. 75.

13 Ebd. S. 78. Vgl. auch Friedhelm Krummacher: *Bachs Zyklus der Choralkantaten. Aufgaben und Lösungen.* Verlag Vandenhoeck & Ruprecht, Göttingen 1995 (= Veröffentlichung der Joachim Jungius-Gesellschaft der Wissenschaft Hamburg, Nr. 81), S. 88–90.

14 Kurt von Fischer: *Die Passion. Musik zwischen Kunst und Kirche.* (S. 246 unten, Anm. 4), S. 106.

15 Ebd. S. 108.

16 Arnulf von Löwen: *Membra Jesu nostri,* vertont von Dieterich Buxtehude in seinem Zyklus von Passionskantaten.

17 Konrad Küster: *Bach-Handbuch.* (Anm. 6), S. 450 f.

18 Martin Luther: *Vermahnung zum Sakrament des Leibes und Blutes Christi.* WA 30,II, S. 615.

19 Christoph Wolff: »Bachs Leipziger Kantoratsprobe und die Aufführungsgeschichte der Kantate ›Du wahrer Gott und Davids Sohn‹ BWV 23«. In: *Bach-Jahrbuch* 64 (1978), S. 78–89.

20 *Bach-Dokumente,* Bd. II, Nr. 124.

Epilog – Johann Sebastian Bach und das Kreuz

1 Johann Sebastian Bach: Brief an Johann Friedrich Klemm (Sangerhausen), zit. nach *Bach-Dokumente,* Bd. 1 (S. 249, Anm. 61), S. 107.

2 Vgl. Heinrich Poos: »Christus Coronabit Crucigeros. Hermeneutischer Versuch über einen Kanon Johann Sebastian Bachs«. In: Walter Blankenburg und Renate Steiger (Hgg.): *Theologische Bach-Studien I* (= Beiträge zur theologischen Bachforschung, Bd. 4). Hänssler-Verlag, Neuhausen-Stuttgart 1987, S. 67–97.

Chronologie der Johannespassion von J. S. Bach

Auf dem Weg zur Johannespassion: Die Vorgeschichte 1712–1723

1712 Hamburg. Der Ratsherr, Jurist und Poet Barthold Hinrich Brockes (1680–1747) lässt seine Dichtung »Der für die Sünde der Welt Gemarterte und Sterbende Jesus« (Passionsoratorium) im Druck erscheinen. Einige Sätze des berühmten Librettos begegnen uns – in textlicher Überarbeitung – in J. S. Bachs Johannespassion. Gesamtvertonungen der ›Brockes-Passion‹ stammen u. a. von Reinhard Keiser (1712), Georg Friedrich Händel (1716), Georg Philipp Telemann (1716), Johann Mattheson (1718), Johann Friedrich Fasch (1723) und Gottfried Heinrich Stölzel (1725).

1713 Weimar. Bach führt als Weimarer Konzertmeister vermutlich erstmals eine Passionsmusik auf, nämlich die Markuspassion von Reinhard Keiser (Autorschaft ungewiss), die er bearbeitet und durch eigene Sätze ergänzt. Zu Leipziger Wiederaufführungen dieser Passion in jeweils veränderter Werkgestalt kommt es unter Bachs Leitung in den Jahren 1726, 1743 und 1748; in die beiden letzten Fassungen fügt Bach sieben Arien aus Händels Brockespassion ein.

1717 Gotha. Im Rahmen eines ›Gastspiels‹ bringt Bach die wohl erste Passionsmusik aus seiner Feder (ein Passionsoratorium?) auf Schloss Friedenstein zur Aufführung, wofür er ein großzügiges Honorar von 12 Talern aus der Herzoglichen Privatschatulle erhält. Nachweisbar ist neben dieser Honorarzahlung auch ein Quittungsbeleg für den Druck von 20 Textheften. Ob einige der nur in Fassung II der Johannespassion stehenden Sätze aus dieser ansonsten in Wort und Ton verschollenen Gothaer Passion Bachs stammen, bleibt ungewiss, zumal stilistische Kriterien eher für eine Entstehung dieser Arien im Jahr 1725 sprechen und neuerdings mit Christoph Birkmann auch ein Textdichter nachgewiesen werden konnte, der in diesem Jahr 1725 mit dem Libretto der Johannespassion II befasst war.

1717 Leipzig. Erstmals kommt mit Georg Philipp Telemanns ›Brockes-Passion‹ ein Passionsoratorium in Leipzig zur Aufführung, und zwar unter der Leitung von Johann Gottfried Vogler in der Neukirche, die solchen Innovationen offener gegenüber stand als die beiden Hauptkirchen St. Thomas und St. Nikolai.

1720 Leipzig. Mit seiner Markuspassion führt Bachs Amtsvorgänger Johann Kuhnau (1660–1722) die erste Oratorische Passion in einer Karfreitagsvesper der Leipziger Hauptkirchen auf. Sowohl diese erste Aufführung als auch deren Wiederholung in den beiden folgenden Jahren erklingen unter der Leitung des Komponisten, und zwar jeweils in der Thomaskirche.

1722 Leipzig. Stiftung einer Karfreitagspredigt in der Nikolaikirche durch die vermögende Juwelierswitwe Maria Rosina Koppy, die am 4. April 1722 im Alter von 40 Jahren gestorben war. Es bahnt sich ein jährlicher Wechsel der Karfreitagsvesper mitsamt Predigt und musikalischer Predigt (Passionsmusik) zwischen Thomas- und Nikolaikirche an, von dem der neue Thomaskantor Bach jedoch zunächst nichts weiß oder zumindest nichts wissen will.

Die Johannespassion in Bachs Leipziger Zeit 1724–1750

1724 7. April (Karfreitag). Uraufführung der Johannespassion – **Fassung I** – in der Leipziger Nikolaikirche im Rahmen der Karfreitagsvesper; Superintendent Salomon Deyling hält die Predigt. Bach komponiert diese Passionsmusik, deren betrachtende Texte ein namentlich unbekannter, poetisch-musikalisch und theologisch jedoch äußerst versierter Librettist zusammengestellt und redigiert bzw. neu verfasst hat, im Wesentlichen in der Passionszeit. Seinen ursprünglichen Plan einer Aufführung des Werkes in der Thomaskirche muss Bach aufgeben, weil die Kirchenbehörde auf dem jährlichen Wechsel der Karfreitagsvesper zwischen St. Thomas und St. Nikolai besteht. Als Folge dieses Konflikts erteilt Superintendent Deyling dem Thomaskantor am 23. Mai 1724 eine Rüge.

1724/25 Bach verleiht (oder verkauft?) die Stimmen der Johannespassion vermutlich an einen unbekannten ›Kollegen‹ und behält, wie auch in ähnlichen Fällen üblich, die Partitur mitsamt Dubletten zurück. Für den Karfreitag 1725 plant er wohl die Neukomposition einer Passionsmusik, die aus schwer zu erhellenden Gründen jedoch nicht zustande kommt.

1725 Vermutlich in Ermangelung eines Librettos für eine neue Passionsmusik greift Bach auf die Passion des Vorjahres zurück. Wahrscheinlich ist, dass ihm im Blick auf etliche Veränderungen am Libretto – vor allem die neue Rahmung und drei neu eingefügte Arien – der junge Theologiestudent Christoph Birkmann (1703–1771) zur Hand ging, der überdies einer der musikalischen Privatschüler Bachs war. Das zu großen Teilen nicht mehr verfügbare Aufführungsmaterial von Fassung I (siehe oben 1724/25) muss neu ausgeschrieben werden.

1725 **Fassung II** der Johannespassion erklingt am Karfreitag (30. März) in der Leipziger Thomaskirche. Durch die neue Rahmung mit den beiden großen Choralbearbeitungen »O Mensch, bewein dein Sünde groß« und »Christe, du Lamm Gottes« wirkt diese Passionsmusik zugleich wie ein Epilog im Zyklus der Choralkantaten, der um Ostern 1725 aus bislang nicht geklärten Gründen vorzeitig abbricht.

1728 In Nürnberg, seinem neuen pastoralen Wirkungsort, veröffentlicht Christoph Birkmann unter dem Titel *GOtt-geheiligte Sabbaths-Zehnden* einen Druck mit zahlreichen Kantatentexten, der nicht nur große Übereinstimmung mit Bachs Leipziger Aufführungskalender um 1725 aufweist, sondern auch das Libretto der Fassung II der Johannespassion enthält. Dass Birkmann die Autorschaft zwar nicht für alle, aber doch für etliche der hier publizierten Kantatenlibretti für sich beansprucht, macht es wahrscheinlich, dass er in der Passionszeit 1725 auch der Redaktor von Bachs Passionsmusik »O Mensch, bewein dein Sünde groß« (= Fassung II der Johannespassion) war und in diesem Zusammenhang zudem die Texte der drei hier neu eingefügten Arien verfasst hat.

1732 Am Karfreitag (11. April) führt Bach in der Nikolaikirche die **Fassung III** seiner Johannespassion auf. Da seit 1727 die Matthäuspassion vorliegt, hat der Komponist die beiden besonders dramatischen Interpolationen nach dem Evangelisten Matthäus in Teil I (Weinen des Petrus) und Teil II (kosmische Ereignisse nach Jesu Tod) für diese dritte Fassung seiner Johannespassion entfernt.

1739 17. März. Aktennotiz des Unterleichenschreibers Andreas Gottlieb Bienengräber über das Verbot der diesjährigen Passionsaufführung (Johannespassion?) am Karfreitag und über Bachs Unmut darüber (siehe S. 61).

1739 ? Bachs Versuch, die Johannespassion mittels einer **eigenhändigen Schönschriftpartitur** in eine Fassung letzter Hand zu überführen, bleibt aus heute kaum noch durchschaubaren Gründen – spielt das erwähnte Aufführungsverbot vom

17. März 1739 eine Rolle? – unvollendet. Mitten in Satz 10 bricht das nur 20 Seiten umfassende autographe Partiturfragment ab, das im Vergleich zu den Fassungen I und II zahlreiche Differenzierungen und Verbesserungen Bachs aufweist.

1749 4. April (Karfreitag). **Fassung IV** der Johannespassion kommt in der Leipziger Nikolaikirche zur Aufführung, wiederum im Rahmen des Vespergottesdienstes. Im Wesentlichen kehrt Bach mit dieser letzten Version des Werkes zur ersten Fassung (1724) zurück; selbst die beiden in Fassung III (1732) gestrichenen Interpolationen nach Matthäus fügt er wieder ein. Zugleich erweitert er den Aufführungsapparat, etwa durch den Einsatz eines Kontrafagotts. Einige Arientexte erfahren Umarbeitungen, die in Richtung des Rationalismus weisen und das ursprüngliche Wort-Ton-Verhältnis erheblich beeinträchtigen.

1750 27. März (Karfreitag). Vielleicht letzte Aufführung der Johannespassion (Fassung IV) zu Bachs Lebzeiten (21. März 1685 – 28. Juli 1750) und unter seiner Leitung (?).

Das Nachwirken der Johannespassion seit 1750

1750 Leipzig. Bei der Erbteilung nach Bachs Tod erhält sein zweitältester Sohn Carl Philipp Emanuel die Johannespassion in Partitur und Stimmen. Eine Aufführung des Werkes durch ihn lässt sich nicht nachweisen. Allerdings übernimmt er als Hamburger Musikdirektor einzelne Sätze wie etwa den Schlusschor, bisweilen mit verändertem Wortlaut, in seine zahlreichen eigenen Passionsmusiken für die fünf Hauptkirchen der Hansestadt.

1766 Leipzig. Der in den beiden Hauptkirchen im Jahr 1721 eingeführte Brauch des »Absingens der Passion durch die Person eines Jesus, Evangelisten, Petrus und einer Magd« in der Vesper des Karfreitags wird abgeschafft mit der Begründung, dass diese Musik »zu theatralisch« sei. Anstelle Oratorischer Passionen (bzw. Passionsoratorien?) erklingt nunmehr in der Karfreitagsvesper entweder die Wiederholung der schlichten responsorialen Passion des vormittäglichen Hauptgottesdienstes (nach Johann Walter) oder das vielstrophige Kirchenlied »Jesu Leiden, Pein und Tod« als schlicht-vierstimmige Choralpassion.

1805 Der Bach-Sammler Georg Poelchau (1773–1836) erwirbt neben zahlreichen weiteren Autographen aus dem Nachlass von Carl Philipp Emanuel Bach auch die Partitur der Johannespassion von J. S. Bach.

1815 Nach einer über ein halbes Jahrhundert lang dauernden Rezeptionslücke setzt allmählich das Nachwirken der großen vokal-instrumentalen Werke Bachs ein, die nie im Druck publiziert worden waren und nach dem Tod des Komponisten nicht mehr erklungen sind. So probt in Berlin die von Carl Friedrich Zelter geleitete Sing-Akademie neben anderen Vokalwerken Bachs (Motetten) auch einzelne Sätze der Johannespassion wie den Schlusschor »Ruht wohl, ihr heiligen Gebeine«.

1822 5. April (Karfreitag). Teilaufführung von Bachs Johannespassion unter der Leitung von Carl Friedrich Zelter in Berlin.

1829 Felix Mendelssohn Bartholdys spektakuläre Berliner Wiederaufführung der Bach'schen Matthäuspassion initiiert die zunächst von den bürgerlichen Chorvereinigungen getragene Bach-Renaissance des 19. Jahrhunderts.

1829 Fanny Mendelssohn berichtet in einem Brief an ihren Bruder Felix über Probe und Aufführung des Eingangschores der Johannespassion im Rahmen ihrer häuslichen »Sonntagsmusiken«.

1830/31 Im Verlag von T. Trautwein, Berlin, erscheinen 1830 der erste gedruckte Klavierauszug von Bachs Johannespassion und im darauf folgenden Jahr der Erstdruck der Partitur des Werkes.

1832 20. April (Karfreitag). Erste ungekürzte Aufführung der Johannespassion seit J. S. Bachs Tod unter Wilhelm Friedrich Riem im Dom zu Bremen.

1832 Friedrich Rochlitz veröffentlicht im vierten Band seiner Abhandlungen »Für Freunde der Tonkunst« die erste ausführliche Beschreibung der Johannespassion auf der Grundlage von Trautweins Edition.

1833 21. März. Ungekürzte Aufführung der Johannespassion in Berlin durch die Sing-Akademie unter Leitung von Carl Friedrich Rungenhagen.

1841 Über den Bach-Sammler Georg Poelchau gelangt die teilautographe Partitur der Johannespassion an die Königliche Berliner Bibliothek.

1843 Robert Schumann veröffentlicht in der von ihm redigierten »Neuen Zeitschrift für Musik« einen umfangreichen sechsteiligen Beitrag des Göttinger Musikgelehrten Eduard Krüger (1807–1886) über »Die beiden Bach'schen Passionen«.

1844 Thomaskantor Moritz Hauptmann führt die Johannespassion erstmals nach Bachs Tod in Leipzig auf, mit teilweise interessanten Varianten der instrumentalen Besetzung. So lässt er etwa den Solopart der Viola da Gamba in der Arie »Es ist vollbracht« (Nr. 30) von einem Englischhorn spielen.

1851 Robert Schumanns Düsseldorfer Fassung der Johannespassion kommt am Palmsonntag zur Aufführung. Die Wirkung der österlichen Worte »Der Held aus Juda siegt mit Macht« im Mittelteil der Alt-Arie »Es ist vollbracht« intensiviert Schumann durch den Einsatz zweier Trompeten.

1854 Die Königliche Berliner Bibliothek erwirbt zur Partitur der Johannespassion (siehe 1841) auch das Stimmenmaterial aus den Beständen der Berliner Singakademie.

1863 Erste kritische Ausgabe der Johannespassion durch Wilhelm Rust im Rahmen der Alten Bach-Ausgabe mit ausführlichem Vorwort.

1954 Untersuchung der Quellen zur Johannespassion durch den Leipziger Papierforscher Wisso Weiß auf verschiedene Papiersorten und Wasserzeichen im Hinblick auf die Entstehungszeit.

1954 Erste Schallplattenaufnahme des Werkes durch den Leipziger Thomanerchor unter Günther Ramin.

1973/74 Edition der Johannespassion durch Arthur Mendel in der Neuen Bach-Ausgabe (Verlag Bärenreiter). Erst im Rahmen der Vorarbeiten zu dieser Edition gelang die richtige Zuordnung der erhaltenen Quellen zu den vier von Bach aufgeführten Fassungen. Ein Jahr nach der Partitur erscheint der 356 Seiten umfassende Kritische Bericht.

1991 Hugo Niebelings filmische Version der Johannespassion aus dem Speyrer Dom unter dem Titel »Es wäre gut, dass ein Mensch würde umbracht für das Volk«; musikalisch liegt die Einspielung unter Karl Richter zugrunde, aus dessen Ensemble auch einige Vokalsolisten im Film mitwirken.

2001/04 Erste separate Edition von Fassung II und Fassung IV der Bach'schen Johannespassion durch Peter Wollny (Carus-Verlag).

2010 Ankündigung einer neuen zweibändigen Edition von Fassung II und Fassung IV durch Manuel Bärwald als Revision der Neuen Bach-Ausgabe.

Bachs Passionsaufführungen in Leipzig

(Übersicht nach Schulze, Glöckner, Dürr und Schabalina)

1724	(7.4.)	St. Nikolai	J. S. B.: Johannespassion Fassung I
1725	(30.3.)	St. Thomas	J. S. B.: Johannespassion Fassung II
1726	(19.4.)	St. Nikolai	Reinhard Keiser: Markuspassion
1727	(11.4.)	St. Thomas	J. S. B.: Matthäuspassion Frühfassung
1728	(26.3.)	St. Nikolai	Aufführung einer unbekannten Passionsmusik
1729	(15.4.)	St. Thomas	J. S. B.: Matthäuspassion Frühfassung
1730	(7.4.)	St. Nikolai	Lukaspassion (Komponist unbekannt)
1731	(23.3.)	St. Thomas	J. S. B.: Markuspassion
1732	(11.4.)	St. Nikolai	J. S. B.: Johannespassion Fassung III
1733	(3.4.)	keine Passionsmusik wegen Landestrauer	
1734	(23.4.)	St. Thomas	G. H. Stölzel: Ein Lämmlein geht und trägt die Schuld (Passionsoratorium)
1735	(8.4.)	St. Nikolai	evt. Lukaspassion (Komponist unbekannt)
1736	(29.3.)	St. Thomas	Matthäuspassion endgültige Fassung
1737	(19.4.)	St. Nikolai	unbekannte Passionsmusik
1738	(4.4.)	St. Thomas	unbekannte Passionsmusik
1739	(27.3.)	St. Nikolai	Verbot einer Passionsaufführung
1740	(15.4.)	St. Thomas	unbekannte Passionsmusik
1741	(31.3.)	St. Nikolai	unbekannte Passionsmusik
1742	(23.3.)	St. Thomas	J. S. B.: Matthäuspassion
1743	(12.4.)	St. Nikolai	Pasticcio Keiser/Händel
1744	(27.3.)	St. Thomas	J. S. B.: Markuspassion
1745	(16.4.)	St. Nikolai	unbekannte Passionsmusik
1746	(8.4.)	St. Thomas	unbekannte Passionsmusik
1747	(31.3.)	St. Nikolai	unbekannte Passionsmusik
1748	(12.4.)	St. Thomas	Pasticcio Keiser/Händel
1749	(4.3.)	St. Nikolai	J. S. B.: Johannespassion Fassung IV
1750	(27.3.)	St. Thomas	J. S. B.: Johannespassion Fassung IV (?)

Die Choralstrophen in Bachs Johannespassion

Editionen und Gesangbücher

Fischer-Tümpel = Fischer, Albert / Tümpel, Wilhelm: Das deutsche evangelische Kirchenlied des 17. Jahrhunderts. 6 Bände, Gütersloh 1904–1916 (Historisch-kritische Edition der Lieder mit allen Strophen)

Wackernagel = Wackernagel, Philipp: Das deutsche Kirchenlied von der ältesten Zeit bis zu Anfang des XVII. Jahrhunderts. Leipzig 1864–1877, Nachdruck Hildesheim 1964, 5 Bände

EG = Evangelisches Gesangbuch 1993 (ohne Berücksichtigung der landeskirchlichen Eigenteile)

GL = Katholisches Gebet- und Gesangbuch Gotteslob 2013 (ohne Berücksichtigung der diözesanen Eigenteile)

RG = Evangelisch-reformiertes Gesangbuch der deutschsprachigen Schweiz (1998)

KG = Katholisches Gebet- und Gesangbuch der deutschsprachigen Schweiz (1998)

Luther WA = Archiv zur Weimarer Ausgabe der Werke Martin Luthers, Bd. 4: Luthers geistliche Lieder und Kirchengesänge. Bearbeitet von Markus Jenny (vollständige Neuedition in Ergänzung zu Band 35 der Weimarer Ausgabe). Böhlau Verlag, Köln-Wien 1985

Die fünf Actus · unterstrichen = Abschluss des Actus
1 Hortus (Garten)
2 Pontifices (Hohepriester)
3 Pilatus (Pilatus)
4 Crux (Kreuz)
5 Sepulcrum (Begräbnis)

Liedstrophen in Fassung IV (1749)

Nr.	Actus	Choralstrophe (= Strophe Nr.) aus dem Lied Dichter und Jahr vollständige Textedition	Tonalität bzw. Modalität Melodie Komponist bzw. Quelle und Jahr in heutigen Gesangbüchern
IV/3	1	*O große Lieb (7)* Herzliebster Jesu Johann Heermann 1630 Fischer-Tümpel I/334	g Herzliebster Jesu Johann Crüger 1640 EG 81,6/(GL 290)/RG 440,6/(KG 391)
IV/5	<u>1</u>	*Dein Will gescheh (4)* Vater unser im Himmelreich Martin Luther 1539 Wackernagel I/215	d Vater unser im Himmelreich Martin Luther 1539 (nach Vorlagen) EG 344,4 / RG 287,4
IV/11	2	*Wer hat dich so geschlagen? (3)* *Ich, ich und meine Sünden (4)* O Welt, sieh hier dein Leben Paul Gerhardt 1647 Fischer-Tümpel III/387	A A Innsbruck, ich muss dich lassen Heinrich Isaak um 1495, geistlich 1505 EG 84,2+3 / RG 441,2+3
IV/14	<u>2</u>	*Petrus, der nicht denkt zurück (10)* Jesu Leiden, Pein und Tod Paul Stockmann 1633 Fischer-Tümpel II/37	fis–A Jesu, deine Passion Melchior Vulpius 1609

IV/15	3	*Christus, der uns selig macht (1)* Christus, der uns selig macht Michael Weiße 1531 Wackernagel I/342	e Leipzig um 1500 EG 77,1
IV/17	3	*Ach großer König (8)* *Ich kanns mit meinen Sinnen (9)* Herzliebster Jesu Fischer-Tümpel I/334	a a Johann Crüger 1640 EG 81,7+8/(GL 290)/ RG 440,7+8/(KG 391)
IV/22	3	*Durch dein Gefängnis* keine Choralstrophe Arientext von Postel (?)	E Machs mit mir, Gott Johann Hermann Schein 1628
IV/26	3	*In meines Herzens Grunde (3)* Valet will ich dir geben Valerius Herberger 1614 Fischer/Tümpel I/125	Es Valet will ich dir geben Melchior Teschner 1614 EG 523,3
IV/28	4	*Er nahm alles wohl in acht* Jesu Leiden, Pein und Tod Paul Stockmann 1633 Fischer-Tümpel II/37	A Jesu, deine Passion Melchior Vulpius 1609
IV/32	4	*Jesu, der du warest tot* Jesu Leiden, Pein und Tod Fischer-Tümpel II/37	D Jesu, deine Passion Melchior Vulpius 1609
IV/37	4	*O hilf, Christe, Gottes Sohn (8)* Christus, der uns selig macht Michael Weiße 1531 Wackernagel I/342	f Leipzig um 1500 EG 77,8 / RG 436,1
IV/40	5	*Ach Herr, lass dein lieb (3)* Herzlich lieb hab ich dich, o Herr Martin Schalling 1569 Wackernagel IV/1174	Es Herzlich lieb hab ich dich, o Herr Straßburg 1577 EG 397,3 / RG 651,3

Liedstrophen in Fassung II (1725)

Teil/ Nr.	Actus	Choralstrophe (= Strophe Nr.) aus dem Lied Dichter und Jahr vollständiger Wortlaut	Tonalität bzw. Modalität Melodie Verfasser und Jahr heutige Gesangbücher
II/1		*O Mensch, bewein dein Sünde groß* O Mensch, bewein dein Sünde groß Sebald Heyden um 1530 Wackernagel III/603	Es Es sind doch selig alle, die Matthäus Greiter 1525 EG 76,1/GL 267,1/KG 380, 1 / RG 438,1
II/3		*O große Lieb (7)* Herzliebster Jesu Johann Heermann 1630 Fischer-Tümpel I/334	g Herzliebster Jesu Johann Crüger 1640 EG 81,6 / (GL 290) / RG 440,6/(KG 391)
II/5	1	*Dein Will gescheh (4)* Vater unser im Himmelreich Martin Luther 1539 Wackernagel I/215	d Vater unser im Himmelreich Martin Luther 1539 (nach Vorlagen) EG 344,4 / RG 287,4

II/11	2	*Wer hat dich so geschlagen? (3)* *Ich, ich und meine Sünden (4)* O Welt, sieh hier dein Leben Paul Gerhardt 1647 Fischer-Tümpel III/387	A A Innsbruck, ich muss dich lassen Heinrich Isaak um 1495, geistlich 1505 EG 84,2+3 / RG 441, 2+3
II/11^{+}	2	*Jesu, deine Passion ist mir* Jesu Leiden, Pein und Tod Paul Stockmann 1633 Fischer-Tümpel II/37	fis Jesu, deine Passion will Melchior Vulpius 1609
I/14	2	*Petrus, der nicht denkt zurück (10)* Jesu Leiden, Pein und Tod Paul Stockmann 1633 Fischer-Tümpel II/37	fis–A Jesu, deine Passion will Melchior Vulpius 1609
II/15	3	*Christus, der uns selig macht (1)* Christus, der uns selig macht Michael Weiße 1531 Wackernagel I/342	e Leipzig um 1500 EG 77,1
II/17	3	*Ach großer König (8)* *Ich kanns mit meinen Sinnen (9)* Herzliebster Jesu Fischer-Tümpel I/334	a a Johann Crüger 1640 EG 81,7+8 / RG 440, 7+8 / (KG 391)
II/22	3	*Durch dein Gefängnis* keine Choralstrophe Arientext von Postel (?)	E Machs mit mir, Gott Johann Hermann Schein 1628
II/26	3	*In meines Herzens Grunde (3)* Valet will ich dir geben Valerius Herberger 1614 Fischer/Tümpel I/125	Es Valet will ich dir geben Melchior Teschner 1614 EG 523,3
II/28	4	*Er nahm alles wohl in acht* Jesu Leiden, Pein und Tod Paul Stockmann 1633 Fischer-Tümpel II/37	*A* Jesu, deine Passion will Melchior Vulpius 1609
II/32	4	*Jesu, der du warest tot* Jesu Leiden, Pein und Tod Fischer-Tümpel II/37	D Jesu, deine Passion will Melchior Vulpius 1609
II/37	4	*O hilf, Christe, Gottes Sohn (8)* Christus, der uns selig macht Michael Weiße 1531 Wackernagel I/342	f Leipzig um 1500 EG 77,8 / RG 436,1
II/40	5	*Christe, du Lamm Gottes (1–3)* Christe, du Lamm Gottes Martin Luther 1525 Luther WA (Archiv, 4) Nr. 27	g Christe, du Lamm Gottes Martin Luther 1528 EG 190,2 / GL 208 / KG 130 / RG 314

Ausgaben und Literatur

Neuere Urtext-Ausgaben der Johannespassion (BWV 245)

Edition von Arthur Mendel (Neue Bach-Ausgabe):

Johann Sebastian Bach. Johannespassion BWV 245. Neue Bach-Ausgabe (NBA), Serie II, Bd. 4. Hg. von Arthur Mendel. Verlag Bärenreiter, Kassel 1973 (mit Faksimile des autographen Partiturfragements 1739). Kritischer Bericht ebd. 1974.

Zweibändige Edition von Peter Wollny (Carus-Verlag):

Johann Sebastian Bach. Johannespassion. Passio secundum Joannem. Fassung IV (1749) mit der unvollendeten Revision (1739) im Anhang. Stuttgarter Bach-Ausgaben. Hg. von Peter Wollny. Carus-Verlag, Stuttgart 2001 (Carus 31.245).

Johann Sebastian Bach. Johannespassion. Passio secundum Joannem. Fassung II (1725). Stuttgarter Bach-Ausgaben. Hg. von Peter Wollny. Carus-Verlag, Stuttgart 2004 (Carus 31.245/50).

Angekündigte Edition von Manuel Bärwald (Neue Bach-Ausgabe revidiert):

Angekündigt ist eine weitere Ausgabe im Rahmen der Revision einzelner Bände der Neuen Bach-Ausgabe (NBA^{rev}) durch Manuel Bärwald.

Quellen zu Bibel, Kirchenlied und Theologie

Luther-Bibel. D. Martin Luther. *Die gantze Heilige Schrift Deutsch*, Wittenberg 1545. Zit. nach der Ausgabe im Pawlak Verlag, Herrsching o. J.

Calov-Bibel, zit. nach der Faksimile-Ausgabe: *J. S. Bach and Scripture. Glosses from the Calov Bible Commentary*. Introduction, Annotation, and Editing by Robin A. Leaver. Concordia Publishing House, St. Louis 1985.

Martin Luthers Evangelien-Auslegung, hg. von Erwin Mülhaupt. Bd. 5: *Die Passions- und Ostergeschichten aus allen vier Evangelien*. Verlag Vandenhoeck & Ruprecht, Göttingen [4]1969.

Fischer, Albert / Tümpel, Wilhelm: *Das deutsche evangelische Kirchenlied des 17. Jahrhunderts*. 6 Bde. C. Bertelsmann Verlag, Gütersloh 1904–1916.

Wackernagel, Philipp: *Das deutsche Kirchenlied von der ältesten Zeit bis zu Anfang des XVII. Jahrhunderts*. Leipzig 1864–1877, Nachdruck Hildesheim 1964, 5 Bände.

Jenny, Markus (Hg.): *Luthers geistliche Lieder und Kirchengesänge. Archiv zur Weimarer Ausgabe der Werke Martin Luthers*, Bd. 4 (= vollständige Neuedition in Ergänzung zu Band 35 der Weimarer Ausgabe). Böhlau Verlag, Köln-Wien 1985.

Brockes, Barthold Hinrich: *Der für die Sünde der Welt gemarterte und sterbende Jesus, aus den IV. Evangelisten in gebundener Rede vorgestellet/ und in der stillen Woche in des Herrn Verfassers Behausung musicalisch aufgeführet. Im Jahr 1712*. Zit nach dem digitalisierten Druck der Herzog-August-Bibliothek Wolfenbüttel: http://diglib.hab.de/drucke/lk-557/start.htm

Picander (Henrici): *Erbauliche Gedancken auf den Grünen Donnerstag und Charfreytag* (1725). Abgedruckt bei Philipp Spitta, Bach II, S. 873–881.

Müller, Heinrich: *Der leidende Jesus. Oder Das Leiden unsers Herrn und Heylandes Jesu Christi (acht Predigten)*. Zit. nach ders.: *Evangelischer Herzens=Spiegel. Das ist: Erklärung aller Sonn- und Festtags=Evangelien. Nebst beigefügten Passions=Predigten über das gantze Leiden Christi* [...], Hof 1752.

Wimmer, Gabriel: *Ausführliche Lieder=Erklärung. Wodurch die ältesten und gewöhnlichsten Gesänge der Evangelisch-Lutherischen Kirche dergestalt ins Licht gesetzet, daß bey einem jedweden I. der Verfasser und Werth des Liedes bestmöglichst angezeiget, II. der Text mit *beygefügten biblischen Sprüchen gründlich bewähret* [...]. 4 Bände, Leipzig 1749 (Digitalisat der UB Göttingen).

Hütter, Leonhard: *Compendium Locorum Theologicorum ex Scripturis sacris et libro concordiae.* Lateinisch – deutsch – englisch. Kritisch hg. [...] von Johann Anselm Steiger (= Doctrina et pietas, Abt. II, Bd. 3). Verlag frommann-holzboog, Stuttgart-Bad Cannstatt 2006.

Petzoldt, Martin: »Rekonstruktion des Karfreitag-Vespergottesdienstes vom 7. April 1724 in St. Nikolai zu Leipzig«. In: Programmheft der Internationalen Bachakademie Stuttgart zur Aufführung der Johannespassion am 9. März 1986 in der Stiftskirche Stuttgart unter der Leitung von Helmuth Rilling, S. 8–32.

Hilfsmittel der Bachforschung

Bach-Dokumente I–VI: Neumann, Werner / Schulze, Hans-Joachim (Hgg.): *Schriftstücke von der Hand Johann Sebastian Bachs,* Verlag Bärenreiter, Kassel u. a. 1963 (Bd. I). Dies.: *Fremdschriftliche und gedruckte Dokumente zur Lebensgeschichte Johann Sebastian Bachs,* ebd. 1969 (Bd. II). Schulze, Hans-Joachim (Hg.): *Dokumente zum Nachwirken Johann Sebastian Bachs 1750–1800,* ebd. 1984 (Bd. III). Neumann, Werner (Hg.): *Bilddokumente zur Lebensgeschichte Johann Sebastian Bachs,* ebd. 1979 (Bd. IV). Schulze, Hans-Joachim / Glöckner, Andreas: *Dokumente zu Leben, Werk, Nachwirken 1685–1800,* ebd. 2007. (Bd. V). Glöckner, Andreas / Hartinger, Anselm / Lehmann, Karen (Hgg.): *Ausgewählte Dokumente zum Nachwirken Johann Sebastian Bachs 1801–1850,* ebd. 2007 (Bd. VI).

Bartel, Dietrich: *Handbuch der musikalischen Figurenlehre.* Laaber: Laaber, [4]2006.

Dürr, Alfred: *Johann Sebastian Bach. Die Kantaten.* Verlag Bärenreiter, Kassel u. a. [8]2000.

Glöckner, Andreas (Hg.): *Kalendarium zur Lebensgeschichte Johann Sebastian Bachs* (erweiterte Neuausgabe). Carus-Verlag und Evangelische Verlagsanstalt, Stuttgart und Leipzig 2008.

Haselböck, Lucia: *Bach-Textlexikon. Ein Wörterbuch der religiösen Sprachbilder im Vokalwerk von Johann Sebastian Bach.* Verlag Bärenreiter, Kassel u. a. 2004.

Heinemann, Michael (Hg.): *Das Bach-Lexikon* (= *Bach-Handbuch,* Bd. 6). Laaber-Verlag, Laaber 2000.

Küster, Konrad (Hg.): *Bach-Handbuch.* Verlage Bärenreiter und Metzler, Kassel u. a. und Stuttgart 1999.

Petzoldt, Martin: *Bach-Kommentar. Theologisch-musikwissenschaftliche Kommentierung der geistlichen Vokalwerke Johann Sebastian Bachs* (= Schriftenreihe der Internationalen Bachakademie Stuttgart). Verlag Bärenreiter und Internationale Bachakademie Stuttgart. Bd. 3 zu den Passionen in Vorbereitung.

Petzoldt, Martin: *Johann Sebastian Bach. Ehre sei dir Gott gesungen. Bilder und Texte zu Bachs Leben als Christ und zu seinem Wirken für die Kirche.* Verlag Vandenhoeck & Ruprecht, Göttingen 1988.

Prinz, Ulrich: *Johann Sebastian Bachs Instrumentarium. Originalquellen, Besetzung, Verwendung* (= Schriftenreihe der Internationalen Bachakademie Stuttgart, Bd. 10). Verlag Bärenreiter und Internationale Bachakademie Stuttgart, Kassel u. a. und Stuttgart 2005.

Schmieder, Wolfgang (Hg.): *Thematisch-systematisches Verzeichnis der Werke von Johann Sebastian Bach. Bach-Werke-Verzeichnis (BWV).* 2., überarbeitete und erweiterte Ausgabe. Verlag Breitkopf & Härtel, Wiesbaden 1990.

Schulze, Hans-Joachim / Wolff, Christoph: *Bach Compendium. Analytisch-bibliographisches Repertorium der Werke Johann Sebastian Bachs (BC). Vokalwerke,* Teil III. Edition Peters, Leipzig 1988, S. 985–993.

Bach Digital: Digitale Bibliothek der Autographe und Originalstimmen J. S. Bachs im Internet: www.bachdigital.de

Biografien zu Johann Sebastian Bach

Forkel, Johann Nicolaus: *Über Johann Sebastian Bach's Leben, Kunst und Kunstwerke.* Leipzig 1802. Reprint Verlag Bärenreiter, Kassel u. a. 1999.

Gardiner, John Eliot: *BACH. Musik für die Himmelsburg.* Carl Hanser Verlag, München 2016.

Geck, Martin: *Bach. Leben und Werk.* Verlag Rowohlt, Reinbek bei Hamburg 2000 – TB-Ausgabe 2001.

Schweitzer, Albert: *J. S. Bach* (1908). Vorrede von Charles Marie Widor. Verlag Breitkopf & Härtel, Wiesbaden 1976.

Spitta, Philipp: Johann Sebastian Bach. 2 Bände. Verlag Breitkopf & Härtel, Leipzig 1873 und 1880.

Williams, Peter: *J. S. Bach. Ein Leben in der Musik.* Osburg Verlag, Berlin 2008.

Wolff, Christoph: *Johann Sebastian Bach.* S. Fischer Verlag, Frankfurt a. M. 2000 – aktualisierte TB-Ausgabe 2005.

Wolff, Christoph: *Bach. Eine Lebensgeschichte in Bildern* (= NBA^{rev} Bd. 5). Verlag Bärenreiter, Kassel u. a. 2017.

Sammelbände und Handbücher zu Bachs Johannespassion

Emans, Reinmar / Hiemke, Sven (Hgg.): *Bachs Passionen, Oratorien und Motetten* (= *Bach-Handbuch*, Bd. 3). Laaber-Verlag, Laaber 2009.

Gassmann, Michael (Hg.): *Bachs Johannes-Passion. Poetische, musikalische, theologische Konzepte.* Mit Beiträgen von Joachim Kremer, Michael Gassmann, Martin Petzoldt, Martin Geck und Meinrad Walter (= Schriftenreihe der Internationalen Bachakademie Stuttgart, Bd. 17). Verlag Bärenreiter, Kassel u. a. 2012.

Metzger, Heinz-Klaus / Riehn, Rainer (Hgg.): *Johann Sebastian Bach. Die Passionen.* edition text + kritik (Reihe Musik-Konzepte, Bd. 50/51). Beiträge von Heinrich Poos, Nicolas Schalz, Hennes Holz, Peter Böttinger und Clytus Gottwald. München 1986.

Prinz, Ulrich (Hg.): *Johann Sebastian Bach. Johannes-Passion BWV 245. Vorträge des Meisterkurses 1986 und der Sommerakademie J. S. Bach 1990* (= Schriftenreihe der Internationalen Bachakademie, Bd. 5). Verlag Bärenreiter, Kassel u. a. 1993 (auch auf CD-ROM, Stuttgart 2007, greifbar).

Schulze, Hans-Joachim u. a. (Hgg.): *Passionsmusiken im Umfeld Johann Sebastian Bachs. Bach unter den Diktaturen 1933–1945 und 1945–1989* (= Leipziger Beiträge zur Bachforschung, Bd. 1). Verlag Olms, Hildesheim 1995.

Steiger, Johann Anselm (Hg.): *Passion, Affekt und Leidenschaft in der frühen Neuzeit,* Bd. 1 und 2 (= Wolfenbüttler Arbeiten zur Barockforschung). Harrassowitz Verlag, Wiesbaden 2005.

Monografien zu Bachs Johannespassion

Chafe, Eric: *J. S. Bach's Johannine theology. The St. John Passion and the Cantatas for spring 1725.* Oxford University Press 2014.

Darmstadt, Hans: *Johann Sebastian Bach. Johannes-Passion BWV 245. Analysen und Anmerkungen zur Kompositionstechnik mit aufführungspraktischen und theologischen Notizen.* Klangfarben Musikverlag, Dortmund 2010 (= Dortmunder Bach-Forschungen, hg. von Martin Geck, Bd. 10).

Dürr, Alfred: *Johann Sebastian Bach. Die Johannes-Passion. Entstehung, Überlieferung, Werkeinführung.* Verlag Bärenreiter, Kassel u. a. 1988, ^{5}2006.

Geck, Martin: *Johann Sebastian Bach. Johannespassion BWV 245.* Wilhelm Fink Verlag, München 1991 (= Meisterwerke der Musik, hg. von Stefan Kunze, Heft 55).

Kettling, Siegfried / Tzschoppe, Eberhard: *»Herr, unser Herrscher«. Die Johannes-Passion von Johann Sebastian Bach theologisch und musikalisch erklärt.* Hänssler-Verlag, Holzgerlingen 2002.

Marissen, Michael: *Lutheranism, Anti-Judaism, and Bach's St. John Passion.* Oxford University Press, New York und Oxford 1998.

Melamed, Daniel R.: *Hearing Bach's Passions.* Oxford University Press, Oxford 2005.

Scholz, Gottfried: *Bachs Passionen. Ein musikalischer Werkführer.* Verlag C.H. Beck, München 2000.

Kommentare zum Johannesevangelium (Auswahl)

Becker, Jürgen: *Johanneisches Christentum. Seine Geschichte und Theologie im Überblick.* Verlag Mohr Siebeck, Tübingen 2004.

Berger, Klaus: *Im Anfang war Johannes. Datierung und Theologie des vierten Evangeliums.* Chr. Kaiser Verlag, Gütersloh [3]2004.

Bultmann, Rudolf: *Das Evangelium des Johannes.* Göttingen 1941 (21. Aufl. 1986).

Schenke, Ludger: *Johannes. Kommentar.* Patmos Verlag, Düsseldorf 1998.

Schenke, Ludger: *Das Johannesevangelium. Vom Wohnen Gottes unter uns.* Verlag Herder, Freiburg i. Br. 2018.

Schnackenburg, Rudolf: *Das Johannesevangelium I–IV* (= Herders Theologischer Kommentar zum NT). Verlag Herder, Freiburg [4]1975.

Schnelle, Udo: *Das Evangelium nach Johannes* (= Theologischer Handkommentar zum Neuen Testament, Bd. 4). Evangelische Verlagsanstalt, Leipzig [4]2009.

Theobald, Michael: *Das Evangelium nach Johannes.* Bislang erschienen: *Kapitel 1–12* (Regensburger Neues Testament). Verlag Friedrich Pustet, Regensburg 2009.

Thyen, Hartwig: *Das Johannesevangelium* (= Handbuch zum Neuen Testament, Bd. 6). Verlag Mohr Siebeck, Tübingen 2005.

Wengst, Klaus: *Das Johannesevangelium.* 2. Teilband: *Kapitel 11–21* (= Theologischer Kommentar zum Neuen Testament, Bd. 4,2). Kohlhammer Verlag, Stuttgart [2]2007.

Bücher und Aufsätze zu Einzelfragen der Johannespassion

Axmacher, Elke: *»Aus Liebe will mein Heyland sterben«. Untersuchungen zum Wandel des Passionsverständnisses im frühen 18. Jahrhundert.* Hänssler-Verlag, Neuhausen-Stuttgart 1984 (= Beiträge zur theologischen Bachforschung, Bd. 2). Neuausgabe im Carus-Verlag, Stuttgart 2005.

Axmacher, Elke: »Johann Heermanns Passionslied ›Herzliebster Jesu, was hast du verbrochen‹ und seine Quellen«. In: *Musik und Kirche* 53 (1983), S. 179–184.

Axmacher, Elke: »Die Deutung der Passion Jesu im Text der Matthäuspassion von J. S. Bach.« In: *Luther. Zeitschrift der Luther-Gesellschaft* 56 (1985), S. 49–69.

Axmacher, Elke: »Die Texte zu Johann Sebastian Bachs Choralkantaten«. In: Wolfgang Rehm (Hg.): *Bachiana et alia musicologica. Festschrift Alfred Dürr zum 65. Geburtstag am 3. März 1983.* Verlag Bärenreiter, Kassel u. a. 1983, S. 3–16.

Axmacher, Elke: *Praxis Evangeliorum. Theologie und Frömmigkeit bei Martin Moller (1547–1606).* Verlag Vandenhoeck & Ruprecht, Göttingen 1989.

Beuerle, Hans Michael: »Wider das Angleichen. Anmerkungen zum Verhältnis von Aufführungspraxis und Interpretation«. In: *Spuren suchen, Spuren legen. Festschrift für Nicolas Schalz.* H. M. Hauschild Verlag, Bremen 2006.

Blanken, Christine: »Christoph Birkmanns Kantatenzyklus ›GOtt-geheiligte Sabbaths-Zehnden‹ von 1728 und die Leipziger Kirchenmusik unter J. S. Bach in den Jahren 1724–1727«. In: *Bach-Jahrbuch* 101 (2015), S. 13–74.

Blume, Friedrich: »J. S. Bachs Passionen«. In: Ders: *Syntagma musicologicum. Gesammelte Schriften*, Bd. 2. Verlag Bärenreiter, Kassel u. a. 1973.

Blumenberg, Hans: *Matthäuspassion*. Suhrkamp Verlag, Frankfurt a. M. 1988.

Breig, Werner: »Zu den Turba-Chören in Bachs Johannes-Passion«. In: *Geistliche Musik. Studien zu ihrer Geschichte und Funktion im 18. und 19. Jahrhundert* (= Hamburger Jahrbuch für Musikwissenschaft, Bd. 8). Laaber-Verlag, Laaber 1985, S. 65–96.

Breig, Werner: »Grundzüge einer Geschichte von Bachs vierstimmigem Choralsatz«. In: *Archiv für Musikwissenschaft* 45 (1988), S. 165–186 und S. 300–319.

Bunge, Hans: *Fragen Sie mehr über Brecht. Hanns Eisler im Gespräch* (Werke, Serie III, Bd. 7). VEB Deutscher Verlag für Musik, Leipzig 1975.

Chafe, Eric: »The St. John Passion. Theology and musical structure«. In: Don O. Franklin (Hg.): *Bach-Studies*, Bd. 1. Cambridge University Press 1989, S. 75–112.

Daniel, Thomas: *Der Choralsatz bei Bach und seinen Zeitgenossen. Eine historische Satzlehre.* Verlag Dohr, Köln-Rheinkassel 2000.

Darmstadt, Gerhart: »Zur Aufführungspraxis der Johannes-Passion Johann Sebastian Bachs«. In: *Musik und Kirche* 53 (1983), S. 202–208.

Dibelius, Martin: »Individualismus und Gemeindebewusstsein in Joh. Seb. Bachs Passionen«. In: Ders.: *Botschaft und Geschichte. Gesammelte Aufsätze*, Bd. 1. Verlag J. C. B. Mohr (Paul Siebeck), Tübingen 1953, S. 359–380.

Dirksen, Pieter: »Die früheste Fassung der Johannes-Passion«. In: Booklet zur CD-Einspielung der Netherlands Bach Society unter der Leitung von Jos van Veldhoven (Label Channel Classics), S. 44–51.

Dürr, Alfred: »Der Passionsbericht des Johannes in Bachs Deutung – aus der Sicht eines Musikwissenschaftlers«. In: Ulrich Prinz (Hg.): *Johann Sebastian Bach. Johannes-Passion BWV 245. Vorträge des Meisterkurses 1986 und der Sommerakademie J. S. Bach 1990* (= Schriftenreihe der Internationalen Bachakademie, Bd. 5). Verlag Bärenreiter, Kassel u. a. 1993, S. 166–188 (auch auf CD-ROM, Stuttgart 2007, greifbar).

Dürr, Alfred: »Die vier Fassungen der Johannes-Passion«. In: Programmbuch zum 57. Bachfest in Würzburg 1982. Bach und die Barockkunst, S. 92–106.

Eggebrecht, Hans Heinrich: »Über das Weinen in der Musik«. In: Ders.: *Die Musik und das Schöne*. Piper Verlag, München 1997, S. 101–118.

Fischer, Michael: »Herzliebster Jesu, was hast du verbrochen« (2007). In: *Populäre und traditionelle Lieder. Historisch-kritisches Liederlexikon.*
URL: http://www.liederlexikon.de/lieder/herzliebster_jesu/

Fischer, Kurt von: *Die Passion. Musik zwischen Kunst und Kirche*. Verlag Bärenreiter, Kassel u. a. 1997.

Frederichs, Henning: *Das Verhältnis von Text und Musik in den Brockes-Passionen Keisers, Händels, Telemanns und Matthesons*. München-Salzburg 1975 (= Musikwissenschaftliche Schriften, Bd. 9).

Ganzhorn-Burkhardt, Renate: »Zur Bedeutung der Choräle in Bachs Johannespassion«. In: *Musik und Kirche* 53 (1983), S. 64–73.

Geck, Martin: *»Denn alles findet bei Bach statt«. Erforschtes und Erfahrenes*. Verlag Metzler, Stuttgart und Weimar 2000.

Glöckner, Andreas: »Johann Sebastian Bachs Aufführungen zeitgenössischer Passionsmusiken«. In: *Bach-Jahrbuch 63* (1977), S. 75–119.

Glöckner, Andreas: »Neue Spuren zur Bachs ›Weimarer‹ Passion«. In: Hans-Joachim Schulze u. a. (Hgg.): *Passionsmusiken im Umfeld Johann Sebastian Bachs. Bach unter den Diktaturen 1933–1945 und 1945–1989* (= Leipziger Beiträge zur Bachforschung, Bd. 1). Verlag Olms, Hildesheim 1995, S. 33–46.

Goldschmidt, Harry: »›Es ist vollbracht‹ – Zu Bachs obligatem Begleitverfahren«. In: *Bericht über die Wissenschaftliche Konferenz zum III. Internationalen Bach-Fest der DDR*. Leipzig 1975, S. 181–188.

Guttenberg, Enoch zu: »Musikalische Verkündigung: Bachs Johannespassion«. In: *Diakonia. Internationale Zeitschrift für die Praxis der Kirche* 49 (2018), S. 154–162.

Hampel, Volker / Weth, Rudolf (Hgg.): *Für uns gestorben. Sühne – Opfer – Stellvertretung*. Neukirchener Verlag, Neukirchen-Vluyn 2010.

Harnoncourt, Nikolaus: *Der musikalische Dialog. Gedanken zu Monteverdi, Bach und Mozart*. Residenz Verlag, Salzburg 1984, S. 227–236.

Hofmann, Klaus: »Zur Tonartenordnung der Johannes-Passion«. In: Emans, Reinmar / Hiemke, Sven (Hgg.): *Bachs Passionen, Oratorien und Motetten* (= *Bach-Handbuch*, Bd. 3). Laaber-Verlag, Laaber 2009, S. 179–191.

Klek, Konrad: »Werkbetrachtung zur Johannespassion«. In: Emans, Reinmar / Hiemke, Sven (Hgg.): *Bachs Passionen, Oratorien und Motetten* (= *Bach-Handbuch*, Bd. 3). Laaber-Verlag, Laaber 2009, S. 109–145.

Kleßmann, Eckart: *Barthold Hinrich Brockes*. Mit einem Vorwort von Helmut Schmidt. Ellert & Richter Verlag (=Reihe Hamburger Köpfe), Hamburg 2003.

Krummacher, Friedhelm: *Bachs Zyklus der Choralkantaten. Aufgaben und Lösungen* (= Veröffentlichung der Joachim Jungius-Gesellschaft der Wissenschaften Hamburg, Nr. 81). Verlag Vandenhoeck & Ruprecht, Göttingen 1995.

Krummacher, Friedhelm: *Johann Sebastian Bach. Die Kantaten und Passionen*. Bd. 1: *Vom Frühwerk zur Johannes-Passion (1708–1724)*. Bd. 2: *Vom zweiten Jahrgang zur Matthäus-Passion (1724–1729)*. Verlage Bärenreiter und Metzler, Kassel und Stuttgart 2018.

Küster, Konrad: »Johannespassion BWV 245«. In: Ders. (Hg.): *Bach-Handbuch*. Verlage Bärenreiter und Metzler, Kassel u. a., Stuttgart/Weimar 1999, S. 436–452.

Kruse, Andreas: *Die Grenzgänge des Johann Sebastian Bach. Psychologische Einblicke*. Springer-Verlag, Berlin/Heidelberg 2013.

Küster, Konrad: »Text und Musik in der Gesamtform von Bachs Johannes-Passion«. In: *Beiträge zur Bach-Forschung* 9/10 (1991), S. 20–28.

Lehmann, Karl: »Er wurde für uns gekreuzigt. Eine Skizze zur Neubesinnung in der Soteriologie«. In: *Theologische Quartalsschrift* 162 (1982), S. 298–317.

Leisinger, Ulrich: »Die zweite Fassung der Johannes-Passion von 1725. Nur ein Notbehelf?« In: Ders. (Hg.): *Bach in Leipzig – Bach und Leipzig. Konferenzbericht Leipzig 2000* (= Leipziger Beiträge zur Bach-Forschung, Bd. 5). Verlag Olms, Hildesheim u. a. 2002, S. 29–44.

Maier, Siegfried: »Metrische Verwerfungen im Eingangschor der Johannes-Passion von Johann Sebastian Bach«. In: *Die Musikforschung* 71 (2018), S. 146–165.

Markschies, Christoph: »›Hie ist das rechte Osterlamm‹. Christuslamm und Lammsymbolik bei Martin Luther und Lucas Cranach«. In: *Zeitschrift für Kirchengeschichte* 102 (1991), S. 210–230.

Marquard, Reiner: *Das Lamm in Tigerklauen. Christian Friedrich Henrici und das Libretto der Matthäus-Passion von Johann Sebastian Bach*. Verlag Rombach, Freiburg i. Br. 2017.

Massenkeil, Günther: *Oratorium und Passion*. Bd. 1 und 2 (= Handbuch der musikalischen Gattungen, hg. von Siegfried Mauser). Laaber-Verlag, Laaber 1998 (Bd. 1) und 1999 (Bd. 2).

Melchert, Hermann: *Das Rezitativ der Bach'schen Johannespassion*. Florian Noetzel Verlag, Wilhelmshaven 1988 (= Veröffentlichungen zur Musikwissenschaft, Bd. 8).

Moser, Hans Joachim: *Geschichte der deutschen Musik in drei Bänden*. Verlag Cotta, Stuttgart und Berlin 1930. Bd. 2: *Vom Beginn des Dreißigjährigen Krieges bis zum Tode Joseph Haydns*.

Ohly, Friedrich: *Gesetz und Evangelium. Zur Typologie bei Luther und Cranach. Zum Blutstrahl der Gnade in der Kunst* (= Schriftenreihe der Westfälischen Wilhelms-Universität Münster, Neue Folge, Heft 1). Aschendorffsche Verlagsbuchhandlung, Münster 1985.

Oppermann, Annette: »Zur Quellenlage«. In: Emans, Reinmar / Hiemke, Sven (Hgg.): *Bachs Passionen, Oratorien und Motetten* (= *Bach-Handbuch*, Bd. 3). Laaber-Verlag, Laaber 2009, S. 82–104.

Petzoldt, Martin: »Passionspredigt und Passionsmusik der Bachzeit«. In: Ulrich Prinz (Hg.): *Johann Sebastian Bach. Matthäus-Passion. Vorträge der Sommerakademie J. S. Bach 1985* (= Schriftenreihe der Internationalen Bachakademie Stuttgart, Bd. 2). Verlag Bärenreiter, Kassel u. a. 1990, S. 8–23 (auch auf CD-ROM, Stuttgart 2007, greifbar).

Petzoldt, Martin: »Johann Sebastian Bach in theologischer Interaktion. Persönlichkeiten in seinem beruflichen Umfeld«. In: Christoph Wolff (Hg.): *Über Leben, Kunst und Kunstwerke. Aspekte musikalischer Biographie. Johann Sebastian Bach im Zentrum*. Evangelische Verlagsanstalt, Leipzig 1999, S. 133–159.

Petzoldt, Martin: »Theologische Überlegungen zum Passionsbericht des Johannes in Bachs Deutung«. In: Ulrich Prinz (Hg.): *Johann Sebastian Bach. Johannes-Passion BWV 245. Vorträge des Meisterkurses 1986 und der Sommerakademie J. S. Bach 1990* (= Schriftenreihe der Internationalen Bachakademie, Bd. 5). Verlag Bärenreiter, Kassel u. a. 1993, S. 142–165 (auch auf CD-ROM, Stuttgart 2007, greifbar).

Platen, Emil: »Bachs Passionsmusik als Sakrales Theater. Ein Seitenweg ihrer Rezeptionsgeschichte.« In: Hans-Joachim Schulze u. a. (Hgg.): *Passionsmusiken im Umfeld Johann Sebastian Bachs. Bach unter den Diktaturen 1933–1945 und 1945–1989* (= Leipziger Beiträge zur Bachforschung, Bd. 1). Verlag Olms, Hildesheim 1995, S. 87–102.

Poos, Heinrich: »Christus Coronabit Crucigeros. Hermeneutischer Versuch über einen Kanon Johann Sebastian Bachs«. In: Blankenburg Walter / Steiger, Renate (Hgg.): *Theologische Bach-Studien I* (= Beiträge zur theologischen Bachforschung, Bd. 4). Hänssler-Verlag, Neuhausen-Stuttgart 1987, S. 67–97.

Rathey, Markus: »Weimar, Gotha oder Leipzig. Zur Chronologie der Arie ›Himmel, reiße‹ in der zweiten Fassung der Johannes-Passion (BWV 245/11⁺)«. In: *Bach-Jahrbuch* 91 (2005), S. 291–300.

Richter, Bernhard Friedrich: »Zur Geschichte der Passionsaufführungen in Leipzig«. In: *Bach-Jahrbuch* 8 (1911), S. 50–59.

Schering, Arnold: *Musikgeschichte Leipzigs*. Bd. 2: *Von 1650–1723*. Verlag Fr. Kistner & C.F.W. Siegel, Leipzig 1920.

Schmidt, Johann Michael: *Die Matthäuspassion von Johann Sebastian Bach. Zur Geschichte ihrer religiösen und politischen Wirkung*. Evangelische Verlagsanstalt, Leipzig 2018.

Schulze, Hans-Joachim: »J. S. Bachs Johannes-Passion. Die Spätfassung von 1749«. In: Ulrich Prinz (Hg.): *Johann Sebastian Bach. Johannes-Passion BWV 245. Vorträge des Meisterkurses 1986 und der Sommerakademie J. S. Bach 1990* (= Schriftenreihe der Internationalen Bachakademie, Bd. 5). Verlag Bärenreiter, Kassel u. a. 1993, S. 112–127 (auch auf CD-ROM, Stuttgart 2007, greifbar).

Schulze, Hans-Joachim: »Texte und Textdichter«. In: Christoph Wolff (Hg.): *Die Welt der Bach-Kantaten*, Bd. III: *Johann Sebastian Bachs Leipziger Kirchenkantaten*. Verlag Metzler, Stuttgart/Weimar/Kassel 1999.

Schweitzer, Albert: »Einführung in die Johannespassion von J. S. Bach« (1902). In: Erwin R. Jacobi: *Musikwissenschaftliche Arbeiten*, hg. von Franz Giegling. Atlantis Musikverlag, Zürich 1984, S. 463–468.

Sölle, Dorothee: »Wer hat dich so geschlagen? Zur Johannespassion von Johann Sebastian Bach«. In: *Wer hat dich so geschlagen? Widerborstige Meditationen*. Mit Beiträgen von Dorothee Sölle, Günter Wallraff, Luise Rinser und Hans Küng. Schweizer Verlagshaus, Zürich 1989, S. 7–23.

Smend, Friedrich: »Die Johannes-Passion von Bach. Auf ihren Bau untersucht«. In: Ders.: *Bach-Studien. Gesammelte Reden und Aufsätze*. Hg. von Christoph Wolff. Verlag Bärenreiter, Kassel u. a. 1969, S. 11–23.

Steiger, Lothar und Renate: »Die Passionstheologie der Bachzeit, ihr Predigttypus und der Text der Johannes-Passion«. In: Ulrich Prinz (Hg.): *Johann Sebastian Bach. Johannes-Passion BWV 245. Vorträge des Meisterkurses 1986 und der Sommerakademie J. S. Bach 1990* (= Schriftenreihe der Internationalen Bachakademie, Bd. 5). Verlag Bärenreiter, Kassel u. a. 1993, S. 8–43 (auch auf CD-ROM, Stuttgart 2007, greifbar).

Steiger, Renate: *Gnadengegenwart. Johann Sebastian Bach im Kontext lutherischer Orthodoxie und Frömmigkeit* (= Doctrina et pietas II/2). Verlag frommann-holzboog, Stuttgart-Bad Cannstatt 2002.

Stiller, Günther: *Johann Sebastian Bach und das Leipziger gottesdienstliche Leben seiner Zeit*. Verlag Bärenreiter, Kassel u. a. 1970.

Stock, Alex: *Poetische Dogmatik. Christologie*, Bd. 2: *Schrift und Gesicht*. Verlag Ferdinand Schöningh, Paderborn 1996.

Walter, Meinrad: *Musik-Sprache des Glaubens. Zum geistlichen Vokalwerk von Johann Sebastian Bach*. Verlag Josef Knecht, Frankfurt a. M. 1993.

Walter, Meinrad: »Jesu Leiden ›ins Sieghafte gedeutet‹. Ostern in Johann Sebastian Bachs Johannespassion«. In: Michael Becht und Peter Walter (Hgg.): *ZusammenKlang. Festschrift für Albert Raffelt*. Verlag Herder, Freiburg i. Br., S. 179–188.

Walter, Meinrad: »Oratorische Passion und Passionsoratorium zur Bachzeit«. In: Hans-Joachim Schulze u. a. (Hgg.): *Passionsmusiken im Umfeld Johann Sebastian Bachs. Bach unter den Diktaturen 1933–1945 und 1945–1989* (= Leipziger Beiträge zur Bachforschung, Bd. 1). Verlag Olms, Hildesheim 1995, S. 13–31.

Walter, Meinrad: »Antijudaismus in der geistlichen Musik? Am Beispiel der Passionskompositionen von J. S. Bach«. In: Hubert Frankemölle (Hg.): *Christen und Juden gemeinsam ins dritte Jahrtausend*. Bonifatius Verlag, Paderborn 2001, S. 131–150.

Walter, Meinrad: *»Erschallet, ihr Lieder, erklinget, ihr Saiten!« Johann Sebastian Bachs musikalisch-lutherische Bibelauslegung im Kirchenjahr*. Verlag Katholisches Bibelwerk, Stuttgart 2014 (Reihe Bibel & Musik).

Walter, Meinrad: »Protestantisch, catholisch, ökumenisch? Bach-Deutungen zwischen Konfessionalität und Universalität am Beispiel der Passionen und der h-Moll-Messe«. In: Fischer, Michael/Haag, Norbert Haug-Moritz, Gabriele (Hgg.): *Musik in neuzeitlichen Konfessionskulturen (16. bis 19. Jh.). Räume – Medien – Funktionen*. Jan Thorbecke Verlag der Schwabenverlag AG, Ostfildern 2014, S. 261–276.

Walter, Meinrad: »J. S. Bachs ›andere‹ Johannes-Passion von 1725. Kleines Plädoyer für eine große Passionsmusik«. In: Carus-Verlag (Hg.): *Carus-Magazin – Chormusik heute*. Heft 1/2018. Leinfelden-Echterdingen 2018, S. 6–9.

Wendt, Matthias: »Fanfaren für Bach und andere Besetzungsprobleme – Schumanns Düsseldorfer Erstaufführung der Johannes-Passion«. In: Ulrich Bartels und Uwe Wolf (Hgg.): *Vom Klang der Zeit. Besetzung, Bearbeitung und Aufführungspraxis bei Johann Sebastian Bach. Festschrift für Klaus Hofmann*. Verlag Breitkopf & Härtel, Wiesbaden 2004, S. 156–179.

Weiss, Dieter: »Zur Tonartengliederung in J. S. Bachs Johannes-Passion«. In: *Musik und Kirche* 40 (1970), S. 33.

Wolff, Christoph: »Die musikalischen Formen der Johannes-Passion« In: Ulrich Prinz (Hg.): *Johann Sebastian Bach. Johannes-Passion BWV 245. Vorträge des Meisterkurses 1986 und der Sommerakademie J. S. Bach 1990* (= Schriftenreihe der Internationalen Bachakademie, Bd. 5). Verlag Bärenreiter, Kassel u. a. 1993, S. 128–141 (auch auf CD-ROM, Stuttgart 2007, greifbar).

Wolff, Christoph: »Die Johannes-Passion von Johann Sebastian Bach zwischen Passionshistorie und Passionsoratorium«. In: Programmheft der Berliner Philharmoniker Nr. 57 (März 2006).

Wolff, Christoph: »Bach Leipziger Kantoratsprobe und die Kantate BWV 23«. In: *Bach-Jahrbuch* 64 (1978), S. 79–87.

Szenische Interpretationen von J. S. Bachs Johannespassion

1930	Max Eduard Liehburg: Bachs Passionen als sakrale Dramen. Entwurf in Form eines Regiebuchs
1978	François Reichenbach: »La Passion selon le peuple mexicain«. »Christus lebt. Kreuzwegstationen aus Mexiko und Leipzig«. Thomanerchor (Leitung: H. J. Rotzsch), Schallplatteneinspielung Eterna 1975
1984	Venedig, Teatro La Fenice: Azione scenica sacra
1985	Palermo, Teatro Massimo: Choreografie von Vittorio Biagi
1989–91	Hugo Niebeling: »Es wäre gut, dass ein Mensch würde umbracht für das Volk«. Aufnahme im Speyrer Dom (Musik: Einspielung von Karl Richter)
1991	Gelsenkirchen, Musiktheater im Revier: Choreografie von Bernd Schindowski (nach der Schallplatteneinspielung von Nikolaus Harnoncourt, Teldec 1965)
2000	Regensburg, Velodrom: Choreografie von Jörg Mannes. Philharmonisches Orchester Regensburg, Leitung: G. J. Rumstadt
2005	Wiesbaden, Großes Haus: Szenische Aufführung, Regie Dietrich Hilsdorf
2009	Kiel/Schleswig-Holstein-Festival: Regie Robert Wilson, Dirgent: Rolf Beck
2009	Graz: Christian Pöppelreiter, Ausstattung: Ben van Berkel
2009	Oberhausen: Texte von Lothar Trolle, Regie Joan Anton Rechi
2011	Bonn, Ev. Kreuzkirche: Regie Christoph G. Amrhein, musikalische Leitung: Karin Freist-Wissing
2012	Berliner Dom. Johannespassion mit veränderten Arientexten (u. a. jüdische Gebete, Verse von Celan, Lasker-Schüler, Nietzsche). Musikalische Leitung: Matthias Brommann
2012	Überlingen, St. Nikolaus-Münster: Uraufführung der Bach'schen Johannespassion für Kinder und Jugendliche, bearbeitet von Michael Gusenbauer für Sprecher, Soli (STB), Chor (SATB) und Orchester (Carus 12.268), musikalische Leitung: Melanie Jäger-Waldau
2014	Berliner Philharmonie: Szenische Fassung der Johannespassion von Peter Sellars. Musikalische Leitung: Simon Rattle (siehe DVD-Tipps)
2014	Berliner Dom: Choreographie von Martin Buczko und filmischer Prolog von Klaus Steinberg, künstlerische und musikalische Leitung: Christoph Hagel
2015	Nürnberg: Halbszenische Aufführung mit dem Chor des Bayerischen Rundfunks und Concerto Köln. Leitung: Peter Dijkstra (siehe DVD-Tipps)
2015	Trinitatiskirche Köln. Johannespassion – Judasprozess – Bach szenisch. Bachs Werk mit Texten von Walter Jens. Chor des Bach-Vereins Köln und Concerto Köln; Musikalische Leitung: Thomas Neuhoff; Buch: Horst Deters; Künstlerische Leitung und Regie: Eckhard Kruse-Seiler
2017	Leipzig, Oper: Bachs Johannespassion mit Ballett von Mario Schröder (Wiederaufnahme 2019)
2018	St. Blasien, Freiburg und Münstertal: Szenische Collage »Die Freiheit, die Fesseln trägt«. Bachs Johannespassion und der Volksgerichtshofprozess 1945 um die Märtyrer des Widerstandes James Graf von Moltke und Alfred Delp. Konzeption und Regie: Till Krabbe, musikalische Leitung: Karin Karle; frühere Fassungen bereits 2016 in Heidelberg und Frankfurt durch die Junge Kantorei, Leitung: Jonathan Hofmann
2018	Köln, Funkhaus: Halbszenische Aufführung mit dem Sinfonieorchester und Rundfunkchor des WDR; Regie: Hans-Werner Kroesinger; Musikalische Leitung: Stefan Parkman

Glossar
Musikwissenschaftliche und theologische Begriffe

Accompagnato: (ital. begleitet): Von zusätzlichen Melodieinstrumenten (Streicher, Bläser) begleitetes Rezitativ, im Unterschied zu dem nur von den typischen Generalbassinstrumenten (wie Orgel, Cembalo und Streichbass) begleiteten »Secco«-Rezitativ.

Actus-Gliederung (lat. Akt): Traditionelle Einteilung der biblischen Passionsgeschichte in fünf Hauptabschnitte (Actūs) mit den Bezeichnungen Hortus (Garten), Pontifices (Hohepriester), Pilatus, Crux (Kreuz) que Sepulcrum (Begräbnis), an denen sich auch die Gliederung von Passionspredigten und -vertonungen häufig orientiert.

Anạbasis (griech. Aufstieg): In der musikalisch-rhetorischen Figurenlehre eine abbildende Figur zur ›Übersetzung‹ einer aufwärts gerichteten Bewegung oder Thematik (z. B. »Sehet, wir gehn hinauf gen Jerusalem«) in die Musik.

Antịthesis (griech. Gegensatz): Musikalisch-rhetorische Figur mit zwei gegenläufigen Momenten, wobei sich der Gegensatz auf eine oder mehrere musikalische Eigenschaften beziehen kann; in der Johannespassion ist die Alt-Arie »Es ist vollbracht« (Nr. 30) besonders antithetisch geprägt; aber auch der Gegensatz der beiden Arien »Ich folge dir gleichfalls« (Nr. 9) und »Ach, mein Sinn« (Nr. 13) im ersten Passionsteil wirkt antithetisch.

Applicatio (lat. Anwendung): Auslegung der Bibel, die nach der Lesung (»narratio«) und Erläuterung (»explicatio«) auf die persönliche Aneignung im Glauben zielt. Im geistlichen Vokalwerk Bachs dienen vor allem die Arien (Ich) und Choräle (Wir) dieser Aneignung.

Arioso: Vokalkomposition, die stilistisch zwischen Arie (ausgeprägte vokale Motivik, selbstständiger Instrumentalpart) und deklamierendem Rezitativ (Begleitung als harmonische Stütze) steht. In der Johannespassion hebt Bach mit ariosen Adagio-Passagen besonders wichtige Jesusworte (»Soll ich den Kelch nicht trinken ...«) und alttestamentliche Zitate (»Ihr sollet ihm kein Bein zerbrechen«) hervor (siehe S. 127).

Arma Christi (lat. Werkzeuge): Gegenstände im Zusammenhang der Kreuzigung wie Leiter, Geißeln, Säule, Dornenkrone, Würfel der Soldaten und das Kreuz selbst werden in Passionsdarstellungen (sog. Arma-Kreuzen) besonders betont, so auch in Lucas Cranachs Trinitäts-Bild (siehe Farbtafel 11), auf dem Engel diese Werkzeuge zur Erinnerung an Christi Leiden zeigen.

Ars moriendi (lat. Sterbekunst): Das Verständnis des gesamten irdischen Daseins (»Lebenskunst«) als Einübung in das Sterben, orientiert am biblischen Vorbild des greisen Simeon (Lukas 2) und getragen von der christlichen Hoffnung auf Auferstehung, mit der die auch im Barock als durchaus natürlich betrachtete Todesfurcht überwunden werden soll.

Augenmusik: Details in der musikalischen Notation, die nicht eigentlich hörbar sind, sondern primär im Notenbild sichtbar werden. Bach benutzt häufig das liegende Kreuz als Hinweis auf die Passion. Es entsteht, wenn man in einer Gruppe von meist vier Noten die erste mit der dritten und die zweite mit der vierten durch jeweils eine Linie verbindet.

Augmentation (lat. Vergrößerung): Verbreiterung einer Melodie, wenn etwa ein Choral, nachdem er in Viertelwerten erklungen war, auf Halbenoten gedehnt wird. Eine besondere Augmentation ist Bachs Längung der letzten Worte »Ich will dich preisen ewiglich« im Schlusschoral »Ach Herr, lass dein lieb Engelein« der Johannespassion.

Barform: Häufige Form weltlicher oder geistlicher Lieder mit den drei Abschnitten A-A-B, die als Stollen (A), Gegenstollen (A) und Abgesang (B) bezeichnet werden.

Basso continuo: (lat. durchgängige, kontinuierliche Bass-Stimme): Im Zeitalter des Generalbasses (Basso continuo) das harmonische Fundament eines musikalischen Satzes, das von einem oder mehreren Bassinstrumenten (Violoncello, Gambe, Kontrabass, Fagott) sowie

Akkordinstrumenten (Cembalo, Orgel, Laute) gespielt wird. Notiert wird der B. c. als Grundstimme mit einer zusätzlich speziellen Bezifferung, welche dem Tastenspieler die Harmonien angibt.

Cantus firmus (lat. feststehende Melodie): Hauptstimme eines mehrstimmigen Satzes; in der Kirchenmusik vor allem die Choralmelodie, wenn sie mehrstimmig vokal oder vokalinstrumental bzw. in Orgelchorälen bearbeitet wird.

Chiastisch (griech. kreuzförmig): Bezeichnung des Bachforschers Friedrich Smend für die symmetrische Anlage der Turba-Chöre der Johannespassion (siehe S. 41 ff.).

Christologie (griech. Rede von Christus): Antworten der Theologie auf die Frage, wer Jesus Christus im biblischen Zeugnis, in der Kirchengeschichte und für die Gegenwart ist. Für Bach steht die »Zweinaturenlehre«, die besagt, dass Jesus Christus wahrer Gott (vere Deus) und wahrer Mensch (vere homo) ist, im Mittelpunkt der Christologie.

Chromatisch (griech. chroma = Farbe): Fortschreitung einer Melodie in Halbtonschritten, was in der Barockmusik oft zur Darstellung von Leiden eingesetzt wird. Der chromatische Quartgang heißt Passus duriusculus (etwas harter Gang).

Conclusio (lat. Schlussfolgerung): Abschließende Zusammenfassung einer Rede oder Klangrede, die formal dem Beginn (»Exordium«) entspricht. In Bachs geistlicher Vokalmusik hat oft der Schlusschoral die Funktion der Conclusio mit sowohl didaktischer (Zusammenfassung im Choral als der ›musikalischen Muttersprache‹ des Protestantismus) als auch eschatologischer (Ausblick auf die Ewigkeit) Akzentuierung. Beides trifft auf den Schlusschoral »Ach Herr, lass dein lieb Engelein« der Johannespassion zu.

Compassio (lat. Mitleiden): Das menschliche Mitleiden mit Jesus in der Passion, von dem auch die Mystik stark geprägt ist. Im Protestantismus wird dem Mitleiden keine heilsbedeutsame Funktion zugesprochen, weil es allein auf Christi Leiden ankommt. Auch die Compassio steht unter den ›Vorzeichen‹ von Sola gratia und Solus Christus.

Contemplatio (lat. Betrachtung): Das meditative Betrachten der Person Jesu oder einzelner Passionsereignisse mit der dreifachen Stufung Reinigung, Erleuchtung und Einung. Diese Passionsbetrachtung löst oftmals ambivalente Reaktionen wie »bittre Lust« aus.

Diatonisch (griech. durch die Tonleiter): Eine melodische Folge, welche die leitereigenen Töne einer Tonleiter (Ganz- und Halbtonschritte) verwendet; im Unterschied zur chromatischen Fortschreitung ausschließlich in Halbtonschritten.

Diminution (lat. Verkleinerung): Barocke Verzierungstechnik beim Komponieren und Improvisieren, wobei die zugrunde liegende Melodie durch verkleinerte Notenwerte umspielt wird.

Dispositio (lat. Einteilung, Gliederung): Arbeitsschritt beim Verfassen einer Rede oder Klangrede, in welchem die großräumige Anlage mit Gliederung und Einteilung der Abschnitte festgelegt wird.

Doxologie (griech: Verherrlichung): Rühmender Lobpreis am Ende von Gebeten, der sowohl frei formuliert als auch traditionell gefasst sein kann. Zum Beispiel: »Ehre sei dem Vater und dem Sohn und dem Heiligen Geist; wie im Anfang, so auch jetzt und allezeit und in Ewigkeit. Amen.«

Doctrina (lat. Lehre): Zusammenfassung der lehrhaften Aspekte eines Themas wie etwa der Passion Christi. Fundament der doctrina sind die biblische Botschaft und das Glaubensbekenntnis, die im Licht der theologisch-spirituellen Tradition zu deuten sind.

Exclamatio (lat. Ausruf): In der musikalisch-rhetorischen Figurenlehre ein aufwärts gerichteter Sprung mit expressivem Intervall wie kleiner oder großer Sext; in Bachs Johannespassion etwa der Ausruf »O Trost« in der Alt-Arie »Es ist vollbracht« (Nr. 30).

Exordium (lat. Anfang): Die überschriftartige Einleitung einer Rede (oder Predigt) bzw. einer Klangrede, die formal der abschließenden Zusammenfassung (»Conclusio«) entspricht. In Bachs geistlichem Vokalwerk ist das Exordium häufig ein groß besetzter Eingangschor wie »Herr, unser Herrscher« (Fassung I, III und IV der Johannespassion) oder ein großer Choralchorsatz wie »O Mensch, bewein dein Sünde groß« (Fassung II).

Explicatio (lat. Erläuterung): die Auslegung der Bibel als Zwischenschritt zwischen der Lesung (»narratio«) und der persönlichen Aneignung (»applicatio«). In der Johannespassion geschieht die explicatio vor allem in den Arien, etwa wenn das äußerliche Hinterhergehen hinter Jesus in der Sopran-Arie »Ich folge dir gleichfalls mit freudigen Schritten« (Nr. 9) im Sinne der Nachfolge Christi ausgelegt und vertieft wird.

Exsultet (lat. jauchzen): Die feierliche Lichtdanksagung in der Liturgie der Osternacht, in welcher Christus als Sieger über Tod und Hölle besungen wird.

Fermate (ital. anhalten): Ruhezeichen als Anweisung, einen Klang länger auszuhalten als notiert. In der Johannespassion finden sich Fermaten sowohl zu einem solch effektvollen Anhalten (Arie »Zerschmettert mich«, Nr. 13^{II}) als auch zur Markierung des Endes jeder Choralzeile. Diese Fermaten in den Liedstrophen meinen nicht eine generelle Längung, sondern sind Aufforderung an Sänger und Instrumentalisten, den Zeilenschluss zu beachten und ihn so zu gestalten, wie der Dirigent es vorgibt. In diesem Sinne setzt Bach bereits nach dem dritten Wort des ersten Chorals »O große Lieb« (Nr. 3) eine ungewöhnliche Fermate wohl im Sinne eines Ausrufungszeichens.

Gregorianik: Der nach Papst Gregor dem Großen (gest. 604) benannte einstimmige liturgische Gesang, dessen Repertoire auch die frühesten gesungenen Passionen enthält.

Hermeneutik (griech. Verstehen): Lehre vom Verstehen und Auslegen von Texten sowie musikalischen Werken. Für Bachs geistliche Musik sind zwei hermeneutische Prinzipien besonders wichtig: zum einen der lutherisch-hermeneutische Grundsatz der Bibelauslegung, dass die Heilige Schrift sich letztlich selbst auslegt (deshalb die vielen Bibelzitate und -anklänge), und zum anderen die planmäßige Abfolge von Bericht (Rezitativ), Auslegung (Arie) und Aneignung (Choral).

Identificatio (lat. Gleichsetzung): In der Passionsfrömmigkeit das gesteigerte Mitleiden, wobei der Betrachter sich mit Jesus identifiziert. In der protestantischen Passionsfrömmigkeit findet dies seine Grenze am Prinzip des »Solus Christus«, denn allein Christi Leiden verbürgt die Erlösung.

Imitatio Christi (lat. Nachfolge, Nachahmung): Theologischer Grundsatz der Nachfolge Christi, auch im Leiden (Kreuzesnachfolge), der eine musikalische Entsprechung im gegenseitigen Nachahmen der Stimmen (Kanon) finden kann. Aus vielen Kompositionen gewinnt man den Eindruck, dass Bach besonders an der Verknüpfung von Freude und Leiden in der Nachfolge gelegen war, was er im Sinnspruch zusammenfasst: »Christus wird die Kreuzträger krönen« (siehe S. 242 ff.).

Kantillation: Gottesdienstlicher Sprechgesang auf bestimmten Tonhöhen nach Rezitationsmodellen in flexibler rhythmischer Deklamation, die als gesteigertes Sprechen wirkt.

Katạbasis (griech. Abstieg): Musikalisch-rhetorische Figur mit abwärts gerichteter Melodik.

Konsekutorisch (lat. folglich): Aspekt der Passionsfrömmigkeit, der die ethischen Konsequenzen der Betrachtung des Leidens Jesu wie etwa die (Kreuzes-)Nachfolge in den Mittelpunkt stellt.

Kyrios (griech. Herr): Bezeichnung für den am Kreuz verherrlichten Christus, der im Gesang des »Kyrie eleison« (Herr, erbarme dich) angerufen wird. In der Johannespassion sind Anklänge an den Kyrie-Ruf im Eingangschor (»Herr, unser Herrscher«) und im Schlusschoral (»Herr Jesu Christ, erhöre mich«) deutlich zu hören.

Libretto (lat. Büchlein): Die eigens erstellte Textvorlage zu einem großen vokal-instrumentalen Werk im Bereich der Oper, des Oratoriums und der Passionsmusik.

Melismatisch (griech. melos = Lied, Weise): Tonfolge in der Vokalmusik, bei der mehrere Töne auf eine Silbe erklingen; im Unterschied zu »syllabisch«, wobei jede Silbe einen Ton erhält.

Memoria (lat. Erinnerung): Grundzug jedes Gottesdienstes, weil die Feiernden sich an die Heilstaten Gottes dankbar erinnern (Herkunft), sie »zu aller Zeit« preisen (Gegenwart) und zugleich als Wegweisung (Zukunft) verstehen und ergreifen.

Monodie (griech. Einzelgesang): Der vom Generalbass gestützte Sologesang, der als Errungenschaft der frühen italienischen Oper (um 1600) bald Aufnahme in der protestantischen Kirchenmusik fand und insbesondere der bildhaften und affektvollen Textauslegung dient. Ein geradezu extremes Beispiel hierfür ist in Bachs Johannespassion das zum Adagio verbreiterte Rezitativ des Evangelisten vom Weinen des Petrus (Nr. 12).

Narratio (lat. Lesung): Der Vortrag eines (biblischen) Textes als Vorstufe und Grundlage zu seiner Auslegung (»explicatio«) und Aneignung (»applicatio«). In Bachs Passionsmusiken dienen die Rezitative und Turba-Chöre der narratio, welche jedoch keineswegs neutral bleibt, sondern bereits von musikalischer Deutung durchdrungen ist.

Neapolitanischer Sextakkord: In der Barockmusik der meist als Überraschungseffekt oder als Steigerung eingesetzte Sextakkord auf der zweiten Stufe, wobei der Grundton (und in Dur die Sext) um einen Halbton erniedrigt sind, in C-Dur oder c-Moll also *f–as–des* (statt *f–a–d*).

Pantokrator (griech. Allherrscher): Bildtypus des königlich herrschenden und zum Gericht wiederkommenden Christus, der sich auch im Rahmen der Passionsdarstellung findet, wenn Christus am Kreuz nicht als Schmerzensmann, sondern in hoheitlicher Haltung und Geste gezeigt wird.

Parodieverfahren (griech. parodia = Gegengesang): Weitere Verwendung eines schon vorhandenen Werkes mittels Umtextierung (oft Vorlage weltlich, Parodie geistlich), die bei Bach in aller Regel mit musikalischen Eingriffen im Sinne der Perfektionierung und Anpassung an die neue Textgestalt verbunden ist.

Passionston: Modell für den gregorianischen Vortrag der Leidensgeschichte Jesu, in dem die relativen Tonhöhen der drei Sänger (Evangelist, Christusworte, übrige Personen und Gruppen) ebenso festlegt sind wie die formelhaften melodischen Wendungen für bestimmte Satzzeichen: Punkt am Satzende, Frage, Überleitung des Evangelisten zu einer anderen redenden Person usw.

Passus duriusculus (lat. ein etwas harter Gang): Halbtonweise melodische Fortschreitung im Rahmenintervall von meistens einer Quart.

Pathopoietisch (griech: Leiden machend): In der musikalisch-rhetorischen Figurenlehre eine chromatische Tonfolge, die »Leiden macht«, indem sie das Thema Leiden in Klänge übersetzt und zugleich die Hörer zum Mitleiden bewegt.

Perikope (griech. Ausschnitt): Abschnitt der Bibel, der im Gottesdienst als Lesung oder Evangelium vorgetragen wird. Die Passionsgeschichte ist in allen vier Evangelien die längste Einzelperikope. Ebenso wie andere Perikopen wird sie zur ausschließlichen Textgrundlage (Choralpassion), zum textlichen Rückgrat (Oratorische Passion) oder zur textlichen Inspiration (Passionsoratorium) musikalischer Werke.

Präexistenz Christi: Ewige Seinsweise Christi als wahrer Gottessohn in der Trinität vor aller Zeit; im Unterschied zu seiner zeitlichen Daseinsweise als wahrer Mensch von der Geburt in Bethlehem bis zum Tod am Kreuz. Der Präexistenz-Gedanke findet sich biblisch etwa im Hymnus des Philipperbriefes (Phil 2) und vor allem im Johannesevangelium. Ein gewisses Pendant hat er im sachlich gleichen Begriff »Postexistenz«, womit das ewige Miteinander Christi mit dem Vater und Heiligen Geist nach der Auferweckung gemeint ist.

Pro me (lat. für mich): Grundsatz der Passionstheologie und -predigt, dass das Leiden des Gottmenschen Christus den Menschen erlösend und versöhnend zugute kommt, weil er damit die Beziehung der Menschen zum göttlichen Vater erneuert hat.

Propter me (lat. wegen mir): Grundsatz der Passionstheologie und -predigt, dass Christus wegen der Sünde der Menschen leidet. Symbol hierfür ist das unschuldige Lamm, das die Sünde der Welt trägt, wie es im Schlusschoral der Johannespassion (Fassung II) mit den von Martin Luther verdeutschten Worten des liturgischen »Agnus Dei« (Christe, du Lamm Gottes) heißt.

Saltus duriusculus (lat. harter Sprung, Fall): In der musikalisch-rhetorischen Figurenlehre ein melodisch dissonierender (oft verminderter oder übermäßiger) Sprung, in der Regel abwärts, der in der Barockmusik oft als musikalisches Sinnbild des Sündenfalls eingesetzt wird.

Secco (ital. trocken): Nur von Generalbassinstrumenten gestütztes Rezitativ, im Unterschied zum »Accompagnato«.

Sensus (lat. Sinn): In der Rhetorik und Predigtlehre die Bedeutung eines Einzelwortes, auch unabhängig vom gesamten Kontext (»Skopus« als Sinn des größeren Ganzen), in dem das Wort etwa auch negiert sein kann.

Skopus (lat. Ziel): In der Rhetorik und Predigtlehre der Gesamtsinn einer Rede, im Unterschied zum »Sensus« der einzelnen Worte. Sensus und Skopus treten vor allem bei Verneinungen auseinander.

Sola gratia (lat. allein die Gnade): Der in Bachs Musik häufig anzutreffende Grundsatz Martin Luthers, dass der Mensch allein durch Gottes Gnade und nicht durch eigene Werke gerechtfertigt wird. Zum Prinzip »Sola gratia« kommen drei weitere, nämlich »Solus Christus« (allein Christus), »Sola fide« (allein durch Glauben) und »Sola scriptura« (allein die Heilige Schrift).

Soliloquenten (lat. einzeln Redende): Bezeichnung für die in einer Passionsmusik auftretenden Einzelpersonen außer dem Evangelisten (Evangelista, Testo) und Jesus (»Vox Christi«). In der Johannespassion sind dies Petrus, eine Magd (ancilla), ein Diener (servus) und Pilatus.

Soteriologie (griech. Lehre von der Erlösung): Aspekt der Christologie, der die erlösend-versöhnende Bedeutung des Leidens und Sterbens Jesu bedenkt. Einzelmotive der Erlösungslehre sind etwa: Liebe, Stellvertretung, Loskauf, Befreiung.

Summa passionis (lat. Summe der Passion): Zusammenfassende Darstellung der Passionsereignisse aller vier Evangelien. Zur Bachzeit war insbesondere die Passionsharmonie von Bugenhagen gebräuchlich, doch auch die Brockes-Passion zieht ihre Themen aus den vier Evangelien. Schließlich gehört die Zusammenstellung der Sieben Letzten Worte Jesu in diesen Bereich.

Suspiratio (lat. Seufzer): Seufzende melodische Wendung, bei welcher der erste Ton betont und der zweite unbetont ist, oft verbunden mit schmerzlichen Halbtonschritten (Chromatik).

Synkope (griech. zusammenschlagen): Rhythmische Verschiebung der Betonungsverhältnisse, so dass eine eigentlich unbetonte Zählzeit betont wird. In der Barockmusik gilt die Synkope als Verstoß gegen die Ordnung des Taktes und wird deshalb oft dem Begriffsfeld Sünde, Reue, Schuld zugeordnet.

Symbolum (griech. Zusammenwurf): Weil in ihr theologischer Gehalt und musikalische Formung zusammentreffen, hat die Musik im Sinne Bachs auch symbolische Qualität. Dass die beiden Stimmen eines Duetts Symbol für Christus als zweite Person der Trinität sein können, notiert Bach eigenhändig in der Partitur seiner *h-Moll-Messe*. Auch den musikalisch-theologischen Sinnspruch seiner Stammbucheintragung »Christus wird die Kreuzträger krönen« (1747) nennt Bach »Symbolum«.

Teleologisch (griech. Ziel): Gliederungsprinzip, das auf ein letztendliches Ziel zusteuert, etwa im Unterschied zur Symmetrie, deren Höhepunkt in der Mitte ist.

Tempus clausum (lat. geschlossene, auch stille Zeit): Die Wochen der Adventszeit sowie der Fasten- und Passionszeit sind in der liturgischen Ordnung die vorbereitende Bußzeit auf Weihnachten bzw. Ostern. Deshalb wird hier die Musik zurückhaltend eingesetzt. Bach nutzte diese von Kantatenaufführungen weitgehend freie Zeit zur Vorbereitung der folgenden Festmusiken, wozu vor allem auch die Passionsmusik des Karfreitags zählte.

Testo (lat. Zeuge): Bezeichnung für den Part des Evangelisten in Passionskompositionen und Oratorien.

Theologia crucis (lat. Kreuzestheologie): Von Martin Luther geprägter Begiff für jene Richtung der Theologie, die Leiden, Tod und Vollendung Christi im zentralen Sinnbild des Kreuzes bedenkt, wie es Paulus, Luther und auch zahlreiche Mystiker tun. Als dezidierten Gegensatz zur »Theologia crucis« versteht Luther alle Ansätze zu einer »Theologia gloriae«, die er deshalb schroff ablehnt, weil sie die Möglichkeit einer Erkenntnis Gottes aus eigener menschlicher Kraft behaupten. Dennoch ist auch ein dialektisches Verständnis von »Theologia gloriae« heute – ganz im Sinne des Eingangschores der Bach'schen Johannespassion – möglich, das beim Aspekt der Herrlichkeit und Verherrlichung ansetzt, darüber aber das Kreuz nie vergessen darf.

Tirata (ital. Zug): musikalisch-rhetorische Figur mit aufwärts schnellender Gestik, etwa bei Worten wie »wirf, Himmel, deinen Strahl auf mich« (Johannespassion, Fassung II, Nr. 13^{II}).

Turba (lat. Menge): In Passionsmusiken die Chorsätze der wörtlichen Rede von Gruppen wie der Jünger oder Gegner Jesu. In der Johannespassion sind dies vor allem die jüdischen Gegner Jesu, deren Reden Bach in einer symmetrischen Ordnung mit dem Choral-Zentrum »Durch dein Gefängnis, Gottes Sohn« gestaltet, die insgesamt »Turba-Symmetrie« genannt wird.

Typologie (griech. Urbild, Vorbild): Weise der Bibelauslegung, die alttestamentliche Personen und Geschehnisse als Typus (Vorbild) einer neutestamentlichen Thematik als Antitypus zuordnet, was zugleich mit dem Schema Verheißung (AT) und Erfüllung (NT) verbunden ist, aus heutiger Sicht jedoch keinem Antijudaismus Vorschub leisten darf. Auf Lucas Cranachs Weimarer Altarbild *Gesetz und Gnade* (Farbtafel 10) ist die an einem Pfahl erhöhte Schlange ein Vorbild für den am Kreuz erhöhten Christus.

Ultima verba (lat. letzte Worte): Die sieben in den neutestamentlichen Evangelien berichteten letzten Worte Jesu, die auch in der Passionsfrömmigkeit und in Werken der Passionsmusik eine große Rolle spielen.

Vere Deus (lat. wahrer Gott): In der christologischen Zweinaturenlehre der Grundsatz, dass Christus nicht ein Geschöpf Gottes war, sondern wahrhaft Gottes Sohn und die zweite Person der Trinität.

Vere Homo (lat. wahrer Mensch): In der christologischen Zweinaturenlehre der Grundsatz, das Gott in Christus wahrhaft Mensch geworden ist und nicht nur zum Schein, sondern als Mensch gelitten hat bis zum Tod am Kreuz.

Vox Christi (lat. Stimme Christi): Der solistische Part der Jesusworte in der Passionsmusik, der traditionell einer Bass-Baritonstimme zugewiesen wird.

CD-Tipps zu Bachs Johannespassion

J. S. Bachs Johannespassion liegt in zahlreichen CD-Aufnahmen (Doppel-CD) sowie in etlichen DVD-Einspielungen vor. Bei den älteren Aufnahmen handelt es sich ursprünglich um Schallplatten-Einspielungen. Jede dieser Interpretationen hat ihren eigenen Reiz. Das Spektrum reicht von eher traditionellen Klangbildern (großer Chor) bis zu Aufnahmen mit solistischer Vokalbesetzung. Orchester mit einem klassisch-romantischem Klangbild sind ebenso vertreten wie die Ensembles der historisch informierten Aufführungspraxis, Knabenchöre wie die Leipziger Thomaner ebenso wie gemischte Kammerchöre und Vokalensembles. Die solistische Alt-Partie wird je nach CD-Aufnahme entweder von einer Frauenstimme, einem männlichen Altus oder einer Knabenstimme gesungen.

Neben der im Konzertleben dominierenden Mischfassung der Neuen Bach-Ausgabe (siehe dazu auch S. 15) gibt es inzwischen auch CDs, denen die Carus-Edition von Peter Wollny zugrunde liegt, so dass man vergleichend Fassung II (1725) und Fassung IV (1749) hören kann, überdies sogar die Rekonstruktion von Fassung I (1724); manche Interpreten entscheiden sich auch für eine Mischung der Bach'schen Fassungen.

Überaus divergierend ist die Booklet-Ausstattung der CDs, denn sie reicht von der kargen Auflistung der Satzüberschriften bis zum opulent bebilderten Begleitbuch mit einführenden oder gar wissenschaftlichen Beiträgen und vielen Informationen über die jeweiligen Interpreten. Einzelne Nummern der Johannespassion findet man auch zahlreich im Internet, freilich in verschiedensten Varianten der aufnahmetechnischen und musikalischen Qualität. Die folgende chronologische Auflistung alter und neuer CD-Aufnahmen – die meisten sind im Handel, einige nur noch antiquarisch erhältlich – gibt einen Querschnitt ohne Anspruch auf Vollständigkeit, jeweils unter Nennung von Dirigent, Solisten, Chor und Orchester, Label, Jahr der Aufnahme oder Erstveröffentlichung.

Verzichtet wird hier auf die Auflistung von Produktionen und Mitschnitten aus dem Internet; diese sind mit Hilfe einschlägiger Suchmaschinen leicht aufzufinden. Eigens hingewiesen sei aber auf zwei Einspielungen unter der Leitung von Jos van Veldhoven (www.allofbach.com – 2017) und Rudolf Lutz (www.bachstiftung.ch – 2019).

Ältere Aufnahmen

Günter Ramin; Agnes Giebel, Marga Höffgen, Ernst Haefliger, Franz Kelch, Hans-Olaf Hudemann; Thomanerchor Leipzig und Gewandhausorchester Leipzig; Deutsche Grammophon 1954 (Wiederveröff.: Berlin Classics)

Karl Forster; Elisabeth Grümmer, Christa Ludwig, Fritz Wunderlich, Dietrich Fischer-Dieskau, Josef Traxel, Karl-Christian Kohn; Chor der St. Hedwigs-Kathedrale, Berliner Symphoniker; EMI 1961

Karl Richter; Evelyn Lear, Hertha Töpper, Ernst Haefliger, Hermann Prey, Kieth Engen; Münchener Bachchor, Münchener Bachorchester; Deutsche Grammophon 1964

Nikolaus Harnoncourt; Solisten der Wiener Sängerknaben, Kurt Equiluz, Max van Egmond, Jacques Villisech, Bert van t'Hoff; Wiener Sängerknaben, Chorus Viennensis, Concentus Musicus Wien; Telefunken »Das Alte Werk« 1965

Eugen Jochum; Agnes Giebel, Marga Höffgen, Ernst Haefliger, Walter Berry, Alexander Young, Franz Crass; Nederlands Radio Koor, Concertgebouw Orchestra Amsterdam; Philips 1966

Karl Münchinger; Elly Ameling, Julia Hamari, Werner Hollweg, Walter Berry, Hermann Prey, Dieter Ellenbeck; Stuttgarter Hymnus Chorknaben, Stuttgarter Kammerorchester; Decca 1968

Michel Corboz; Felicity Palmer, Birgit Finnilä, Kurt Equiluz, Ruud van der Meer, Werner Krenn, Phillippe Huttenlocher; Ensemble Vocal de Lausanne, Orchestre de Chambre de Lausanne; Erato 1977

Hans-Joachim Rotzsch; Arleen Augér, Heidi Rieß, Peter Schreier, Theo Adam, Armin Ude, Siegfried Lorenz; Thomanerchor und Gewandhausorchester Leipzig; Eurodisc/RCA 1975/76

Wolfgang Gönnenwein; Elly Ameling, Brigitte Fassbaender, Theo Altmeyer, Franz Crass, Kurt Equiluz, Kurt Moll; Süddeutscher Madrigalchor, Consortium musicum; EMI 1978

Aufnahmen seit ca. 1980

Helmuth Rilling; Arleen Augér, Julia Hamari, Peter Schreier, Phillippe Huttenlocher, Dietrich Fischer-Dieskau; Gächinger Kantorei, Bach-Collegium Stuttgart; Sony Classical 1984

John Eliot Gardiner; Nancy Argenta, Michael Chance, Anthony Rolfe-Johnson, Stephen Varcoe, Neill Archer, Rufus Müller, Cornelius Hauptmann; Monteverdi Choir, English Baroque Soloists; Deutsche Grammophon/Archiv Produktion 1986

Philippe Herreweghe; Barbara Schlick, Catherine Patriasz, Howard Crook, Peter Lika, William Kendall, Peter Kooy; Collegium Vocale Gent, La Chapelle Royale; Harmonia Mundi France 1987

Sigiswald Kuijken; Barbara Schlick, René Jacobs, Christoph Prégardien, Harry van der Kamp, Nico van der Meel, Max van Egmond; Chor und Orchester La Petite Bande; Deutsche Harmonia Mundi 1988

Peter Schreier; Roberta Alexander, Marjana Lipovšek, Peter Schreier, Robert Holl, Olaf Bär, Andreas Scheibner; Rundfunkchor Leipzig, Staatskapelle Dresden; Philips 1988

Harry Christophers; Patrizia Kwella, David James, Ian Partridge, David Wilson-Johnson, William Kendall, Michael George; The Sixteen Choir and Orchestra; Chandos 1989

Hermann Max; Martina Lins, Dorothea Röschmann, Ralf Popken, Christoph Prégardien, Hans-Georg Wimmer, Markus Brutscher, Gotthold Schwarz; Rheinische Kantorei, Das Kleine Konzert; Capriccio 1990

Andrew Parrott; Tessa Bonner, Emily van Evera, Caroline Trevor, Rogers Covey-Crump, David Thomas, Stephen Charlesworth; Tavener Consort & Players (solistisch); Virgin classics 1990

Frans Brüggen; Annegeer Stumphius, James Bowman, Nico van der Meel, Kristinn Sigmundsson, Christoph Pregardien, Peter Kooy; Nederlands Kamerkor, Orchestra of the eighteenth century, Philips 1992

Enoch zu Guttenberg; Inga Nielsen, Nathalie Stutzmann, Claes-Håkan Ahnsjö, Anton Scharinger, Robert Swensen, Thomas Quasthoff; Chorgemeinschaft Neubeuern, Bach-Collegium München; RCA 1992

Ton Koopman; Barbara Schlick, Kai Wessel, Guy de Mey, Gerd Türk, Peter Kooy, Klaus Mertens; Netherlands Bach Society Choir, Amsterdam Baroque Orchestra; Erato 1993

Nikolaus Harnoncourt; Angela Maria Blasi, Marjana Lipovšek, Anthony Rolfe-Johnson, Robert Holl, Franz Leitner, Anton Scharinger; Arnold Schönberg Chor, Concentus Musicus Wien; Teldec 1994

Stephen Cleobury; Catherine Bott, Michael Chance, John Mark Ainsley, Stephen Richardson, Paul Agnew, Stephen Varcoe; Cambridge King's College Choir, The Brandenburg Consort; Brillant Classics 1995

Helmuth Rilling; Juliane Banse, Ingeborg Danz, Michael Schade, Matthias Goerne, James Taylor, Andreas Schmidt; Gächinger Kantorei, Bach-Collegium Stuttgart; Hänssler 1996

Karl-Friedrich Beringer; Christiane Oelze, Monica Groop, Markus Schäfer, Hans Griepentrog, Michael Volle; Windsbacher Knabenchor, Münchener Kammerorchester; Bayer Records 1997

Joshard Daus; Hellen Kwon, Ursula Eittinger, Lothar Odinius, Wolfgang Newerla, Peter Lika; Chor und Ensemble der EuropaChorAkademie; Arte Nova 1999

Philippe Pierlot; Maria Keohane, Carlos Mena, Hans-Jörg Mammel, Matthias Vieweg, Jan Kobow, Stephan MacLeod; Ricercar Consort; Mirare 2011

Rainer Johannes Homburg; Veronika Winter, Franz Vitzthum, Andreas Post, Christoph Schweizer, Thomas Laske; Stuttgarter Hymnus-Chorknaben und Handel's Company; Darbringhaus und Grimm 2016

Marc Minkowski; Ditte Andersen, Lenneke Ruiten, Delphine Galou, David Hansen, Lothar Odinius, Christian Immler, Yorck Felix Speer; Les Musiciens du Louvre; Erato 2017

Matthias Grünert; Camilla Nylund, Nicole Pieper, Tilman Lichdi, Andreas Scheibner, Falko Hönisch; Kammerchor der Frauenkirche Dresden und Ensemble Frauenkirche Dresden; Label Berlin 2018

Fassung I (Rekonstruktion Pieter Dirksen)

Jos van Veldhoven; Caroline Stam, Peter de Groot, Marleene Goldstein, Elsbeth Gerritsen, Gerd Türk, Stephan MacLeod, Charles Daniels, Simon Wall, Bas Ramselaar; Chor und Orchester der Nederlandse Bachvereiniging; Channel Classics 2004

Fassung II

Peter Neumann; Ruth Holton, Bogna Bartosz, Markus Brutscher, Thomas Laske, Tom Sol; Kölner Kammerchor, Collegium Cartusianum, MDG 1999

Philippe Herreweghe; Sibylla Rubens, Andreas Scholl, Mark Padmore, Michael Volle, Sebastian Noack, Dominik Wörner; Collegium Vocale Gent; Harmonia mundi France 2001

Nico van der Meel; Machteld Baumans, Maarten Engeltjes, Nico van der Meel, Frans Fiselier, Marcel Beekman, Mattijs van de Woerd; La Furia, Concerto d'Amsterdam; Quintone 2006

Fassung IV

Georg Christoph Biller; Ruth Holton, Matthias Rexroth, Marcus Ullmann, Gotthold Schwarz, Henryk Böhm; Thomanerchor Leipzig und Gewandhausorchester Leipzig, Rondeau 2007

Masaaki Suzuki; Ingrid Schmithüsen, Yoshikazu Mera, Gerd Türk, Makoto Sakurada, Yoshie Hida, Chiyuki Urano, Peter Kooij; Bach Collegium Japan; BIS 1998

Konrad Junghänel; Amaryllis Dieltiens, Elisabeth Popien, Alexander Schneider, Hans Jörg Mammel, Georg Poplutz, Wolf Matthias Friedrich, Markus Flaig; Cantus Cölln; Accent Records 2011

Peter Dijkstra; Simona Bruninghaus, Andreas Burkhart, Andreas Hirtreiter, Christina Landshamer, Julian Prégardien; Chor des Bayerischen Rundfunks und Concerto Köln; mit einer Werkeinführung von Markus Vanhoefer; BRKlassik 2016

René Jacobs; Sunhae Im, Benno Schachtner, Werner Güra, Sebastian Kohlhepp, Johannes Weisser, RIAS Kammerchor und Akademie für Alte Musik Berlin, harmonia mundi 2016

Ralf Otto; Julia Kleiter, Gerhild Romberger, Georg Poplutz, Daniel Sans, Yorck Felix Speer, Matthias Winckhler; Bachchor und Bachorchester Mainz; Naxos 2018 (= Version 1749, mit fünf Chören, Arien und Chorälen aus der Version 1725)

Gemischte Fassung (II und IV)

Benoît Haller; Tanya Aspelmeier, Salomé Haller, Julien Freymuth, Pascal Bertin, Julian Prégardien, Benoît Arnould, Michael Feyfar, Dominik Wörner; La chapelle Rhénane, ZigZag Territories 2010

Robert Schumanns Fassung (1851)

Hermann Max; Veronika Winter, Elisabeth Scholl, Gerhild Romberger, Jan Kobow, Ekkehard Abele, Clemens Heidrich; Rheinische Kantorei, Das Kleine Konzert, cpo 2006

Bachs Johannespassion mit Erläuterungen (3 CDs)

Wege zur Musik: J. S. Bachs Johannespassion, Stationen und Strukturen, Wieland Schmid und Christian Brückner, Koch Classics 2000

DVDs

Nikolaus Harnoncourt; Solisten des Tölzer Knabenchors, Kurt Equiluz, Robert Holl, Thomas Moser, Anton Scharinger; Tölzer Knabenchor und Concentus Musicus Wien, Deutsche Grammophon 1985 (NBA-Fassung)

Mazaaki Suzuki; Midori Suzuki, Robin Blaze, Gerd Türk, Stephan MacLeod; Bach Collegium Japan (Suntory Hall, Tokyo), EuroArts 2000 (Fassung IV)

Inszenierung (DVD)

»Es wäre gut, dass ein Mensch würde umbracht für das Volk«. Hugo Niebelings Inszenierung der Johannespassion von J. S. Bach im Speyrer Dom (1990) mit der Einspielung von Karl Richter, ARTHAUS

Live-Mitschnitt aus der Berliner Philharmonie mit der »Ritualisierung« 2014 durch Peter Sellars (Regie) und Simon Rattle (Dirigent); Camilla Tilling, Magdalena Kozena, Topi Lehtipuu, Mark Padmore, Roderick Williams, Christian Gerhaher; Rundfunkchor Berlin und Berliner Philharmoniker; Bonus-Material: Einführung von Simon Halsey und Gespräch mit Sir Simon Rattle und Peter Sellars; Berliner Philharmoniker Recordings 2014

Live-Mitschnitt aus der Nürnberger Lorenzkirche halbszenisch 2015 im Rahmen der Internationalen Orgelwoche Nürnberg mit Peter Dijkstra (Dirigent); Christina Landshamer, Anke Vondung, Julian Prégardien, Tilman Lichdi, Krešimir Stražanac; Chor des Bayerischen Rundfunks und Concerto Köln; BRmedia 2015

Personenregister